Sur le Chemin de la Liberté

Un Pèlerinage en Inde

Édition complète

Tomes 1 et 2

Swami Paramatmananda Puri

Mata Amritanandamayi Center,
San Ramon, Californie, États-Unis

Sur le Chemin de la Liberté
Un Pèlerinage en Inde
Édition complète, tomes 1 et 2
de Swami Paramatmananda Puri

Publié par
  Mata Amritanandamayi Center
  P.O. Box 613
  San Ramon, CA 94583
  États-Unis

Copyright © 2024 par Mata Amritanandamayi Mission Trust, Amritapuri, Kerala 690546, Inde

Tous droits réservés. Aucune partie de cette publication ne peut être enregistrée dans un système de stockage de données, transmise ou reproduite de quelque manière que ce soit sans l'accord préalable et la permission expressément écrite de l'éditeur.

International :
  www.amma.org

En France :
  www.etw-france.org

Au Canada:
  http://ammacanada.ca/?lang=fr

En Inde :
  www.amritapuri.org
  inform@amritapuri.org

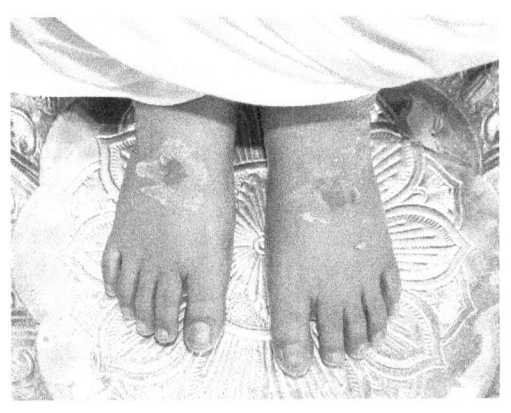

Ce livre est humblement dédié à
Sri Mata Amritanandamayi
la Mère divine incarnée,
avec une dévotion et un respect profonds.

*gurucaraṇāmbuja nirbhara bhaktaḥ
saṁsārād acirād bhāva muktaḥ |
sendriya mānasa niyamād evaṁ
drakṣyasi nijahṛdayasthaṁ devam ||*

Totalement dévoué aux pieds de lotus du guru,
sois vite libéré du cycle de la transmigration.
Ainsi, grâce à la discipline des sens
et au contrôle du mental,
contemple le Divin qui demeure en ton cœur.
Bhaja Govindam v. 31

Table des Matières

Introduction Tome 1 — 6
1. Les débuts : de Chicago à l'Inde — 9
2. Faire le vide – Tiruvannamalai – 1968 — 40
3. Progression — 97
4. Pèlerinage — 139
5. Seul, en apparence — 185
6. Vers la plénitude — 209
7. Avec la Mère divine — 253

Introduction Tome 2 — 274
8. Qui est Amma ? — 277
9. Avant l'āśhram — 290
10. Naissance de l'āśhram — 313
11. Premiers disciples — 322
12. Amma, le guru — 337
13. Le fruit de la grâce — 383
14. À l'étranger — 400
15. La lila de l'ordinateur — 424
16. Brahmasthānam, demeure de l'Absolu — 433
17. La foi mise à l'épreuve — 439
18. La libération d'un grand dévot — 453
19. Les vœux de renoncement — 462
20. Je suis toujours avec toi — 472

Glossaire — 484

Sur le Chemin de la Liberté

Un Pèlerinage en Inde

Tome 1

Introduction
Tome 1

Ce livre a été écrit à la demande insistante de quelques frères, chercheurs spirituels qui pensaient que ma vie et mes expériences de ces vingt dernières années auprès de quelques-uns des authentiques sages de l'Inde pourraient s'avérer intéressantes et utiles à d'autres aspirants spirituels. En entendant leur requête, les paroles de l'un de ces grands sages me revinrent aussitôt à l'esprit. Il m'avait dit un jour que seul un être réalisé pouvait se permettre d'écrire un livre sur la spiritualité. Si une personne ignorante (« ignorance » au sens d'absence de Connaissance suprême ou Illumination) s'avisait de le faire, elle tomberait aussitôt dans le piège de l'égotisme et essuierait une certaine déchéance spirituelle. C'est ce que je répondis à ces amis bien intentionnés, lesquels persistèrent néanmoins dans leur requête. À la fin, je leur dis que je n'écrirais de livre que si mon Maître spirituel, Mata Amritanandamayi, me le demandait, sachant qu'alors sa grâce me protégerait et me guiderait. Après que ces amis aient abordé la question avec elle, Amma me pria d'écrire ce livre, comme un service envers les autres aspirants spirituels.

Bien que cet ouvrage revête une forme autobiographique, son unique but est de faire ressortir la grandeur et les méthodes d'enseignement de quelques sages indiens actuels. Si, à sa lecture, quelqu'un devait se sentir poussé à rechercher la compagnie de ces saints, et les fruits merveilleux qui en découlent, alors ce livre aurait plus que rempli son objectif. Comme l'a exprimé l'antique sage Narada dans ses Aphorismes sur la Dévotion (*Bhakti Sūtras de Narada*) :

« Rare est la compagnie des grands sages. Inaccessible mais indéfectible est-elle, qui ne peut être atteinte que par la grâce de Dieu. »

Il est vrai qu'il y a toujours eu et qu'il y aura toujours des charlatans sous couvert de saints, peut-être davantage encore de nos jours que par le passé. Je suis néanmoins convaincu qu'une personne sincère et ardente dans sa quête de la Réalité finira assurément par trouver un véritable sage ou saint pour la guider sur la voie spirituelle. Une voie que l'on a pu comparer au fil du rasoir, tant est grande la difficulté de la parcourir sans tomber. Aussi longtemps qu'il y aura des hommes sur cette Terre, il y aura de ces Âmes réalisées pour les guider et étancher leur soif de sérénité et de réelle expérience spirituelle. Il ne faut pas croire que seuls sont grands les plus connus. De fait, la plupart des véritables saints sont relativement méconnus du grand public.

En vérité, bénis soient ces sages qui vivent dans la félicité et la font également partager aux autres.

— Swami Paramatmananda Puri

Sri Mata Amritanandamayi

Chapitre 1

Les débuts : de Chicago à l'Inde

J'ai lu quelque part que de nombreux chercheurs spirituels font l'expérience de ce que l'on pourrait appeler « un aperçu de la Conscience cosmique ». Pourriez-vous s'il vous plaît expliquer à quoi ressemble exactement cette expérience ? »

Ratnamji, mystique indien peu connu mais d'une grandeur indéniable, me répondit sans hésiter, un petit sourire malicieux sur son visage rayonnant :

« Quand tout à coup, par une nuit sombre, un éclair éclate, si vous êtes sur une colline comme ici, tous les environs jusque-là invisibles s'illuminent et apparaissent clairement pendant quelques fractions de secondes. Mais, dès l'instant suivant, tout redevient sombre. »

À peine avait-il achevé sa phrase qu'un éclair zébra le ciel. Pendant un instant, le paysage à des kilomètres à la ronde s'illumina, puis tout redevint noir. Certes, le ciel auparavant était couvert, mais il n'y avait eu jusque-là aucun éclair. J'étais vraiment stupéfait de voir son exemple si rapidement et si magistralement illustré par Mère Nature elle-même. Je me demandais quel était cet homme que la Nature servait ainsi. Je ne posai plus aucune question. Dans un état proche de l'hébétude, je regagnai ma chambre et me couchai, me demandant si je reverrais un jour cet homme merveilleux.

Cependant, je ne parvins pas à trouver le sommeil. Je pouvais à peine croire à la bonne étoile qui m'avait mis en présence d'un véritable sage, sans même avoir eu à le chercher. Était-ce un rêve ? Comment étais-je arrivé jusqu'ici, en ces lieux saints du bout du monde ? Je repassai en esprit les événements qui m'avaient conduit à quitter les États-Unis pour venir en Inde. Tout avait commencé avec la mort de mon père, quelques sept ans plus tôt :

« Oh mon Dieu ! Neal, viens vite ! Papa n'est pas bien ! »

Je me précipitai dans la chambre de mes parents pour découvrir mon père inconscient. Un gargouillis s'échappait de sa gorge. Calmement mais rapidement, je l'étendis sur le lit et commençai un massage cardiaque. À intervalles, je comprimais vigoureusement le cœur comme je l'avais vu faire à la télé, dans une émission consacrée aux arrêts cardiaques. Mon père ne semblait pas du tout réagir. J'appelai aussitôt le médecin de famille et la police. Ma mère et ma sœur étaient hystériques. Je les fis sortir de la chambre et attendis l'arrivée de la police. Les secours arrivèrent vite mais pour mon père, il était trop tard. Crise cardiaque à l'âge de quarante-quatre ans. C'était un homme d'affaires prospère, en passe de devenir millionnaire. De sa vie, il n'avait été sérieusement malade, mais la mort le faucha inopinément.

Parents et amis commencèrent à arriver et s'efforcèrent de réconforter ma mère et ma sœur, mais sans grand succès. Ils se tournèrent alors vers moi, le plus jeune. J'avais à l'époque douze ans. Je me sentais calme et détaché, sans la moindre envie de pleurer. Peut-être ceci choqua-t-il mes proches. Je sortis me

Les débuts : de Chicago à l'Inde

promener, réfléchissant à la signification de ce qui venait de se produire. Où était parti mon père ? Son corps reposait dans la chambre et bientôt, il serait porté en terre. Je ne le reverrais plus jamais. Je ne ressentais qu'un vague sentiment de vide, sans plus. Plus que tout, je me sentais déplacé. Tout le monde pleurait et moi, j'étais dans mon état normal. Pendant le service funèbre, je m'efforçai par tous les moyens de pleurer, me sentant quelque peu coupable d'être le seul dans l'assistance à garder les yeux secs. Mais rien n'y fit. Les larmes refusaient purement et simplement de venir. Ce n'est pas que je n'aimais pas mon père. Mais, pour une raison ou une autre, il manquait l'élément d'attachement.

Peu après la mort de mon père, les inévitables désirs de la jeunesse commencèrent à germer dans mon esprit. Voilà que je m'éveillais au monde alentour. J'allais au lycée, mais mon unique préoccupation était de sortir et de m'amuser. Ma mère n'y faisait pas objection. Elle hésitait à faire preuve d'autorité, estimant que j'avais subi une grande perte avec la mort de mon père. Peut-être pensait-elle qu'une discipline stricte ne ferait qu'ajouter à ma souffrance. Ou peut-être tout simplement n'avait-elle pas l'autorité d'un père. Quoi qu'il en soit, si elle avait été capable de me « tenir » à cet âge impressionnable, ma vie spirituelle ultérieure aurait probablement connu moins de heurts. De par mon égoïsme et mon orgueil, de par son caractère permissif et indulgent, j'ai poussé comme une herbe folle.

La Liberté était mon credo. J'ignorais à l'époque que liberté et anarchie, bien que semblables en apparence, sont en fait aux antipodes. La véritable liberté naît d'une intense discipline intérieure. Elle se caractérise par un calme intérieur que n'affectent pas les inévitables hauts et bas de l'existence. À l'opposé, l'anarchie consiste à osciller au gré des caprices de l'esprit et de ses humeurs, sans songer aux conséquences. Loin de connaître la félicité et la paix de la liberté, l'anarchiste est toujours agité. Esclave de ses pulsions, il est sans cesse ballotté par l'alternance des vagues de plaisir et de peine dont la vie est faite. Sans une discipline systématique de l'esprit, il n'y a pas de véritable liberté.

Mais à l'époque, bien sûr, j'ignorais la différence entre les deux et d'ailleurs, je m'en fichais.

Lorsque j'obtins mon baccalauréat, ma mère me demanda ce qui me ferait plaisir comme cadeau de fin d'études. Je lui répondis que j'aimerais aller passer l'été en Europe avant de décider d'études supérieures. Elle accepta et peu après, je me retrouvai en train de sillonner l'Europe en solitaire. Plein d'espérance, j'allais d'un endroit à l'autre. Je vis nombre d'œuvres d'art et de monuments historiques célèbres, tels la Tour Eiffel, l'Abbaye de Westminster et les sculptures de Léonard de Vinci. Étrangement, tout me semblait identique : rien que de la brique, du ciment, du bois ou du fer, simplement combinés de façons différentes. Rien n'éveillait en moi la moindre réaction. Le périple qui promettait d'être passionnant s'avérait d'un ennui mortel.

Je me dis que, peut-être, quelque chose ne tournait pas rond chez moi. Comment se pouvait-il que je reste de marbre là où des millions de touristes étaient transportés d'enthousiasme ? Bien qu'âgé de dix-sept ans à peine, je commençais à me poser de sérieuses questions sur le sens de la vie, sans pouvoir y apporter réponse satisfaisante. Plaisirs et jouissances semblaient être les objectifs immédiats de ma vie. Pourtant, avec ce voyage, j'avais déjà connu ma première déception. Peut-être par la suite ma recherche du plaisir serait-elle plus fructueuse ? Ou bien le plaisir ne serait-il qu'une projection de mon esprit ? Ce qui pour tant de gens était source de grande joie ne me touchait même pas. Je rentrai aux États-Unis, déçu et quelque peu perplexe, mais bien décidé à découvrir ce qui me rendrait heureux.

À mon retour d'Europe, Earl, mon frère aîné, m'invita à venir lui rendre visite à Ann Harbor (Michigan) où il préparait une licence de lettres. Je fis le trajet depuis Chicago en voiture et arrivai chez lui vers l'heure du dîner. Je découvris avec surprise que mon frère était devenu végétarien. Il était nettement plus mince, en meilleure forme et plus calme qu'à notre dernière rencontre. Je lui demandai ce qui l'avait poussé à changer ses habitudes alimentaires.

« Il y a six mois, j'ai commencé à apprendre et à pratiquer le *hatha yōga*. J'ai trouvé un professeur, ici à Ann Harbor, qui a passé plusieurs années en Inde à étudier le yoga sous la direction d'un maître. C'est une personne assez extraordinaire. J'aimerais que tu la rencontres. Elle m'a expliqué que la nourriture a une double nature, grossière et subtile. La partie grossière entre dans la constitution du corps, la partie subtile influe sur la nature de l'esprit. La composante subtile de l'alimentation végétarienne est meilleure pour la santé et apaise progressivement l'esprit, ce qui à son tour facilite la méditation. La méditation permet d'atteindre la félicité de la réalisation, une félicité sans comparaison possible avec les plaisirs du monde. La réalisation du Soi, ou connaissance de sa véritable Nature, est l'expérience directe, intuitive, que nous ne sommes ni le corps physique ni le mental en effervescence, mais une masse infinie et immortelle d'Existence et de Béatitude pures. À travers les âges, beaucoup ont atteint cet état. Ils disent que cette expérience est le véritable but de la vie. Nous irons voir ma prof demain. »

Inde, yoga, méditation. Une étincelle s'alluma dans mon cœur, jusque-là mort. J'avais hâte et peur en même temps, à l'idée de rencontrer une *yōgini*. J'imaginais une créature sortie tout droit de la quatrième dimension ! Le lendemain matin, mon frère m'emmena chez son professeur de yoga. Ô surprise, c'était somme toute un être humain ! Barbara, femme d'âge moyen, était vive, douce et naturelle. Je me sentis soulagé. Moi qui m'attendais à voir un personnage grave, lévitant tête en bas à un mètre du sol ! Nous fûmes immédiatement amis. Elle me fit cadeau d'un exemplaire de la *Bhagavad Gītā*, ouvrage très connu sur le yoga et me pria de le lire. Après le déjeuner, où la conversation roula sur des sujets plus triviaux, nous rentrâmes chez Earl.

Une brève rencontre, mais peut-être la plus cruciale de ma vie. J'étais loin de me douter que la graine de la spiritualité venait d'être semée, qu'elle allait germer et devenir l'arbre en perpétuelle croissance d'une profonde paix intérieure.

Ce soir-là, j'entamai la lecture de la *Bhagavad Gītā*. C'est sans doute le plus révéré des textes sacrés hindous. Il contient d'ailleurs l'essence de tous les autres. La *Bhagavad Gītā* fait partie d'un ensemble beaucoup plus vaste, le *Mahābhārata*. Elle expose la science de la connaissance du Soi telle que Sri Kṛiṣhṇa, une incarnation divine, l'enseigna à son disciple Arjuna au cours d'une bataille. Dans le monde entier, les plus célèbres érudits ont acclamé cet ouvrage, considérant qu'il recèle la plus haute sagesse que l'homme puisse jamais atteindre. Je n'arrivais même pas à en prononcer le titre mais, plein d'espoir, je me mis à lire.

Au fil des pages, chaque mot me faisait un coup au cœur. J'avais l'impression que j'étais Arjuna et que Sri Kṛiṣhṇa s'adressait directement à moi. Toutes les questions qui m'avaient hanté trouvaient leur réponse. Même des questions que je ne m'étais pas encore formulées devenaient limpides. Les doutes s'évanouissaient. Jusqu'à ce que je lise la *Bhagavad Gītā*, je n'avais aucune idée de ce que signifie le mot « sagesse ». La nature de

Les débuts : de Chicago à l'Inde

l'esprit, le but de la vie, sont révélés sans ambiguïté dans cet ouvrage. Il m'apparut à l'évidence que le but de la vie n'est pas la recherche jusqu'à la mort des plaisirs des sens. Il s'agit plutôt de bien comprendre le mental, de le purifier et d'aller au-delà afin de connaître la Réalité, là où règne en maître la Félicité silencieuse. Pour la première fois depuis mon enfance, je me mis à pleurer. Ce n'étaient pas des larmes de tristesse ou d'égoïsme, mais des larmes de joie. Cette nuit-là, je ne dormis pas, tant était grande ma soif de finir le livre. De temps en temps, mon frère passait la tête à ma porte pour voir si tout allait bien. Qu'aurais-je pu lui dire ? J'étais entré dans un autre monde, voilà tout.

Le lendemain, je décidai d'adopter un régime végétarien. Naïf comme je l'étais, je pensais que cela suffirait pour atteindre la réalisation du Soi ! À mes yeux, atteindre le plus haut stade de *samādhi* (absorption dans la Réalité suprême) était l'affaire de quelques jours. Après avoir passé quelque temps en compagnie de mon frère, je rentrai à Chicago, heureux d'avoir trouvé un sens à ma vie.

Je décidai que je ne voulais pas entrer tout de suite à l'université. Il me semblait que ce type d'éducation institutionnalisée n'avait d'autre but que de permettre de gagner de l'argent et ce, à seule fin de pouvoir profiter des prétendus plaisirs de la vie. Je pensais me satisfaire d'une vie très simple, à peu de frais, pour laquelle un emploi modeste suffirait. À quoi bon passer quatre à six années de ma vie à l'université ?

Cette décision, bien sûr, déçut ma mère. Elle avait espéré que je mènerais une existence plus conforme à la norme et que j'irais à l'université. Néanmoins, elle accepta ma proposition et, tout en espérant que j'en viendrais à changer d'avis, elle me laissa faire à ma guise. Je vendis télescope, collection de pièces, voiture et autres biens caractéristiques d'un adolescent américain de la bonne société et décidai de partir pour la côte Ouest. Je voulais y dénicher un coin tranquille, à la campagne, pour manger végétarien et méditer ! Par ailleurs, mes appétits sensuels n'étaient pas encore tout à fait satisfaits. Bien qu'ayant lu la *Bhagavad Gītā*, je n'avais pas encore compris que, sans maîtrise des sens, le mental ne s'apaise jamais. Sans calme intérieur, il n'y a pas de bonne méditation et, en conséquence, la réalisation du Soi est impossible. Comme pour toute autre science, dans la science du yoga, il faut suivre les règles et procédures établies si l'on veut obtenir les résultats escomptés. Je pensais à tort que, puisque la réalisation du Soi n'est autre que la jouissance de la Félicité suprême, je pourrais facilement l'obtenir, avec un peu de chance et quelques efforts de-ci-delà, comme s'obtiennent les plaisirs et jouissances de ce monde.

À l'automne 1967, je pris la voiture de ma sœur et, en compagnie de quelques amis, partis pour Berkeley, en Californie. À cette époque, le végétarisme n'était pas à la mode aux États-Unis et trouver ce type de nourriture tout en voyageant représentait une gageure. Combien de temps peut-on vivre de sandwiches au fromage ? Je me dis que la vie spirituelle n'était peut-être pas pour moi après tout, mais la honte d'avoir à reconnaître ma défaite si tôt après avoir commencé m'empêcha d'abandonner. Arrivé à Berkeley, je me mis en devoir de dénicher la maison idéale dans le cadre idéal. Cela s'avéra moins facile que prévu. Après avoir cherché pendant des jours et parcouru bien des kilomètres en tous sens autour de Berkeley, un sentiment d'échec et de résignation s'empara de moi. C'est à ce moment précis que, sans même avoir à chercher plus avant, une maison idéale attira mon attention. Je la louai aussitôt. Elle était assez grande pour nous tous et même plus. J'écrivis à mon frère et à

Les débuts : de Chicago à l'Inde

ma sœur qui décidèrent de venir s'installer en Californie et me rejoignirent peu après.

L'un des principaux intérêts de mon existence devint la recherche de la réalisation du Soi. Mais, pour être parfaitement honnête, plus fort encore était mon désir de vivre avec une femme. Désir assez normal chez un adolescent américain, mais le fait de vivre à la maison avec ma mère avait rendu la chose difficile. C'était incontestablement l'une des raisons qui m'avaient poussé à quitter Chicago pour la Californie, refuge à l'époque des gens comme moi. Après avoir emménagé dans la nouvelle maison, je concentrai toutes mes pensées sur la réalisation de mon but immédiat. Plutôt réservé de nature, je décidai que si je devais trouver la compagne adéquate, ce serait de la même manière que j'avais trouvé la maison, c'est-à-dire par l'intervention de la Providence. Je ne fis donc aucun effort pour trouver une petite amie. Aussi étrange que cela puisse paraître, dès le lendemain, une jeune fille se présentait à ma porte. Elle me cherchait ! Elle avait entendu parler de moi à Chicago et était venue jusqu'en Californie à ma recherche. Disait-elle ou non la vérité, je ne le savais pas… et ne voulais pas le savoir puisque mon vœu se réalisait de lui-même.

L'impact de cet épisode fut tel sur mon esprit que je me pris à croire en toute sincérité que tout ce dont j'aurais réellement besoin me serait accordé. De fait, j'ai bien souvent à ce jour pu vérifier l'exactitude de ce précepte. Bien sûr, ce dont on a besoin peut varier selon le moment et l'endroit et peut être douloureux tout autant qu'agréable. Mais si l'on est patient, si l'on ne perd pas de vue l'objectif de réaliser Dieu, on verra les circonstances s'organiser d'elles-mêmes pour permettre le progrès spirituel. À cette époque, j'avais besoin d'une petite amie. Plus tard, la compagnie de sages me fut essentielle. Encore plus tard, la maladie et la souffrance devinrent nécessaires. En fait, aux yeux de l'aspirant spirituel, tout ce qui arrive est pour le mieux et survient précisément au bon moment de la façon la plus mystérieuse qui soit.

Peu après son arrivée, Earl me donna à lire un autre livre. Il s'agissait de la vie et des enseignements d'un grand sage de l'Inde, Sri Ramana Maharshi. À l'âge de seize ans, Ramana fut soudain terrassé par la peur de mourir. Il était en parfaite santé et n'avait aucune raison de voir surgir une telle peur à ce moment précis. Pourtant, il sentait qu'il allait mourir et qu'il devait résoudre le problème immédiatement. Il s'allongea et fit semblant d'être mort. C'est alors qu'il se dit : « Là, mon corps est mort, mais la sensation de « Je » continue à luire au fond de moi. Par conséquent, je suis l'Esprit qui ne connaît pas la mort et non ce corps inerte. » Ceci ne lui vint pas comme une conclusion logique, mais plutôt comme un éclair d'intuition et une expérience directe. Ce ne fut pas un simple aperçu fulgurant de la Réalité, voué à sombrer aussitôt dans les ténèbres de l'ignorance. À partir de ce moment, il garda intacte la conscience de lui-même en tant que pur esprit au-delà de la mort, jusqu'à ce qu'il quitte son corps, cinquante-trois ans plus tard, en 1950. Juste avant sa mort, Ramana assura à ses disciples qu'il continuerait à être avec eux et à les guider, en dépit de la mort du corps physique. Il avait atteint la réalisation par l'acte spontané de se demander intérieurement : « Qui suis-je ? ». Il avait écarté le corps et le mental comme n'étant pas son Être réel. Il avait clairement réalisé qu'il était pure Conscience transcendant tout. Ainsi, il s'était libéré de tout désir et de toute peur, même la peur de la mort, et il demeurait établi dans la paix parfaite. Ramana vivait près d'une montagne sacrée, Arunachala, dans le Sud de l'Inde, irradiant la lumière spirituelle et la sérénité. Il devint le

Les débuts : de Chicago à l'Inde

vivant exemple de l'idéal de conduite, dans la vie quotidienne, d'un sage ayant atteint la réalisation. Pour parvenir à cet état, il préconisait soit de s'en remettre totalement à la direction permanente d'un être éveillé, soit de poursuivre seul la recherche intérieure du « Je ». L'une ou l'autre voie permettent d'acquérir la sérénité et la concentration nécessaires à l'expérience de la Vérité intérieure.

La vie et les enseignements de Ramana me séduisaient et je décidai de pratiquer les deux méthodes. La recherche du Soi consistait pour moi à m'asseoir et à me répéter silencieusement « Je, Je, Je.... » tout en essayant de fixer mon attention sur la signification de ce mot, cette chose qui brille en moi comme le « Je ». Dans ma vie quotidienne, j'essayais de mettre en pratique l'abandon à Ramana que je pris pour maître. Pour cela, je tâchais d'accepter les circonstances sans réagir positivement à celles qui étaient agréables ni négativement à celles qui étaient douloureuses. Mon frère m'enseigna quelques postures de hatha yoga pour améliorer ma santé et purifier mon système nerveux. Tout ceci contribua à apporter un peu de discipline à mon existence, pour le reste assez décousue. À l'époque, je pensais que je me marierais et vivrais un mélange de vie matérielle et de vie spirituelle, une sorte de vie dans le monde mais spiritualisée.

Pourtant, il devait en être autrement.

Un jour, Earl reçut une lettre de son professeur de yoga du Michigan. Elle disait : « Je suis heureuse d'apprendre que Neal pratique les postures telles que tu les lui as enseignées. Il est encore jeune. Pourquoi ne se ferait-il pas moine pour se vouer entièrement à la réalisation du Soi ? » Earl me montra la lettre. Après l'avoir lue, je me sentis comme quelqu'un à qui l'on sert une tisane amère alors qu'il est en train de déguster une douceur. J'étais parfaitement heureux avec mon amie et ma méditation et n'avais aucune intention d'abandonner l'une ou l'autre. Je chassai ce sujet de mon esprit et vaquai à mes occupations habituelles.

Quelques jours plus tard, pendant que je méditais, ma concentration s'intensifia soudain et mon esprit dispersé se concentra en un seul point. Comme une petite flamme, le mental s'éteignit. À ce moment-là, il ne resta plus que la Lumière infinie, la Béatitude parfaite, l'Unité immanente. Toute trace d'individualité ou d'objectivité avait disparu, puis comme un ascenseur qui redescend, mon esprit revint à la vie et reprit conscience du corps et du monde. Mais l'instant d'après, à nouveau il se fondait dans la Lumière. Ceci se répéta trois ou quatre fois, après quoi je pleurais et sanglotais comme un bébé à l'idée de cette formidable paix et de cette immensité. J'eus la révélation qu'après bien des leçons douloureuses, je me fondrais à nouveau et pour toujours dans cette Lumière suprême. Ceci m'apparut comme une certitude venue de l'intérieur.

Je sentais que, de façon inexplicable, Ramana était responsable de cette expérience sublime. Après tout, ne lui avais-je pas mentalement dédié ma vie ? S'il avait assuré à ses dévots qu'il serait avec eux même après la mort de son corps, certainement il devait être avec moi aussi. Cependant, je me faisais de grandes illusions en pensant qu'ayant eu une expérience si merveilleuse après seulement quelques jours de méditation, je pourrais, en continuant à méditer, la renouveler indéfiniment jusqu'à ce qu'elle devienne permanente. Cela en quelques semaines tout au plus ! Inutile de dire que ce ne fut pas le cas. Mais le souvenir et le goût de cette béatitude me sont toujours restés. Un fugitif aperçu du But m'avait été accordé, à moi dorénavant de parcourir la pente escarpée y menant.

À partir de ce moment-là, mon mental commença à se transformer graduellement. Après ma séance de yoga, je ressentais

Les débuts : de Chicago à l'Inde

une légère ivresse, très subtile. Ce n'était pas simplement un effet physique vivifiant, mais plutôt une sensation de détachement serein du corps et du monde. Je découvris aussi que les relations intimes avec le beau sexe faisaient disparaître presque totalement cette sérénité jusqu'à la séance de yoga suivante. Malgré leur grand attrait, les plaisirs animaux du sexe paraissaient en vérité bien grossiers en regard de la paix spirituelle subtile. Pour autant, je ne parvenais pas à tout simplement laisser tomber le sexe, mais je ne voulais pas non plus continuer à perdre le trésor d'expérience spirituelle que je venais de découvrir. Je décidai donc d'éviter le plus possible ma petite amie. Le yoga du matin terminé, je prenais la voiture et montais dans les collines derrière Berkeley. Je lisais des ouvrages spirituels, méditais et contemplais les collines et les vallons jusqu'au crépuscule. La simple idée de devoir retrouver mon amie après le coucher du soleil me déprimait et je rentrais chez moi à contrecœur. Ce train-train continua quelques jours, mais cela ne résolvait pas le problème. Mon amie commença à me soupçonner de voir une autre fille pendant la journée et résolut de me posséder encore plus la nuit venue.

Cette situation me fit percevoir la relation homme-femme comme basée essentiellement sur l'intérêt personnel. Si elle m'aimait vraiment, comme elle le prétendait, pourquoi n'essayait-elle pas de me rendre heureux plutôt que malheureux ? Je lui avais expliqué mes expériences spirituelles, mes raisons d'aller dans les montagnes pendant la journée et aussi les effets de la relation sexuelle sur ma paix intérieure. En fait, avec toute la confiance et l'innocence d'un enfant, je ne lui avais rien caché, mais elle était incapable de penser à autre chose qu'à son propre plaisir. Un jour, je lui demandai : « Si je me rasais la tête et la barbe, est-ce que tu m'aimerais encore ? Ou si je ne pouvais plus te faire l'amour, est-ce que tu m'aimerais encore ? ». Une expression horrifiée se peignit sur son visage, mais elle ne me répondit pas. De tout cela, je finis par conclure que ce que nous appelions « amour » n'était rien d'autre que la satisfaction mutuelle de nos désirs égoïstes, physiques et psychiques. Il était basé essentiellement sur l'attirance physique que nous éprouvions l'un pour l'autre et peut-être aussi sur une légère affinité mentale. Ce prétendu amour était très superficiel et le moindre désaccord pouvait l'anéantir.

À cette époque, je ne connaissais pas l'amour divin si effacé des grands sages envers l'humanité souffrante, mais je savais qu'un amour aussi superficiel ne valait pas cher à mes yeux. Je me demandais comment me tirer de cette situation sans faire de peine à mon amie, déjà passablement perturbée. De plus, les paroles du professeur de yoga de mon frère commençaient à me hanter, « Fais-toi moine, fais-toi moine » et je commençais à me dire que c'était ce que je devais faire. Oui, mais comment ?

À cette époque, Barbara, la prof de yoga de Earl, partit vivre à Kathmandu, au Népal, son mari, fonctionnaire du gouvernement, ayant été muté là-bas. Mon frère me demanda si je voulais les accompagner au Népal, lui, sa femme et leur bébé, car il avait envie de voir Barbara, ainsi que de visiter l'Inde. Il me dit qu'en chemin, je pourrais entrer dans un monastère Zen et devenir moine bouddhiste si cela me convenait. Je vis là l'occasion en or de me sortir de ce mauvais pas et acceptai immédiatement. Je fis une provision financière pour mon amie, promis de lui écrire et si possible, de la faire venir. Je ne songeais pas à l'absurdité de ma proposition, mais elle, si. « Et même si je venais, qu'est-ce que je ferais dans un monastère ? » me demanda-t-elle, un peu fâchée de mon apparente hypocrisie. Ce fut mon tour de ne savoir que répondre.

Les débuts : de Chicago à l'Inde

Enfin, le jour du départ arriva. Après un bref au revoir sur le quai, je pris congé de ma mère, de mon amie et des quelques amis venus nous accompagner. Quand enfin le bateau quitta le quai, je poussai un profond soupir de soulagement. J'abandonnais tout ce qui m'était familier et pourtant, je ne sais pourquoi, cela me laissait indifférent. Je me souvins avoir éprouvé le même sentiment de détachement à la mort de mon père. Comme la proue du navire fendant les vagues, ma vie continuait et je me demandais : « Qu'est-ce qui m'attend, qu'est-ce qui m'attend ? ».

Tandis que le bateau quittait la baie de San Francisco, je gagnai le pont supérieur et m'assis. Je n'avais que dix-huit ans, mais j'avais l'impression d'avoir traversé une longue vie maritale. Je me sentais à présent comme un homme qui, Dieu sait comment, remonte des profondeurs abyssales. De toute évidence, je n'avais pas placé en vain ma confiance en Ramana. Je sentais qu'il m'avait tiré d'une situation très délicate. Pendant que je me tenais là, assis, contemplant le pont inférieur, j'eus soudain l'impression que quelque chose m'appuyait très doucement sur le sommet du crâne. Une grande paix envahit mon esprit. Les mouvements de ma pensée se calmèrent. En regardant vers le bas, je voyais des hommes et des femmes en conversation sur le pont. Il me fut « révélé », je ne trouve pas de meilleur mot, que l'attraction entre les sexes est la plus puissante des pulsions naturelles, en grande partie responsable de l'incessante activité des hommes. Cela peut paraître très élémentaire et j'admets que ça l'est, mais à ce moment-là, ce fut pour moi une véritable révélation.

À cet instant, je sus que je ne suivrais pas la voie de l'homme ordinaire, la voie du plaisir, mais m'efforcerais d'atteindre la paix infinie du Soi, dussè-je mourir à la tâche. Je ne connaissais rien à l'orthodoxie monastique, je ne savais même pas que le célibat est prescrit comme discipline essentielle pour atteindre l'Illumination, mais malgré tout, je ressentais le besoin d'une vie chaste entièrement vouée à un but sublime. On ne m'avait jamais dit, je n'avais jamais lu, que l'instinct sexuel doit être maîtrisé et sublimé. J'avais abouti à cette conclusion par mon expérience personnelle.

Earl et moi avions décider de voyager par bateau et non par avion parce que nous tenions à poursuivre une pratique régulière du yoga, sans aucune interruption. Ponctuellement matin et soir, nous faisions nos postures pendant une heure. Du temps était également alloué à la méditation et à l'étude d'ouvrages spirituels. Nous n'étions pas pressés d'atteindre le Japon et l'allure modérée des voyages océaniques convenait parfaitement à notre mode de vie. Je me levais à quatre heures et demie le matin, quand tout le monde dormait encore, prenais une douche et montais sur le pont faire mon yoga et méditer. L'air pur, le silence du vaste océan et la grandeur du spectacle quotidien du soleil levant apaisaient mon esprit. Mais mon empressement à atteindre la réalisation spirituelle me causait une sensation permanente de fournaise au niveau du cœur.

Dans ce cœur avait germé une foi enfantine en un grand sage. De ma vie je n'avais pensé à Dieu, sauf peut-être une ou deux fois quand, enfant, je ne trouvais pas d'autre moyen d'obtenir une chose que je souhaitais ardemment. Je priais alors Dieu, à titre expérimental. Quelle n'était pas ma stupeur quand mon vœu le plus cher était exaucé ! Mes parents étaient tous deux agnostiques. Ils m'avaient envoyé au catéchisme, non par sentiment religieux ou crainte de Dieu, mais probablement parce que tous les enfants du quartier y allaient. Dieu me semblait n'être qu'un mot, à utiliser avec d'autres dans des expressions comme « À Dieu ne plaise », « Dieu seul le sait », ou « Nom de Dieu ! ».

Les débuts : de Chicago à l'Inde

Même à ce stade, la pensée ne m'effleurait pas que Dieu, l'Être universel, guidait ma nouvelle vie. C'était plutôt Ramana qui avait promis de guider ses dévots, parmi lesquels je me comptais à présent. Je ne me suis jamais demandé comment cela pouvait être rationnellement possible. Comment un homme pourrait-il contrôler les événements de la vie d'un autre ? À plus forte raison, un homme qui avait vécu à vingt mille kilomètres de chez moi et était mort depuis dix-huit ans. Eh bien, Ramana avait réalisé le Soi et à ce titre il n'était pas, il n'est pas, distinct du Suprême qui n'a ni naissance ni mort. Prenant ceci pour parole d'évangile, j'en fais, de, puis l'expérience à chaque seconde.

Ma personnalité changeait à grande vitesse. Quand je parlais avec les autres passagers, j'écoutais leurs problèmes avec un sentiment nouveau de compassion. Je commençais à m'apercevoir que chacun, aussi heureux soit-il, recherche toujours plus de bonheur, quantitativement et qualitativement. Tout désir satisfait cède la place à un nouveau désir.

Ces gens ne semblaient pas savoir qu'il existait quelque chose au-delà du bonheur terrestre et peu leur importait. Leurs seuls soucis étaient l'argent, le sexe, la gloire et la santé. De cette quête, ils ne retiraient qu'un iota de plaisir pour une tonne d'effort. Avant même qu'ils ne s'en soient rendu compte, la vieillesse et la mort les auraient emportés.

Je me dis, le cœur lourd : « N'y a-t-il rien d'autre dans la vie de l'homme moyen ? La naissance, la recherche du plaisir et enfin la mort ? ». J'avais entrevu une félicité bien au-delà du domaine des sens et du mental. Moi, je suivais la voie spirituelle, mais les autres ? Ne pouvant trouver réponse satisfaisante à mes doutes, je me mis à porter sur la vie des hommes et leurs problèmes un regard compatissant. Je ne désirais rien de personne mais donnais autant que je le pouvais. Il me semblait que l'égoïsme rendait aveugle à tout, excepté à son propre petit univers circonscrit, comme la grenouille de la fable au fond de son puits.

Un jour, en furetant dans la bibliothèque du bord, je tombai sur un livre de Swami Shivananda de Rishikesh, un village au pied des Himalayas. Apparemment, Swami Chidananda, son disciple, avait un jour pris ce même bateau et avait fait don de ce livre à la bibliothèque. Il abordait tous les aspects de la vie spirituelle. En le lisant, je tombai sur une affirmation selon laquelle, qui que l'on soit, si l'on désire atteindre la réalisation du Soi, la compagnie d'un maître vivant est indispensable. Je commençai à me demander que faire. Ramana ne suffisait-il pas ? Cette nuit-là, une fois tout le monde couché, je montai sur le pont, le cœur gros.

Pour la première fois de ma vie, je me mis à sangloter du tréfonds de mon cœur, implorant dans la nuit noire : « Ô Ramana ! Que dois-je faire ? Sans maître, comment atteindre le But ? Qui me montrera la voie et m'enseignera à mener une vie spirituelle ? Ce pourrait-il qu'il existe quelqu'un d'aussi grand que toi ? Je n'accepterai rien moins que toi. Ne me montreras-tu pas la voie ? ». Je pleurais, pleurais, comme un petit enfant. Je n'avais jamais connu un tel chagrin, ni soupçonné le bonheur que l'on éprouve à ouvrir son cœur, dans les larmes, au Suprême. Au cours des mois qui suivirent, je m'aperçus qu'en vérité, ma prière avait été entendue.

Le bateau fit escale à Hawaii et nous descendîmes à terre pour une journée de tourisme. Nous fîmes le tour de l'île en voiture de location et arrivâmes à une plage magnifique avec eau turquoise, ciel bleu et falaises déchiquetées tombant à pic dans la mer. Le paysage était un véritable enchantement, mais j'avais l'esprit ailleurs. Je ne pouvais profiter de rien, un peu comme un homme se languissant de sa bien-aimée, absent et

Les débuts : de Chicago à l'Inde

incapable de participer sans réserve à quoi que ce soit. Earl et sa femme appréciaient énormément l'endroit et donc, pour ne pas jouer les trouble-fête, je manifestai moi aussi intérêt et plaisir.

Encore quelques jours de mer et nous atteignîmes le Japon. Nous débarquâmes à Yokohama. Earl décida que nous prendrions le train pour Kyoto, la Cité des Temples. En quelques heures, nous étions dans la ville qui allait être mon nouveau foyer pendant les quatre mois à venir.

Après avoir pris pension dans une confortable auberge, Earl décréta qu'il fallait avant tout se mettre en quête de Gary Snyder, poète américain réputé qui, nous le savions, habitait Kyoto. Il avait visité l'*āśhram* de Ramana Maharshi en Inde et avait contribué quelques poèmes à la publication trimestrielle de l'*āśhram*. En tant que dévots de Ramana, nous pensions pouvoir le consulter sur les lieux à visiter et sur le moyen de trouver un logement. Après trois ou quatre heures de recherche, nous avions pratiquement abandonné l'espoir de trouver sa maison lorsque qu'un monsieur qui parlait anglais nous l'indiqua.

Gary se montra très amical et hospitalier. Il nous invita à entrer et pria sa femme de préparer du thé. Il nous dit qu'il avait vécu pendant huit ans la vie de moine zen dans un monastère avant de décider de se marier. Il avait épousé une jeune Japonaise et ils venaient d'avoir un enfant. Il était plongé dans la traduction anglaise d'une partie des Écritures bouddhistes et écrivait également de la poésie. En fait, il projetait de rentrer aux États-Unis et d'y fonder une communauté spirituelle. Il aurait été heureux, nous dit-il, de nous céder sa maison à son départ, mais il l'avait déjà promise à quelqu'un d'autre. Il nous assura qu'il nous trouverait dès le lendemain un logement approprié et qu'il nous rejoindrait à notre auberge.

Gary se tourna alors vers moi et me demanda quels étaient mes projets. Je lui répondis que je désirais devenir moine, peut-être moine zen mais je n'en étais pas certain. Je lui demandai s'il connaissait un endroit où je pourrais me faire une idée de ce genre de vie. Il parut très heureux d'apprendre mes aspirations et m'assura qu'il me montrerait cet endroit dès que nous serions installés. Je me sentais très serein et à l'aise en sa présence et je me dis qu'il devait avoir atteint un bon niveau spirituel grâce à sa formation zen. J'espérais qu'il pourrait me guider un tant soit peu sur la voie spirituelle et ne fus pas déçu. Lorsque nous prîmes congé de lui, il nous raccompagna à la porte. Dans tous les pays orientaux, on se déchausse avant d'entrer dans une maison. Nous avions laissé nos chaussures sur le seuil. Gary y jeta un coup d'œil. Une paire était sagement alignée, les autres jetées au hasard. Il attendit de voir quelles chaussures appartenaient à qui. Me voyant enfiler la première paire, il sourit et dit : « Par une chose aussi triviale, je peux lire dans l'esprit d'un homme. Celui qui s'intéresse à la méditation devrait toujours être attentif et mener une vie ordonnée et concentrée. C'est à cette seule condition que l'on peut acquérir une parfaite concentration pendant la méditation. »

J'étais très content de recevoir des conseils aussi pratiques et aujourd'hui encore, je pense à Gary chaque fois que j'enlève mes chaussures pour entrer quelque part. Cette attitude de prendre à cœur tout conseil avisé et de le mettre en pratique jusqu'à ce qu'il porte ses fruits, débuta à ce moment. Le conseil était mineur, mais ses implications étaient vastes. Toute action, pas seulement le rangement des chaussures, devrait être exécutée avec concentration et soin. Je décidai de faire de mon mieux pour suivre ce conseil.

Les débuts : de Chicago à l'Inde

Le lendemain matin, Gary se présenta à notre auberge et, après le petit-déjeuner, nous partîmes en quête d'une maison. J'étais heureux comme quelqu'un qui retrouve un ami perdu de vue de longue date. Inexplicablement, je commençais à me sentir lié à Gary par un lien spirituel. C'était une expérience nouvelle pour moi et qui devait se répéter bien des fois par la suite avec d'autres personnes.

Gary nous emmena voir plusieurs maisons. Au Japon, un inconnu ne peut traiter directement une affaire d'importance. Il faut passer par un médiateur. Bien qu'un peu fastidieuse, cette méthode garantit à chaque partie la fiabilité de l'autre. Autrement dit, mieux vaut prévenir que guérir. Cette pratique pleine de bon sens est d'usage dans tout l'Orient.

Enfin, nous trouvâmes une très confortable maison de deux étages, moyennant loyer raisonnable. Nous y emménageâmes au cours des jours suivants.

Un soir, Gary nous invita à l'accompagner à un temple zen voisin. Il me dit qu'il y avait, attenant au temple, un petit centre de méditation dirigé par un maître zen japonais. Les laïcs étaient autorisés à y venir trois ou quatre soirs par semaine pour méditer sous la supervision du roshi, ou maître, et de son assistant. Gary me demanda si je voulais tenter l'expérience. J'acquiesçai d'enthousiasme.

Nous arrivâmes vers dix-sept heures trente. Le centre était une petite construction rattachée au mur d'enceinte du principal temple zen. À l'intérieur se trouvaient un charmant petit jardin japonais, une bibliothèque, une salle de séjour, les appartements du Roshi et une salle de méditation ou *zendo*. Après avoir échangé quelques mots avec le roshi, Gary nous introduisit, Earl et moi, dans le *zendo*. Nous prîmes tous trois place sur l'estrade. Je ne savais à quoi m'attendre et observais ce que les vingt autres personnes faisaient. Un gong retentit et tous s'assirent très droits sur leur coussin. Je m'assis en demi-lotus et m'efforçai de méditer sur le « Je » intérieur. Je voyais l'assistant du roshi faire les cent pas dans le hall, un bâton plat à la main. Je me demandais à quoi cela pouvait bien servir. Je fus rapidement fixé. Il s'approcha de mon voisin, lui tapota légèrement l'épaule de son bâton. Tous deux se saluèrent à l'orientale, paumes jointes, puis mon voisin se pencha en avant et reçut deux violents coups de bâton sur le dos. Je sursautai de frayeur !

Appréhendant la bastonnade, je ne parvenais plus à me concentrer. Mon esprit était fixé sur l'homme au bâton ! Au bout d'une demi-heure, mes jambes commencèrent à s'engourdir et mon dos s'arrondit. Je n'osais pas bouger de peur de tâter du bâton. Je pensais que j'allais perdre mes jambes, ou du moins qu'elles ne reviendraient jamais à la vie ! L'assistant continuait lentement sa ronde. Enfin, à mon grand dépit, il s'arrêta devant moi et me tapota l'épaule de son bâton. Suant abondamment, je le saluai, me penchai en avant et vlan !... Ce fut terminé avant que j'aie eu le temps de comprendre ce qui se passait. Il y avait bien une sensation cuisante, mais pas de douleur. Par contre, je me sentis immédiatement revigoré et me redressai. Seules mes jambes continuèrent à me paraître de plomb.

Au bout de quarante minutes, le gong retentit à nouveau. Abandonnant leur coussin, les méditants se levèrent, quittèrent en file indienne le *zendo* et se mirent à en faire le tour d'un pas vif, en silence, pendant cinq minutes, essayant de poursuivre leur méditation. , puis ils regagnèrent le *zendo* et continuèrent à méditer. Cette séquence se répéta encore une fois, puis des moines entonnèrent le *Prajñāpāramitā Sūtra* à voix tonitruante et tous se prosternèrent. Enfin, les méditants se rendirent dans la salle de séjour pour prendre le thé et passer quelques instants avec le roshi. Celui-ci, bien qu'approchant la soixantaine, irradiait une innocence d'enfant. Je lui demandai comment il avait atteint un tel état de bonheur.

« Je suis devenu moine à l'âge de huit ans. J'étais convaincu de la vérité des enseignements du Bouddha et je me suis attelé complètement à la recherche de l'Illumination. Lorsqu'éclata la seconde guerre mondiale, même les moines furent appelés sous les drapeaux. Seuls deux ou trois furent exemptés sur la base de leur consécration à la vie monastique. J'étais l'un de ceux-là. J'ai travaillé si dur pour atteindre mon état actuel de sérénité que j'ai eu souvent l'impression que mes os allaient se rompre. Si tu souhaites ce même état, toi aussi tu dois être prêt à te rompre les os. »

Après le thé, nous rentrâmes. Gary s'en fut de son côté après nous avoir dit que nous pouvions aller au *zendo* quatre soirs par semaine aux mêmes heures. Sur le chemin du retour, je me sentais très humble. Pas de façon douloureuse, mais au contraire de façon rafraîchissante. Inconsciemment, je m'étais fait une très haute idée de moi-même. Mais ma fierté et mon orgueil venaient d'en prendre un grand coup... de bâton ! Les paroles du roshi résonnaient à mes oreilles. Je décidai, advienne que pourra, de retourner au *zendo* à la première occasion et de m'y « rompre les os ».

Deux jours plus tard, Earl et moi retournions au centre de méditation. J'entrai directement dans le *zendo* et pris place. La chaleur estivale était oppressante et les moustiques faisaient bombance. À l'intérieur, il n'y avait pas même un souffle d'air. Eh bien, n'étais-je pas venu pour me rompre les os ? Le son du gong marqua le début de la séance. Je venais de commencer à méditer lorsque mon esprit se concentra profondément. Mes pensées se calmèrent et la sensation « Je suis » se manifesta clairement, comme une sorte de subtile illumination ou encore un courant intérieur de lumière. Je ressentais très distinctement que je n'étais ni le corps ni l'esprit, mais bien seulement ce courant de lumière. J'étais transporté. L'expérience persista même après la séance. En quittant le *zendo* avec Earl à la fin de la méditation, je faillis me prendre un autobus de plein fouet ! Il m'était absolument impossible de prêter attention aux choses extérieures et peu m'importait ce qui pourrait en résulter. Par chance, Earl m'agrippa le bras et me demanda ce qui se passait. Je me dis que peut-être il ne me croirait pas ou qu'une trace de fierté pourrait se glisser dans ma voix. Après avoir bien réfléchi, je répondis en pesant mes mots :

« Pendant que je méditais dans le *zendo*, j'ai soudain ressenti que j'étais « Je » uniquement et non pas le corps. En fait, ce corps semblait être un objet étranger, distinct de moi. Même maintenant, cette sensation persiste. Et aussi, c'est comme si mon esprit avait été lavé de frais à grande eau. Il se sent calme et pur. Je commence tout juste à comprendre un petit peu le sens des enseignements de Ramana. »

Earl semblait plongé dans ses propres pensées et nous regagnâmes la maison sans plus parler. Pendant une demi-heure, le sentiment d'illumination persista, puis il disparut progressivement. Évidemment, je souhaitais retrouver cet état et j'avais hâte de retourner au *zendo*. À chaque fois, la même expérience de clarté et de lumière douce et fraîche se reproduisait. La chaleur, les moustiques, les douleurs dans les jambes, autant de raisons de m'accrocher encore plus intensément à mon calme intérieur. Après chaque séance, j'avais l'impression que mon esprit avait pris une douche rafraîchissante et, alors que la canicule était intolérable, la température me semblait plutôt agréable. Cette

Les débuts : de Chicago à l'Inde

expérience de lumière intérieure persistait quelque temps après la méditation, puis comme la première fois, s'évanouissait.

Un jour, Gary nous invita chez lui pour un pique-nique. En arrivant, nous trouvâmes huit à dix autres occidentaux, des amis de Gary apparemment. Tous ensemble, nous nous rendîmes sur une colline proche de la maison et nous assîmes en cercle, Gary au centre. Il entonna alors un chant :

« Hari Kṛiṣhṇa Hari Kṛiṣhṇa, Kṛiṣhṇa Kṛiṣhṇa Hari Hari. Hari Rāma Hari Rāma, Rāma Rāma Hari Hari. »

Il chantait de toute son âme et semblait sur le point de pleurer. J'étais très ému et curieux de savoir ce qu'il chantait. Quand il eut terminé, nous gardâmes le silence quelque temps, puis je l'interrogeai sur cette mélopée.

« Elle m'a été enseignée par un ami qui a passé un certain temps en Inde. Elle est composée des divers noms de Dieu. En Inde, la Réalité suprême revêt différents noms. Ici, nous pouvons l'appeler ature de Bouddha, mais là-bas les gens la nomment Kṛiṣhṇa, Rāma ou Hari. Chanter le Nom divin confère une exceptionnelle béatitude. Il faut essayer de se fondre en Cela, de ne plus faire qu'un avec Cela pendant que l'on chante. »

En entendant ceci, mon envie d'aller en Inde se réveilla. Bien sûr, par mes méditations au *zendo*, j'atteignais incontestablement une certaine paix spirituelle, mais j'avais toujours, comme une arrière-pensée, le sentiment de ne pas être à ma place au Japon. Je me sentais étranger à la culture bouddhiste. Je ne pensais pas parvenir un jour à la considérer comme mienne. Nous venions de passer quatre mois au Japon et Earl aussi avait hâte de poursuivre le voyage vers l'Inde. Nous retînmes des places sur le premier bateau en partance pour Bangkok et, après l'adieu à Gary et à sa famille, nous étions partis.

Nous fîmes escale à Manille, à Hong Kong et dans quelques autres ports avant d'atteindre Bangkok. Là, nous prîmes une chambre bon marché, pensant faire un peu de tourisme. Tandis qu'Earl et sa femme partaient se renseigner sur les points d'intérêt, je décidai de faire mon yoga. Je venais de finir et j'étais assis en lotus, prêt à méditer, lorsqu'on toqua à ma porte. Une voix féminine me demanda la permission d'entrer. J'acquiesçai. La porte s'ouvrit et voilà qu'entra une jeune femme, jolie mais très légèrement vêtue. Au début, je ne comprenais pas ce qu'elle voulait, car elle parlait thaïlandais et je la prenais pour un membre du personnel de l'hôtel. Mais finalement, en observant ses gestes, il me vint à l'esprit que ce devait être une prostituée en train d'offrir ses services. Je n'avais jamais vu de prostituée auparavant, ou du moins n'en avais jamais reconnu une pour telle. Un moment, je fus vaguement tenté. , puis me voyant assis en position du lotus, j'affirmis ma résolution et lui dis : « Vous ne voyez pas que je suis en train de faire du yoga ? » Elle, bien sûr, ne comprenait rien à ce que je lui disais et sans doute n'avait-elle jamais vu quelqu'un faire du yoga. Elle n'arrêtait pas de me demander si je voulais qu'elle reste et je n'arrêtais pas de répéter « yoga, yoga », jusqu'à ce qu'enfin, perdant patience, elle quitta la pièce avec humeur. Ouf, je venais d'échapper à une tentation ! Mais je me sentais malheureux de n'avoir pas eu la force morale de dire tout simplement « Dehors ! » dès le début.

Le tourisme en Thaïlande consistait à voir temple bouddhiste sur temple bouddhiste. Cela ne faisait qu'accroître mon impatience d'arriver en Inde, pays où naquit le bouddhisme. Après quelques jours, nous prîmes un avion et atteignîmes la terre bénie des sages. Dans la salle de transit de l'aéroport de Calcutta, en attente d'une correspondance pour le Népal, c'est à peine si j'avais conscience d'être dans un aéroport. Chaque centimètre de terrain, chaque arbre, chaque personne me semblaient nimbés de sainteté. Je ne cessais de penser : « Voici la terre sacrée où le Seigneur Kṛiṣhṇa est né et a enseigné la *Bhagavad Gītā* à Arjuna, où le Bouddha a pris naissance pour diffuser l'évangile de l'Illumination, où Ramana a atteint la Connaissance du Soi ». Tout homme portant la barbe me paraissait être un saint. On peut penser que j'étais naïf, mais même aujourd'hui, après dix-huit ans passés en Inde, je trouve toujours que c'est l'endroit le plus saint du monde. Ma joie d'être enfin en Inde était inexprimable. Mais à peine étions-nous arrivés que déjà nous repartions pour le Népal.

En arrivant à Kathmandu, nous nous rendîmes chez Barbara. Elle avait été le professeur de yoga de mon frère aux États-Unis et nous avait invités à passer la voir sur le chemin de l'Inde. Barbara avait déjà été l'instrument de bien des changements importants dans ma vie en me donnant à lire la *Bhagavad Gītā* ou en suggérant que je me fasse moine. Je me demandais ce qu'elle allait encore m'apprendre, cette fois-ci. Le gouvernement népalais leur avait attribué, à elle et son mari, une belle et spacieuse demeure de trois étages. Elle était toute proche de l'ambassade et à quelques minutes à pied seulement des rizières. Par temps clair, on pouvait apercevoir au loin les sommets enneigés des Himalayas. Barbara avait transformé le dernier étage en studio pour la pratique et l'enseignement du yoga. L'endroit était bien aéré, avec beaucoup de lumière et des vues splendides de tous côtés. On me donna une chambre à part.

Barbara rentrait tout juste d'un voyage en Inde. Elle s'était rendue dans le Sud pour visiter l'*āśhram* de Ramana Maharshi. Elle bouillonnait de joie et me dit que là-bas elle avait senti très nettement la présence de Ramana. Elle ajouta que la paix spirituelle y était tellement palpable qu'on pouvait presque la couper au couteau. Ce n'était pas la paix d'une sépulture mais bien la paix radieuse qui entoure un sage réalisé. Arunachala, la colline sacrée, avait paru vivante à Barbara et elle avait à plusieurs reprises fait des ascensions et des circumambulations en ressentant une profonde concentration. Elle me dit aussi qu'il y avait à l'*āshram* un disciple de Ramana, du nom de Ratnamji, qui était la vie même de l'*āshram*. En fait, elle était d'avis que sans lui l'*āshram*, tout havre de paix qu'il soit, serait dépourvu de vie. Ratnamji était venu à Ramana en 1942, à l'âge de vingt ans. Il était devenu l'assistant personnel de Ramana jusqu'en 1950, quand Ramana avait quitté son corps. Ratnamji avait alors parcouru l'Inde en tous sens, gardant un contact étroit avec certains des plus grands sages du pays et servant nombre d'entre eux. Il avait consacré trente ans à une intense vie spirituelle, faite d'austérités et d'étude. Il avait un véritable rayonnement, une vaste connaissance des Écritures et par-dessus tout, ses paroles avaient une force qui élevait l'auditeur à de sublimes hauteurs de compréhension et d'expérience. Elle me recommanda de ne pas manquer de le rencontrer.

    C'était plus que je n'en pouvais supporter. J'étais déjà impatient d'aller à l'*āshram*, mais ces mots ne faisaient qu'accroître ma hâte. Mon cerveau devint obsédé par le désir de faire ma valise et de courir vers la sainte présence de Ramana. Earl voulait faire un peu de tourisme et me proposa même de passer avec lui quelque temps dans les Himalayas. Pour ma part, j'avais les yeux rivés au sol, m'accrochant à ma méditation nuit et jour. Je lui répondis que les Himalayas étaient là pour l'éternité, nous pas ; la réalisation spirituelle devait être atteinte immédiatement. Cette déclaration le laissa interdit. Je lui annonçai que je préférais partir pour l'Inde et atteindre l'*āshram* de Ramana au plus vite.

Les débuts : de Chicago à l'Inde

Froissé et quelque peu en colère, Earl me rétorqua que j'étais libre de faire à ma guise. Je n'étais pas obligé de le suivre. Jusqu'alors, il avait été mon guide, toujours soucieux de mon bonheur et de mon bien-être. Il avait organisé notre voyage et avait assumé toutes les responsabilités pour veiller à ce que notre vie se déroule sans heurts. Il était donc naturel qu'il se sente blessé par mes soudaines velléités d'indépendance, mais que pouvais-je y faire ? Je me sentais pareil à un morceau de métal attiré par un puissant aimant. C'est ce que je lui dis, après quoi je m'en fus acheter un billet de retour pour l'Inde.

Le lendemain me trouva à l'aéroport. Earl, Barbara et son mari étaient venus me dire au revoir après un séjour népalais de quelques jours seulement. Je n'étais pas très assuré. Voilà qu'à dix-neuf ans, je volais de mes propres ailes. J'étais à des milliers de kilomètres de chez moi et sur le point de plonger tête la première dans une nouvelle culture dont j'ignorais tout. Je n'avais aucun projet d'avenir, à part me débrouiller pour rallier l'*āśhram* de Ramana et atteindre la réalisation du Soi. Pas moyen de tergiverser avec cet appel intérieur à quitter tous et tout. C'était aussi évident que le soleil en plein midi, mais l'incertitude de l'avenir m'effrayait un peu.

Je quittai le Népal. De retour à Calcutta, j'attrapai le premier avion pour Madras, ville du Sud de l'Inde. C'était l'aéroport le plus proche de Tiruvannamalai, ma destination finale. Je pris une chambre d'hôtel, y déposai mes bagages et sortis me promener. Je vis que la plupart des gens marchaient pieds nus. Les chaussures semblaient superflues sous ces latitudes. De même, au lieu de pantalons, les hommes portaient un linge appelé *dhoti* enroulé à la taille et descendant jusqu'aux chevilles. Facile à laver, il séchait vite, ne coûtait pas cher et était parfaitement adapté à ce climat chaud. Je décidai donc d'abandonner mes vêtements occidentaux, chaussures comprises. J'achetai un *dhoti* et demandai au gérant de l'hôtel de m'apprendre à le mettre. Après qu'il m'eut montré, j'essayai bien des fois de le nouer autour de ma taille, mais dès que je commençais à marcher, il glissait et je me retrouvais au beau milieu du hall de l'hôtel en sous-vêtements. Non sans mal, je parvins enfin à le faire rester en place un peu plus longtemps.

Ensuite, il fallut s'accoutumer à la nourriture indienne. De ma vie, je n'avais mangé de piment rouge. Bien que le mot « chili », piment, signifie « froid » en anglais, c'est en réalité tout le contraire ! Par ailleurs, quatre-vingt dix-neuf pour cent des Indiens mangent avec leur main et non avec couteau et fourchette. Ils disent qu'utiliser des couverts, c'est comme avoir recours à un interprète dans une relation amoureuse ! Au restaurant, le serveur me demanda si je désirais une cuillère, mais je refusai. Timidement, j'observai les autres manger et tâchai de les imiter. Je dois dire que je parvins à enfourner plus de nourriture qu'avec des baguettes, mais cela ne veut pas dire grand-chose ! À plusieurs reprises, le serveur me supplia d'utiliser une cuillère, mais je me montrai intraitable. Ce que mon voisin engloutissait en dix minutes, il me fallut une demi-heure pour le manger, sans parler des dégâts sur la nappe et sur mes vêtements ! À moitié mort de honte, je quittai enfin le champ de bataille et allai triomphalement me laver les mains, heureux d'avoir surmonté le pire et espérant que ce serait plus facile la prochaine fois !

Le lendemain matin, le gérant de l'hôtel m'informa qu'il y avait un bus pour Tiruvannamalai toutes les heures à partir de six heures du matin. Par bonheur, il inscrivit sur un morceau de papier le nom de la ville en langue locale car, dit-il, avec ma prononciation tellement bizarre, je risquais de me retrouver

Les débuts : de Chicago à l'Inde

au Pakistan ! Je réglai ma note et pris un *rickshaw*[1] jusqu'à la station d'autobus. Je montrai mon papier à la ronde et on me fit signe de monter dans un bus. Avec ma valise dans une main, mes directives écrites dans l'autre et mon *dhoti* qui se défaisait sans cesse, je devais offrir un sacré spectacle à mes compagnons de voyage ! Enfin, le bus s'ébranla et je me calai sur l'inconfortable banquette, guettant l'apparition de la montagne sacrée, Arunachala.

---

[1] Genre de scooter couvert à trois roues servant de taxi à bon marché.

Chapitre 2

Faire le vide – Tiruvannamalai – 1968

Deux cents kilomètres et cinq heures plus tard, j'étais au pied de la montagne sacrée. Selon d'antiques légendes hindoues, c'est ici que Dieu choisit de se manifester pour la première fois après la Création. Il le fit sous forme d'un brillant faisceau de Lumière qui traversait le ciel à l'infini. Ses fidèles l'ayant prié d'adopter une forme plus tangible, il se transforma alors en montagne. Arunachala signifie la montagne rouge ou la montagne de feu, le rouge symbolisant la Lumière divine. Au fil des temps, d'innombrables aspirants spirituels, jugeant l'endroit propice à la *sādhanā* (discipline spirituelle), ont élu domicile à Arunachala. Ils nous ont laissé un vaste trésor poétique à la louange de cette colline qu'ils disent capable de dissiper l'ignorance spirituelle et de révéler la Vérité intérieure. Plus près de nous, Ramana Maharshi avait ressenti une puissante attraction envers cette montagne, même après sa réalisation, et il y vécut plus de cinquante ans. D'après sa propre expérience, il affirmait à ses disciples que le Suprême, bien que présent en toutes choses, se manifeste avec une intensité particulière en certains endroits de la planète. L'influence de ces lieux peut être ressentie par les aspirants avancés et mise à profit pour progresser spirituellement. Ceci, joint aux effets cumulés des austérités pratiquées par les innombrables sages qui y vécurent, fait d'Arunachala un lieu idéal pour apprendre à discipliner le mental en vue de l'absorption dans le Réel. En fait, il y a quelques années, quand un groupe de géologues américains effectuèrent des prélèvements rocheux sur la colline, ils découvrirent que celle-ci s'était formée à la même époque que l'écorce terrestre. En dépit des nombreux plissements et des recouvrements marins qui ont affecté la surface de la Terre au cours des âges, Arunachala est restée intacte.

De la gare routière, je pouvais voir la ville nichée au pied de la colline. Au centre se dressait l'énorme complexe du temple qui, jusqu'à l'avènement des cinémas, focalisait toute la vie sociale et religieuse. De nombreux festivals religieux s'y tenaient toute l'année, avec musique, danse et théâtre. Les gens dressaient des étalages où se vendaient toutes sortes de nourritures et d'objets ménagers, y compris des jouets pour enfants. Afin d'éduquer l'homme de la rue et de l'éclairer en matière de morale et de réflexions élevées, afin de lui faire prendre conscience du sens et du but de la vie, chaque soir, après le coucher du soleil, un lettré versé dans les Écritures venait lire quelques lignes et les commentait à la foule assemblée. On invitait également des orateurs d'autres villes et des débats étaient organisés. Ainsi, les Anciens s'efforçaient-ils d'instiller la notion de Sublime dans l'esprit des masses qui, sans cela, auraient consacré tout leur temps aux préoccupations matérielles. De nos jours encore, ces activités se poursuivent dans les temples hindous, mais l'assistance a beaucoup diminué, vu l'engouement de notre époque moderne pour les plaisirs et les distractions.

Le temple dédié au Seigneur Arunachala est l'un des plus grand de l'Inde. Il s'étend sur une dizaine d'hectares, délimités par quatre immenses murs d'enceinte flanqués de tous côtés de grandes tours. Sa taille imposante inspire un sentiment de crainte respectueuse.

Je grimpai dans une carriole à cheval et me mis en route pour Sri Ramanashramam qui fut le refuge de Ramana pendant plus de cinquante ans. L'*āśhram* est situé à deux kilomètres et demi de la ville, dans un faubourg tranquille. Avant la venue de Ramana, ce faubourg n'existait même pas. Entre la ville et l'*āśhram*, ce n'étaient que friches. Au-delà de l'*āśhram* s'étendait le cimetière. On ne s'aventurait dans les parages qu'à l'occasion d'un enterrement. De nos jours, entre la ville et le cimetière, pas un centimètre carré qui ne soit occupé. La route de l'*āśhram* est toujours encombrée de chars à bœufs, de cyclistes, de villageois se rendant à pied à la ville ou en revenant. La saison des pluies ne durant ici qu'un à deux mois par an, Tiruvannamalai est un endroit torride et poussiéreux. Mais cela ne diminue en rien le sentiment de son caractère sacré. Je n'avais vu jusque-là que Madras, grande ville à moitié occidentalisée. À présent, je voyais l'Inde véritable : celle des villages, bâtis autour d'une culture simple et antique.

En arrivant à l'*āśhram*, je fus reçu par un jeune garçon, le coursier. J'avais envoyé un télégramme pour annoncer mon arrivée. Aussitôt, on me conduisit à ma chambre, très propre et nette et on me laissa seul. J'inspectai les lieux. La chambre comprenait un lit, un placard aménagé dans le mur et un ventilateur. Ceci constituerait désormais mon foyer. J'avais décidé de rester ici, quoi qu'il advienne, jusqu'à la réalisation. Je songeai au chagrin de ma mère à me savoir si loin. Son image revenait sans cesse hanter mon esprit. J'appris plus tard de mes maîtres qu'on a beau se détacher de sa famille, de ses amis et des contacts humains en général, si ces personnes continuent à penser à vous, cela

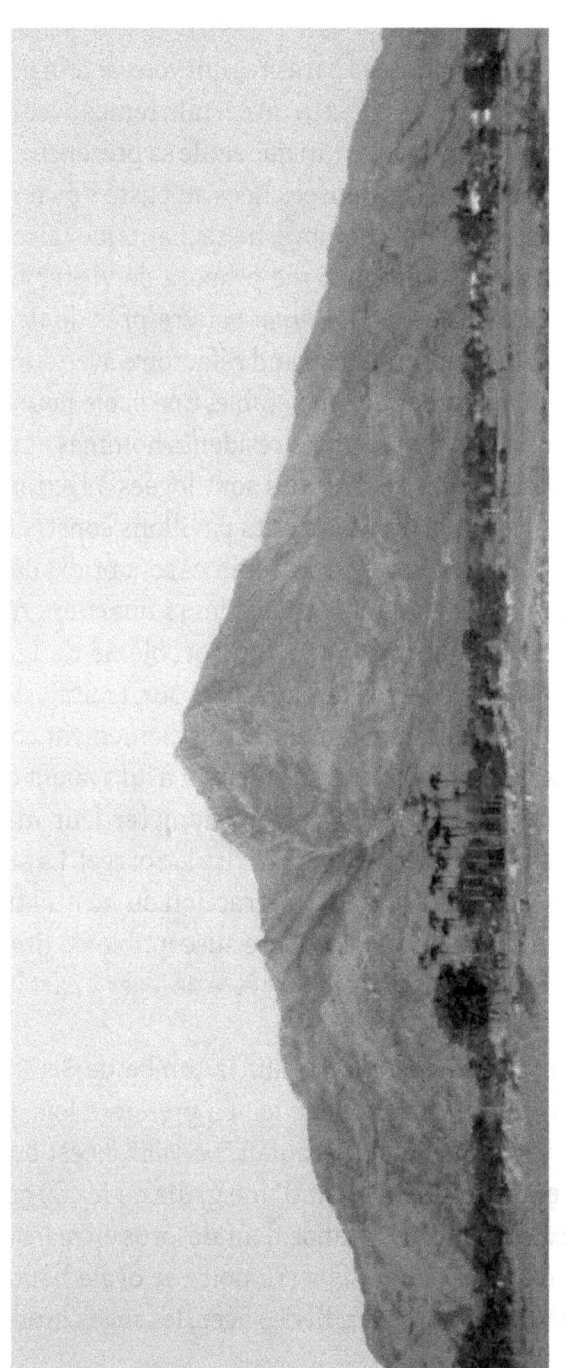

La montagne sacrée d'Arunachala

peut faire naître des pensées parasites qui vous détournent de la méditation. Après m'être débattu un certain temps avec de telles pensées, j'invoquai Ramana afin que seule sa présence emplisse mon esprit. Peu à peu, les pensées liées au passé s'évanouirent.

J'étais assis dans ma chambre, ne sachant que faire, quand le jeune coursier réapparut et me proposa de visiter l'*āśhram*. J'acceptai d'enthousiasme. L'*āśhram* couvre près de deux hectares et demi. Il comprend un grand réfectoire avec cuisine, un bureau et une bibliothèque, une étable, une école pour l'étude des *Vēdas*, des chambres pour les résidents hommes et un petit hôpital. Les femmes et les familles sont logées à l'extérieur de l'enceinte de l'*āśhram*, dans de petits pavillons construits à cet effet. À la demande de Ramana, les femmes sont priées de quitter l'*āśhram* à la nuit et de coucher dans leurs quartiers réservés, juste à l'extérieur, afin d'éviter tout problème de tentation sexuelle de part et d'autre. Ramana, bien sûr, traitait de même manière hommes et femmes, mais il était pleinement conscient de la faiblesse humaine. Ceux qui venaient à lui avaient de toute évidence pour objectif de parvenir à dompter leur mental et leurs sens pour aller au-delà et atteindre le Soi réel. La sexualité étant la plus puissante force de distraction du mental humain, il importait d'offrir une atmosphère susceptible de limiter ces risques. Le meilleur moyen semblait être de loger à part hommes et femmes.

Ce qui m'attirait le plus, c'était la tombe de Sri Ramana, son *samādhi*, comme on l'appelle ici. La première fois que je le vis, un service religieux s'y déroulait. Le *samādhi* est ouvert de tous côtés, entouré simplement d'une grille de fer forgé. Sur la pierre tombale repose une grande fleur de lotus en marbre blanc surmontée d'un *śhivaliṅgam*, pierre noire et ovale haute d'une douzaine de centimètres. Au fil des âges, les sages hindous ont

Faire le vide – Tiruvannamalai - 1968

déterminé que les formes rondes et ovales, n'ayant ni commencement ni fin, sont les plus aptes à représenter la Réalité sans forme.

De par son extrême subtilité, cet Absolu sans forme est au-delà de toute conception. Les Anciens pensèrent donc qu'il serait très difficile de concentrer dessus son esprit sans le support mental d'une image. En se concentrant sur une représentation formelle du Divin, le mental gagne progressivement en sérénité et en subtilité. Il commence alors à percevoir le Divin en lui-même. De la même manière qu'en portant des lunettes de soleil vertes, on voit tout en vert, à ce stade toutes les formes de l'univers apparaissent nimbées de Divinité, le mental ayant lui-même été coloré par Cela. On sait très bien que notre perception du monde est déterminée par la nature de notre psychisme. Quand l'esprit s'imprègne de Présence divine, nous développons naturellement une « vision égalitaire », c'est-à-dire que cette Présence sera pareillement perçue en toute chose. Ceci bien sûr ne peut survenir à moins d'une concentration parfaite. D'après l'expérience de certains Êtres réalisés, choisir une forme parmi l'infinité des formes de l'univers et visualiser le Divin en elle, est l'un des moyens d'atteindre une telle concentration.

Dans le rituel hindou, on traite Dieu comme un invité cher à son cœur et on lui offre avec dévotion diverses choses, comme de l'eau, de la nourriture, des fleurs ou des chants. La dernière offrande consiste à faire brûler du camphre devant son image. En brûlant, le camphre ne laisse aucun résidu. Il se volatilise purement et simplement. Quand on fait brûler du camphre devant Dieu, il convient de sentir qu'on Lui offre sa propre individualité. Si l'individualité est offerte et acceptée, ce qui subsiste en tant qu'essence du sujet est Dieu lui-même. Voilà ce qu'est Dieu, ou la réalisation du Soi. Tandis que je regardais le prêtre faire brûler du camphre devant le *samādhi*, je sentis distinctement qu'une présence vivante en émanait. Elle était semblable au flux de lumière que je ressentais pendant ma méditation, à ceci près qu'elle provenait de l'extérieur. Une paix profonde m'envahit. Je fus agréablement surpris d'apprendre ensuite qu'en cet endroit étaient enterrés les restes sacrés de Ramana.

À dater de ce jour et pendant douze ans, sa tombe devint le centre de ma vie. C'est là que je ressentais sa présence vivante et j'ai reçu réponse à bien des interrogations par cette seule présence. À cette époque, je ne me préoccupais toujours pas de savoir si Dieu existe ou non. Je savais que Ramana prendrait toujours soin de moi. Petit à petit, il me vint à l'esprit que l'entité que j'appelais Ramana, d'autres l'appelaient Dieu, Allah, Christ ou Kṛiṣhṇa, selon leur foi. La Réalité infinie peut revêtir autant de formes qu'elle le souhaite pour s'accorder au lieu et à l'époque dans le but de guider les fidèles.

Cette nuit-là, pour la première fois de ma vie, j'eus ce que j'appellerai une vision. Je venais de m'assoupir. Soudain, je me retrouvai assis dans mon lit tandis que Ramana entrait dans ma chambre. Il vint s'asseoir près de moi et, me tapotant gentiment le genou, me dit : « Je suis content que tu sois venu ». Sa figure brillait d'un éclat divin. Il irradiait une douce présence empreinte de béatitude. Je me sentais comme un enfant près de sa mère. Brusquement, je me réveillai, sans la moindre trace de torpeur. Mon esprit assailli de doutes était à présent rassuré : j'avais bien fait de tout quitter pour venir à Lui. Ce fut la première d'une longue série de visions à venir.

Dès le lendemain, j'instaurai un emploi du temps quotidien consacré essentiellement à la méditation, à l'étude et au yoga. J'estimais qu'il me fallait huit heures de sommeil. Je me couchais donc à vingt-et-une heures pour me lever le matin à cinq

Sri Ramana Maharshi

heures. Après le dîner, servi à dix-neuf heures trente, j'avais toujours sommeil quand sonnaient les vingt-et-une heures, sauf si quelque chose retenait vraiment mon attention. Je compris par la suite qu'un gros repas le soir provoque une somnolence liée à la digestion. Par contre, si l'on mange peu le soir — voire pas du tout —, cinq heures de sommeil suffisent amplement.

Je passais le plus clair de mon temps dans le hall où Ramana avait vécu les vingt-cinq dernières années de sa vie, entouré d'un cercle toujours plus grand de dévots. Après son décès, la pièce avait été transformée en salle de méditation et on pouvait y voir des gens méditer à toute heure, de quatre heures du matin à dix heures du soir. J'y passais moi-même quelque huit heures par jour à essayer de méditer.

Un mois s'était écoulé depuis mon arrivée à l'*āshram* lorsque se produisit un événement des plus déterminants. Je me rendais de ma chambre à la salle de méditation, les yeux rivés au sol selon mon habitude quand soudain, de la direction opposée, j'entendis quelqu'un me héler :

« Alors, mon frère, elle est bonne cette méditation ? Je te vois passer tant de temps à méditer chaque jour ! »

Je levai les yeux sur un personnage barbu. Il irradiait un tel éclat que j'en reçus un choc. Je ne pus que grommeler un vague acquiescement. Lui-même poursuivit sa route, sans s'arrêter pour me parler.

Je me rappelais vaguement avoir lu quelque part que les saints sont nimbés d'une aura de splendeur divine, mais jamais je n'avais vu de mes propres yeux un tel phénomène. Ou alors...? Quand Ramana m'était apparu en rêve, un mois plus tôt, son visage brillait d'un éclat similaire... Je me demandais qui pouvait bien être cet inconnu si familier, mais son rayonnement m'avait

Faire le vide – Tiruvannamalai – 1968

tellement frappé que je n'arrivais pas à penser clairement. Je restai assis dans la salle de méditation, sonné.

Cet après-midi-là, un couple d'Américains de passage à l'*āśhram* me proposèrent d'aller le soir même écouter un disciple de Ramana. Nous convînmes de nous retrouver après le dîner sur la colline, derrière l'*āśhram*. En arrivant sur les lieux, je sursautai : le disciple en question n'était autre que l'inconnu barbu qui m'avait adressé la parole le matin. Il m'accueillit avec un grand sourire et me pria de m'asseoir à ses côtés. Il abordait divers sujets philosophiques. Je lui demandai d'expliquer la nature du phénomène de fugitive révélation de la Conscience cosmique. La réponse, magistrale, vint sous la forme d'un éclair aveuglant qui illumina les environs l'espace de quelques secondes...

Je regagnai ma chambre et passai une nuit blanche, impatient de revoir cet homme.

Le lendemain soir, j'étais à nouveau sur la colline avec mes amis, attendant l'arrivée de celui qu'ils appelaient Ratnamji. Où donc avais-je déjà entendu ce nom ? Après avoir longtemps cherché, il me vint à l'esprit que ce devait être le Ratnamji dont Barbara m'avait parlé lors de mon séjour au Népal. Je commençais à comprendre ! Ratnamji arriva peu après, rayonnant, comme à son habitude. Jusqu'à ce que je le rencontre, je n'avais jamais vu une personne si uniformément gaie en toutes circonstances. Il respirait le bonheur. Je voulais lui poser une question qui me tracassait depuis mon départ des États-Unis.

« Ratnamji, puis-je te poser une question ? »

« Oui », répondit-il en souriant, « de quoi s'agit-il ? »

« Depuis mon départ des États-Unis, il y a six mois, je sens que mon argent m'est un fardeau. Je veux devenir moine, mais en même temps, je garde de l'argent de côté. Ne vaudrait-il pas mieux donner toute ma fortune à un *āśhram* et m'y retirer pour le restant de mes jours ? »

« Mon frère, tu ne fais que débuter dans la vie spirituelle. Tu n'as pas encore la richesse intérieure de la pratique spirituelle. Quand tu l'auras, Dieu pourvoira à tes besoins. Même si tu donnais ton argent à un *āśhram*, combien de temps te laisserait-on y rester ? Au bout de quelques mois, peut-être qu'on t'en réclamerait davantage et si tu n'en avais plus, on te prierait de partir. Que ferais-tu alors ? Néanmoins, il est relativement facile de vivre sans argent. C'est juste question de s'y faire et d'adapter ses besoins à ce que l'on reçoit. Il n'y a là rien d'extraordinaire ni de très difficile. Par contre, il est beaucoup plus dur d'avoir de l'argent et de le dépenser libéralement, sans considérer combien il en reste ou comment on en fera rentrer à nouveau. L'instinct de survie engendre le besoin de nourriture et l'on veut avoir de l'argent pour manger à sa faim. S'attacher à l'argent, c'est finalement comme se cramponner à la vie. En fait, on pourrait même dire que l'argent est le souffle vital externe de l'homme ordinaire. Qu'on le lui enlève, il a l'impression qu'on l'étrangle. Cependant, celui qui dépense sans attachement peut observer son mental en action et en extirper progressivement tout accrochage résiduel. À ta place, je continuerais à méditer et en même temps, à dépenser sans me soucier de l'avenir. »

J'étais impressionné par sa connaissance pratique de la vie spirituelle et par le fonctionnement de son esprit. Il m'avait soulagé d'un grand poids. Un immense sentiment de respect et d'amour monta en moi envers cet homme avisé, aussi simple et joyeux qu'un enfant et cependant aussi profondément établi dans la sagesse qu'un maître. Je goûtais sa compagnie comme un affamé goûte un festin. Je me demandais comment entrer en relation plus étroite avec lui. Je ne savais ni où il habitait ni

Ratnamji

comment il occupait son temps. Après l'avoir écouté parler à mes amis, nous nous séparâmes.

Le lendemain soir, je me couchai vers neuf heures. À onze heures, on frappa à ma porte. Je ne voulais pas être dérangé, aussi ne répondis-je pas et ne me levai-je pas davantage. Au bout d'un moment, voilà qu'on toqua à la fenêtre, près de mon lit :

« Neal, Neal ! Tu dors ? »

« Oui ! » répondis-je avec humeur.

« Ouvre-moi. J'ai faim », dit la voix.

À contrecœur, je me levai et allai ouvrir. Ratnamji entra.

« J'ai dû aller en ville ce soir pour voir des dévots dont le père vient de mourir. Ils voulaient que je vienne chanter le Nom divin et leur apporter un peu de réconfort. Je souffre de maux d'estomac et si je ne mange pas un peu de temps en temps, ça empire. Aurais-tu quelque chose à manger ? »

Il me dévisageait avec attention pour voir, je suppose, si j'étais fâché d'avoir été réveillé.

J'avais dans ma chambre quelques cacahuètes et du sucre brut. Je les sortis et lui en donnai un peu, gardant le reste pour moi. Comme par hasard, c'était sa friandise favorite ! Il en redemandait encore et encore jusqu'à ce que, finalement, je constate avec beaucoup de tristesse qu'il ne restait plus rien. Il continuait à me raconter ce qu'il avait dit à ses dévots de la ville pour les réconforter et entretenait une conversation légère mais hautement instructive. Et pendant tout ce temps, il m'observait attentivement. J'avais encore l'espoir de retourner me coucher, mais il ne me quitta qu'à une heure du matin passée. Je ressentais un étrange bien-être à rester assis en sa compagnie, mais tout cela était gâché par mon ressentiment d'avoir été dérangé et par mon désir de retourner dormir.

Faire le vide – Tiruvannamalai – 1968

Je ne soupçonnais pas qu'il était en train de me tester pour évaluer les artifices de mon mental. Désirais-je vraiment devenir moine ou voulais-je me raccrocher à des choses autres que le Réel ? Il connaissait le moyen de le découvrir. Pas plus tard qu'hier, je l'avais consulté sur le renoncement à l'argent et voilà qu'aujourd'hui, je m'inquiétais de la disparition de mon stock de cacahuètes ! J'étais déjà en train de calculer mentalement combien Ratnamji me coûterait en sucre et en cacahuètes s'il s'avisait de venir me voir tous les soirs ! Combien me resterait-il ? C'était ma première leçon pratique dans l'art de dépenser sans attachement à l'argent et bien sûr, j'avais échoué lamentablement !

Ratnamji occupait une chambre à hôpital de l'*āśhram*. Il assistait le principal prêtre lors des offices quotidiens célébrés devant le *samādhi* de Ramana. Du fait de cette affectation, on lui avait donné une chambre sur place afin qu'il ne soit pas obligé de quitter l'*āśhram* plusieurs fois par jour pour aller se reposer. À raison de trois offices par jour, il passait le plus clair de son temps à nettoyer, apporter de l'eau, disposer les offrandes, bref, tout préparer pour le service suivant.

Le lendemain du jour où il avait englouti mes cacahuètes, Ratnamji se présenta chez moi et s'allongea par terre, prétextant qu'il n'y avait pas de ventilateur dans sa chambre et que la chaleur y était vraiment insupportable. Il avait donc pensé qu'il pourrait profiter de mon ventilateur et que, par la même occasion, nous passerions un moment ensemble. Par un sentiment de supériorité fort déplacé, j'appréciais peu cette intrusion chez moi mais en même temps, je goûtais réellement sa compagnie. Je m'allongeai sur le lit, lui à même le sol. En ce temps-là, j'étais tellement obtus et irrespectueux que je ne lui proposai même pas mon lit. Il devait avoir à l'époque quarante-huit ans, moi dix-neuf. Ayant toujours vécu aux États-Unis, j'ignorais comment il convient de se comporter en présence de saints. L'aurais-je su, par vanité autant que par paresse, je ne me serais probablement pas montré plus correct.

En ce temps-là, j'avais une très haute opinion de moi-même. Parce que j'avais quitté mon foyer, que je connaissais quelques asanas et que je méditais un tant soit peu, je me prenais pour un yogi confirmé ! Il ne m'était jamais venu à l'esprit qu'un véritable yogi, parce qu'il vit la présence de la Réalité impersonnelle en lui-même, est tout humilité. Il sait que sa personnalité ou son individualité ne sont rien : une ombre tout au plus, sujette à d'incessantes fluctuations. Seul est réel et immuable l'Être impersonnel qui est à la base de tout individu. Ce sont les vagues qui appartiennent à l'océan et non l'inverse. Les vagues vont et viennent, l'océan demeure. Un véritable *mahātmā*, c'est-à-dire une grande âme, est quelqu'un qui sait qu'il n'est rien et que seul Dieu, le Soi universel, est réel.

Je demandai à Ratnamji comment il était venu à Ramana. En guise de réponse, il me fit un récit délirant mais, devant sa sincérité, je ne pus mettre en doute la véracité de son histoire.

« J'avais dix-huit ans », commença-t-il. « Je venais de terminer mon secondaire, j'avais obtenu un baccalauréat scientifique et une bourse pour entreprendre des études supérieures. J'étais très bon élève. C'est alors que je me mis à souffrir d'un mal mystérieux : j'étais pris d'une soif inextinguible et buvais d'énormes quantités d'eau toute la journée. Et quand je dis « énormes », je veux parler de soixante à quatre-vingt litres, soit trois à quatre seaux d'eau par vingt-quatre heures. C'était déjà assez étrange en soi, mais le plus curieux, c'est que je n'urinais pas plus pour autant. Bien qu'absorbant quatre-vingt litres par jour, je n'émettais qu'un demi-litre d'urine environ. Je souffrais aussi d'atroces douleurs dans le bas de la colonne vertébrale. Mes

Faire le vide – Tiruvannamalai – 1968

parents me traînèrent chez tous les médecins possibles et imaginables, phytothérapeutes, homéopathes, allopathes et même chez divers guérisseurs. Sans succès. Ils ne purent découvrir ni la cause ni le remède. Finalement, je fus admis à hôpital d'état de Madras, à plus de huit cent kilomètres de mon village. Un cousin m'y accompagna.

« Après un séjour de deux mois, on me renvoya chez moi à peu près dans le même état. Les docteurs restaient perplexes devant mon cas. Quant à moi, je m'affaiblissais de jour en jour. Finalement, je résolus de rentrer à la maison et d'y attendre la mort.

Nous prîmes le train, mon cousin et moi, jusqu'à un village à deux cent cinquante kilomètres du mien où vivait un autre cousin. Nous avions décidé d'y faire étape pour la nuit avant de continuer le lendemain sur mon village. Lorsque nous arrivâmes chez lui, mon cousin nous accueillit en nous demandant ce qui nous amenait de Madras. Quand il apprit mon état de santé, il me dit :

« Il y a en ce moment en ville un homme qui, dit-on, est capable de guérir toutes sortes de maladies apparemment incurables. Pourquoi n'irions-nous pas le voir avant ton départ ? Il n'est pas médecin, mais j'ai entendu dire qu'il entre en transe et prescrit alors des remèdes. Aimerais-tu y aller ? »

Ayant déjà tout essayé, je me dis : « Pourquoi pas ? Je n'ai plus rien à perdre. »

Après déjeuner, nous allâmes voir cet homme.

Dès que j'entrai dans la pièce, l'homme s'exclama : « Ratnamji est venu. Amenez-le moi immédiatement ! » J'étais pour le moins surpris, évidemment ! Comment avait-il appris mon nom ? Nous n'étions pas attendus et personne ici ne nous connaissait. Je m'approchai et vis qu'il était assis face à une image d'Hanumān.

Devant cette image décorée de fleurs, on avait déposé un gros tas de feuilles de bétel. »

« Qui est Hanumān ? » demandai-je à Ratnamji.

« Il existe un ouvrage ancien », expliqua-t-il, « appelé le *Rāmāyaṇa* qui relate la vie de Sri Rāma. Sri Rāma est considéré en Inde comme une incarnation de Dieu, tout comme le Christ en Occident. Les hindous croient que Dieu s'incarne d'innombrables fois au cours de l'Histoire afin de mettre l'homme sur la voie de Sa réalisation. Il corrige les méchants et vient en aide aux vertueux. Il s'incarne partout dans le monde, selon les besoins, ou envoie sur Terre ses proches disciples, les saints, en leur accordant son pouvoir divin. Il y a des milliers d'années, Sri Rāma naquit dans le Nord de l'Inde et joua le jeu de Son incarnation humaine. Hanumān était l'un de Ses fidèles serviteurs du règne non-humain. C'était un singe, mais un singe très intelligent et très dévoué. En fait, selon le *Rāmāyaṇa*, c'était une portion de Dieu Lui-même, envoyée sur Terre pour jouer dans la divine comédie de Sri Rāma. Il est encore de nos jours vénéré comme tel. On estime que son culte est très efficace pour chasser les esprits malins. »

« Qu'entends-tu par « esprits malins » ? » lui demandai-je. « Tu crois vraiment que cela existe ? »

« Eh bien, tout comme toi j'étais à l'époque très rationnel en ce qui concerne les questions spirituelles et religieuses. Je ne voulais rien croire que je ne l'aie d'abord vérifié par moi-même. J'avais même écrit un article condamnant le point de vue traditionnel concernant certaines croyances et coutumes hindoues. »

Ratnamji poursuivit :

« La suite des événements me convainquit qu'il y a autre chose au-delà de la réalité apparente. Hanumadass (car ainsi s'appelait ce monsieur) me fit signe d'approcher. Il ferma les

Faire le vide – Tiruvannamalai – 1968

yeux, puis lentement, dans un souffle, il me dit que je n'étais pas victime d'une maladie. Le problème était ailleurs et par la grâce d'Hanumān, il disparaîtrait. Il y avait dans la ville un nouveau temple dédié à Hanumān. Il me dit d'en faire le tour cent fois par jour sans exception pendant un mois, puis de revenir le voir. Quand il me demanda de faire le tour du temple, il employa les mots « tourne autour de mon temple », pour bien me faire comprendre qu'Hanumān Lui-même s'adressait à moi.

Peu convaincus, nous quittâmes les lieux et regagnâmes la maison de mon cousin. J'avais déjà consacré tellement de temps aux médecins et aux hôpitaux que je pensai :

« Qu'ais-je à perdre à essayer un mois ? Même si cela ne donne rien, j'aurai au moins bien employé mon temps à prier Dieu sous la forme d'Hanumān. »

« Je résolus de commencer mes circumambulations dès le lendemain.

« Le lendemain matin, j'étais au temple d'Hanumān. Un sentier avait été spécialement tracé pour ceux qui choisissaient d'en faire le tour. Priant Hanumān pour le succès de mon entreprise, je fis mes cent tours et rentrai chez moi. Cette nuit-là, dès que je m'endormis, je me mis à rêver qu'un Hanumān miniature se tenait à mon chevet. Il me sourit et me désigna l'autre côté du lit. Tournant la tête, je vis une mince silhouette pareille à un fantôme. J'étais un peu effrayé, puis la silhouette s'évanouit. Je me réveillai, mais Hanumān se tenait toujours à mon chevet ! En quelques secondes, il s'estompa et disparut à son tour. Incapable de me rendormir, je restai assis toute la nuit à répéter le nom d'Hanumān et à méditer.

« Quand le soleil fut levé, je me rendis chez Hanumadass et lui narrai mon aventure de la nuit. Il n'était pas en transe et me dit de ne pas m'inquiéter. Selon lui, j'étais possédé par un fantôme qui utilisait mon corps pour étancher une soif intense. En manifestant Sa forme, Hanumān voulait m'assurer qu'Il me débarrasserait de ce parasite. Le cas s'était souvent produit, m'assura-t-il.

« Pendant vingt-neuf jours, je continuai à tourner autour du temple, mais la soif ne diminuait en rien. Ma foi vacillait. Mais le trentième jour au réveil, je n'avais plus soif ! Toute la journée, j'attendis de voir la suite, mais je me sentais parfaitement normal. Même les douleurs dans la colonne vertébrale avaient disparu. J'étais euphorique ! Après être allé au temple, je courus chez Hanumadass lui apprendre la bonne nouvelle. Je lui demandai alors de m'initier au culte et au *mantra* d'Hanumān. Il accepta.

« J'ai vécu avec lui et sa femme presque comme un fils. Je l'ai accompagné dans tous les villages, l'assistant dans son travail d'exorcisme. Je participais au culte quotidien en préparant les offrandes de nourriture ou par toute autre tâche qu'il m'autorisait à assumer.

« Un jour, on nous réclama dans un village où une jeune femme de vingt-six ans était, pensait-on, possédée. En effet, elle se mettait souvent à parler couramment en anglais alors qu'elle ne connaissait pas cette langue. À notre arrivée, on nous conduisit chez elle et on la fit entrer. Hanumadass lui demanda qui elle était. Pas de réponse. Il renouvela sa question en l'assurant qu'il n'était pas venu pour lui faire du mal. Elle se mit alors à parler dans un anglais parfait :

« J'étais, » dit-elle, « un étudiant qui passait chaque jour devant cette maison sur le chemin de la faculté. J'étais tombé amoureux de cette jeune fille si belle. Je souhaitais ardemment sa compagnie, mais c'était bien sûr impossible, à moins de nous marier. Et puis un jour, je fus victime d'un accident et mourus.

Faire le vide – Tiruvannamalai – 1968

À présent, je profite d'elle sous forme subtile. Si vous croyez qu'Hanumān pourra se débarrasser de moi, vous vous trompez. Je ne partirai pas aussi facilement que mon ami a quitté le corps de Ratnamji ! »

« Ces paroles me stupéfièrent, c'est le moins qu'on puisse dire ! Apparemment, ces entités vivaient dans un monde commun, invisible aux humains. En observant certains rites, pourtant, Hanumadass parvint rapidement à guérir la jeune femme de cette possession.

« J'avais déjà passé près de deux ans avec Hanumadass, quand un jour, alors qu'il était en transe, il m'appela. Il me dit qu'il y avait dans le Sud de l'Inde un grand sage du nom de Ramana Maharshi. Je devais aller à lui et vivre à ses côtés. En le servant, j'atteindrais le véritable but de la vie, la réalisation de ma véritable Nature. Ni Hanumadass ni moi n'avions jamais entendu parler de ce sage. Nous nous renseignâmes et finîmes par apprendre qu'il vivait au pied d'Arunachala, dans une ville appelée Tiruvannamalai. Prenant congé de mon premier maître, je partis pour Arunachala.

« À mon arrivée, je me rendis directement dans le hall. Ramana était assis sur son canapé. Il m'invita à prendre place. Je m'inclinai devant lui et m'assis sur le sol. Fermant les yeux, je voulus répéter le *mantra* que j'avais reçu d'Hanumadass mais, fait étrange, pas moyen de m'en souvenir ! Je l'avais pourtant répété des milliers de fois au cours des deux années écoulées, mais voilà qu'à présent, je ne m'en souvenais plus du tout.

« L'instant d'après, je me sentis perdre conscience de mon corps. À la place, il n'y avait qu'un immense océan de lumière. Mon esprit était parfaitement calme et empli d'une lumière et d'une paix ineffables. Je ne sais combien de temps je demeurai ainsi.

« Au bout d'un certain temps, je rouvris les yeux. Ramana me regardait en souriant. Je me prosternai devant lui et quittai la salle. Au cours des jours suivants, chaque fois que je m'asseyais en sa présence, le même phénomène se reproduisait. Je sentis que ma place était ici et décidai de faire de ce lieu ma demeure permanente. J'espérais m'installer à l'*āshram*. Je sentais cependant qu'il me fallait d'abord obtenir le consentement de ma mère. Je pris congé du Maharshi et rentrai chez moi par le train. Durant le trajet, je sentis la même paix et la même lumière que dans le hall. J'atteignis mon village et racontai à ma mère ce qui s'était passé. Elle versa des larmes de joie et me dit : « Mon fils, j'avais moi aussi souhaité mener une vie de renoncement et de spiritualité. Mais je me suis retrouvée mariée. J'étais très déçue qu'aucun de mes neuf enfants ne manifeste semblables aspirations. Tous sont satisfaits de leur vie dans le monde. Toi seul, le plus jeune, tu exauces mes prières. Mon désir de vie monastique trouvera son accomplissement en toi. Va mon fils, Ramana est ton père et Arunachala ton véritable foyer. Il t'appelle. Tu as mon entière bénédiction. »

« Je revins alors à Arunachala et petit à petit fus admis au service personnel de Ramana. Il y a de cela environ vingt ans. »

Quand Ratnamji eut terminé son récit, il était temps pour lui de s'en aller, car il avait un horaire très strict à respecter. Il se leva et sortit. Je lui emboîtai le pas. Je voulais voir à quoi il employait son temps. Le soir, il nettoyait le *samādhi*, participait au chant des *Vēdas* et assistait au service religieux. Ensuite, il se retirait pendant deux heures pour méditer dans la solitude. Après le dîner, il rencontrait les dévots de passage, étudiait ou faisait, seul ou avec d'autres, le tour d'Arunachala. Il ne se couchait jamais avant onze heures. Levé le matin à trois heures et demie, il suivait le même emploi du temps, nettoyant la tombe de Ramana, célébrant l'office et méditant jusqu'à l'heure du déjeuner. Il avait aussi son propre rite d'adoration, ou *pūjā*, qu'il célébrait dans sa chambre.

Je l'observai pendant quelques jours, me demandant comment il parvenait à tenir le coup en ne dormant que quatre heures et demie par nuit. Finalement, je l'abordai avec une requête qui allait, à mon insu, transformer ma vie :

« Ratnamji », lui demandai-je, « tu sembles t'imposer tant d'efforts ! N'y a-t-il pas quelque chose que je puisse faire pour toi afin d'alléger ton fardeau ? »

« Eh bien », répondit-il, « tu pourrais commencer par cueillir les fleurs pour le service du matin. Il me les faut pour six heures. Si tu veux avoir fini à temps, tu dois te mettre au travail à quatre heures et demie. Au préalable, mieux vaut que tu aies déjà satisfait les besoins de la nature, que tu aies fait tes ablutions et que tu te sois lavé les dents. Alors seulement, tu seras fin prêt pour le service de Dieu. »

Me mettre au travail à quatre heures et demie du matin ? Cela signifiait me lever à quatre heures ! Il est étonnant de voir avec quelle facilité on arrive à se passer, quand le besoin s'en fait sentir, de ce sommeil apparemment indispensable des petites heures de l'aube. Quand on doit attraper un avion à cinq heures du matin, on se lève bien à trois heures et demie, n'est-ce pas ? En fait, nombre de nos prétendus besoins ne sont qu'habitudes inutiles. Pour la plupart, nous dormons trop, mangeons trop, parlons trop et nous inquiétons trop, persuadés que tout cela est absolument indispensable.

J'appris bien vite qu'on peut réduire au strict minimum les nécessités vitales, de façon à économiser son énergie, sans préjudice pour le corps. Si elles sont bien gérées, notre durée de vie et notre énergie sont suffisantes pour nous mener au but spirituel

Dans le jardin de fleurs de Tiruvannamalai

dans cette vie-même. Mais parce que nous gaspillons notre force vitale en sommeil excessif et autres activités superflues, nous ne parvenons pas à atteindre nos objectifs. Il n'est pas rare de voir des gens qui méditent depuis vingt ou trente ans sans progrès notable. Ils n'ont rien gagné en expérience spirituelle si ce n'est une certaine tranquillité d'esprit, ô combien fragile. Si l'on étudiait de près leur vie intérieure, on s'apercevrait qu'ils ont dilapidé leur énergie par ignorance ou négligence et sont passés à côté du but de la vie. Dans une maison, si l'on veut que l'eau des canalisations atteigne rapidement les étages, on commence par s'assurer que les robinets sont bien fermés au rez-de-chaussée. De même dans le domaine spirituel, si l'on souhaite progresser rapidement, il faut se montrer très économe de son énergie. Ainsi, par la concentration, la force vitale peut s'élever toujours plus haut vers le sommet du crâne pour, en définitive, se fondre dans l'Absolu.

Nous étions au cœur de l'hiver et si les journées étaient chaudes, la nuit, par contre, il faisait très froid. Au petit matin, la température avoisinait les dix degrés. Ignorant qu'il y avait de l'eau chaude à la salle de bains de l'*āśhram*, je gardais la nuit un fût rempli d'eau dans les toilettes attenantes à ma chambre. Par une petite brise matinale des plus frisquettes, se verser sur le corps cette eau glaciale était le plus sûr moyen de passer rapidement au-delà de la conscience du corps physique !

Après m'être lavé et habillé, je prenais un panier et me rendais dans le grand jardin de l'*āśhram*. La cueillette matinale dans ce vaste parterre de fleurs était agréable, mais il y avait un point noir : le coin était infesté de scorpions et de serpents en tous genres, depuis l'inoffensif serpent d'eau jusqu'au cobra royal. Impossible de me promener avec une lampe de poche, car j'avais les deux mains occupées. La seule lumière provenait d'une faible ampoule de vingt-cinq watts dans la véranda distante de cinquante mètres. Il y avait là une réelle leçon d'abandon de soi au Maître. Mon esprit se préoccupait-il des fleurs ou bien des serpents ? Petit à petit, j'appris à développer une telle foi en Ramana que je ne pensais même plus aux scorpions et aux serpents. Je n'ai jamais eu à subir piqûre ou morsure plus grave que celle d'une abeille ou d'un moustique.

Certains matins, c'étaient des trombes d'eau car la mousson venait de commencer. Mais trombes ou pas, les fleurs devaient être au mausolée à six heures précises. Je songeai à acheter un parapluie, mais Ratnamji ne voulut pas en entendre parler. Il me dit que, puisque je souhaitais devenir moine, je devais faire avec le strict minimum et il me montra comment nouer un *dhoti* pour en faire une sorte de parapluie, quelque chose comme une cape de pluie mais en coton.

Tout en cueillant mes fleurs, je remarquai un détail curieux dans le fonctionnement de mon esprit. Je n'avais pas fini de cueillir une fleur que mes yeux étaient déjà sur la suivante. Ce manque de concentration me surprenait. Cueillir les fleurs devint pour moi une véritable école de concentration et d'abandon de soi, pour ne rien dire de la leçon de patience. Après avoir livré les fleurs au *samādhi*, j'éprouvai le besoin de travailler encore. Ratnamji décréta que je pouvais balayer les alentours du mausolée et laver les marches qui y menaient. Je suis gaucher. Lorsque j'empoignai le balai, Ratnamji remarqua que j'utilisais ce qu'il appelait la mauvaise main. En dépit de mes protestations, il insista pour que je n'utilise que la main droite, au moins pour le service divin. Je lui demandai s'il ne trouvait pas un peu dépassé de considérer la main gauche comme mauvaise. Il me répliqua que les anciens n'étaient pas des imbéciles. Leur vision était omnisciente. Ils voyaient que la main gauche émet une vibration

Faire le vide – Tiruvannamalai – 1968

négative et ne doit être employée que pour assister la main droite. Mais si je doutais de la parole des sages, je pouvais, bien sûr, agir à ma guise. N'ayant pas l'outrecuidance de le faire, je m'efforçai d'apprendre à balayer de la main droite. Une difficulté supplémentaire venait du balai lui-même. C'était un balai très court et très vieux, complètement usé. Il fallait se plier en deux pour arriver à balayer correctement et l'espace devant le tombeau était vaste. Même avec un bon balai, cela aurait demandé près d'une demi-heure, mais avec ce petit balai, le balayage me prit trois quarts d'heure et me laissa complètement pantelant. Je me risquai à quémander un meilleur balai.

« Nous sommes de pauvres moines, nous devons faire avec le minimum. Si nécessaire, Ramana te procurera automatiquement un meilleur balai. D'ici là, sers-toi de celui-ci. »

Telle fut la réponse de Ratnamji.

Je commençais à me demander dans quel guêpier je m'étais fourré en lui proposant mon aide. Mais je venais de m'engager et ne pouvais faire si vite machine arrière. Je persévérerai donc.

Dès qu'il avait un moment de loisir, Ratnamji venait me trouver dans ma chambre pour discuter. Il me parla de sa vie auprès de Ramana qui était, avec ses disciples proches, très strict sur la discipline. Bien sûr, il manifestait à tous une grande affection et le souci constant du progrès spirituel de chacun. Mais pour ceux qui désiraient vraiment avancer spirituellement, il se montrait intraitable sur les moindres détails. Il ne fallait pas jeter le moindre bout de crayon, même si l'on en avait un neuf en réserve, car c'est Dieu qui accorde toutes choses et il faut les utiliser jusqu'au bout et à bon escient. Même les bouts de papier devaient servir au moins à allumer le feu et non être jetés. Ramana lui-même découpait les marges des journaux et après les avoir reliées, il les utilisait pour écrire des vers ou prendre de courtes notes. Il enseignait par l'exemple que l'on doit garder pour soi-même le minimum et donner aux autres le maximum. Jusque sur son lit de mort, jusqu'à son dernier souffle, il insista pour qu'on laisse approcher tous ceux qui étaient venus le voir. Il menait une existence dépourvue d'ego et de désirs personnels et il attendait la même chose de ses disciples.

À cette époque, quatre ou cinq hommes se relayaient au service personnel de Ramana. Quand Ratnamji se joignit à eux, on lui demanda quelle plage horaire lui convenait le mieux. Il répondit qu'il prendrait ce qui resterait lorsque tous les autres auraient fait leur choix. Évidemment, personne ne voulait du créneau vingt-deux heures – quatre heures du matin, car cela impliquait de ne pas dormir de la nuit. Ratnamji prit cette vacation. Il m'affirma qu'en passant en dernier et en étant prêt à accepter le plus difficile, il avait en fait obtenu le sort le plus enviable car la nuit, l'*āshram* étant désert, il se retrouvait en tête-à-tête avec Ramana dans le hall. Ramana dormait très peu et il enseigna beaucoup de choses à Ratnamji. En très peu de temps, ce dernier apprit plus de Ramana qu'il n'aurait pu le faire autrement en plusieurs années.

En parlant avec moi et en me faisant partager ses expériences, Ratnamji me donnait le sentiment d'être son propre fils ou son jeune frère. Il m'interrogeait aussi sur mon passé et me fit de nombreuses suggestions concernant mon alimentation, les postures de yoga et la méditation. Peu à peu, notre relation s'approfondit. Lentement, il me vint à l'esprit que Ratnamji était la réponse à mon vœu de trouver un *guru*. Ramana l'avait scrupuleusement formé et il était de lui-même un grand sage. J'allai le trouver un jour et lui dis :

« Je sens que tu es mon *guru*. »

Faire le vide – Tiruvannamalai – 1968

« Tu te trompes », me répondit-il, « toi et moi nous avons le même *guru*, Ramana Maharshi. En ce qui me concerne, tu es simplement mon jeune frère en spiritualité. »

J'étais déçu et cela devait se lire sur mon visage.

« Bon, si tu préfères, tu peux me considérer comme un instrument que Ramana t'aurait envoyé pour te montrer le chemin. Mais je dois te prévenir : en vingt-huit ans passés ici, je n'ai jamais rencontré personne qui soit capable de soutenir mon rythme. Je suis obligé de maintenir les standards que mon *guru* m'a indiqués et ceux qui veulent me suivre devront faire de même. Je n'ai jamais repoussé personne mais la plupart sont partis d'eux-mêmes, faute de pouvoir suivre mon rythme. »

Je résolus aussitôt que je ne l'abandonnerais jamais et que je ne me laisserais pas distancer. Je lui demandai quels étaient les devoirs d'un disciple.

« D'abord, développer la foi en son maître. Ensuite, obéir implicitement à tous ses ordres, sachant bien que s'il te demande de faire telle chose de telle manière, c'est uniquement pour ton avancement spirituel. Si tu n'as pas parfaitement foi en un saint, mieux vaut ne pas le prendre pour maître. Mais si tu le prends pour maître, tu lui dois une obéissance aveugle. Dans la vie profane aussi, il faut suivre les instructions des enseignants pour apprendre et obtenir les résultats escomptés. À plus forte raison quand on vise l'expérience spirituelle qui est de loin plus subtile et plus complexe que les connaissances de ce monde. »

Obéir. J'avais beau connaître la signification du mot, je n'en avais aucune expérience pratique. Depuis l'enfance, je n'avais fait que désobéir : à ma mère, à mes professeurs, aux normes sociales. J'avais mené une existence anarchique, agissant à ma guise, quand et comme je l'entendais. Cependant, j'arrivais à concevoir qu'il faille obéir à certaines règles pour atteindre un but précis.

Je voulais connaître la Félicité absolue. Je me disais : « Ratnamji la connaît et accepte de m'en montrer le chemin. Assurément, il ne sera pas bien difficile de lui obéir. » Pourtant, au cours des huit années qui suivirent jusqu'à son décès, l'obéissance fut le premier de mes exercices spirituels et mon principal combat.

Celui qui pratique l'obéissance envers un sage véritable y gagne progressivement la vraie paix de l'esprit. Graduellement, il apprend à connaître ce même état de conscience de Dieu dans lequel vit le sage. C'est un peu comme si on réglait une radio. Les différentes longueurs d'onde sont partout dans l'atmosphère, mais nous ne captons que la fréquence sur laquelle la radio est calée. Notre mental fonctionne comme une radio : par le canal des cinq sens, il reçoit en permanence des stimuli grossiers ; par le mental et les vibrations d'autres êtres vivants, il capte des informations subtiles, le plus subtil de tous les principes étant bien sûr Dieu ou la Vérité. Ceux qui parlent d'expérience disent que Dieu ne peut être perçu que lorsque le mental devient extrêmement pur et serein, subtil. Ceci exige un entraînement constant et la supervision rigoureuse d'un être qui connaisse Dieu dans Sa plénitude. Nos paroles et nos actes obéissent aux diktats de notre mental. On peut se faire une assez bonne idée de l'état mental d'une personne rien qu'en observant ses paroles et son comportement (bien qu'il existe des motivations cachées, mais nous n'entrerons pas ici dans ces considérations). À travers les âges, les aspirants spirituels ont aussi appris qu'inversement, on pouvait modifier son état mental en modifiant son comportement et son langage.

Telle est l'essence de la relation entre le véritable sage et le disciple sincère. Le disciple désire faire l'expérience de la Réalité. Mais ses modes d'action et de pensée erronés rendent cette expérience impossible, à moins qu'on ne lui indique ses erreurs

Faire le vide – Tiruvannamalai – 1968

et qu'il ne les corrige. Quand le mental devient pur, la Vérité qui l'habite transparaît spontanément, libérée de toute entrave. Le saint véritable ne fait rien d'autre que mettre en évidence les erreurs et aider à les corriger. Dès que le mental aura atteint l'état adéquat, c'est-à-dire l'état de pureté, tout s'accomplira sans effort, instantanément. Même si les instructions du maître semblent parfois incompréhensibles, au fur et à mesure que notre expérience spirituelle croît, nous en appréhendons pleinement le sens. Mais jusque-là, il n'y a que l'obéissance.

De nos jours, cultes et *gurus* auto-proclamés foisonnent. Je ne parle pas de ceux-là. Je ne m'occupe que de l'aspirant sincère et du sage authentique établi dans la connaissance du Soi. Bien sûr, chacun doit évaluer et essayer de juger si telle ou telle personne est apte à devenir un guide spirituel, encore qu'il soit généralement admis que l'on discerne très difficilement qui est réalisé et qui ne l'est pas. Certes, l'absence de peur, l'abnégation, la maîtrise des sens et le sentiment de l'égalité de tous, sont des qualités caractéristiques des Âmes réalisées, mais elles ne se manifestent pas toujours de façon évidente. En dernier recours, c'est notre intuition qui doit trancher. Tout aspirant sincère rencontre un jour un authentique saint. Ceci semble être une loi de la Nature, même si l'attente est parfois longue.

Au bout d'un mois passé avec Ratnamji, je m'aperçus que mon emploi du temps avait radicalement changé. Ce qui, au départ, se voulait un petit coup de main pour le décharger un peu, était devenu travail à temps complet. Je n'avais pratiquement plus le temps de méditer. Celui que je passais auprès de Ratnamji augmentait à proportion de mon amour et de mon admiration pour lui. Et bientôt, je vécus avec lui vingt-quatre heures sur vingt-quatre. J'étudiais soigneusement sa façon de vivre et ses paroles, qu'elles s'adressent à moi ou à d'autres.

Combien de fois il me répéta qu'il ne fallait pas accepter tout ce qu'il disait simplement parce que c'était lui qui le disait. Je devais peser attentivement si cela était exact ou non et dans le doute, lui poser des questions. Cet homme merveilleux n'était ni mère-poule ni tyran. Il voulait que je m'épanouisse à travers ma propre intelligence. Il me montrait la voie, mais c'est moi qui étais aux commandes du véhicule.

Bien qu'il ne m'ait jamais demandé de prendre d'initiative en ce sens, je choisis d'étendre mon activité. À la cueillette des fleurs et au balayage, j'ajoutai le nettoyage de sa chambre, les préparatifs de sa *pūjā* personnelle, le soin d'apporter de l'eau chaude pour son bain matinal, le rôle de secrétaire particulier pour sa correspondance en anglais et diverses autres tâches. Je réduisis à cinq mon nombre d'heures de sommeil, sans d'ailleurs m'en porter plus mal. À tout prendre, j'étais même plus frais et plus alerte. Je découvris aussi que deux bons repas par jour, sans aucune collation intermédiaire, me suffisaient amplement et me laissaient plus léger. Quand je trouvais que Ratnamji avait besoin de nourriture, j'en achetais sans qu'il ait à me le demander. Ses besoins étaient vraiment minimes.

Je commençai à dormir par terre comme lui et trouvai cela plus confortable qu'un lit. Une fois qu'on s'est fait à une vie simple, on peut être heureux n'importe où, même si l'on ne possède rien. Quand nous ne pouvons satisfaire nos prétendus besoins, nous souffrons interminablement d'angoisse et d'agitation mentale. Combien parmi nous trouvent la vie insupportable sans une chambre de luxe avec épais matelas, télévision et salle de bain attenante ! En réalité, deux mètres carrés n'importe où, même sous un arbre, suffisent à une personne en bonne santé. C'est l'attitude d'esprit qui fait toute la différence.

Faire le vide - Tiruvannamalai - 1968

Un jour, Ratnamji reçut une carte postale l'invitant à participer à une importante cérémonie dans un *āshram* du Nord de l'Inde. Au haut de la carte était inscrit un *mantra* du Nom de Dieu. Juste au-dessous, une citation des Écritures hindoues exaltait le pouvoir de ce *mantra*. Elle affirmait qu'en le répétant trente-cinq millions de fois, on atteignait une parfaite pureté d'esprit et l'absorption dans le Réel. Je demandai à Ratnamji si c'était vrai.

« Mais bien sûr. Les Écritures ont été compilées par d'antiques sages qui tous, par les moyens les plus divers, avaient réalisé Dieu. Ils ont expérimenté diverses pratiques spirituelles aboutissant à la réalisation de Dieu. , puis ils ont transmis ces informations à leurs disciples qui, à leur tour, les ont transmises et ainsi de suite, tout cela de bouche à oreille. En ce temps-là, l'imprimerie n'existait pas et le savoir était transmis par tradition orale. Parce qu'ils observaient une discipline de vie, ces gens avaient d'énormes facultés de mémorisation. Ils pouvaient apprendre et retenir n'importe quoi, fut-ce des milliers de vers.

« Les expériences spirituelles de ces sages sont consignées dans les Écritures. Bien sûr, de, puis ces vers ont été compilés, transcrits et massivement diffusés, mais il y a encore quelques années, j'ai vu de mes yeux un lettré réciter un extrait des *Vēdas* vingt-huit heures durant ! Non seulement il ne faut pas se tromper dans les vers mais encore, il faut donner à chaque syllabe la bonne intonation sous peine d'en changer le sens. De nos jours encore, il y a des érudits qui possèdent cette remarquable puissance de mémorisation. »

À ces mots, je résolus de répéter le *mantra* trente-cinq millions de fois. D'après mes calculs, cela me demanderait environ vingt-cinq ans, à raison de dix-huit heures par jour de répétition à vitesse moyenne, en accompagnement d'autres tâches. Je demandai à Ratnamji ce qu'il pensait de mon idée et il l'approuva. Dès lors, ceci devint mon principal exercice spirituel en vue de réaliser Dieu.

Après deux mois d'*āśhram*, des difficultés surgirent. Certains des *sādhus* (moines résidents) commencèrent à se montrer jaloux de Ratnamji. Sans doute croyaient-ils que je lui remettais de grosses sommes d'argent. En Inde, les autochtones ont tendance à croire que tous les occidentaux sont riches et c'est vrai qu'ils le sont souvent par comparaison avec les Indiens. En réalité, je n'avais jamais donné d'argent à Ratnamji et, hormis un peu de nourriture, je n'achetais rien à sa place. Régulièrement, on me déconseillait de le fréquenter, ce à quoi je réagissais énergiquement. Ceci ne fit qu'envenimer les choses. En fin de compte, on me demanda de libérer ma chambre et d'aller m'installer dans le dortoir avec les autres moines de passage. Je rapportai la chose à Ratnamji. Il me conseilla de trouver une chambre en-dehors de l'*āśhram* car, tôt ou tard, on me prierait de partir. Je me mis à chercher dans la petite colonie entourant l'*āśhram* et, à la première maison où je me renseignai, je trouvai une vaste chambre à louer très raisonnable. Le jour même, j'y transbordai mes quelques possessions et ainsi commença un nouveau chapitre de mon apprentissage.

La maison appartenait à l'un des plus anciens dévots de Ramana. Il y vivait avec sa famille depuis les années trente. Il se trouvait être aussi un grand ami de Ratnamji lequel, vingt ans plus tôt, avait lui-même logé dans cette maison. Doté d'un tempérament d'enfant, très pieux, il était toujours prêt à raconter de passionnantes anecdotes sur sa vie avec Ramana. La maison, entourée d'un grand jardin planté d'arbres fruitiers et de fleurs, se trouvait à cinq minutes à pied de l'*āśhram*. L'endroit idéal pour

Faire le vide – Tiruvannamalai – 1968

mener une existence de retraite et d'ascèse. Narayana, car c'est ainsi que s'appelait mon hôte, me raconta que lorsqu'il voulut faire creuser un puits pour la maison, il apporta à Ramana un plan de sa propriété. Ramana montra du doigt un point et le puits fut creusé à cet emplacement. Pendant la saison chaude, la plupart des puits de la région tarissent, sauf deux : celui de Narayana et celui de l'*āshram*, alimentés par une source intarissable.

Au début, Narayana était très sceptique au sujet de Ramana. Il ne vint le voir qu'à l'insistance d'un ami. Lorsqu'il entra, Ramana commentait un point des *Vēdas* concernant l'unicité de Dieu et de Sa Création. Il était en train de dire que celui qui, après avoir purifié son mental, atteint l'identification à Dieu, même s'il a un corps, n'est plus différent de l'Absolu sans forme. La puissance du Suprême se manifeste en lui.

Narayana attendit que Ramana quitte le hall pour aller se restaurer et, l'interceptant au passage, lui demanda :

« Vous parliez de l'identification à Dieu d'un Être libéré. Parlez-vous d'expérience ? »

Ramana sourit avec douceur et répondit :

« Est-ce que je le dirais si je n'en avais pas fait l'expérience ? »

À ces mots, Narayana fut submergé de respect et se prosterna de tout son long aux pieds de Ramana. C'est ainsi qu'il devint l'un de ses plus proches dévots.

À quelques jours de mon emménagement, Ratnamji vint me rendre visite. Après avoir salué Narayana, il inspecta ma chambre. Il me dit qu'il vaudrait mieux que j'y fasse ma propre cuisine plutôt que de partager les repas de la famille. Cela coûterait moins cher et serait très bénéfique pour ma vie spirituelle. Selon Ratnamji, les aliments, une fois cuits, deviennent sensibles à l'énergie de ceux qui les manipulent. Comme des aimants, ils se chargent de certaines vibrations. Si ceux qui s'occupent de la cuisine sont pleins de pensées négatives, certaines de ces pensées se fraient un chemin jusque dans notre propre mental après ingestion de la nourriture. Les pensées, de nature subtile, affectent la partie subtile du corps, c'est-à-dire l'esprit, tandis que la partie formelle de la nourriture construit le corps physique. Ceci est sans grande importance pour le commun des mortels qui ne sont pas spécialement intéressés à modeler le contenu de leur mental. Un aspirant spirituel, par contre, doit être très attentif à réduire ses pensées et à les purifier. Le Soi véritable ne transparaît librement que dans l'esprit vide de pensées. En préparant soi-même sa nourriture, on apprend progressivement à discerner les pensées qui nous sont propres de celles des autres. Quand on passe tout son temps à essayer de dompter et de concentrer son mental, on en vient à comprendre l'intérêt de cette pratique. Ratnamji me dit aussi qu'il ne fallait pas hésiter à accepter de la nourriture d'un être plus avancé car c'est alors une aide spirituelle. Il me recommanda d'acquérir une modeste cuisinière au kérosène, quelques pots de terre et des produits alimentaires de base. Dès le lendemain, je me rendis au marché et achetai tout le nécessaire.

Après avoir terminé son travail à l'*āśhram*, Ratnamji me rejoignit. Il m'enjoignit d'apporter de l'eau et après l'avoir mise à bouillir, il me montra comment couper les légumes. « En Inde », me dit-il, « on n'utilise qu'un seul légume en accompagnement et on varie chaque jour le légume. Le riz ou le blé sont les aliments de base, ce qui simplifie la cuisine. Tu fais cuire le riz dans un récipient. Dans un autre, tu mets des lentilles à bouillir jusqu'à ce qu'elles soient tendres, puis tu ajoutes le légume, les épices et le sel. Si tu veux, tu peux aussi te procurer du lait et en faire du yaourt que tu mélanges à la nourriture. Pour plus de variété, tu peux changer chaque jour de légume. C'est très rudimentaire, on ne peut pas appeler cela de la cuisine familiale traditionnelle mais pour nous, cela suffira. Si tu veux te simplifier le mental, tu dois simplifier tous les aspects de ta vie extérieure. Chez les gens ordinaires, ceci génère l'ennui mais pour l'aspirant spirituel, voir jusqu'à quel point il peut réduire le flux de ses pensées est une aventure de chaque instant.

« Et pourquoi coupes-tu les légumes si lentement ? » s'exclama-t-il. « À ce rythme, on ne mangera pas avant demain ! »

J'estimais pour ma part que je les coupais plutôt vite et le lui dis. Il me prit le couteau des mains et termina le travail en deux fois moins de temps qu'il ne m'en eût fallu.

« Il faut être attentif et en même temps rapide. On ne doit pas devenir lambin sous prétexte de vigilance. En surface, la sérénité et la mollesse peuvent paraître semblables, mais tu dois bien voir la différence entre les deux et combattre la lenteur. Un dévot doit être rapide et efficace, sans pour autant se départir de son calme intérieur. Il devrait être capable de travailler autant sinon plus qu'un autre, sans ressentir de fatigue mentale. Je me rappelle un jour où je massais les genoux de Ramana avec une huile médicinale. Il souffrait de rhumatismes sévères et devait être massé tous les jours. À frictionner ainsi ses genoux, je commençai à m'essouffler. Il me pria d'arrêter : « Comme tu t'identifies trop à la tâche à accomplir, ton souffle vital devient agité. Quand tu travailles, ne laisse pas ton esprit se fixer sur la tâche. Essaie de maintenir une certaine distance mentale, sois comme un témoin, calme et détendu intérieurement, même si extérieurement tu travailles comme un fou. »

J'ai donc essayé et maintenant, j'arrive à assumer n'importe quelle charge de travail sans fatigue nerveuse ni prolifération des pensées. Si je m'assieds pour méditer, mon mental plonge immédiatement jusqu'au plus profond de moi et rejoint sa source. Alors que si je travaille dans l'attachement et l'agitation, il m'est ensuite impossible pendant plusieurs heures de méditer : il faut d'abord attendre que le flot des pensées s'apaise. Même si pour l'instant, tu n'arrives pas à être détaché, répète au moins le Nom divin tout en travaillant. Petit à petit, même dans l'action, ton mental s'accrochera à ce Nom plutôt qu'au travail. Ta paix ne sera plus dérangée. »

Il me fit signe de venir m'asseoir à ses côtés et m'indiquant la marmite où cuisaient les légumes :

« Tu vois », dit-il, « la chaleur fait sauter et danser les légumes. Si je retire le récipient du feu, tout se calme. Il en va de même du mental. En s'attachant à ton travail, ton esprit s'échauffe, les pensées se mettent à bouillonner. Pas de chaleur, pas d'agitation ! »

Avec Ratnamji, tout semblait prétexte à l'enseignement d'un principe spirituel. Être avec lui signifiait apprendre en permanence. J'avais souvent fait l'école buissonnière étant jeune, à présent je payais en prenant des leçons jour et nuit !

Je m'assis dans un coin et attendis la suite. Il retira les marmites du feu, me servit une assiettée, puis une pour lui. Il me demanda ensuite si j'avais une photo de Ramana. J'en avais une dans un livre et je la lui apportai. Il plaça la photo près de la nourriture et, lentement, fit semblant de donner à manger à l'image. Ceci dura une quinzaine de secondes, puis il préleva un peu de nourriture qu'il alla distribuer dehors à quelques chiens faméliques et aux corbeaux qui guettaient. Après quoi nous nous assîmes et mangeâmes.

« C'était quoi, tout ça ? » lui demandai-je.

« Nous tenons Ramana pour notre *guru* et notre Dieu. En le nourrissant d'abord, la nourriture est sanctifiée et nous aidera à

Faire le vide – Tiruvannamalai – 1968

conquérir notre mental. La plupart des occidentaux n'apprécient guère l'idée d'adorer Dieu dans un homme, ou d'ailleurs que l'on puisse assigner une forme quelconque à Celui qui est sans forme. Cela vient sans doute des prescriptions de l'Ancien Testament qui enseignaient de n'adorer Dieu sous aucune forme, qu'Il a une personnalité mais pas de forme. Dans la religion védique, Dieu dans Son aspect absolu n'a ni forme ni personnalité. Il est pure Existence, comme l'expriment à merveille les paroles du Seigneur à Moïse sur le Mont Sinaï : « Je suis Cela qui est ». Cependant, pour les besoins du culte et de la communion avec Ses fidèles, Il peut manifester Sa Présence dans n'importe quel objet de l'univers. Si nos pensées et notre dévotion sont assez fortes, nous pouvons sentir Sa Présence dans chaque atome de la création.

« Tout comme le penseur est l'essence de ses pensées, Dieu est l'essence de cet univers qui n'est que le produit de Sa volonté et de Sa pensée. Si nous voulons avoir la vision intérieure de Dieu et nous fondre en Lui pour atteindre ainsi la Félicité absolue, nous devons concentrer notre mental et le rendre subtil. Et comment pourrait-on se concentrer sur un Être éthéré, dépourvu de forme ? Notre esprit est sans cesse préoccupé de formes et de sons. Nous devons choisir un support formel et essayer de voir Dieu en lui. Progressivement, nous obtiendrons la concentration et pourrons Le voir comme l'Essence de toute chose. C'est pourquoi j'ai d'abord offert la nourriture à Dieu sous la forme de notre *guru* puis sous la forme d'animaux affamés. Nous en tirerons un sentiment de compassion et de solidarité envers les autres créatures. Grâce à cela, avec le temps, notre vision s'élargira jusqu'à devenir la vision universelle de Dieu en toute chose. Comprends-tu ? »

En deux mots, Ratnamji venait de couvrir tout l'éventail des philosophies judéo-chrétienne et orientale ! Tout cela en réponse à une simple question ! J'étais frappé d'admiration devant la profondeur de son savoir et la largesse de ses vues.

Lorsque nous eûmes terminé le repas, Ratnamji s'étendit sur une natte pour se reposer. Je me mis à nettoyer le coin cuisine. Je m'accroupis pour débarrasser les assiettes et les casseroles.

« Pourquoi t'accroupis-tu ainsi ? » remarqua-t-il. « Tiens-toi debout et plie-toi en avant à la taille, cela étirera les muscles de tes jambes et fortifiera tes nerfs. Ce qui à son tour débarrassera ton système nerveux de sa mollesse. Si l'on supprime aussi bien la mollesse que l'agitation, il devient facile de méditer. »

Je fis selon ses recommandations et sortis laver la vaisselle. Avec de la poudre à récurer, je me mis à frotter les casseroles. Debout, cela va sans dire, et me penchant jusqu'au sol.

« Vois-tu, nous autres pauvres moines ne pouvons nous permettre de gaspiller ainsi du bon détergent. Prends du sable fin, bien sec. Utilise-le à la place de la poudre, cela enlèvera toute la saleté et le gras sans nous coûter un sou. Hier, je te regardais laver une bouteille d'huile vide. Tu en as gaspillé du détergent ! Il suffisait d'y verser du sable, de bien secouer, de touiller avec un morceau de bois : cela enlève toute l'huile des parois. Alors seulement, une petite pincée de poudre aurait suffit et c'était absolument propre. »

Je commençais à en avoir assez. À croire que je ne savais rien faire comme il faut et que lui savait tout. Je n'osais plus faire un pas de peur qu'il ne trouve à redire jusque dans ma façon de marcher ! Je terminai la vaisselle et rangeai les ustensiles sur l'étagère. Il vérifia que je les avais bien disposés la tête en bas. Par chance, j'avais au moins eu ce bon sens. Je m'étendis et sombrai dans la somnolence.

Faire le vide – Tiruvannamalai – 1968

« Hé, Neal ! Tu dors ? Il n'est pas bon de dormir dans la journée. Si tu dors après le lever du soleil ou avant le crépuscule, le corps s'échauffe et au lieu de te sentir frais et dispos, tu te sentiras épuisé et vaseux. Si tu es fatigué, passe-toi simplement de l'eau froide sur la figure et les bras, puis allonge-toi et répète le Nom divin un moment. Mais surtout, ne ferme pas les yeux ! »

« Et pourquoi pas ne plus respirer, aussi ! » me dis-je intérieurement.

Dans l'après-midi, Ratnamji retourna à l'*āśhram* vaquer à ses occupations. Au bout d'un certain temps, je l'y rejoignis. Après les chants védiques et le rituel du soir devant le *samādhi*, j'allai méditer. Mais pendant la méditation, je fus pris d'une irrésistible envie de dormir. Dès que je fermais les yeux, je dodelinais de la tête. J'essayai de lutter contre le sommeil, mais rien n'y fit. Déçu, je regagnai ma chambre et terminai les restes du repas de midi. Ratnamji avait préparé en quantité suffisante pour que je n'aie pas à refaire de cuisine le soir.

Il arriva chez moi vers vingt heures, après avoir dîné à l'*āśhram*. Il était accompagné d'un ami, un homme grand et fort, au sourire radieux, qui avait le rire facile des enfants. Il devait approcher des soixante-dix ans.

« Je te présente Bhaiji », me dit Ratnamji. « Bhaiji est l'une des premières personnes que j'aie rencontrées en arrivant ici, en 1942. C'est un ancien professeur de philosophie d'Hyderabad, une grande ville à huit cents kilomètres au nord. Depuis les années trente, il vient à Ramana chaque fois que ses obligations familiales et professionnelles lui en laissent le loisir. Nous avons sympathisé au premier regard. Pendant toutes ces années, il m'a servi de père, de mère, de frère aîné et de guide, un peu comme moi et toi. Bhaiji, raconte à Neal comment tu es venu à Ramana. »

« J'enseignais à l'époque la philosophie dans la plus grande université de l'état », commença Bhaiji. « J'avais 42 ans. Bien qu'intéressé par la vie spirituelle depuis mon jeune âge, je ne m'y étais jamais consacré corps et âme. Un jour, alors que je prenais une douche, j'entendis du bruit et me retournai. Un homme se tenait dans ma salle de bains, me regardant en souriant. J'étais pourtant sûr d'avoir tiré le loquet. L'homme ne portait qu'une pièce de tissu autour des reins et tenait à la main un bâton de pèlerin. Terrorisé, je me ruai hors de la pièce en hurlant. Ma famille accourut. En apprenant la raison de mes cris, ils se mirent en devoir de fouiller la salle de bains, mais ne trouvèrent aucune trace de l'inconnu. »

« Une semaine plus tard, je feuilletais un ouvrage de philosophie non-dualiste. Quelle ne fut pas ma surprise de tomber, en page de garde, sur la photo de l'homme que j'avais vu dans ma salle de bains, avec pagne, bâton de pèlerin et tout le reste. Son nom était écrit sous la photo : Sri Ramana Maharshi. L'introduction expliquait que c'était un sage réalisé qui vivait au pied d'Arunachala. Dès que je pus obtenir un congé, je partis pour Arunachala. »

« En arrivant à l'*āśhram*, je me rendis directement au hall de méditation. Ramana était assis sur un sofa et irradiait une paix presque palpable. Il me jeta un coup d'œil, perçant mais néanmoins bienveillant, et s'exclama en riant : « Avant même de venir, il a vu Ramana ! » À partir de cet instant, je me consacrai de tout mon cœur à atteindre le But spirituel et devins un dévot de Ramana que je pris pour *guru* et pour guide. »

Avant de partir, Bhaiji me prit à part et me dit combien j'avais de chance d'avoir Ratnamji pour guide spirituel. Il m'expliqua que Ratnamji était un saint d'un très haut niveau et que je ne

Faire le vide - Tiruvannamalai - 1968

devais pas me laisser abuser par son apparence et ses manières humbles. Ensuite, il nous quitta pour retourner à l'*āśhram*.

Il devait être onze heures du soir. J'avais sommeil et m'apprêtais à aller dormir. Ratnamji, déjà couché, m'appela et me dit qu'il serait préférable de laver dès ce soir le peu de vaisselle sale qui restait, cela ferait gagner du temps pour le lendemain. Je m'exécutai à contrecœur. À nouveau, j'étais sur le point de m'allonger, sans perdre de vue un seul instant que je devais me lever à trois heures et demie le lendemain. J'étais à peine assis sur ma natte qu'il m'appela et me demanda de masser ses jambes douloureuses. J'avais lu quelque part qu'être autorisé à toucher le corps d'un véritable saint est une grande bénédiction et que parfois, certains saints accordent à leurs dévots, comme une marque de faveur, de leur masser les jambes. J'étais très heureux de me voir offrir cette chance, mais je n'arrêtais pas de piquer du nez. Finalement, il me sembla que Ratnamji s'était assoupi. J'en profitai pour m'éclipser sans bruit et aller me coucher.

« Pourquoi as-tu arrêté ? J'ai toujours mal. »

Je me relevai, nettement moins enthousiaste cette fois-ci et parvins, je ne sais comment, à rester éveillé jusqu'à ce qu'il me prie d'aller dormir. Ma tête avait à peine touché l'oreiller que je dormais déjà à poings fermés.

Vers une heure du matin, Ratnamji m'appela :

« J'ai froid. As-tu une couverture ? »

Il savait pertinemment que je n'avais qu'une seule couverture, celle de coton que j'utilisais. Je l'en couvris et, après m'être recouché, j'ôtai mon *dhoti* pour m'en faire une couverture. C'est surprenant comme un tissu aussi léger peut tenir chaud ! En guise d'oreiller, je faisais un baluchon de mes vêtements ou alors je dormais tout simplement sur mon bras replié. Au début, c'était un peu inconfortable, mais je finis par m'y habituer et au bout de quelque temps, j'étais même content d'arriver à me débrouiller avec si peu. C'était un pas important vers l'indifférence aux circonstances extérieures. Nous perdons la moitié de notre paix intérieure à réagir aux circonstances extérieures par manque de flexibilité. Celui qui ne désire rien, ou qui s'accommode de ce qu'il trouve, est heureux n'importe où. Ratnamji s'efforçait de m'inculquer ceci par la pratique. S'il m'avait enseigné qu'il faut faire avec le minimum sans jamais me placer dans de telles conditions, comment en aurais-je fait l'expérience directe ? Et sans l'avoir vécu et pratiqué maintes fois, comment aurais-je compris l'effet de ce mode de vie sur le mental et les progrès spirituels qui en découlent ? En me forçant à rester debout quand je ne demandais qu'à aller me coucher, il voulait m'apprendre à dépasser l'attachement au sommeil. Par ailleurs, chacune de ces situations me donnait l'occasion soit de réagir égoïstement, soit de m'effacer. C'était aussi une école de patience et de maîtrise de la colère.

Dans la vie de tous les jours, nous ne prenons qu'occasionnellement conscience de toutes les tendances négatives qui nous emplissent l'esprit. Mais à vivre dans l'entourage de saints, tout ce qu'on peut avoir en soi de bon ou de mauvais a tôt fait de ressortir. Bien sûr, c'est au disciple d'utiliser ceci pour son progrès spirituel en contrôlant ses aspects négatifs et en cultivant ses aspects positifs. Si, en compagnie d'un sage, on en vient à comprendre les mécanismes du mental et à apprendre à les maîtriser, alors on peut vivre en paix même dans ce monde prosaïque. Celui qui parvient à survivre sur le champ de bataille trouvera tout autre endroit paradisiaque par comparaison.

Après m'être levé à trois heures et demie et avoir pris mon bain, j'étais prêt à quatre heures du matin à assister Ratnamji dans n'importe quelle tâche. Le soir précédent, en présence de Bhaiji, je m'étais vaguement plaint de ne plus avoir beaucoup de temps pour méditer. Et même quand je m'asseyais pour méditer, je m'endormais. J'attribuais ceci à la fatigue de la journée et de la nuit. J'ignorais qu'à un certain stade, dans la méditation, la pesanteur du mental se traduit par une envie de dormir ou une somnolence. Ratnamji et Bhaiji avaient échangé un regard et s'étaient mis à rire. « À partir de demain, tu feras de la vraie méditation sans même avoir à t'asseoir », avait répondu Ratnamji. Je n'avais pas saisi ce qu'il voulait dire.

Et là, ce matin, tout en lavant mon linge, je sentais nettement que j'étais le témoin immobile, détaché de ce corps qui, seul, travaillait. Ce sentiment ne dura guère. J'essayai de le raviver, mais sans succès. Mon mental s'était senti inondé par la même sensation d'illumination que je ressentais lors d'une bonne méditation. J'en parlai à Ratnamji.

« C'est ce que je t'ai dit hier. Si tu répètes continuellement ton *mantra*, tout en essayant de garder ton mental détaché de ton travail, le sentiment que tu n'es pas l'auteur de l'action commence à poindre. Bien sûr, les séances de méditation sont bonnes aussi, mais ce n'est qu'un début. Tu t'es astreint à méditer plusieurs heures par jour pendant plus d'un an avant de venir ici. Cela a éveillé quelque chose en toi. Mais ce n'était que le premier pas. Ce serait une grave limitation si tu ne pouvais éprouver cette paix qu'en t'asseyant et en fermant les yeux. Cette paix, ce courant de conscience, c'est la vraie nature du mental ou de l'ego. Si tu t'y cramponnes, elle te conduira à la Réalité au-delà du mental. Si tu façonnes ton mental selon le conseil des saints, le courant de conscience gagnera en force et en durée pour finalement devenir continu. Il deviendra de plus en plus profond, jusqu'à ce qu'il n'y ait plus de pensées et que tu passes au-delà. »

Ratnamji alla prendre son bain. Je lui emboîtai le pas avec une serviette. Il se tenait à côté du puits dans la brise glacée de l'aube, tirant de l'eau et se la déversant sur la tête à plusieurs reprises. Je lui demandai pourquoi il devait, à son âge et à son niveau d'évolution spirituelle, prendre une douche froide dans les courants d'air. Il me répondit que c'était essentiellement pour donner l'exemple.

« L'exemple ? Mais à qui ? » lui demandai-je. « Il n'y a que moi ici. »

« Est-ce que cela ne suffit pas ? » répliqua-t-il. « En se lavant ainsi, on devient indifférent aux plaisirs et aux misères du corps physique. Alors seulement peut-on fixer son mental sur le flux interne. L'attachement aux plaisirs et l'aversion pour la souffrance sont les deux principaux obstacles à la méditation. Si tu restes assis à attendre que plaisirs et douleurs se manifestent pour pratiquer le détachement, tu risques de pratiquer longtemps. Les Écritures préconisent de débuter la journée par une douche froide, de préférence avec de l'eau de puits. Les brumes du sommeil qui stagnent sur le système nerveux en seront dissipées, l'esprit sera frais et alerte. Ceci bien sûr ne s'applique pas aux malades, mais nous ne sommes ni si vieux ni si malades que nous ne puissions observer cette prescription. Bien que ce ne soit pas absolument indispensable dans mon cas, si je ne le fais pas, tu penseras que ce n'est pas nécessaire pour toi non plus. Et en ne le faisant pas, tu te priverais de tout le bénéfice d'une telle pratique. »

J'étais étonné et un rien ému de la sincérité avec laquelle il avait entrepris de m'apprendre à purifier mon mental, en dépit de l'inconfort que cela lui occasionnait. Je savais qu'il avait des rhumatismes car, pendant mon séjour à l'*āśhram*, je lui avais parfois apporté de l'eau chaude pour baigner ses genoux lorsqu'ils le faisaient trop souffrir. À présent, il passait outre sa santé chancelante, simplement pour me montrer l'exemple. Je lui demandai pourquoi il se donnait tant de mal pour moi.

« Crois-tu que je désire ou que j'attende quoi que ce soit de toi ? Bien sûr que non. Mais je sens que Ramana m'a confié le soin de te montrer le chemin de la réalisation du Soi et je sais que tu penses de même. Si tel est le cas, où est mon devoir ? Quand on a reçu une tâche de son *guru*, ne doit-on pas la mener à bien, même si cela implique des souffrances ou même la mort ? Si l'on ne se voue pas totalement au devoir assigné par Dieu, quel progrès peut-on espérer, que ce soit dans la vie ordinaire ou dans la vie spirituelle ?

« Il faut maîtriser son mental et le rendre calme et parfaitement concentré pour voir briller en soi la Réalité. Un complet dévouement à cette tâche est indispensable. On ne peut pas tout le temps faire un pas en avant, trois pas en arrière. Si dans un seul de nos actes nous ne sommes pas sincères, ce manque de sincérité deviendra une habitude qui imprégnera tous nos actes. À quelqu'endroit du corps qu'on le prenne, le pouls reste le même.

« Il est très difficile de façonner et d'améliorer son mental. C'est pourquoi nous devons nous consacrer entièrement à la tâche entreprise pour que notre pratique spirituelle s'accomplisse à la perfection. La perfection dans l'action est d'ailleurs en soi un exercice très efficace pour concentrer le mental. Si, d'une manière ou d'une autre, j'arrive à instiller en toi la spiritualité, ainsi que mon *guru* l'a fait pour moi en me montrant sans cesse le bon exemple, alors, s'il plaît à Dieu, tu pourras faire de même pour autrui. Et, de toutes façons, ce sera toujours utile à ta propre libération. »

Le matin, après l'office devant le *samādhi* de Ramana, Ratnamji regagnait sa chambre pour y célébrer sa propre *pūjā*. Je cueillais les fleurs, nettoyais la pièce, faisais tous les préparatifs et assistais aussi à la *pūjā*. Le principe m'en échappait, mais j'aimais beaucoup l'atmosphère engendrée par les chants rituels et la répétition des divers *mantras*. Ce matin-là, à la fin du rituel, il se tourna vers moi et me demanda :

« Cela fait des jours que tu viens ici assister à la *pūjā*. Qu'attends-tu pour commencer ta propre *pūjā* ? »

« Un étranger peut-il célébrer la *pūjā* ? » m'enquis-je. « Tu récites tous ces vers en sanskrit. S'il faut d'abord que j'apprenne le sanskrit, je peux attendre longtemps. De plus, je veux méditer et te servir et non passer mon temps à apprendre une langue. »

« Pas besoin d'apprendre le sanskrit », me répliqua-t-il. « Je te composerai moi-même une *pūjā* en anglais à partir de vers tirés des œuvres poétiques de Ramana. Tu n'auras qu'à apprendre le côté mécanique du rituel et à répéter ces vers. C'est l'intention et la dévotion qui comptent, pas la langue. Dieu connaît nos cœurs et se préoccupe fort peu de l'extériorité. »

Pendant deux jours, Ratnamji passa tout son temps libre à choisir des vers parmi les poèmes dévotionnels de Ramana et à simplifier le rituel. Par la même occasion, il m'expliqua l'intérêt de la *pūjā*, disant que si la *pūjā* n'est parfois qu'un simple rituel pour le prêtre, c'est pour l'aspirant un exercice de concentration du mental. Il me donna en exemple l'aiguille d'un compteur. Le mouvement est très net à l'extrémité libre de l'aiguille, mais presque imperceptible à sa base, là où elle s'articule à la machine. De même, notre mental étant très subtil, ses mouvements sont difficilement décelables. Par contre, nos actes et nos sensations, qui sont une projection ou une extension du mental, sont plus faciles à observer et à jauger.

À ces mots, mon expérience du jardin, lorsque je cueillais les fleurs, me revint à l'esprit. J'étais incapable de me concentrer sur la fleur que j'étais en train de cueillir, mais je cherchais déjà la suivante. Jusque-là j'avais toujours pensé que j'étais capable d'une bonne concentration, mais en fait je me trompais. Pendant la *pūjā*, me dit Ratnamji, il faut toujours surveiller le degré de concentration avec lequel notre mental suit le mouvement des yeux et des mains, ou écoute les vers. Ainsi, en améliorant sa concentration sur les cinq sens, on augmente aussi son pouvoir de concentration sur des choses plus subtiles. De plus, au fur et à mesure que la concentration s'approfondit, le voile d'ignorance qui obscurcit notre mental va s'amenuisant et nous commençons à voir et à sentir la Présence divine, à l'intérieur comme à l'extérieur. À son plus haut niveau, c'est la réalisation de Dieu.

Apprendre par cœur la *pūjā* me prit presque un mois. Comme objet de culte, je choisis une photo de Ramana, L'ayant depuis toujours associé au Suprême. À l'évidence, une force me guidait et j'étais convaincu qu'Il était cette force. Bien que plutôt cartésien en tous autres domaines, sur ce point je ne m'étais jamais arrêté à raisonner. C'était une sensation intuitive et cela me suffisait amplement. En Ramana, je voyais Dieu.

À trop rationaliser la spiritualité, on la vide de sa substance et l'on devient soi-même sec et dur. Dieu étant le substrat pur et simple de l'esprit, une foi et une simplicité d'enfant mènent plus vite au but. Le Christ n'a-t'il pas dit qu'il fallait devenir pareil à un petit enfant pour entrer au Royaume des Cieux ? Pour faire l'expérience de Dieu, un esprit simple et enfantin est essentiel. Le Royaume des Cieux est en nous, mais la focalisation sur les vagues superficielles du mental nous empêche de plonger profondément en nous-mêmes, jusqu'au cœur de notre être.

Ratnamji m'affirma que la *pūjā* ne nécessitait aucun accessoire sophistiqué. De simples plats de terre feraient l'affaire. En offrande à Ramana, un peu d'eau, quelques fleurs, de l'encens et un morceau de fruit suffiraient. Je commençai pour de bon à célébrer ma *pūjā*. Au cours des dix années suivantes, pas une seule fois je n'y ai manqué.

Ayant reçu pas mal de directives sur la façon de modeler chaque action afin de purifier le mental, je faisais tout mon possible pour les mettre en pratique. Mais ce n'était pas chose aisée. Mon bon vieil esprit rebelle refaisait sans cesse surface. Je ne mettais pas le moins du monde en doute l'exactitude des propos de Ratnamji, mais quand je m'attelais à une tâche, deux voix contradictoires s'élevaient en moi : « Fais comme il te dit », disait l'une » ; « Pourquoi s'embêter ? Fais comme il te plaira », répondait l'autre. Pendant bien des jours, j'ai écouté la seconde voix et j'ai fait à ma guise, tout en sachant pertinemment que j'avais tort.

C'était déjà assez mal en soi mais en plus, un phénomène des plus étranges commença à se produire : chaque fois que j'agissais à mon idée, je recevais un petit coup sur la tête !

Un soir, Ratnamji était assis au bord de l'étang à l'*āshram* et répétait son *mantra*. Au bout de deux heures, il se leva et se mit en route pour venir chez moi. À ce même moment, j'étais en train d'essayer de mettre un peu d'ordre dans ma chambre. Ratnamji avait remisé quelques articles sur une de mes étagères et m'avait maintes fois recommandé de ne pas y toucher, même si ces objets me paraissaient sales ou en désordre. Tout en nettoyant, j'arrivai à l'étagère interdite.

« Oh », me dis-je, « qu'est-ce que ça peut bien faire si je touche à ces objets ? Ils sont tellement sales ! »

Je me mis donc en devoir de les nettoyer et de les redisposer sur l'étagère. Ratnamji entra à cet instant précis.

« Mais qu'est-ce que tu crois que tu es en train de faire ? » me demanda-t-il.

Faire le vide – Tiruvannamalai – 1968

« Oh, rien », répondis-je. « Je me suis dit que, tant qu'à faire le ménage en grand, je pouvais aussi bien nettoyer par ici. »

« C'est exprès que je t'avais demandé de ne pas toucher aux objets de cette étagère. Je voulais voir si tu étais capable de maîtriser ton impulsivité. De toute évidence, ce n'est pas le cas. Comment pourrais-je confier la moindre tâche d'importance à un impulsif ? On ne peut pas compter sur eux. Après mes deux heures de *japa* près de l'étang, j'étais empli de paix et de sérénité. Et, puis j'arrive ici et je te trouve en train de faire des bêtises ! C'est comme si l'on venait de jeter une énorme pierre dans un lac tranquille. »

Bien sûr, je me sentis très mal et me promis de ne plus jamais aller à l'encontre de ses désirs. Mais hélas, sous une forme ou une autre, la chose se reproduisit plus de mille fois !

Un jour, Ratnamji me demanda d'aller cueillir quelques brins d'herbe pour la *pūjā*. Ce type d'herbe ne pousse que dans les endroits très humides. À l'*āshram*, cela signifie à côté de l'évacuation de la salle d'eau. Ratnamji découvrit que j'avais déraciné l'herbe pour la lui apporter. « Il n'est pas nécessaire de tuer cette malheureuse herbe », me dit-il. « La partie supérieure suffit. Tu n'as qu'à couper les brins avec un couteau, comme ça la plante ne meurt pas et l'herbe repousse. » Pas difficile, encore faut-il avoir, le moment voulu, l'esprit bien disposé. Le lendemain, je partis cueillir l'herbe un couteau à la main, avec la ferme intention de suivre les directives de Ratnamji. Mais à peine avais-je commencé à couper que mon mental me souffla : « Pourquoi l'écouter ? Tu n'as qu'à arracher l'herbe, après tu peux couper les racines et il n'en saura rien. » Comme d'habitude, je suivis le « conseil du malin » et arrachai l'herbe. Malheureusement pour moi, j'avais sous-estimé la résistance des racines. Il me fallut tirer comme un forcené. Les racines cédèrent d'un seul coup et je m'étalai de tout mon long dans le caniveau. J'en ressortis plus sage mais plus triste... et trempé de la tête aux pieds ! Je me rendis chez Ratnamji comme un criminel redoutant le verdict et l'exécution. Il observa simplement que j'étais incapable d'apprendre autrement que dans les affres et garda le silence.

Ce genre d'incident commença à se produire à longueur de journée. Cela me rendait fou ! C'était comme si je prenais plaisir à me punir ou comme si quelque force mystérieuse me poussait à faire les choses de travers rien que pour s'en amuser. Je devins dépressif et confus. Je commençais à penser que je m'étais trompé en m'engageant dans la voie spirituelle. Mais j'avais beau réfléchir, je ne pouvais concevoir vie préférable. Je n'étais pas venu à la spiritualité par un choix logique, c'était l'aboutissement d'une série d'événements intérieurs qui m'avaient amené à comprendre la valeur de la vie spirituelle par rapport aux plaisirs du monde. Il était hors de question de revenir en arrière ni de mener une autre existence, quelle qu'elle fût. Et même si je retournais à mon mode de vie antérieur, la même compréhension des choses s'affirmerait en moi et me ramènerait à une existence de renoncement et de spiritualité.

Comment faire alors ? Combien de fois avais-je essayé de suivre les conseils simples de Ratnamji ! Mais à chaque fois, je finissais par faire exactement le contraire et en payais immédiatement le prix. Au bout d'un moment, je me dis que le problème venait peut-être de Ratnamji. Il exigeait toujours que tout soit fait d'une certaine façon et ne tolérait aucun compromis. Bien que l'ayant accepté pour guide, je décidai que je n'étais pas tenu de suivre ses conseils. Pour échapper aux inévitables remontrances, mon esprit pervers élabora un subterfuge. J'allai trouver Ratnamji et lui dis que je pensais qu'il valait mieux que

Sur la montagne d'Arunachala - 1974

je parte, car ma présence le dérangeait tant qu'il risquait d'y perdre sa paix intérieure.

« Où iras-tu ? » me demanda-t-il sans se départir de son sourire. Ma proposition ne paraissait pas le troubler outre mesure.

« Probablement dans le Nord de l'Inde », répondis-je.

« Et que feras-tu là-bas ? »

« Oh, probablement me trouver un *guru* et continuer ma pratique spirituelle. Sinon, je prendrai une petite maison dans les Himalayas et passerai mon temps à cultiver mon jardin », répondis-je avec assurance.

Il éclata de rire.

« Dieu t'a conduit ici. Sans l'avoir cherché ni l'un ni l'autre, nous nous sommes rencontrés et notre relation s'est développée. Il est temps pour toi de purifier ton mental. Où que tu ailles, il faudra bien que tu le fasses. Tu trouves que je suis trop strict et tu penses qu'en t'en allant tu seras plus tranquille. Mais la vérité, c'est que si tu jettes ce qui t'a été donné sans que tu aies même eu à le demander, il se peut que cela ne se représente pas de sitôt. Si d'aventure tu rencontres un autre guide, il sera cent fois plus strict que moi. Quand le Divin nous amène à la vie spirituelle, si nous fuyons devant les petites souffrances qui émaillent notre apprentissage, Il nous enverra deux fois plus d'épreuves pour nous ramener dans le droit chemin. La vie spirituelle n'est pas une sinécure. Si l'on veut connaître la Béatitude divine, il faut d'abord passer par les affres de la purification du corps et de l'esprit. Ne crains pas de déranger ma paix intérieure. Il suffirait que tu persévères et que tu essayes de dompter ton mental indiscipliné pour trouver toi-même la paix. »

Je savais bien qu'il avait raison, comme d'habitude. Mais les mêmes discussions à deux voix continuèrent dans ma tête, peut-être un peu moins fréquentes après cette conversation.

Chapitre 3

Progression

Quelques jours plus tard, ma mère et ma sœur arrivèrent en voiture de Madras. Je les installai à la pension de l'*āshram*. Ma mère était folle de joie de me revoir après plus d'un an de séparation. Elle fut surprise de voir que j'avais coupé mes longs cheveux et rasé ma barbe et que je n'étais vêtu que d'un *dhoti* et d'une serviette. Je me prosternai devant elle comme l'exigent les Écritures hindoues.

« Mais que fais-tu ? » s'exclama-t-elle. « Pourquoi te couches-tu à mes pieds ? »

« Maman, je ne me couche pas », répondis-je avec calme, « je me prosterne devant toi afin d'obtenir ta bénédiction. »

« Si tu veux ma bénédiction, » répliqua-t-elle, un peu peinée de voir son fils se mortifier devant elle, « je t'en prie, ne fais pas des choses pareilles ! A-t-on jamais vu cela ? Je n'aime pas ça du tout ! »

Je tentai de lui expliquer :

« Maman, je t'en prie, sois gentille. Bien sûr que tu n'aimes pas ça, mais je dois trouver l'attitude juste qui consiste à voir Dieu en toi. Tu sais, quand Moïse vit Dieu dans le buisson ardent, au Mont Sinaï, il tomba raide, terrassé par la dévotion et le respect. En m'entraînant ainsi, je parviendrai un jour à voir Dieu en tout et en tous. »

« Oui, eh bien tu peux t'entraîner avec les autres si cela te chante, mais pas avec moi ! » répliqua-t-elle.

Après les avoir confortablement installées, je les emmenai voir la petite chambre où je vivais depuis pratiquement un an. Ma mère fut quelque peu affligée de voir la sobriété de mon style de vie. À la maison, j'avais un matelas de trente centimètres d'épaisseur et des oreillers de mousse, tandis qu'ici je dormais sur une natte, sans drap ni oreiller. Je lui exposai mes habitudes de lever à trois heures et demie et de coucher à vingt-trois heures. Je lui montrai également ma *pūjā*. Je me mis même en devoir de lui préparer quelque chose à manger, mais c'était tellement mauvais que même une vache n'en aurait pas voulu !

Malgré tout cela, avec sa patience habituelle, elle se montra appréciative de tout et m'encouragea à persévérer dans ma voie, indépendamment du fait qu'elle aurait été bien plus heureuse de me voir mener une existence plus conforme à la norme. Malheureusement, au bout de quelques jours, elle attrapa la dysenterie et dut garder le lit le reste de son séjour. Je vis là une circonstance envoyée par le Ciel pour me permettre de la servir et fis tout mon possible pour la remettre sur pied. Après deux semaines sans incidents notables, ma sœur et moi raccompagnâmes Maman à Madras. Ma sœur avait décidé de rester à Tiruvannamalai. Elle y passa six mois, en études et en méditation.

Je pris ensuite le premier train pour Hyderabad que j'atteignis le lendemain matin. Chemin faisant, je notai un changement complet de mon état mental. Mon habituel sentiment de confusion et de lutte intérieure avait cédé la place à un courant de paix. J'avais parfois ressenti ce courant mais là, il persistait respect. En m'entraînant ainsi, je parviendrai un jour à voir Dieu en tout et en tous. »

« Oui, eh bien tu peux t'entraîner avec les autres si cela te chante, mais pas avec moi ! » répliqua-t-elle.

Après les avoir confortablement installées, je les emmenai voir la petite chambre où je vivais depuis pratiquement un an. Ma mère fut quelque peu affligée de voir la sobriété de mon style de vie. À la maison, j'avais un matelas de trente centimètres d'épaisseur et des oreillers de mousse, tandis qu'ici je dormais sur une natte, sans drap ni oreiller. Je lui exposai mes habitudes de lever à trois heures et demie et de coucher à vingt-trois heures. Je lui montrai également ma *pūjā*. Je me mis même en devoir de lui préparer quelque chose à manger, mais c'était tellement mauvais que même une vache n'en aurait pas voulu !

Malgré tout cela, avec sa patience habituelle, elle se montra appréciative de tout et m'encouragea à persévérer dans ma voie, indépendamment du fait qu'elle aurait été bien plus heureuse de me voir mener une existence plus conforme à la norme. Malheureusement, au bout de quelques jours, elle attrapa la dysenterie et dut garder le lit le reste de son séjour. Je vis là une circonstance envoyée par le Ciel pour me permettre de la servir et fis tout mon possible pour la remettre sur pied. Après deux semaines sans incidents notables, ma sœur et moi raccompagnâmes Maman à Madras. Ma sœur avait décidé de rester à Tiruvannamalai. Elle y passa six mois, en études et en méditation.

Je pris ensuite le premier train pour Hyderabad que j'atteignis le lendemain matin. Chemin faisant, je notai un changement complet de mon état mental. Mon habituel sentiment de confusion et de lutte intérieure avait cédé la place à un courant de paix. J'avais parfois ressenti ce courant mais là, il persistait

Chapitre 3

Progression

Quelques jours plus tard, ma mère et ma sœur arrivèrent en voiture de Madras. Je les installai à la pension de l'*āśhram*. Ma mère était folle de joie de me revoir après plus d'un an de séparation. Elle fut surprise de voir que j'avais coupé mes longs cheveux et rasé ma barbe et que je n'étais vêtu que d'un *dhoti* et d'une serviette. Je me prosternai devant elle comme l'exigent les Écritures hindoues.

« Mais que fais-tu ? » s'exclama-t-elle. « Pourquoi te couches-tu à mes pieds ? »

« Maman, je ne me couche pas », répondis-je avec calme, « je me prosterne devant toi afin d'obtenir ta bénédiction. »

« Si tu veux ma bénédiction, » répliqua-t-elle, un peu peinée de voir son fils se mortifier devant elle, « je t'en prie, ne fais pas des choses pareilles ! A-t-on jamais vu cela ? Je n'aime pas ça du tout ! »

Je tentai de lui expliquer :

« Maman, je t'en prie, sois gentille. Bien sûr que tu n'aimes pas ça, mais je dois trouver l'attitude juste qui consiste à voir Dieu en toi. Tu sais, quand Moïse vit Dieu dans le buisson ardent, au Mont Sinaï, il tomba raide, terrassé par la dévotion et le

Faire le vide – Tiruvannamalai – 1968

Un autre jour, j'étais allé voir un dévot européen qui avait passé de nombreuses années à l'*āshram*. J'avais beaucoup de respect pour lui et estimais qu'il avait certainement atteint un certain niveau de réalisation. Il me demanda comment j'allais et je lui répondis que j'étais malheureux comme les pierres et aurais souhaité n'avoir jamais vu le jour. Il me dit qu'à son avis mes problèmes venaient de ce que, bien qu'Américain, je m'efforçais de vivre comme un Hindou d'Inde. Il m'assura aussi qu'en écoutant la voix de Dieu en soi, on ne pouvait se tromper. Après avoir discuté un bon moment avec lui, je regagnai ma chambre. Je réfléchis à ce qu'il avait dit et conclus qu'il avait raison. Je résolus d'aller trouver Ratnamji, de lui rapporter cette nouvelle révélation et de prendre congé de lui pour toujours. Dorénavant, je suivrais les conseils de cet autre ami.

Je fis irruption chez lui comme un diable.

« Qu'est-ce que c'est ? » s'exclama aussitôt Ratnamji. « Assieds-toi un moment et quand tu seras calmé, nous parlerons. J'ai eu l'impression qu'une tornade entrait dans la pièce ! »

Je lui dis que j'avais découvert la cause de toute mon agitation mentale et ajoutai qu'il n'aurait jamais dû essayer de faire de moi un hindou. Je lui rapportai ma conversation avec mon ami. Il ne répondit rien, mais se leva et m'enjoignit de le suivre. Nous parcourûmes environ un kilomètre et demi, jusqu'au pied de petites collines désertes. La lune brillait et illuminait Arunachala à l'arrière plan. Tout était silencieux. Après être resté assis en silence un long moment, Ratnamji dit :

« Neal, mon enfant, ton ami se trompe sur ton compte. Tu as quitté l'Amérique à l'instigation de Dieu et parce que tu avais l'amour inné de l'Inde. Tu comprends parfaitement tout ce que tu vois ou entends de la culture hindoue et c'est toi, sans aucune contrainte extérieure, qui as choisi de mener la vie d'un moine hindou traditionnel. En fait, ta foi dans le mode de vie védique dépasse celle de la plupart des Hindous traditionnels. Je n'ai jamais cherché à te faire suivre cette voie. Je te montre simplement le cheminement que j'ai moi-même suivi. Tu l'apprécies et tu essaies de le suivre également, mais bien sûr, ton mental se rebelle constamment. Ceci est dû aux mauvaises habitudes, profondément enracinées, que tu as accumulées au fil des ans avant de venir ici. Tu souffres parce qu'il y a conflit entre tes bonnes intentions et tes mauvaises habitudes héritées du passé. Cela n'a rien à voir avec ton mode de vie actuel, même s'il est évident que ma présence a précipité ce conflit. Il arrive toujours un moment où tout aspirant spirituel doit affronter son mental inférieur et en sortir victorieux et régénéré. S'il est vrai que la voix de Dieu est intérieure, il y a aussi d'autres voix en nous. Celle de Dieu est la plus subtile et dans ton état actuel, tu ne peux discerner entre Sa voix et celle des « démons », entre guillemets. Jusqu'à ce que tu aies acquis une pureté mentale suffisante, mieux vaut t'en remettre à ton guide et suivre ses conseils quoi qu'il t'en coûte. Je ne veux que ton progrès spirituel, je n'ai aucun désir de te faire souffrir. Essaie de comprendre la profondeur de mon affection pour toi, toute spirituelle qu'elle soit. Appuie-toi sur elle et continue à essayer de purifier ton mental. À l'heure actuelle, le peu de lumière que tu portes en toi se mêle à beaucoup de ténèbres. Il faut en prendre conscience et les chasser. Ne te tourmente pas tant. Ramana t'a amené jusqu'ici, il te montrera la suite du chemin. »

Ces paroles me mirent du baume au cœur, mais quelques jours plus tard, les voix conflictuelles de mon mental recommençaient à me torturer. Je me dis que c'était sans espoir et que je n'arriverais jamais à purifier mon esprit. J'en vins même à envisager le suicide, tout en doutant de mon courage à passer à

Faire le vide – Tiruvannamalai – 1968

l'acte. À cette époque, je tombai par hasard sur une conversation de Ramana avec un dévot au sujet du suicide. Ramana disait au dévot que se suicider est spirituellement aussi néfaste pour la personne que de commettre un meurtre. La douleur est liée au corps physique, mais la souffrance vient du mental. C'est donc le mental qu'il faut tuer, pas le corps qui n'y est pour rien. Celui qui supprime son corps doit malgré tout traverser, après la mort, la souffrance de cette incarnation, sans compter les souffrances supplémentaires résultant de l'erreur commise en se suicidant. Loin d'être une solution, le suicide ne fait qu'empirer les choses. Une personne qui s'est suicidée ne pourra pas trouver la paix de l'esprit après la mort.

Ceci, bien sûr, écartait toute possibilité de suicide. Je n'avais plus d'autre alternative que de m'acharner et de continuer à essayer de soumettre mon mental à ma volonté. Je désirais tant être en harmonie avec Ratnamji et qu'il n'ait plus besoin de me reprendre et de me réprimander sans cesse. Ce n'était sûrement pas agréable pour lui et pour moi, c'était l'enfer. J'aurais pris la fuite je ne sais combien de fois sans cette petite voix tout au fond de moi qui disait : « Tout ce qui arrive est pour le mieux. Tiens bon et traverse courageusement cette longue nuit de l'âme ». Je n'avais jamais rien lu concernant la « longue nuit de l'âme », mais je savais que j'étais en plein dedans. Ce terrible état dura près d'un an pendant lequel j'appris et dus me battre pour appliquer ce que m'enseignait Ratnamji.

À la fin de l'année, Ratnamji me demanda d'inviter ma mère à venir en Inde. Il me dit que je l'avais quittée de façon très cavalière. En fait, avec l'égoïsme et la morgue caractéristiques des enfants, je lui avais presque toute ma vie manqué de respect et d'égards. Contrairement à l'Inde, la culture américaine ne met pas l'accent sur l'obéissance due aux parents. Il faut les chérir et rembourser la dette que nous avons envers eux qui nous ont élevés et ont subvenu à nos besoins. Par devoir ou par amour, il faut s'occuper de ses parents et entretenir avec eux de bonnes relations. Sans la bénédiction d'une mère, nul ne peut réellement progresser dans la vie spirituelle. C'est du moins l'opinion des anciens sages. Il est dit dans les textes sacrés qu'une personne ingrate ne trouve pas même place en enfer. Cependant, si les parents mettent en garde contre la vie spirituelle ou exigent de leur enfant qu'il fasse une chose néfaste pour son évolution spirituelle, celui-ci n'est pas tenu d'obéir. Seules les paroles du guide spirituel ont plus de poids que celles des parents.

J'écrivis à ma mère et elle accepta de venir dès que possible avec ma sœur. À ce stade, Ratnamji m'annonça qu'il allait à Hyderabad voir des fidèles et des parents qui attendaient depuis longtemps sa visite. Il me dit que je pourrais y venir avec ma mère si je le souhaitais ou le rejoindre seul après son départ. Je pourrais ainsi rencontrer d'autres dévots et d'autres saints. Sur le chemin de la gare routière, il me dit d'essayer de voir Ramana en ma mère et de la servir comme Tel. Cela plairait à Dieu et à ma mère aussi, sans qu'elle ne sache pourquoi. Un dévot ne doit aimer que Dieu mais ce faisant, toute la Création reçoit son amour puisque Dieu réside en tous les cœurs. Sur ces bonnes paroles, Ratnamji grimpa dans le bus qui s'ébranla.

Il était parti. Je restai seul, prêt à entamer un nouveau chapitre de ma vie.

plus longtemps, le matin avant le lever du soleil et le soir après son coucher. Il survenait spontanément, en dehors de toute méditation. Même à d'autres moments de la journée, je me sentais plus heureux et plus paisible. Était-ce parce que j'avais obéi à Ratnamji et obtenu la bénédiction de ma mère ? J'étais convaincu que je me sentirais davantage en harmonie avec lui quand je le reverrais.

En arrivant à Hyderabad, je localisai la maison où Ratnamji était censé habiter, mais j'appris qu'il était à l'hôpital.

« Comment ça, à l'hôpital ? Nous ne devons pas parler de la même personne ! » Je pensais que, peut-être, je m'étais trompé de maison.

« Non, non. Ratnamji est mon frère cadet. Il m'a prévenu que vous viendriez. Je suis désolé d'avoir à vous apprendre qu'il est à l'hôpital avec une fracture de la hanche. »

Je ne pouvais en croire mes oreilles. Comment un saint homme comme lui pouvait-il avoir ce genre d'accident ? J'étais bien sûr très naïf à l'époque et pensais que les saints échappaient aux épreuves des gens ordinaires. Au cours des sept années suivantes, j'ai appris qu'au contraire les saints sont appelés à souffrir bien plus que le commun des mortels.

« Entrez. Après déjeuner, je vous emmènerai à l'hôpital », m'assura son frère.

C'était un vieux monsieur d'environ soixante-cinq ans, cadre retraité des chemins de fer. Il avait des attentions de mère pour Ratnamji. Chaque mois, il lui envoyait un peu d'argent afin qu'il n'ait pas à souffrir du manque de nourriture. Ratnamji acceptait ceci comme une manne divine. Chaque fois qu'il passait à Hyderabad, Ratnamji séjournait quelques jours chez son frère et tâchait de lui inculquer quelques idées de spiritualité.

« Comment s'est-il cassé la hanche ? » m'enquis-je un peu plus tard, après avoir fait un brin de toilette et m'être installé au salon.

« Il assistait à une séance de *bhajans* chez un ami. Il devait venir ici le lendemain car nous devions célébrer la cérémonie annuelle à la mémoire de nos défunts parents. Le fils de l'ami en question avait proposé de l'amener en scooter et Ratnamji avait accepté. Alors qu'ils tournaient un coin de rue, un taxi les a percutés par le côté et a renversé Ratnamji. Le conducteur s'en est sorti indemne mais sous l'impact de la chute, Ratnamji s'est fracturé la hanche. Cela s'est passé il y a deux jours. Ils n'ont toujours pas réduit la fracture car il faut opérer. Or, Ratnamji est diabétique. Le médecin veut ramener sa glycémie à la normale avant de tenter quoi que ce soit. »

Après déjeuner, nous nous rendîmes en bus à l'hôpital, à environ huit kilomètres de là, ce qui me permit de voir un peu la ville. Nous étions dans un bus à deux étages, comme on en voit à Londres et avions donc choisi l'étage supérieur pour mieux profiter de la vue. Hyderabad est l'une des plus belles villes de l'Inde. Elle a de grandes artères bordées d'arbres des deux côtés, de nombreux parcs et beaucoup de grands espaces, avec une petite rivière qui serpente au cœur de la ville. L'influence mongole est partout perceptible dans l'architecture. En fait, il s'agit de deux villes jumelles : Hyderabad et Secunderabad. Les gens sont polis et avenants. La ville étant pratiquement au centre de l'Inde, de nombreux saints de toutes religions y passent et il y a toujours un programme dévotionnel en cours quelque part.

Nous atteignîmes l'hôpital gouvernemental. L'aile de chirurgie réservée aux hommes se trouvait au deuxième étage et comptait une centaine de patients. Le frère de Ratnamji me conduisit au lit où ce dernier reposait, un grand sourire aux lèvres.

« C'est affreux ! » m'exclamai-je les larmes aux yeux, avant même de le saluer. « Comment un tel accident a-t-il pu t'arriver ? »

« Un accident ? » répliqua Ratnamji en souriant. « Ça n'existe pas les accidents. La naissance est-elle un accident ? La mort est-elle un accident ? Tout cela est la douce volonté de Ramana pour mon évolution spirituelle. Pour un serviteur de Dieu, il n'y a ni fatalité ni accidents. Tout ce qui lui arrive survient par la très gracieuse volonté de son Dieu bien-aimé qui toujours travaille à ramener à Lui ses fidèles. Nous devrions être heureux dans toutes les situations qu'Il nous envoie. »

On peut dire qu'il mettait en pratique ce qu'il prêchait ! Bien que cloué au lit et incapable du moindre mouvement, il paraissait toujours aussi gai. Les docteurs avaient emprisonné sa jambe dans une gouttière pour empêcher tout mouvement. C'était à l'évidence très inconfortable.

« Comment as-tu su que j'étais ici ? » demanda Ratnamji.

« Je n'avais aucune idée que tu étais hospitalisé. Après le départ de ma mère, j'ai pris le premier train. En arrivant à Hyderabad, je suis allé tout droit chez ton frère dont j'avais trouvé l'adresse dans ton carnet. Cela m'a fait un choc d'apprendre ton accident ! J'ai pensé que je me trompais de maison. Mais à présent, je vois bien que c'est vrai », répondis-je, au bord des larmes à le voir étendu sur son lit dans cet état. Lui qui avait toujours été si actif, voilà qu'il se retrouvait confiné comme un prisonnier. Il me tapota affectueusement le bras. Pour tenter de me réconforter, il me dit :

« Ne t'en fais pas. Il n'en sortira certainement que du bien. Tout le monde ici s'inquiétait de ce qu'il n'y avait personne pour s'occuper de moi. Ils ont tous des obligations, le bureau, l'école, la famille. Qui s'occuperait d'un pauvre moine ? Personne ne le formulait clairement, mais je voyais bien ce qu'ils pensaient. J'ai dit à mon frère ce matin même : « J'ai tout déposé aux pieds de Ramana. Il prendra soin de moi, tu verras. » Et voilà que tu es arrivé, juste au bon moment. Ces parents et amis se relayaient à mon chevet, mais cela les dérangeait un peu. Eh bien, qui a envoyé Neal ici, précisément maintenant ? N'est-ce pas Ramana ? Les profanes n'ont foi que dans le monde matériel. Pour eux, Dieu est une idée abstraite, fumeuse. Pour nous, c'est exactement le contraire. Lui seul est réel, le monde n'est qu'un rêve brumeux par comparaison. »

Quelqu'un me demanda combien de temps je comptais rester à Hyderabad. En vérité, une idée égoïste me trottait dans la tête. Je pensais passer quelques jours avec Ratnamji pour veiller à son confort, puis regagner le calme de l'*āśhram*. Je redoutais que sa compagnie ne réveille le tumulte de mon esprit. Mais, avant même que j'aie pu ouvrir la bouche, Ratnamji répondit :

« Il ne repartira que lorsque je pourrai à nouveau marcher seul. » À ces mots, je sentis au plus profond de moi que ce serait très mal de l'abandonner ici et acceptai ses paroles comme un décret divin.

Les jours suivants virent un incessant va-et-vient de visiteurs. Ratnamji avait grandi et fait ses études à Hyderabad, il y était revenu bien souvent après la mort de Ramana. Tous ceux qui avaient eu vent de son accident se succédèrent à son chevet. Et même le soir, après la fermeture des grilles de l'hôpital, les internes et le personnel médical venaient le voir pour faire sa connaissance et l'entendre parler de spiritualité. Un de ses dévots me fit cadeau d'une couverture et, avec la permission du directeur de l'hôpital, je m'occupais de Ratnamji la journée et dormais par terre à côté de son lit la nuit. L'hôpital fournissait ses repas, mais des dévots m'apportaient chaque jour de l'extérieur

Progression

ma nourriture. Nous gardions une photo de Ramana sur la table de nuit et, chaque jour, je l'ornais de quelques fleurs cueillies au jardin. Après avoir installé confortablement Ratnamji, j'allais chaque matin me laver chez un dévot qui habitait non loin de là et je revenais dans les deux heures, sitôt ma *pūjā* quotidienne terminée. C'était l'unique moment où je m'absentais, après m'être assuré que Ratnamji ne manquait de rien.

Au bout d'une semaine, son diabète était suffisamment stabilisé pour permettre l'opération. Le matin de l'intervention, près de quarante personnes vinrent le voir. J'étais en train de penser à Bhaiji. À l'instant précis où je me demandais s'il viendrait, il entra dans la salle. Comme je mentionnais la coïncidence à Ratnamji, il me dit :

« S'il est vrai que ces phénomènes existent, il n'y a pas de quoi s'en émerveiller. Si des pouvoirs médiumniques se manifestent en nous, nous ne devons pas les accepter. Cela nous détournerait de notre voie, la réalisation de Dieu. Face à la Béatitude de la réalisation, tous les pouvoirs surnaturels du monde ne sont que poussière. »

Bhaiji, avec sa bonne humeur coutumière, s'installa au chevet de Ratnamji. Après s'être enquis de sa santé et de l'opération à venir, il entonna avec lui le Nom de Dieu. Les mots sont faibles pour décrire la suite.

Une infirmière entra et commença à frictionner à l'alcool la zone de la fracture pour nettoyer la peau en vue de l'opération. La douleur était atroce et Ratnamji se mit à chanter plus fort. Soudain, il éclata d'un rire retentissant. Ses yeux devinrent fixes, sa respiration s'arrêta, sa poitrine se déprima, ses cheveux se dressèrent sur sa tête et tous les poils de son corps se hérissèrent comme des piquants de porc-épic. C'était comme s'il recevait une décharge électrique. Tandis que je le regardais stupéfait, je vis ses yeux virer du brun à un blanc-bleu très brillant, de la couleur d'une lampe à arc ou d'un fer à souder. Était-ce là le *samādhi*, cette béatitude suprême de l'union avec Dieu ?

Au bout de quelques instants, son corps se détendit un peu et, d'une voix étranglée, il rit et se mit à parler avec animation de l'Océan de Puissance qu'est Dieu. Mais avant d'avoir pu prononcer le mot « Dieu », son esprit fut réabsorbé dans la Lumière et tous ses poils se dressèrent à nouveau, comme précédemment. Ceci se reproduisit plusieurs fois. Un docteur entra alors et s'approcha de Ratnamji pour s'assurer qu'il était prêt pour l'opération.. Ce docteur s'appelait Rāma, un des noms de Dieu en sanscrit. Un seul regard au docteur suffit à renvoyer Ratnamji au royaume de la Béatitude infinie. Lorsqu'il en revint, il haletait : « Rāma, Rāma ! Le simple fait de penser à Ton Nom suffit à me mettre dans cet état ! » Pour le médecin et l'infirmière, ces paroles n'avaient bien sûr ni queue ni tête. Ils croyaient que l'appréhension rendait leur patient hystérique. Ils lui dirent de ne pas s'inquiéter : on allait bientôt l'anesthésier et il ne sentirait rien. Ratnamji s'esclaffa en riant : « Mais je ne suis pas inquiet. Pour tout vous dire, l'anesthésie est parfaitement superflue. Même si vous ne m'en faites pas, je ne sentirai pas la moindre douleur. » Ne saisissant pas la portée de ces paroles, ils continuaient à essayer de le rassurer et lui dirent de se préparer à l'intervention car on allait l'emmener dans quelques minutes au bloc opératoire.

À voir cet état merveilleux, dont j'avais déjà lu la description dans des ouvrages relatant la vie d'Êtres réalisés, je souhaitai de tout mon cœur connaître une telle expérience d'union à la Lumière suprême. À peine avais-je pensé ceci que Ratnamji se tourna vers moi et dit :

Progression

« Serait-ce possible si tôt ? Tu dois d'abord pratiquer et mûrir ; après, cela viendra. »

Il lisait visiblement à livre ouvert dans mon esprit.

Lorsqu'il revint de la salle d'opération, des dévots prirent place autour de son lit. La paix qui se dégageait de lui était extraordinaire. Mes pensées s'effacèrent, je vivais une paix profonde, semblable à un sommeil sans rêve. L'anesthésie se dissipant, Ratnamji reprit peu à peu conscience. Il rit et plaisanta avec tout le monde jusque tard dans la nuit. Les médecins lui avaient placé une broche dans le tibia, au-dessous du genou, pour mettre la jambe en traction. Je souffrais rien qu'à la voir.

Par leur négligence, dans les jours qui suivirent, la plaie s'infecta autour de la broche, entraînant une souffrance intolérable. Ratnamji était très agité à cause de la douleur, mais tout mouvement lui était impossible. L'infection avait été dûment signalée, on avait réclamé le nettoyage de la plaie et l'administration d'antibiotiques. Mais les médecins oublièrent et tardèrent quatre ou cinq jours à intervenir. Finalement, une nuit, je touchai deux mots de la plaie infectée à un jeune étudiant en médecine venu converser avec Ratnamji. Aussitôt, il entreprit de la nettoyer et administra des médicaments. À la suite de quoi, il passa tous les jours voir Ratnamji et nettoyer personnellement la plaie. J'étais surpris et furieux de la dureté du personnel hospitalier. Pour le coup, je me dis qu'il valait mieux crever dans le caniveau que de mourir à l'hôpital aux mains de gens aussi indifférents.

Au cours des années, j'ai eu bien des occasions de voir des hôpitaux indiens. C'était partout la même chose. Médecins et infirmières semblaient oublieux du fait que le corps humain est innervé et qu'au bout de ces nerfs, il y a un être humain qui ressent très nettement la douleur. Soigner peut être l'occasion de servir son prochain avec désintéressement et d'apprendre à voir Dieu en lui, comme ce peut être l'occasion de torturer les gens et de se faire le messager du dieu de la mort. Quant au patient, son séjour à l'hôpital lui offre une bonne occasion de cultiver l'art de s'en remettre à la volonté de Dieu !

La jambe de Ratnamji fut maintenue en traction pendant près de deux mois. Radios à l'appui, les médecins constatèrent qu'à cause du terrain diabétique, la fracture consolidait très lentement. Ils décidèrent alors d'enlever la broche et d'accrocher le système de traction au moyen d'une bande sparadrap entourant la jambe. Au début, ce fut plus confortable mais au bout de quelques jours, Ratnamji commença à se plaindre de ce que cela lui arrachait la peau de la jambe. Les médecins bien sûr n'en voulurent rien croire et persistèrent à lui soutenir que c'était le fruit de son imagination. Il endura cette torture un mois de plus jusqu'à ce qu'enfin on lui enlève la bande. Effectivement, toute la peau avait lentement été arrachée par le poids de la traction. Pendant des années, sa jambe en porta les cicatrices. Je lui demandai pourquoi il fallait qu'il souffre tant.

« Au cours d'innombrables vies, chacun de nous a fait de bonnes et de mauvaises actions. On récolte ce que l'on a semé. Tout ce qui nous arrive sans que nous l'ayons cherché n'est que le fruit de nos actions passées. Les bonnes actions portent des fruits agréables, les mauvaises apportent la douleur. En général, nous ne récoltons pas le fruit de nos actions dans la vie même où nous les accomplissons. Dieu aménage les circonstances de façon à nous amener progressivement à des niveaux de plus en plus élevés de réalisation spirituelle. À nous d'employer ce qu'Il nous envoie pour progresser spirituellement. En restant simple témoin, détaché des joies comme des peines de ce corps, le mental se purifie peu à peu et rejoint sa source, c'est-à-dire

Dieu ou le Soi Véritable. On peut se réjouir des choses agréables et souffrir des choses douloureuses, mais ce n'est pas ce qui nous rapprochera de l'impassibilité.

« Mes souffrances sont le fruit de quelque mauvaise action passée. Elles surviennent maintenant pour pousser mon esprit vers de sublimes niveaux de conscience de Dieu. De quoi me plaindrais-je ? Pourquoi blâmerais-je les autres ? Bien que ce soit le fruit d'une mauvaise action, Dieu utilise cette souffrance pour m'accorder Sa Vision. N'est-ce pas merveilleux ? »

Un soir, un dévot vint voir Ratnamji. Il était marié, père de trois enfants et tenait une petite herboristerie. Il s'assit par terre à côté du lit et commença à psalmodier doucement le Nom de Dieu. J'étais assis à ses côté et l'observais. J'avais dans l'idée que les gens mariés ne pouvaient guère progresser spirituellement, l'essentiel de leur temps et de leur énergie étant consacré à leur famille. Gary, au Japon, constituait une exception, mais encore avait-il connu auparavant plusieurs années de stricte discipline monastique. Le visiteur était profondément absorbé dans sa récitation du Nom divin quand, soudain, un gros livre tomba avec fracas du bord du lit sur une pile d'assiettes, à quelques centimètres de lui. Surpris, je sursautai. Lui ne tressaillit même pas ni n'ouvrit les yeux. Il continua comme si de rien n'était. Ratnamji me regarda avec un sourire au fond des yeux :

« Quelqu'un qui peut s'absorber dans la répétition du Nom divin au point de perdre toute conscience de son corps et de son entourage, qu'importe s'il est marié ou s'il a des enfants ? Son esprit tout entier est offert à Dieu. À toute heure du jour, il répète intérieurement Son Nom, même s'il doit s'occuper de son commerce ou de sa famille. Il n'est attaché à rien ni à personne, mais continue à faire son devoir dans un esprit de détachement, en offrande à Dieu. Il pense au Suprême en permanence et recherche la compagnie des saints quand le temps le lui permet. Ainsi, son mental se fond facilement dans la méditation lorsqu'il s'assied pour réciter le Nom de Dieu. Qui d'entre nous est meilleur, lui ou nous ? Bien que moines, sommes-nous capables d'une telle absorption en Dieu ? »

Ceci m'enseigna à ne jamais juger la stature spirituelle d'un homme à sa situation sociale. En matière d'accomplissement spirituel, un moine renonçant peut être aussi superficiel qu'une flaque d'eau, un chef de famille peut avoir la profondeur de l'océan.

C'est pendant le séjour de Ratnamji à l'hôpital que je fis la connaissance du grand saint Avadhutendra Swamiji. Lui et Ratnamji étaient grands amis depuis près de vingt ans et ensemble, ils avaient sillonné toute l'Inde. Swamiji était excellent musicien. Il passait deux heures chaque soir à chanter le Nom de Dieu dans des maisons amies ou des centres religieux. Son chant avait un je-ne-sais-quoi qui électrisait l'atmosphère et la chargeait de dévotion. Je lui demandai de me parler un peu de sa vie afin qu'elle m'inspire dans mes efforts vers la réalisation de Dieu. Il me raconta qu'il avait étudié la musique dans le Nord de l'Inde jusqu'à ce que son professeur lui déclare qu'il avait le génie de la musique et qu'il n'avait plus rien à lui apprendre. Des réalisateurs lui proposèrent de chanter la bande originale de leurs films. Il refusa, arguant que Dieu seul lui avait donné cette voix et qu'il ne l'utiliserait que pour Le servir. Il monta alors encore plus au nord, jusqu'à Ayodhya. Ayodhya est le lieu de naissance de Sri Rāma qui est considéré en Inde comme une incarnation divine des temps antiques. Là, il entra dans un *āśhram*. Les jours passaient et au fur et à mesure qu'il avançait dans ses études et pratiques spirituelles, il remarqua que la paralysie gagnait progressivement tout son corps. Il consulta toutes sortes de docteurs, essaya toutes sortes de médicaments, rien n'y fit. Finalement, la paralysie prit de telles proportions qu'il ne put plus parler. Il s'attendait à mourir sous peu. C'est alors qu'un de ses frères moines lui montra un petit livre intitulé *Hanumān Chālīsā*. Il s'agit de quarante versets à la gloire d'Hanumān composés par Tulsidas, un saint qui vécut il y a environ quatre cent ans. Le moine conseilla à Swamiji d'essayer de répéter ces versets mentalement du mieux qu'il pourrait car beaucoup, atteints de maladies incurables, s'en étaient trouvés guéris. Swamiji parvint à apprendre par cœur les versets et s'attela à la récitation de cet hymne. À sa grande surprise, sa voix revint progressivement. Au bout d'un mois, la paralysie avait complètement disparu.

Swamiji décida de manifester concrètement sa gratitude envers Hanumān. Au cours des quarante années suivantes, il mit un point d'honneur à faire apposer, dans chaque temple d'Hanumān qu'il rencontra dans le nord et le centre de l'Inde, une plaque de marbre sur laquelle il avait fait graver les paroles de l'hymne. Cela représentait près de deux cent temples ! De nombreux dévots s'offrirent à partager le coût de ces travaux et même lorsqu'il recevait des dons pour ses besoins personnels, il les employait à cette tâche.

Après sa guérison, il se mit en quête d'un *satguru*. Il le trouva dans une petite ville à la confluence du Gange et de la Yamuna. Ce saint, nommé Prabhudattaji, avait fait pénitence de nombreuses années sous un arbre et avait atteint l'Illumination. Il était très connu dans la région. Swamiji se présenta mais dut subir une épreuve sévère avant d'être accepté comme disciple. Prabhudattaji lui confia l'arrosage de la plantation de basilic. Cette plante est considérée comme sacrée en Inde. Le jardin était si grand qu'il ne fallait pas moins de cent seaux d'eau chaque jour. Il y avait bien un puits à proximité, mais il était profond de plus de trente mètres. De plus, on était dans la saison froide et les mains de Swamiji commencèrent à gercer. En quelques jours, elles étaient en sang, mais il les enveloppa dans un morceau de chiffon et continua sans un murmure. Au bout d'un mois, son *guru* lui confia une autre tâche. Il devait chaque jour laver toutes les marmites de l'*āśhram*. L'*āśhram* de Prabhudattaji est très grand, des centaines de personnes y mangent quotidiennement. Swamiji me rapporta que les marmites étaient tellement énormes qu'il devait s'asseoir dedans pour les nettoyer. Quelques jours de ce travail et son *guru* estima qu'il avait réussi son examen de passage. Il le prit à son service personnel où il resta quinze ans. Prabhudattaji lui demanda également de chanter chaque soir le Nom divin à l'*āśhram*. Quand Swamiji chantait, il devenait tellement ivre d'Amour divin que, bien souvent, il ne pouvait achever son chant. Ce que voyant, Prabhudattaji le fit appeler un jour et lui dit qu'il était prêt à voler de ses propres ailes. Il était libre de partir, ceci après quinze années passées au service du *guru*.

À dater de ce jour, il se mit à sillonner toute l'Inde, chantant le Nom de Dieu et prêchant l'efficacité de ce moyen pour atteindre la réalisation de Dieu. Il m'affirma qu'en quarante ans de pérégrinations d'un lieu saint à l'autre, jamais il n'avait rencontré plus grand saint que Ratnamji. En sa compagnie, il trouvait toujours la béatitude suprême. Apprenant qu'il était hospitalisé, il était accouru de fort loin simplement pour le voir.

Swamiji était un personnage hiératique. Si l'on ne savait pas qu'il était moine, on aurait pu le prendre pour un roi. Il mesurait plus d'un mètre quatre-vingt avec de grands bras et une voix profonde. Ses yeux de faon débordaient de douceur et un sourire éclairait en permanence son visage. Je me sentais très honoré de le rencontrer. De temps à autre, Ratnamji m'envoyait

Progression

assister à ses chants pour que j'apprenne à mieux le connaître. Toujours, il me priait de m'asseoir à ses côtés et me traitait avec une grande gentillesse et même avec respect. Ceci me mettait toujours mal à l'aise, mais ainsi il nous montrait à tous qu'il convient de traiter les serviteurs de Dieu comme Dieu Lui-même. En être capable, c'est franchir un pas de plus vers la capacité à voir Dieu en toute chose.

Cela faisait maintenant quatre mois que Ratnamji était à l'hôpital. Je commençais à être impatient d'en sortir, mais il me répétait sans cesse de m'en remettre à la volonté de Ramana. Sa patience me stupéfiait. Moi au moins, je pouvais me promener à ma guise mais lui était cloué au lit et n'en manifestait pas pour autant d'impatience. Enfin un jour, à mon réveil, je perçus une nette différence dans l'atmosphère, une sorte de paix et de légèreté. Peut-être n'était-ce que mon imagination.

Quoi qu'il en soit ce matin-là, les médecins nous annoncèrent que Ratnamji pouvait quitter l'hôpital. Quelle joie ! Mais elle fut de courte durée : Ratnamji demanda aux médecins s'ils étaient vraiment sûrs qu'il pouvait sortir. Je n'en revenais pas !

« Quoi ?! Et s'ils venaient à changer d'avis ? » pensai-je. L'équanimité dans la joie comme dans la peine — il y avait très peu de cette qualité en moi et en Ratnamji, il n'y avait que peu d'autre chose ! Les médecins l'assurèrent qu'il pouvait partir mais qu'il ne devrait pas essayer de marcher avant un mois. Dieu merci, nous allions donc sortir ! Nous portâmes Ratnamji jusqu'à un taxi qui nous déposa chez un ami. Celui-ci avait invité Ratnamji à venir séjourner chez lui tout le temps nécessaire à sa convalescence. En route, je demandai à Ratnamji :

« Alors, quel effet cela te fait-il de revoir le ciel après si longtemps ? »

« Exactement le même effet que le plafond de l'hôpital ! » répliqua-t-il en riant. Décidément, son égalité d'humeur était vraiment incorrigible !

Où que résidât Ratnamji, l'endroit devenait en quelques jours un *āśhram*. Notre nouvelle demeure ne fit pas exception. Notre ami était fonctionnaire du gouvernement. On lui avait attribué comme logement de fonction, dans le quartier résidentiel d'Hyderabad, un vaste hôtel particulier entouré de deux hectares de terrain. Quel soulagement après l'atmosphère déprimante de l'hôpital ! Le séjour là-bas avait sans nul doute été riche d'enseignements. Chaque jour, un ou deux patients mouraient sous nos yeux et la véritable nature du corps physique devenait vite évidente. Malgré tout, je n'aurais pas aimé y passer le restant de mes jours !

Notre ami était dévot d'un saint indien renommé. Chaque semaine, il tenait des réunions, faisait des allocutions sur les enseignements de son *guru* et donnait des cours de méditation. Il éprouvait beaucoup de respect pour Ratnamji et considérait vraiment comme un privilège de pouvoir ainsi le servir dans sa maison. Jusque tard dans la nuit, ils passaient des heures à discuter de questions spirituelles. Dans la journée, pendant qu'il était au bureau, d'autres fidèles venaient voir Ratnamji pour chanter des *bhajans*, célébrer des cérémonies religieuses ou discuter. On ne s'ennuyait jamais en sa compagnie.

Mon emploi du temps n'avait pas changé : lever à trois heures et demie, ablutions, *pūjā*. Je m'occupais ensuite de Ratnamji lui donnant son bain, lavant ses affaires, faisant le ménage de sa chambre, rédigeant son courrier. Il y avait toujours quelque chose à faire. Ratnamji me dit un jour qu'un paresseux ne trouve jamais rien à faire tandis qu'un homme sincère ne trouve jamais un instant de répit. Je voulais ressembler au second et ne cessais

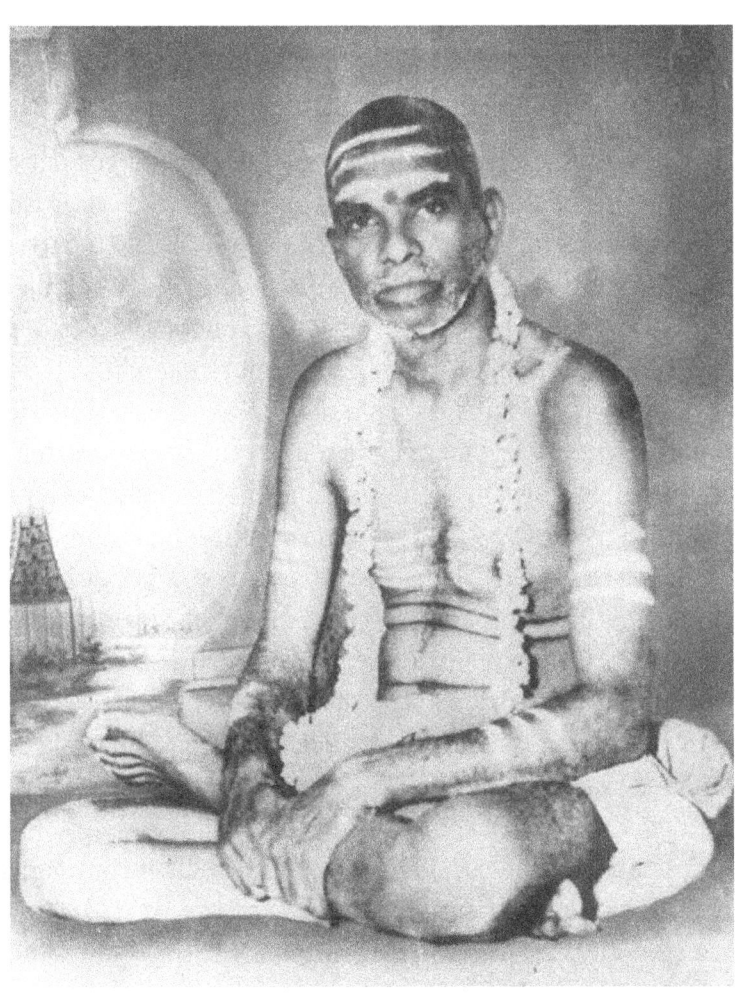

Sri Swami Avadhutendra Sarasvatī

de m'affairer. S'il n'y avait pas de travail et que j'avais fini mon étude des Écritures, Ratnamji me priait d'aller aider les gens de la maison ou leurs serviteurs. Après tout, nous étions reçus chez eux et nous nous devions de mettre la main à la pâte. C'était du moins la manière de voir de Ratnamji et lui-même s'efforçait d'aider de son mieux notre hôte et sa famille. Très souvent, au cours de nos voyages, lorsque nous étions hébergés par des familles pauvres, il me demandait d'acheter de la nourriture et de la remettre à la personne chargée de la cuisine. En partant, nous nous arrangions parfois pour laisser de l'argent à leur faire remettre après notre départ car ils ne l'auraient sans doute pas accepté de notre main. Si les hôtes étaient riches, nous offrions au moins notre travail. C'est ce que je faisais chez ce fonctionnaire, mais en général à l'insu de tous, pour ne pas heurter les susceptibilités. Ratnamji soutenait que, même quand les autres nous témoignent du respect, nous ne devons jamais nous sentir en quoi que ce soit supérieurs à eux. Il convient plutôt de cultiver le sentiment de l'unité et de l'égalité entre tous les êtres.

Un matin, après m'être lavé, je m'apprêtais à célébrer ma *pūjā* quotidienne lorsque Ratnamji m'appela.

« Aujourd'hui », dit-il, « je veux voir ta *pūjā*. Célèbre-la près de mon lit, cela fait des mois que je n'ai plus vu comment tu procèdes. »

J'installai tout le nécessaire à côté de son lit et commençai. Au bout de cinq minutes, il me pria d'arrêter.

« Tu récites les versets mécaniquement, sans la moindre sensibilité. En plus, tu fais des offrandes au *guru* sans même lever les yeux vers lui. Que penserais-tu si je t'offrais un verre d'eau en te disant : « Accepte ceci, je t'en prie » tout en regardant par la fenêtre ? Si tu célèbres la *pūjā* correctement, ta concentration s'approfondira de jour en jour. Tu commenceras à sentir que ton image ou ta photo sont vivantes. Essaie de faire comme je te dis. »

Je repris au début et tâchai de suivre ses instructions. Quand j'offrais des fleurs à la photo de Ramana, je le regardais droit dans les yeux puis déposais les fleurs à ses pieds. Ce faisant, je fus surpris du sentiment d'amour qui envahit mon cœur. Au même moment, mes yeux se fermèrent et les larmes se mirent à couler toutes seules. Qui plus est, je distinguais nettement de la vie dans sa photo. La précision du diagnostic de Ratnamji me stupéfiait. Je me sentais mal à l'idée de toutes ces journées que j'avais laissées passer sans faire la *pūjā* comme il convient pour en retirer bénéfice et béatitude. À partir de ce moment, je résolus de lui demander périodiquement si je menais mes pratiques spirituelles correctement.

Un matin, j'étais allé au jardin cueillir des fleurs pour la *pūjā*. En passant sous un arbre, je vis et entendis distinctement trembler toutes les feuilles. Je me dis que le vent devait agiter la ramure sauf qu'il n'y avait pratiquement pas de vent, pas assez en tous cas pour produire cet effet. Ma curiosité éveillée, je repassai sous l'arbre. À nouveau, les feuilles bruirent. Après avoir répété plusieurs fois cette manœuvre, avec sensiblement les mêmes résultats, je courus à la maison raconter cela à Ratnamji.

« Qu'y a-t-il d'extraordinaire là-dedans ? », me dit-il. « Les arbres sont des êtres vivants comme nous. Ils ont leurs sensations et leurs émotions propres. Cependant, tu ne dois pas t'appesantir sur la question ou tu perdras de vue le but réel de notre séjour ici. Même un événement insolite ne doit pas nous distraire. L'autre jour quand tu étais dehors, j'ai remarqué que tu suivais des yeux les jeux des singes dans les arbres et je t'ai fait rentrer. Un aspirant spirituel doit être si concentré sur son but que rien, sauf nécessité, ne peut l'en distraire.

« On raconte que Sri Kṛiṣhṇa demanda un jour à Hanumān d'enjamber une grande étendue d'eau pour aller chercher un renseignement sur l'autre rive. Tandis qu'Hanumān sautait, des créatures aquatiques lui offrirent de se reposer sur leur dos mais il refusa, continua d'une traite et acheva sa mission. Nous devrions le prendre en exemple et ne jamais nous laisser distraire. »

Il avait raison, bien sûr, comme d'habitude. Pourtant ses paroles me vexèrent un tantinet. Après ces conseils, il me demanda d'aller dire à un autre dévot, qui habitait cent mètres plus bas dans la même rue, de venir au plus vite. D'humeur rebelle, je répondis que j'irais plus tard. Il insista pour que j'y aille de suite. Un peu contrarié par son insistance, au lieu d'obéir, j'allai prendre une douche fraîche. Ô surprise, au sortir de la douche, ma colère et mon esprit de révolte avaient disparu. J'allai trouver Ratnamji, m'excusai et lui rapportai ce qui venait de se passer.

« Parfois », m'expliqua-t-il, « l'échauffement des nerfs nous rend irritable ou colérique. Une douche froide apaise les nerfs et la colère s'évanouit. Il en va de même pour la concupiscence. En fait, toutes les passions échauffent les nerfs ou, à l'inverse, peuvent résulter d'un échauffement de ces nerfs. La douche froide est un excellent remède. »

Au bout d'un mois, Ratnamji recommença à marcher. Deux mois plus tard, il se déplaçait assez aisément à l'aide d'un bâton. Un jour, il m'appela et me dit :

« Il y a environ vingt-six ans, quand j'étais au service de Ramana, il demanda un jour à un dévot s'il était déjà allé à un lieu saint appelé Muktinah, au Népal. C'est de là que provient la *śhāligrāma*. On trouve cette pierre sacrée en abondance dans la Gandaki, rivière qui baigne Muktinah. Elle est utilisée dans toute l'Inde pour les besoins du culte. Depuis que j'ai entendu parler de cet endroit, j'ai toujours désiré y aller, car il est considéré comme l'un des plus anciens lieux de pèlerinage.

« On dit dans les Écritures qu'un roi du nom de Bharata, après avoir confié son royaume au soin de ses fils, se retira à Muktinah pour y faire pénitence. Effectivement, il atteignit un haut niveau spirituel mais, ayant conçu un profond attachement pour un jeune daim, il mourut en pensant au daim et non à la vérité suprême. Résultat, il se réincarna en daim. Les Écritures affirment que notre incarnation suivante est largement déterminée par la nature de notre ultime pensée au moment de mourir. C'est pourquoi au chevet d'un mourant, on chante très haut le Nom de Dieu. S'il pense à Dieu au moment du départ, il se fondra en Lui et atteindra la béatitude suprême.

« L'autre jour, Swamiji m'a proposé de l'accompagner au Népal. Deux autres personnes partent avec lui. Si nous décidons d'y aller, je demanderai à l'aînée de mes sœurs de se joindre à nous pour faire la cuisine. Elle m'a déjà accompagné dans divers pèlerinages et les apprécie beaucoup. Qu'en dis-tu ? »

J'étais bien sûr tout à fait partant, surtout en compagnie de deux saints hommes. J'acceptai avec joie. Swamiji en fut informé et l'on fixa le départ à une semaine. Nous visiterions d'autres endroits sur notre route. Quelques jours plus tard, la sœur de Ratnamji arriva et après avoir tout préparé, nous rejoignîmes Swamiji.

À la gare, notre petit groupe de six fut accueilli par une importante assemblée de dévots venus souhaiter bon voyage aux deux saints. La compagnie d'un seul est déjà une telle joie qu'on imagine sans peine le bonheur de côtoyer les deux à la fois ! Ratnamji et Swamiji étaient toujours au mieux de leur forme quand ils étaient ensemble et j'étais profondément heureux de les voir réunis. L'un chantait superbement les chants dévotionnels, l'autre était capable d'élever votre niveau de conscience par ses paroles de sagesse. Tous deux avaient renoncé au monde pour atteindre la réalisation de Dieu et avaient accompli beaucoup dans le domaine spirituel. De plus, ils ressemblaient tous deux à des enfants, simples et innocents, complètement dépourvus de vanité ou d'orgueil.

Nous passâmes les dix jours suivants à progresser vers le Népal, nous arrêtant dans les lieux saints, visitant les temples et logeant chez des dévots de Swamiji. Au cours de ses quarante années de pérégrinations dans tout le pays, il s'était fait quelques admirateurs et connaissait toujours au moins une personne dans chaque ville où nous faisions escale.

À voyager en compagnie de deux saints, on n'a pas le loisir de penser à quoi que ce soit d'autre qu'à Dieu. En arrivant en Inde, je n'étais pas croyant et me fichais éperdument de savoir si Dieu existait ou non. À présent, je constatais que mon esprit était entièrement et exclusivement empli de Sa pensée. Comment cela s'était-il produit ? C'était certainement dû à la compagnie des saints hommes. La vie du monde, fiévreuse et insipide, avait fait place à un sentiment continu de paix intérieure et de félicité. Chaque instant contenait quelque chose de fascinant. Le courant de paix et de lumière s'amplifiait de jour en jour, portant la promesse de l'Unité au bout du chemin.

Je m'étais fixé le but le plus élevé auquel l'homme puisse aspirer : la fusion avec son Créateur, la béatitude et la connaissance qui l'accompagnent. J'étais parvenu, Dieu sait comment, à entrer en contact étroit avec une tradition suivie et éprouvée depuis des millénaires qui avait démontré ses capacités à promouvoir l'évolution spirituelle. À présent, je vivais en compagnie — et sous la supervision directe — de deux sages qui témoignaient de la grandeur et de la vérité des traditions antiques.

Progression

À cette pensée, mes yeux s'emplirent de larmes. Je sentis que je n'étais rien ni personne, une simple feuille morte emportée par les vents favorables de la volonté divine.

Swamiji me prodiguait rarement ses conseils. Il m'arrivait parfois de laver ses vêtements ou de porter ses bagages mais à ses yeux, j'étais le fils spirituel de Ratnamji et il ne ressentait pas le besoin de m'instruire. Une seule fois, je reçus un conseil de lui. Un jour que nous marchions dans la rue, en route vers un temple, un homme m'aborda et me demanda de quel pays j'étais. Je commençai à lui répondre lorsque Swamiji se retourna et me demanda de quoi je parlais. Je lui dis ce que l'homme m'avait demandé. Il répliqua :

« Celui qui répète le Nom divin à chaque inspiration atteint rapidement la connaissance de Dieu. Si les gens n'y parviennent pas, c'est qu'ils perdent beaucoup de temps en bavardages inutiles. Dans le temps qu'il te faut pour écouter la question de cet homme et y répondre, tu aurais pu répéter dix fois ton *mantra*. N'est-ce pas une grande perte ? »

Nous poursuivîmes notre route vers le Nord et atteignîmes la frontière du Népal. De là, on a le choix entre l'avion ou un périple en bus très fastidieux pour rallier Kathmandu, la capitale. Ratnamji m'avait recommandé de gérer les dépenses de Swamiji en plus de nos dépenses à tous trois. Je décidai qu'il valait mieux prendre l'avion, quel qu'en soit le coût. Le voyage serait plus confortable pour eux. De plus, Ratnamji n'avait jamais pris l'avion et je voulais qu'il fasse au moins une fois cette expérience. Nous embarquâmes et peu après, nous survolions les Himalayas. Ratnamji se comportait exactement comme un enfant et, par le hublot, regardait avec intérêt la terre, loin au-dessous de nous.

« Tu sais », me dit-il, « ceci ressemble beaucoup à la conscience de Dieu. Au fur et à mesure que l'esprit s'élève vers sa Source, le sens de la différenciation se perd progressivement jusqu'à ce qu'enfin tout se fonde dans l'Existence unique. En avion, plus nous montons, plus les objets au sol perdent leur taille relative. Les gens, les arbres, les constructions et même les montagnes, tout semble de même hauteur. Si nous pouvions monter assez haut, la Terre elle-même disparaîtrait dans l'immensité de l'espace ! »

Sa manière de voir les choses me surprenait. En toutes circonstances, son esprit était tourné vers Dieu.

À notre arrivée à Kathmandu, nous nous fîmes déposer en voiture à une auberge proche du principal temple de la ville, Pasupathinath. Elle servait de halte aux pèlerins visitant le temple. C'était une construction à deux étages, le rez-de-chaussée servant d'étable, l'étage accueillant les hôtes. Le gîte était gratuit mais on pouvait faire un don. Nous prîmes une chambre, installâmes notre couchage et nous reposâmes un peu avant d'aller au temple.

Pasupathinath est un immense complexe entouré d'un mur d'enceinte. Bien que le temple soit hindou, l'architecture en forme de pagode est orientale. Des centaines de dévots se pressent au temple depuis l'aube jusque tard dans la nuit. Le climat de la vallée de Kathmandu est très doux et rafraîchissant. Après la chaleur des plaines indiennes, je me sentais soulagé d'un grand poids. Ratnamji et Swamiji appréciaient aussi énormément l'endroit et se comportaient comme deux gamins, regardant tout et s'amusant de ce nouvel environnement et de cette culture étrangère.

Le lendemain, nous prîmes un taxi pour voir tous les points importants de la ville, parmi lesquels de nombreux temples hindous et bouddhistes. Nous nous rendîmes ensuite dans un village proche où se trouve un antique et célèbre temple consacré à la Mère divine. À quelques mètres du temple, nous entendîmes chanter très fort. Swamiji, attiré par la musique et curieux de savoir ce qui se passait, nous précéda dans une vaste cour. Là, des centaines de personnes chantaient le Nom divin en s'accompagnant de tambours et d'harmoniums. Au centre de l'assemblée, un vieil homme se balançait au rythme de la musique et lançait des fleurs sur toutes les personnes proches. Il avait une expression radieuse.

Lorsqu'il vit Swamiji, il se leva d'un bond, vint à lui et lui donna l'accolade. Swamiji était très heureux. Il nous expliqua que cet homme était l'un des plus grands sages du Népal. Il consacrait sa vie à propager le Nom de Dieu au Népal et dans le Nord de l'Inde. Swamiji l'avait rencontré en Inde où le saint homme avait un *āśhram* à Vṛindāvan. Vṛindāvan est un lieu saint associé à la vie et au passé de Sri Kṛiṣhṇa, une incarnation de l'Être suprême. Swamiji et Gautamji (c'est ainsi qu'il se nommait), tout surpris, se réjouissaient de cette rencontre inattendue. On nous invita à la fête et on nous servit un repas somptueux. Le soir venu, nous regagnâmes notre auberge en promettant d'aller voir l'*āśhram* de Gautamji à Kathmandu, lequel se trouvait à cinq minutes à pied de notre gîte.

Le lendemain, nous nous rendîmes tous les six à l'*āśhram* situé sur une colline entre le temple et notre auberge. C'était en fait la demeure ancestrale de la famille de Gautamji. À notre arrivée, une fête religieuse battait son plein. Le fils de Gautamji, déguisé en Sri Kṛiṣhṇa et accompagné de quelques dévots qui figuraient ses compagnons, s'adonnait aux prouesses gymniques et aux jeux d'adresse. Ainsi font les jeunes vachers lorsqu'ils mènent paître les vaches et qu'ils jouent dans les champs ; ainsi faisait Sri Kṛiṣhṇa enfant. Pendant tout ce temps, l'assistance chantait à pleins poumons le Nom divin. L'atmosphère était chargée de dévotion. Après le spectacle, on distribua à tous de la nourriture.

Gautamji nous conduisit ensuite au jardin pour nous montrer le reste de l'*āśhram*. Là se dressaient deux petits temples et un certain nombre de piliers de pierre. Les temples renfermaient les Écritures sacrées hindoues comprenant les quatre *Vēdas*, le *Mahābhārata*, le *Rāmāyaṇa* et les dix-huit *Mahāpurāṇas*. La culture hindoue possède un trésor de littérature sacrée, susceptible de venir en aide à toute personne, quel que soit son niveau d'évolution spirituelle. Comme dans toute autre religion, on révère les Écritures comme la parole révélée de Dieu.

Nous demandâmes à Gautamji ce qu'étaient les piliers. Il nous dit qu'au fil des ans, il avait conseillé à ses fidèles de répéter sans cesse le Nom divin et également de l'écrire sur des cahiers. Il avait récupéré un grand nombre de ces cahiers, tous emplis du Nom divin « Rāma ». Après les avoir ensevelis, il avait fait ériger un pilier pour marquer chaque lieu d'enfouissement. Ils étaient autant de représentations visibles du Nom divin. Nous demandâmes combien de Noms reposaient sous les cinq ou six piliers du jardin. Il nous répondit que sous chacun, le nom « Rāma » était inscrit dix millions de fois ! Nous étions béats d'admiration. Nulle part ailleurs nous n'avions rencontré une telle ferveur pour le Nom divin.

On nous conduisit ensuite en voiture à un village, à une quarantaine de kilomètres de Kathmandu, où Gautamji avait un autre *āśhram*. Le panorama était magnifique, avec la luxuriante verdure de la campagne et les Himalayas en toile de fond. Les villageois népalais sont sans doute les gens les plus simples, les plus cultivés et les plus religieux au monde. Je me disais que le peuple indien devait être ainsi il y a mille ans, avant que les invasions moghole et anglaise ne viennent altérer la pureté première de son antique culture.

À notre arrivée à l'*āśhram* du village, un des résidents nous fit escorte. Il nous indiqua un petit monticule artificiel au centre de l'*āśhram* construit en ciment ou en plâtre de moulage. Il nous expliqua que des pierres avaient été rapportées de Gōvardhana, la montagne sacrée indienne associée à Sri Kṛiṣhṇa, et placées au centre de l'*āśhram* pour construire par-dessus une réplique de Gōvardhana. Comme cela se pratique à Gōvardhana, les fidèles tournent autour de la montagne miniature en chantant les Noms de Sri Kṛiṣhṇa ou en récitant des histoires le concernant.

Plus loin s'étendait une aire d'environ un mètre par trois avec une colonne à chaque coin. Nous apprîmes que, comme à l'*āśhram* de Kathmandu, sous cet espace reposaient dix millions de Noms divins. Quand il se trouvait alentour un mourant, on l'amenait ici et on plaçait le corps sur cette aire. Les gens estiment que la vibration spirituelle du Nom divin est d'un immense secours pour l'âme en partance. Swamiji, qui avait passé quarante ans à le répéter et à le propager dans toute l'Inde, se montrait surpris et enchanté de cette foi enfantine. En fait, à se tenir là, en cet endroit, il ne ressentait aucun désir de rentrer en Inde. Il se tourna vers nous et nous dit :

« Ces gens si simples ont une entière dévotion en Dieu. En Inde, on ne trouve pas même le dixième de cette foi. Je n'ai pas envie d'y retourner ! »

On était en septembre et le climat de la vallée de Kathmandu est très frais au petit matin. Depuis quelque temps, Swamiji n'allait pas bien et il supportait mal le froid. En définitive, il décida de rentrer en Inde au plus tôt avec ses deux compagnons. Nous fîmes le point de nos projets et Ratnamji m'enjoignit de prendre pour Swamiji un billet d'avion pour l'Inde et pour nous-mêmes trois billets pour Pokhara. Le village de Pokhara, à quelques six cent cinquante kilomètres à l'Ouest de Kathmandu, serait le point de départ de notre pèlerinage pour Muktinath. Pour Swamiji, il y avait un vol dès le lendemain, mais nous n'avions de places pour Pokhara que trois jours plus tard. Après avoir fait toutes les réservations, je rentrai à l'auberge.

Le lendemain au réveil, Ratnamji était brûlant de fièvre. C'est à peine s'il tenait debout. Swamiji voulait aller au temple avant de rentrer en Inde et Ratnamji insista pour l'accompagner. S'appuyant sur mon épaule, il parvint à se traîner lentement jusqu'au temple et à en revenir. Mais dès que nous atteignîmes l'auberge, il perdit connaissance. Avec Swamiji, nous le mîmes dans un taxi pour aller voir un médecin homéopathe et acheter des médicaments, puis nous revînmes à l'auberge.

L'avion de Swamiji était prévu pour onze heures, heure du décollage et il était déjà neuf heures. Swamiji ne pouvait se résoudre à laisser Ratnamji dans cet état. Il ne cessait de me demander s'il devait ou non partir. Je l'assurai que la sœur de Ratnamji et moi-même nous occuperions de tout et qu'il n'avait aucun souci à se faire. Finalement, en me remettant pour Ratnamji sa coûteuse couverture de laine, il nous fit ses adieux, le visage empreint de tristesse.

Ratnamji ne reprit connaissance que le lendemain.

« Quelle heure est-il ? Où est Swamiji ? » demanda-t-il aussitôt.

« Il est une heure de l'après-midi. Swamiji est reparti pour l'Inde hier vers neuf heures du matin. Il était très affligé de devoir te quitter. Nous t'avons emmené chez le docteur, puis je l'ai supplié de ne rien changer à ses projets si bien qu'il est parti, mais très indécis. Il a laissé sa couverture pour toi, ce qui est une bonne chose, car nous n'avions rien de chaud pour te couvrir. Tu es resté inconscient très longtemps. Comment te sens-tu ? »

« Mort », répondit-il. « Quel dommage que je n'aie pas pu dire au revoir à Swamiji ! Tu aurais dû essayer de me ranimer. Il faudra absolument que je m'excuse la prochaine fois que nous nous verrons. »

Son humilité, à l'image de son égalité d'humeur, était vraiment inaltérable. Quant à moi, qui me fâchais à la moindre provocation et continuais à cultiver une haute opinion de moi-même, je me demandais si je parviendrais à suivre l'exemple de Ratnamji dans cette vie-même. J'avais l'impression d'être un misérable moustique aspirant à traverser l'océan.

Pendant deux jours, Ratnamji prit scrupuleusement son remède homéopathique et, au jour fixé pour notre départ, il se sentait suffisamment bien pour voyager.

« Il semble que Dieu soit plein de bonté envers nous », dit-il, « sans cela j'aurais été alité très longtemps. Voilà qu'il nous donne l'occasion de vérifier si ma jambe est guérie. »

Le jour même, nous nous envolâmes pour Pokhara où nous nous mîmes en quête d'un gîte. Un temple de Kali se dressait au sommet d'une colline, aux abords de la ville. Cela impliquait une dure montée, mais l'atmosphère promettait d'être très paisible. Kali représente l'aspect terrible de la Mère divine. La Mère divine Elle-même est la puissance de Dieu incarnée dans un corps. Elle a trois fonctions et donc trois aspects, respectivement liés à la création, la préservation et la destruction. Tout ce qui est créé doit un jour être détruit. Kali est l'aspect de la puissance divine qui détruit tout objet créé. Sarasvatī est la puissance créatrice et Lakṣhmi la puissance préservatrice. Le commun des mortels vénèrent Kali afin qu'elle détruise les obstacles à leur bonheur : maladie, pauvreté ou ennemis. Les aspirants spirituels, eux, la vénèrent pour qu'elle détruise leur ignorance spirituelle qui occulte la Réalité intérieure et entretient l'illusion que nous sommes limités à un corps et à un mental. Bien que tout Hindou sache que Dieu, l'Être suprême, est Un et Sans Forme, il croit aussi que Dieu peut se manifester sous une infinité de formes pour la joie de ses fidèles et dans leur intérêt. Une même femme sera appelée mère, sœur, fille ou nièce par diverses personnes selon leur lien de parenté, mais elle n'en reste pas moins une seule et même femme. De même, vu par des esprits différents, l'Être unique est appelé Mère divine, Kṛiṣhṇa, Śhiva ou une multitude d'autres noms.

Après avoir préparé notre repas et rendu grâces à Mère Kali, nous terminâmes de déjeuner et nous mîmes en route vers le Nord, nous informant chemin faisant de la route de Muktinath. Nous avions décidé de faire nous-mêmes la cuisine si bien que nous avions apporté, en plus de nos vêtements et de notre literie, un réchaud à kérosène, du kérosène, du riz et d'autres produits alimentaires. Tout cela représentait un poids assez considérable et nous décidâmes d'engager trois porteurs pour nous aider et nous guider. À l'époque, nous ignorions qu'il ne faut embaucher que des porteurs népalais et cette ignorance nous mena de déconvenue en déconvenue. Le premier endroit où nous trouvâmes des bras à louer fut le camp de réfugiés tibétains, à la sortie de la ville. Là, nous rencontrâmes trois hommes, discutâmes les gages et convînmes de partir dès le lendemain.

Au lever du soleil, nous étions en route. « Route » est un bien grand mot pour désigner le petit sentier menant, à travers les Himalayas, jusqu'à Muktinath distante de cent trente-cinq kilomètres. La ville se trouve à un jet de pierre de la frontière chinoise. Au-delà de Pokhara, il n'y a plus de routes. Ratnamji et sa sœur Seshamma avaient décidé de faire tout le trajet pieds

Progression

nus en guise d'austérité religieuse. J'avais l'intention d'en faire autant mais la veille au soir, en marchant sur un bout de bois acéré, je m'étais blessé la plante du pied. Il me fallait donc porter des tongs en plastique, lesquelles s'avérèrent par la suite source de grandes souffrances.

À quelques kilomètres de Pokhara commençait l'ascension des premiers contreforts himalayens. La montée était raide et éprouvante mais la beauté du paysage, à vous couper le souffle, et la pureté de l'air compensaient largement l'effort. Les porteurs marchaient si vite qu'au bout d'une heure nous les avions perdus de vue. Ce n'était qu'un avant-goût de ce qui devait suivre. Ratnamji m'avait pourtant prévenu de ne pas engager les hommes qui s'étaient présentés chez nous la veille pour proposer leurs services. Pour je ne sais quelle raison, leur apparence ne lui plaisait pas. Mais j'avais insisté, arguant qu'il n'y avait pas moyen de faire autrement et pour finir, nous les avions embauchés.

Par bonheur, à midi, nous retrouvâmes nos guides qui nous attendaient dans un petit village à flanc de montagne. Déjà, ils faisaient cuire leur nourriture. Nous leur demandâmes pourquoi ils avaient pris tant d'avance, leur expliquant que nous ne connaissions pas la route et que nous comptions sur eux pour nous guider. Ils répondirent que nous allions trop lentement et qu'ils ne pouvaient ralentir leur allure pour nous. Nous répliquâmes que s'ils n'étaient pas capables de nous accompagner, ils feraient aussi bien de s'en retourner tout de suite. Ils promirent d'avancer moins vite.

Après avoir cuisiné et mangé, nous nous mîmes en route vers le village suivant avec l'espoir d'y être avant la tombée de la nuit. Entre deux villages, dans les Himalayas, il n'y a que la forêt. Si vous n'atteignez pas un village avant le coucher du soleil, vous risquez d'être attaqué par les bêtes sauvages. Ce soir-là, nous parvînmes, Dieu sait comment, à atteindre le village mais, trop épuisés pour préparer à manger, nous nous contentâmes d'acheter des biscuits et du lait que nous mangeâmes avant de nous coucher. Au cours des trois semaines suivantes, nous découvrîmes avec surprise qu'un verre de lait le matin, un repas complet le midi et quelques biscuits avec du lait le soir, suffisaient à l'entretien de notre forme. En fait, pendant notre ascension dans les montagnes, notre santé fut bien meilleure et notre mental se maintenait sans effort en état d'élévation, peut-être en raison du grand air et de l'exercice physique. Notre repas de midi était des plus simples : dans une marmite, on jetait pêle-mêle des lentilles, du riz et des bananes vertes et l'on faisait bouillir le tout en salant en fin de cuisson. Ni avant ni après ce pèlerinage je n'ai goûté nourriture plus délicieuse. Comme quoi tout est dans la faim, nous en fîmes nettement l'expérience.

Les deux ou trois premiers jours, tout se passa bien, puis les porteurs recommencèrent à forcer l'allure et à nous distancer. Un jour, ils disparurent au loin, emportant jusqu'à notre lampe torche. Nous n'avions plus rien qu'un peu d'argent. Nous nous époumonâmes après eux, mais en vain. Poursuivant notre route, nous atteignîmes une fourche et choisîmes au hasard de prendre la voie de gauche. Elle ne menait nulle part et nous perdîmes deux heures à rebrousser chemin. Il était déjà près de cinq heures du soir et nous n'avions aucune idée à quelle distance se trouvait le prochain village. Et personne pour nous indiquer le chemin.

Je décidai de me presser pour tâcher de rattraper les porteurs et allongeai le pas. Ratnamji et Seshamma se reposaient au bord de la piste. Dans ma hâte à retrouver les porteurs et nos biens, je négligeai de laisser quelque argent à Ratnamji. Une petite voix intérieure me souffla bien de le faire, mais je n'en tins pas compte et poursuivis ma route. J'ai appris d'expérience que

Progression

lorsque je fais la sourde oreille à cette petite voix, quelque chose de pénible s'ensuit immanquablement et c'est effectivement ce qui se produisit. Au bout de peu de temps, je me retrouvai face à une paroi rocheuse obstruant la piste. Le seul autre sentier s'enfonçait dans une épaisse forêt. Il commençait déjà à faire sombre. Pensant que le village se trouvait peut-être dans cette forêt, je m'y engageai. Au bout de cinq cent mètres environ, un homme surgit, venant de la direction opposée.

« Où vas-tu ? » me demanda-t'il en anglais. « Tu ne vois pas que tu t'enfonces dans la jungle ? »

Au Népal, à cette époque, très peu de gens parlaient l'anglais, même dans les villes. Et voilà qu'au beau milieu d'une forêt, quelque part sur les contreforts de l'Himalaya, un parfait inconnu m'abordait dans un anglais impeccable ! Tout à la joie de rencontrer quelqu'un qui semblait connaître la route, j'en oubliai ma surprise. Je lui racontai que je m'étais perdu, que mes porteurs m'avaient abandonné et que j'étais à leur recherche. Je lui parlai aussi de Ratnamji et de Seshamma que j'avais laissés en arrière.

« Suis-moi », dit l'inconnu. « Je vais retrouver tes porteurs et je leur passerai un savon. »

Il faisait nuit noire à présent, mais il se mit en route d'un pas vif, dans la direction d'où j'étais venu. Quelque part en chemin, il emprunta une bifurcation. Je trébuchais sans cesse à essayer de le suivre. Après un quart d'heure d'une montée épuisante et le passage à gué d'une rivière en furie, nous atteignîmes un village. L'homme me pria de m'asseoir et de l'attendre devant une maison tandis qu'il parcourait les rues en hurlant après nos porteurs. Il finit par les retrouver et les réprimanda vertement, puis il leur ordonna de porter nos bagages à une certaine maison où nous serions confortablement installés. C'est alors qu'il se mit à pleuvoir des cordes. J'étais complètement épuisé, mais que faire pour Ratnamji et Seshamma ? Je me souvins qu'ils n'avaient pas un sou sur eux et le dis à l'inconnu. Il prit un imper, m'emprunta ma lampe de poche et, flanqué d'un des porteurs, partit à leur recherche. Terrassé, je m'allongeai et m'endormis aussitôt.

Je m'éveillai au milieu de la nuit pour voir Ratnamji et Seshamma entrer, trempés jusqu'aux os. Sans un mot, sans même se changer, ils s'étendirent sur place et s'endormirent. Je me rendormis également.

Le lendemain matin, Ratnamji ne se leva point. Je voyais bien qu'il était éveillé, mais il refusait de répondre à mes questions. Il resta couché ainsi jusque vers onze heures, midi. Finalement, bien qu'appréhendant ce qui allait suivre, je le suppliai de dire quelque chose.

« Comment as-tu pu nous abandonner ainsi, sans même nous laisser un peu d'argent ? » dit-il d'une voix où le chagrin le disputait à la colère. « Je ne m'étais jamais rendu compte que tu pouvais être si cruel ! J'ai dû me tromper complètement à ton sujet ! »

« Je n'avais pas l'intention de vous abandonner ! » m'écriais-je. « Je me suis dit que je devais trouver le village et les porteurs et revenir vous chercher avec la torche. Perdus à trois dans l'obscurité, qu'aurions-nous fait ? Si au moins l'un d'entre nous atteignait le village, il aurait pu retourner chercher les autres avec de la lumière. C'était mon plan. Malheureusement, j'étais déjà loin quand je me suis souvenu que je ne vous avais pas laissé d'argent. J'ai pensé que je n'atteindrais pas le village si je faisais demi-tour à ce stade et j'ai continué. Par miracle, un inconnu m'a découvert dans la forêt et m'a amené au village. Après avoir retrouvé les porteurs, il les a envoyés à votre recherche. Je serais venu moi-même, mais je ne pouvais faire un pas de plus et je

Progression

me suis endormi sur place. Je t'en prie, pardonne-moi. Je n'avais aucune mauvaise intention en vous laissant en arrière. » Connaissant à présent la vérité, Ratnamji se leva, se brossa les dents et se lava le visage. Après avoir bu un verre de lait, il était redevenu lui-même. Il me raconta alors ce qui s'était passé après mon départ :

« Nous avons essayé de te suivre, mais tu allais trop vite. Je t'ai vu nous crier quelque chose, mais je n'ai pas compris ce que tu disais. Nous aussi, nous avons pressé le pas et à la nuit, nous avons atteint une rivière démontée. Nous n'avions aucune idée où nous étions ni quelle direction prendre. Nous nous sommes mis à l'eau mais Seshamma a glissé et c'est tout juste si elle n'a pas été emportée. Je l'ai rattrapée à grand peine. Nous avons rallié l'autre rive plus morts que vifs. Épuisés et affamés, nous sommes arrivés à une maison à l'orée du village. J'ai expliqué au maître des lieux que nous étions morts de faim mais sans le sou. Nous voyant si pitoyables, bien que pauvre lui-même, il partagea son repas avec nous. C'est vers ce moment-là que sont arrivés notre porteur et un autre homme. Ils étaient à notre recherche. Ils nous ont lentement ramenés ici sous une pluie battante.

« Dans cette rivière, j'étais sûr que Seshamma serait emportée, c'était ma principale angoisse. Qu'aurait dit son mari ? De toutes façons, tu aurais dû nous laisser de l'argent. Nous ne sommes arrivés à bon port que par la grâce de Dieu. Qu'allons-nous faire de ces gredins de porteurs ? »

Je répondis que nous devions nous en défaire. Cependant, la propriétaire de la maison qui nous accueillait m'informa qu'il n'y avait aucun porteur disponible au village. Elle nous recommanda aussi la plus extrême prudence : des pèlerins qui avaient récemment pris des porteurs au même endroit que nous avaient mystérieusement disparu entre deux villages. On supposait qu'ils avaient été assassinés et détroussés. La dame semblait réellement inquiète pour notre sécurité.

Ratnamji fit appeler les porteurs et leur dit que nous ne voyagerions pas ce jour-là. Il menaça également de les renvoyer s'ils continuaient à nous jouer des tours. Bien sûr, ils savaient pertinemment que nous bluffions puisqu'il n'y avait pas d'autres porteurs. C'étaient des hommes durs et calculateurs. Ce soir-là, ils vinrent nous trouver et déclarèrent qu'ils ne porteraient plus nos affaires si nous n'augmentions pas leurs gages. Que pouvions-nous faire ? Force nous fut d'accepter.

Nous nous remîmes en route le lendemain. En raison des pluies, la piste était devenue très dangereuse avec par endroits, des glissements de terrain. À un moment donné, nous montions lentement à flanc de montagne, un torrent grondant trois cent mètres en contrebas, lorsqu'un groupe d'hommes déboucha face à nous. C'était un sentier très étroit, mais il fallut bien en faire une route à deux voies sous peine de plongeon. Ces hommes soutenaient que nous devions leur céder le passage côté montagne et longer, nous, le côté précipice. Nous étions en train de procéder à cette manœuvre délicate, le souffle suspendu, lorsque mon pied glissa sur le sol meuble. Je crus que c'était la fin. Je ne sais comment, je parvins à m'agripper à de longues herbes qui poussaient par là, ce qui me sauva de la chute et d'une mort certaine. On nous apprit alors que, la veille, un cheval avait glissé au même endroit et avait éclaboussé de son sang tous les rochers. Inutile de préciser qu'on ne revit jamais la pauvre bête, engloutie par le flot tumultueux.

Un soir, ayant parcouru environ la moitié de la distance jusqu'à Muktinath, nous fîmes étape dans un village. Pendant la nuit, je m'éveillai pour trouver Ratnamji en train de chanter des vers d'une voix forte, puis il se rendormit. Au matin, il me dit qu'il avait eu pendant la nuit la vision d'un temple avec, sur sa façade, une immense roue ou disque sculpté dans la pierre. Des prêtres remontaient de la rivière portant des pots d'eau sur leur tête. Il entendait des gens chanter le Nom divin de Narayana. Tout à coup, il se retrouva assis dans sa chambre, mais le son « Narayana » vibrait toujours à ses oreilles. C'est à ce moment-là que je l'avais entendu chanter des vers à la louange du Seigneur sous la forme de Narayana. Il me confia qu'à l'occasion d'autres pèlerinages, il avait vécu des expériences similaires à l'approche du temple objet de son pèlerinage. Il savait ainsi qu'il entrait dans la « juridiction », si l'on peut dire, de la déité de ce temple.

Au fur et à mesure que nous avancions, la végétation devenait plus clairsemée. Finalement, nous nous trouvâmes dans une région absolument désolée. Il n'y avait pas un seul arbre, seuls quelques buissons de-ci de-là pratiquement dépourvus de feuilles. Le gouvernement népalais m'avait délivré un permis de randonnée valide uniquement jusqu'à Jomsom, située treize à quinze kilomètres au sud de Muktinath. Il y avait à cet endroit une base militaire indienne chargée de la surveillance de la frontière chinoise. Ils ne laissaient passer aucun ressortissant étranger au-delà de ce point. J'eus beau plaider ma cause auprès des autorités, ils se montrèrent très compatissants mais refusèrent de me laisser continuer plus avant. Ratnamji me dit de ne pas m'en faire : il serait de retour en quelques jours et me rapporterait du temple les offrandes sacrées ou *prasād*. Des faubourgs de la ville, je les suivis des yeux jusqu'à ce qu'ils aient disparu à l'horizon.

Après avoir regagné ma chambre, je m'aperçus que Ratnamji avait oublié sa couverture. Comment se débrouillerait-il sans couverture dans cette région froide et battue par les vents ? Je courus à la base militaire et vis l'officier de service. Il accepta de m'envoyer, avec un de ses hommes, à la poursuite de Ratnamji. Nous partîmes au pas de course et, au bout d'une heure et de cinq kilomètres, nous les retrouvions. La joie de voir son visage me payait largement de l'effort. Moins triste cette fois, je rentrai à Jomsom pour attendre son retour d'un cœur impatient.

Pendant ces quatre jours, je me maintins aussi occupé que si j'avais été à l'*āshram* à Arunachala. Levé aux petites heures du jour, je prenais mon bain dans une source glaciale près des baraquements de l'armée, puis je célébrais ma *pūjā* quotidienne. Cuisiner et manger occupait une partie de mon temps et je passais le reste de la journée à étudier et méditer.

Enfin, Ratnamji fut de retour.

« Si tu trouves que notre voyage jusqu'ici a été dur », me dit-il, « tu aurais dû venir avec nous à Muktinath ! J'étais persuadé que je ne te reverrais jamais. Après t'avoir quitté pour la deuxième fois, nous sommes arrivés à un col. Le vent y était si violent que nous avons bien cru être précipités dans les gorges en contrebas. Nous avons tenté de franchir le col, mais impossible. Nous avons alors essayé à quatre pattes, mais même ainsi il n'y a pas eu moyen. Finalement, nous avons décidé d'attendre au lendemain. Cette nuit-là, nous avons dormi à la belle étoile et il a fait un froid terrible. Le lendemain, le vent s'est calmé et nous nous sommes dépêchés de franchir le col. À peine étions-nous passés que le vent se remettait à hurler.

« Nous avons fini par atteindre Muktinath. À ma surprise, j'ai reconnu le temple de ma vision. Il y avait même la grande roue de pierre à l'entrée. Nous avons prié et organisé une fête pour les deux prêtres qui vivent là. Quand nous leur avons demandé quel était leur plat favori, ils ont répondu : « Le riz au lait ». Nous les avons donc prié de nous procurer du lait au village voisin. Le lendemain, ils ramenaient dix-huit litres de lait dans lequel nous avons fait bouillir du riz et du sucre. Tu peux imaginer la quantité de riz au lait que donnent dix-huit litres de lait ! Ils étaient gros mangeurs et nous étions heureux de pouvoir exaucer leur désir. Nous avions l'impression de nourrir Dieu Lui-même sous leur forme. Après cela, je suis descendu à la rivière pour ramasser des pierres de śhāligrāma. Je n'arrivais pas à discerner les bonnes des mauvaises, alors j'en ai tout simplement rapporté dans les deux cents. Et voici les restes des offrandes utilisées lors des pūjās. »

Nous décidâmes d'entamer le chemin du retour vers Pokhara le lendemain, lorsque Ratnamji et sa sœur auraient un peu récupéré. Nous nous mîmes en route de bonne heure après avoir pris congé des militaires. Un petit furoncle s'était formé sur le haut de mon pied, dû au frottement de la lanière de mes tongs. À présent, il grossissait. Au bout de trois jours de marche, il était tellement gros que je ne pouvais plus continuer. Mon pied gonflé avait la taille d'un ballon de football.

« Eh bien, qu'allons nous faire à présent ? » dis-je. « Partez en avant et laissez-moi ici. Je me débrouillerai pour vous rejoindre à Pokhara quand cela ira mieux. »

« Riche idée, vraiment ! » rétorqua Ratnamji. « Suis-je assez égoïste pour t'abandonner ici tout seul ? Il faut trouver autre chose. Nous demanderons à l'un des porteurs de te porter au moins jusqu'au village suivant. »

À grand peine et avec force protestations de la part des porteurs, nous atteignîmes le village suivant, six kilomètres plus loin. La douleur était intolérable. Ce soir-là, Seshamma appliqua un cataplasme chaud sur le furoncle, mais cela n'apporta aucun soulagement. Ratnamji s'enquit au village d'un volontaire pour me porter jusqu'à Pokhara, distante d'environ soixante kilomètres. Il ne trouva personne. Nous n'avions pas le choix, il fallait continuer de la sorte.

Au matin, Ratnamji suggéra de partir en avant avec Seshamma pour rallier lentement le village suivant et commencer la cuisine. Je les rejoindrais plus tard avec les porteurs dont l'un était chargé de mon transport. Ils partirent. J'attendis dix heures puis me mis en quête des porteurs. Ils étaient assis sous un arbre devant la maison.

« Comment se fait-il que nous ne soyons pas encore partis ? » leur demandai-je.

« Nous ne voulons pas te porter », répondirent-ils, « et nous ne voulons pas non plus porter tes bagages. Si tu nous augmentes, nous porterons les bagages, mais en aucun cas nous n'accepterons de te porter. Fais comme tu veux. »

« Ô Ramana, pourquoi te joues-tu ainsi de moi ? Est-ce ainsi que tu traites tes fidèles ? Bon. Je vais leur donner leur argent, je vais marcher et me débrouiller pour rejoindre Ratnamji par moi-même. » Ruminant ces pensées, je leur donnai la somme qu'ils réclamaient et nous nous mîmes en route. Bien sûr, au bout de quelques minutes, ils m'avaient distancé. J'étais livré à moi-même avec la perspective d'une marche de treize kilomètres en descente, dans la forêt, sous un soleil de plomb, avec un pied qui me torturait.

Tout en marchant, j'essayais d'être aussi joyeux que j'avais vu Ratnamji l'être en semblables circonstances douloureuses. C'était une occasion rêvée de pratiquer l'art de s'en remettre au *guru*. Que je m'arrête de marcher, ne serait-ce qu'une minute et la douleur de mon pied devenait tellement insupportable que je me mettais à hurler. À un moment, après avoir boitillé sur plus de six kilomètres, je m'arrêtai, épuisé. Les élancements reprirent et je crus que mon pied allait éclater. « Amma ! » hurlai-je de toutes mes forces, appelant la Mère divine. Instantanément, la douleur disparut. « Quel est ce prodige ? » me demandai-je. Je poursuivis ma route vers le village suivant, sans ressentir autant la douleur. Je rendais grâce à Dieu de sa clémence.

Dès que Ratnamji m'aperçut, il se leva d'un bond et demanda : « Que se passe-t-il ? Que t'ont-ils fait, les scélérats ? »

Je lui racontai tout. Ni avant ni depuis je n'ai vu Ratnamji aussi furieux. Il maudit les porteurs, les vouant aux plus basses couches de l'enfer après leur mort et je ne doutai pas un instant de leur sort. Les grands saints peuvent aussi bien maudire que bénir. Il est rarissime qu'ils maudissent quelqu'un et ne le feraient jamais dans leur propre intérêt. Ma souffrance peinait tellement Ratnamji qu'il ne parvenait plus à contrôler sa colère. Je ne pouvais que prier Dieu d'avoir pitié de ces pauvres hères, objets d'une telle fureur.

Par chance, il y avait dans ce village un homme disposé à me porter jusqu'à Pokhara. Il acheta un grand panier, découpa tout un côté pour que je puisse m'y asseoir et le garnit d'une couverture. Il me portait sur son dos au moyen d'une sangle nouée au panier et passée autour de son front. Ainsi, il gardait les deux mains libres. Je me sentais très mal à l'aise, c'est le moins qu'on puisse dire, et je priai instamment Ratnamji et Seshamma de s'offrir également des porteurs, mais ils ne voulurent rien entendre. Ce mode de transport s'avéra très lent, en particulier parce que l'homme dut me faire franchir deux montagnes sous la pluie. Il n'émit jamais la moindre plainte et ne cessa de s'inquiéter de mon confort. Quelle différence avec les autres porteurs ! Ratnamji et sa sœur avançaient vite. Le porteur et moi suivions lentement. Nous nous retrouvions pour déjeuner et à nouveau le soir.

Nous ralliâmes Pokhara en deux jours seulement. Chemin faisant, mon abcès creva, ce qui me soulagea un peu, même si je n'avais pas de pommade pour panser la plaie. Arrivés à Pokhara, nous réglâmes tous les porteurs, avec un bon pourboire pour celui qui m'avait transporté.

Par chance, il y avait trois places sur le premier avion en partance pour Katmandou et nous étions le soir même dans la capitale.

Après avoir pris soin de ma blessure, nous achetâmes des billets pour l'Inde. Nos amères mésaventures avec les porteurs avaient fait naître en nous un vif désir de rentrer en Inde et nous avions vraiment hâte d'être au lendemain.

Chapitre 4

Pèlerinage

L'Inde ! Malgré la chaleur, l'activité fébrile et la pauvreté, elle reste mon foyer et j'étais heureux d'y être de retour. J'avais aimé le Népal, cependant, dans les quelques occasions où j'avais bien cru ne jamais revoir l'Inde, l'idée m'avait semblé insoutenable. Le Népal est sans aucun doute une terre sainte, mais pour moi, l'Inde est plus sainte encore.

La plupart des touristes qui viennent en Inde sont frappés par la pauvreté, la maladie et l'apparence générale peu soignée du pays et des gens. De nos jours, comme nombre d'Indiens partent travailler à l'étranger, certains Indiens eux-mêmes méprisent leur pays et considèrent l'Amérique et d'autres nations occidentales comme le paradis sur terre. Tout ce qui est étranger est bien, tout ce qui est indien est sans intérêt. C'est actuellement le sentiment dominant dans la société indienne.

Pour ma part, ayant passé une moitié de ma vie aux États-Unis et l'autre en Inde, je connais les deux revers de la médaille. Le peuple indien, aveuglé par l'éclat du matérialisme, ne voit pas le côté vénéneux de l'Occident ni la grandeur de sa propre culture. Le viol, le meurtre, le vol et la délinquance en général sont endémiques aux États-Unis. Si l'on comparait le taux de criminalité par habitant des deux pays, je pense qu'on s'apercevrait que la criminalité de l'Inde n'est qu'une goutte d'eau dans l'océan de la criminalité américaine. Et ceci ne provient certainement pas de différences dans les méthodes de répression criminelle, l'Occident ayant une nette supériorité en la matière.

La notion d'existence vertueuse et la peur de payer dans une existence ultérieure les conséquences de mauvaises actions présentes sont profondément enracinées dans la mentalité indienne. Pas un seul Indien qui ne connaisse au moins un peu les Écritures hindoues, telles le *Rāmāyaṇa* et le *Mahābhārata*. Ces ouvrages ont été rédigés par des sages ayant atteint les sommets de la réalisation divine et désireux de faire partager à l'humanité entière leur connaissance et leur béatitude. Ils découvrirent que le récit d'histoires était la forme la mieux adaptée pour transmettre leur savoir et leur expérience et les personnages décrits dans ces œuvres incarnent les plus nobles qualités humaines. Les anciens encourageaient les gens à imiter ces sublimes qualités dans leur propre existence. Utilisant une méthode scientifique, ils démontraient que le but véritable de la vie n'est pas le plaisir, mais la paix et la béatitude nées de la réalisation de notre véritable nature. Ils instillaient aussi l'idée que la coexistence pacifique doit être notre idéal terrestre. Ces idées et le mode de vie qui en découle ont été suivis pendant des millénaires et malgré les vagues d'invasions étrangères, la culture ancestrale a gardé, jusqu'à une époque récente, toute sa pureté.

L'influence des communications de masse a pratiquement ruiné la culture ancestrale de l'Inde. Les idéaux occidentaux de divertissement et de plaisir se sont ancrés dans l'esprit simple et enfantin du peuple indien et en conséquence, ils ont oublié la grandeur de leur propre culture. Il est curieux de noter, cependant, qu'un nombre croissant d'Occidentaux, déçus par la culture matérialiste et autodestructrice de leur pays, se tournent vers l'Inde, berceau de l'hindouisme et du bouddhisme, pour apaiser leur faim spirituelle. Étant de ce nombre, je regardais au-delà de la pauvreté évidente, simple vernis superficiel, pour voir plutôt la formidable culture spirituelle sous-jacente. J'ai découvert que, pour qui veut atteindre la vision de Dieu et la paix de l'esprit, l'Inde est l'endroit idéal en raison de son patrimoine et de son héritage spirituels. Bien que j'entende à longueur de journée des gens louer l'Amérique pour son développement matériel, je ne prête pas plus attention à leurs dires qu'au babillage d'enfants. Même l'étude de la physique quantique, après avoir nécessité d'énormes investissements en temps et en argent, est en train d'aboutir à des conclusions auxquelles les sages indiens étaient déjà parvenus il y a des millénaires par le pouvoir de la méditation.

Ils savaient par exemple que l'univers est un tout unifié constitué essentiellement d'énergie et que la conscience de l'observateur influe sur le phénomène observé. C'est l'un des enseignements fondamentaux du *Vēdānta*. Le fait que l'univers consiste en énergie et conscience a été exprimé de façon concise par les sages sous la forme symbolique de Śhiva Śhakti, l'Être suprême sous le double aspect de conscience statique et d'énergie dynamique. N'importe quel enfant hindou peut vous dire que ce monde est « Śhiva Śhakti Māyā », c'est-à-dire qu'il consiste en Śhiva et Śhakti. Il est réconfortant de voir l'antique culture indienne peu à peu reconnue et ressuscitée, fût-ce par des étrangers. Comme le disait récemment un grand sage indien : « Les Hindous ne pratiqueront l'hindouisme que si les étrangers le pratiquent aussi ! »

À notre arrivée en Inde, nous nous rendîmes à Durgapur, l'un des principaux centres de production d'acier de l'Inde, où vivaient le mari et le fils de Seshamma. Ratnamji souhaitait les accompagner dans un nouveau pèlerinage vers les lieux saints proches, Gaya, Benares et Allahabad. Après avoir passé quelques jours à Durgapur, nous prîmes le train pour Gaya que nous atteignîmes le lendemain.

Depuis le moment où j'avais quitté Tiruvannamalai pour me rendre à Hyderabad, je connaissais une grande paix de l'esprit et une relation harmonieuse avec Ratnamji. Après le baptême du feu de ma première année avec lui, j'étais devenu très vigilant de manière à ne pas commettre la moindre erreur. S'il me disait de faire quelque chose, je m'efforçais de le faire sans poser de questions. Mon esprit de contradiction s'était beaucoup calmé, moyennant quoi j'étais capable d'appréhender le sens et la valeur de ses conseils. Je tâchais de m'oublier en le servant. Il me semblait que je devais tout accomplir à la perfection si je désirais lui plaire et obtenir la grâce de Dieu. En fait, j'oubliais tout le reste et, dans ces moments, seuls lui, Ramana et moi-même existions dans mon esprit.

C'était merveille de voir combien ma méditation devenait spontanée lorsque je suivais ses instructions. Je ressentais en mon cœur une profonde unité intérieure avec lui. Je me mis à écouter mon cœur plutôt que mon mental. Il en résulta une paix que j'essayais de rendre permanente et continue. Cette paix grandissait de jour en jour et j'avais remarqué que je ne la perdais en général que par quelque bêtise de ma part. J'étais convaincu qu'en appliquant avec vigilance les principes enseignés par Ratnamji, je parviendrais au but.

Gaya est le plus important des lieux saints voués au culte des ancêtres en Inde. Selon la croyance, chaque individu a un devoir envers ses ancêtres disparus et doit une fois l'an apaiser leur âme en offrant à manger à un lettré des Écritures censé les représenter. La cérémonie s'accompagne de la répétition de *mantras*, formules mystiques qui, à la manière de télégrammes, garantissent que la partie subtile de la nourriture parvienne bien aux ancêtres où qu'ils se trouvent. À l'ère de la radio, de la télévision et des communications via satellite, on conçoit facilement que des objets subtils puissent être acheminés vers un autre être par le seul pouvoir du *mantra*, lequel n'est somme toute qu'une autre forme d'énergie.

Je pris part moi aussi à cette cérémonie, heureux de m'acquitter au moins une fois dans ma vie de ce devoir filial. J'étais certain que rien de ce que pouvaient recommander les anciens sages ne saurait être superflu. Parce qu'ils sont établis dans un état qui transcende le temps et l'espace, leurs enseignements s'appliquent en tous lieux et en tous temps.

Le but de la vie et ses problèmes ne changent pas essentiellement, même si des différences de lieu ou d'époque semblent parfois, pour un esprit non avisé, les modifier. Ramana a clairement énoncé que l'objectif de l'homme est le bonheur, comme tout un chacun peut le vérifier. Cependant, si l'on recherche le bonheur par des moyens matérialistes, on ne le trouve jamais. Au contraire, il ne fait que se dérober. Ce n'est qu'après avoir apaisé le mental qu'on peut atteindre la paix. La paix parfaite et le bonheur éternel sont une seule et même chose. Quelles que soient les circonstances, nous devons demeurer ancrés dans la paix intérieure afin que rien ne puisse altérer notre équilibre. Bien que l'idée soit extrêmement simple à comprendre, les pratiques menant à cet état sont des plus ardues de par la complexité de notre mental et son agitation. En théorie, on doit pouvoir trouver empiriquement le moyen d'apaiser le mental. Mais une voie bien plus rapide consiste à suivre les enseignements des saints et des sages dont le mental est établi dans le calme de la Réalité.

Après une journée passée à Gaya, nous continuâmes sur Benares, plus communément appelée Kashi. Cet endroit est considéré, à juste titre, comme le bastion de la culture hindoue. Chaque année, des millions de gens font le pèlerinage de Kashi pour venir prier dans son temple et prendre un bain purificateur dans les eaux sacrées du Gange. On pourrait dire que Benares est la Jérusalem hindoue.

C'est à Kashi que je fis clairement l'expérience de l'existence de Dieu, non par un acte de foi mais par une expérience directe au plus profond de mon être.

Ratnamji, Seshamma et son mari désiraient ardemment observer les rites traditionnels liés au pèlerinage de Kashi. On décida que j'aurais plus de liberté en étant logé à part. On me donna une chambre dans la maison du prêtre qui devait célébrer les cérémonies tandis que les autres étaient logés dans une auberge au bord du fleuve. Je n'aimais pas être séparé de Ratnamji, mais il promit de me retrouver chaque soir. En fait, ces dispositions s'avérèrent une bénédiction.

Chaque matin, je me levais à trois heures et demie et descendais au fleuve. À cette heure, les *ghats*, les berges du fleuve, étaient presque déserts. Le Gange paraissait vivant. Je le saluais et lui demandais permission de me baigner dans ses eaux. J'avais grande foi dans le pouvoir purificateur du Gange et le considérais comme un dieu. La science médicale elle-même a démontré que l'eau du Gange a un pouvoir antiseptique tel que le vibrion cholérique et d'autres microbes mortels ne peuvent y survivre. De tous temps, les saints, scientifiques de la spiritualité, ont témoigné des effets de purification spirituelle de ce fleuve et l'ont qualifié de sacré. Nul doute que pour penser ainsi, ils avaient dû en faire l'expérience. C'est d'autant plus probable qu'à quelque temps de là, je devais moi-même connaître une telle expérience.

Pèlerinage

Après mon bain matinal, je regagnais ma chambre et y méditais un moment. Puis je me rendais, par des ruelles étroites et sinueuses, au temple de Śhiva, à deux kilomètres de là. Même à cette heure matinale, beaucoup de gens étaient déjà levés et en route pour le temple. Ayant aperçu la divinité, je rentrais chez moi lentement, achetant en chemin des fleurs pour ma *pūjā*. Je préférais les fleurs de lotus. On ne les trouvait qu'au marché de très bonne heure. De retour à ma chambre, je célébrais la *pūjā*, puis lisais dans les Écritures des histoires liées à Śhiva. L'aspect divin qui préside à la cité de Kashi, ou Benares, est Śhiva, aussi appelé le Seigneur Viśhvēshwara, ce qui signifie Seigneur de l'Univers. Plus tard, Ratnamji me rejoignait et après avoir parlé un certain temps, il m'emmenait voir les divers temples et lieux saints de Kashi ou des alentours. Je passais tous les après-midi à étudier , puis chaque soir, Ratnamji revenait et m'emmenait à l'un ou l'autre des *ghats* où nous discutions de spiritualité très avant dans la nuit.

Au cours de la troisième semaine de notre séjour, j'eus une expérience très marquante.

Un matin, au retour du temple, je m'assis pour célébrer ma *pūjā* quotidienne. J'avais pratiquement terminé et chantais le nom divin de Śhiva lorsque je perdis brutalement conscience de mon corps et de mon environnement. Il ne restait que Dieu, je n'ai pas d'autre mot pour le dire. J'étais submergé par le sentiment de la réalité de Sa présence. De manière parfaitement inexplicable, je faisais Un avec Lui, tout en étant légèrement détaché.

Au bout d'un moment, lentement, je repris vaguement conscience de mon corps. Je sentais distinctement la Présence divine, comme si elle dansait paisiblement au sommet de ma tête. De peur de perdre le contact avec cette béatitude, je gardais les yeux clos. Je m'entendais crier à voix forte : « Śhiva ! Śhiva ! », mais la voix me semblait émaner d'un autre. L'intensité de cette béatitude diminua graduellement tandis que je reprenais plus nettement conscience de mon corps et de ce qui m'entourait. J'ouvris lentement les yeux pour constater que mes vêtements et mon visage étaient trempés de larmes alors que je n'avais pas du tout eu conscience de pleurer. Je demeurai assis, stupéfait et ravi de cette soudaine manifestation de la grâce divine. C'est alors que Ratnamji entra. Un regard sur mon visage lui fit comprendre ce qui venait de se passer.

« Je crois que j'ai vu Dieu », lui dis-je.

« C'est ce qui arrive quand on se baigne tous les jours dans le Gange en ayant foi en son pouvoir spirituel », me répondit-il en souriant. « Si l'on est sincère dans sa quête spirituelle et que l'on se baigne régulièrement dans le Gange, des expériences doivent survenir. De toutes façons, l'innocence et la pureté mentales en seront nettement accrues. Maintenant, tu as vérifié par expérience la véracité des paroles des sages. »

J'étais déjà convaincu de cette réalité, à présent elle ne faisait plus aucun doute. Ce qui m'était arrivé était clair comme de l'eau de roche. À l'heure où j'écris ces lignes, quinze ans plus tard, je me rappelle les événements de cette journée comme si c'était hier.

Notre séjour à Kashi touchait à sa fin et quelle fin de bon augure, du moins pour moi ! Nous devions partir le lendemain pour Allahabad (Prayag, de son nom traditionnel), à la confluence du Gange et de la Yamuna. Il est dit que les bains en cet endroit sont très propices aux aspirants spirituels et j'avais hâte d'y être. Et j'étais heureux, bien sûr, d'être à nouveau en compagnie de Ratnamji toute la journée.

Le lendemain, nous prîmes le train pour Allahabad et nous descendîmes dans un petit village du nom de Jhusi, du côté Gange du pont de chemin de fer. C'est là que se trouve l'*āśhram* de Prabhudattaji, le *guru* de Swamiji. Ratnamji pensait que ce serait un lieu de séjour idéal. Tandis que nous cheminions en carriole à cheval, Ratnamji me demanda de sauter et d'aller m'enquérir à la poste de la localisation exacte de l'*āśhram*. Et que vis-je en entrant au bureau de poste ? Swamiji ! Je me précipitai pour me prosterner à ses pieds, mais il m'arrêta en me donnant l'accolade. « Où est Ratnamji ? » me demanda-t-il.

Je le ramenai avec moi à la carriole et nous fîmes route joyeusement jusqu'à l'*āśhram*. Il nous installa confortablement, puis fit venir Prabhudattaji. C'était un homme très vigoureux, hirsute, à longue chevelure blanche et barbe en bataille. Il avait des yeux de fou. Et en vérité il l'était, fou de Béatitude de la Conscience de Dieu ! Nous nous prosternâmes tous à ses pieds. , puis il nous conduisit à la cuisine et nous tint compagnie tandis que nous déjeunions. Il me donna le nom de Nilamani, un des attributs de Kṛiṣhṇa signifiant « le joyau bleu ». Il était l'auteur de cent cinquante livres sur des questions spirituelles, tous très riches et divertissants, présentant la Vérité sous une forme charmante et très vivante. Le soir, il nous en lut des extraits en les commentant. Sa conversation était très animée.

Prabhudattaji nous raconta une petite histoire au sujet d'un homme très riche dont la fille s'était présentée à l'*āśhram*. Son père exigeait qu'elle rentre à la maison et ne fréquente plus l'*āśhram*. Il lui dit : « J'ai trois voitures et ton *guru* aussi. Je possède de multiples maisons et lui aussi. Il semble très riche, je le suis aussi. Alors, quelle différence y a-t-il entre nous ? Pourquoi aller là-bas ? Tu es aussi bien ici. » La fille alla trouver Prabhudattaji et lui rapporta les paroles de son père. Prabhudattaji fit appeler le père et lui offrit un siège confortable :

« Espèce de crapule ! » lui lança-t-il, « Tu as bien dit que nous étions égaux ? Tu veux savoir quelle est la différence entre nous ? À tout instant, je peux me lever et partir en laissant tout derrière moi, sans même prendre un vêtement de rechange et ne plus jamais y repenser aussi longtemps que je vivrai. Mais toi ? À la plus insignifiante dépense, tu ressens une grande perte ! Voilà la différence entre nous. Et c'est pourquoi ta fille préfère rester avec moi plutôt qu'avec toi ! » Apparemment, la lumière se fit dans l'esprit de cet homme car il remit à l'*āshram* une forte somme afin d'organiser un festival religieux pour des milliers de pauvres.

Tous les jours, nous prenions le bateau pour aller nous baigner à la confluence du Gange et de la Yamuna. Prabhudattaji nous apprit qu'un festival s'y tenait tous les douze ans, attirant près de quinze millions de personnes chaque jour ! Je n'en croyais pas mes oreilles. Quinze millions de personnes ! Il nous convia au prochain festival qui devait avoir lieu dans six ans. Il se trouve que j'ai assisté à ce festival, appelé Kumbha Mēla. Il n'avait pas exagéré le nombre des participants. La foule dépassait tout ce que l'on peut imaginer, s'étirant sur des kilomètres et des kilomètres dans les deux sens sur les berges asséchées de la rivière. C'était virtuellement une ville, mais sans la criminalité d'une ville. Il n'y eut pas un seul vol, une seule bagarre, un seul acte de violence. La foule entière faisait preuve d'un même esprit, assemblée dans le seul but de se baigner dans la rivière.

Mon visa arrivait à expiration. Je dus rentrer à Tiruvannamalai avant la fin de notre pèlerinage. Ratnamji et Swamiji m'invitèrent à les rejoindre à Hyderabad après avoir fait renouveler mon visa. Ayant pris congé d'eux, je partis pour le Sud. Après

Pèlerinage

avoir mené à bien les formalités de visa, je fis une nouvelle fois le voyage d'Hyderabad et retrouvai Ratnamji et Swamiji. Pendant les deux années qui suivirent, j'ai parcouru diverses régions de l'Inde en compagnie de ces deux saints hommes. Être avec eux était une fête et un apprentissage permanents. Leur patience envers moi, qui ignorais tout de la spiritualité et commettais gaffe sur gaffe, en paroles, en pensées ou en actes, était infinie. Je les considérais comme mes guides spirituels, mais eux-mêmes me regardaient comme leur jeune frère en spiritualité.

Depuis des années, des dévots de longue date voulaient construire une maison pour Ratnamji mais il avait toujours refusé. À présent que sa santé le lâchait, il pensait qu'une résidence permanente deviendrait peut-être nécessaire et il se rendit aux instances répétées de ses amis et admirateurs. Avec un peu d'argent provenant de son frère, il acquit un lopin de terre près de l'*āshram*, à Tiruvannamalai. C'est à ce moment-là qu'il me demanda si j'avais l'intention d'y rester définitivement. Je voulais demeurer avec lui tant qu'il vivrait et répondis par l'affirmative. Étrangement, le lopin adjacent au sien fut mis en vente, le propriétaire ayant besoin d'argent pour marier sa fille. Il me proposa d'acheter le terrain et j'acceptai immédiatement. On fit le plan de deux petites maisons et avec l'argent donné par les dévots et celui dont je venais d'hériter, la construction débuta. L'année suivante, Ratnamji continua ses voyages mais je demeurai à Tiruvannamalai pour superviser les travaux. Cela n'aurait dû demander que quelques mois mais en raison d'intempéries fréquentes, de problèmes de main-d'œuvre et de pénuries de matériaux, les travaux traînèrent presque un an. Enfin, tout fut terminé et Ratnamji promit de revenir bientôt.

Les deux maisons avaient été achevées en même temps mais Ratnamji m'informa par courrier que le moment n'était pas propice à l'inauguration de la sienne. Je pouvais cependant célébrer sans attendre la cérémonie d'inauguration de la mienne. Il m'écrivit que je devrais inviter ma mère à officier car en la personne de la mère réside une manifestation particulière de la puissance divine : la puissance de l'affection qui préserve et nourrit la création. Il mentionna que dès qu'une date aurait été arrêtée, il tâcherait de venir avec Swamiji. Immédiatement, j'écrivis à ma mère lui demandant de venir pour la cérémonie et lui disant que je ne pourrais en fixer la date qu'après avoir reçu confirmation de son arrivée. Cela faisait quatre ans qu'elle ne m'avait vu et dès qu'elle reçut de mes nouvelles, elle fit aussitôt le nécessaire. Elle arriva quelques semaines plus tard, accompagnée de mon beau-père. Ratnamji et Swamiji arrivèrent aussi et s'installèrent à l'*āshram*. Je logeai ma mère dans la maison d'un dévot.

La veille de la cérémonie, j'emmenai ma mère et mon beau-père à l'*āshram* faire la connaissance de Ratnamji et Swamiji. Des dévots de Swamiji, qui s'en retournaient à Madras, prenaient justement congé. En Inde, on se prosterne devant les aînés et les saints en signe de respect et d'humilité, en arrivant et en partant. On ne fait pas cela pour les flatter. Les anciens avaient découvert que toute position ou posture du corps affecte le système nerveux qui, à son tour, affecte l'esprit, les attitudes mentales. Par exemple : en parlant, pointer l'index vers son interlocuteur renforce de façon subtile le sentiment de sa propre importance, de sa suffisance, voire de sa colère. De même, s'incliner devant une autre personne met l'esprit en état de réceptivité pour capter les enseignements de ceux qui sont peut-être plus sages que nous.

En voyant les visiteurs s'incliner devant Swamiji, mon beau-père me demanda :

Entrant dans la maison à Tiruvannamalai :
de gauche à droite : la mère de Neal, Avadhutendraji, Neal, Ratnamji.

« Pourquoi un homme devrait-il se prosterner devant un autre ? Ne sommes-nous pas tous égaux ? »

Voilà, bien sûr, une notion universellement acceptée et pourtant fallacieuse. Bien que l'étincelle de vie, c'est-à-dire Dieu, soit la même en tous, tout le reste varie. Physiquement, mentalement, moralement et spirituellement, chaque homme est différent des autres. La seule chose d'universellement égale en tous est, malheureusement, universellement méconnue et négligée. Nous ne mettons l'accent que sur nos différences. Je dis « malheureusement » car avec une vision d'unité, le monde serait beaucoup plus paisible.

Ratnamji n'était pas du genre à se laisser prendre au dépourvu. Il contre-attaqua aussitôt par une autre question : « Quand vous désirez une promotion, ne vous prosternez-vous pas devant le patron, peut-être d'une autre manière ? Ces hommes désirent le savoir et l'expérience qu'ils nous prêtent. Pour l'obtenir, ils se prosternent. Cela ne suffit pas, bien sûr, mais c'est un premier pas. Reste à savoir si le mental s'incline lui aussi. On ne peut rien enseigner si l'esprit n'est pas réceptif. »

Mon beau-père, saisissant peut-être la vérité de ces paroles, se tint coi. Après avoir conversé quelques minutes, ils se retirèrent.

Ratnamji et moi discutâmes de la cérémonie d'inauguration de la maison. En Inde, on ne fête pas l'occupation d'une maison en invitant des amis à une réception, mais on célèbre le début de la vie dans cette maison en commençant par y pénétrer. C'est un rituel religieux et l'on pense que si certains rites sont pratiqués dans la maison avant qu'on ne s'y installe, les vibrations initiales rendront l'atmosphère propice à une vie harmonieuse et paisible de la maisonnée. Il est dit également que la forme de la maison et son orientation influencent les occupants de façon

Pèlerinage

positive ou négative. Toutes les anciennes cultures tenaient ceci pour vrai. La recherche scientifique découvrira peut-être un jour qu'il en est ainsi, bien que ces principes se fondent sur des lois vibratoires extrêmement subtiles. La vibration est une onde d'énergie qui sous-tend l'univers et affecte les événements ou l'état du mental.

Nous décidâmes que Swamiji entrerait le premier, au chant de *mantras* védiques, puis on célébrerait certains rites. Ensuite l'on servirait à manger aux invités afin de s'assurer la bonne volonté de tous les participants. Ratnamji pensait que de demander à Swamiji d'entrer en premier rendrait la maison plus propice à la pratique spirituelle. Il s'avéra que Dieu avait d'autres projets, assez éloignés des nôtres, mais assurément pour le mieux.

Le lendemain matin, nous nous regroupâmes à l'*āshram* et nous rendîmes lentement en procession jusqu'à la nouvelle maison. En chemin, un inconnu prit ma mère à part et lui dit qu'en tant que mère, c'était à elle d'entrer la première dans ma demeure. Aucun de nous n'entendit cet aparté. Tandis que nous approchions de l'entrée, les prêtres entonnèrent les *mantras* védiques. Swamiji s'apprêtait à franchir le seuil quand soudain, débordant la procession par le côté, ma mère se précipita, écarta Swamiji et, triomphalement, entra la première ! Nous nous regardions tous avec surprise et consternation !, puis Ratnamji éclata de rire et déclara : « Eh bien, apparemment Dieu souhaitait entrer d'abord sous la forme de la mère ! » L'assemblée accepta joyeusement cette explication et la suite des cérémonies se déroula sans incident.

Ma mère et mon beau-père voulaient que je les accompagne dans leur tournée du Nord de l'Inde. Nous partîmes le lendemain. Au moment du départ, Ratnamji m'informa qu'il se rendait à Bombay avec Swamiji et que je devrais les y rejoindre après le départ de ma mère. Il me donna l'adresse du lieu où ils seraient hébergés. Promettant de les y retrouver, je partis pour Madras.

Nous visitâmes les hauts-lieux touristiques de l'Inde du Nord, puis ma mère et mon beau-père repartirent pour l'Amérique, me laissant à Bombay. Je me rendis aussitôt à la maison où résidaient Swamiji et Ratnamji. M'inclinant devant eux, je leur racontai tous les détails de mon voyage. Ils m'apprirent ensuite qu'ils étaient invités à Baroda, une grande ville à l'Est de Bombay et qu'ils comptaient partir dès le lendemain. J'étais arrivé juste à temps pour les accompagner.

Au soir du jour suivant, nous étions à Baroda. Swamiji se mit en quête d'un joueur de tablas ou de tambour pour accompagner ses chants du soir. Ne connaissant personne à Baroda, il s'adressa à l'Académie de Musique où il tomba sur l'homme qui avait été son professeur de musique quarante ans plus tôt. Il ne l'avait pas revu depuis et leurs retrouvailles furent joyeuses. Le professeur nous emmena chez lui. Il enseignait la cithare à l'école de musique. Là, il nous montra un portrait de son propre professeur et nous dit que ce tableau était si rare qu'il avait dû débourser une petite fortune pour le sortir d'une collection privée. Mais comme son maître était aussi son *guru*, il n'avait pas ménagé sa peine et avait travaillé dur pendant longtemps pour pouvoir s'offrir le tableau. Pendant près d'une heure, il joua pour nous de la cithare tandis que Swamiji et Ratnamji s'absorbaient dans une profonde méditation.

Une fois, par le passé, Ratnamji avait été invité à un concert de Ravi Shankar à Hyderabad. On m'avait proposé de venir aussi. En chemin, Ratnamji me conseilla :

« Il ne faut pas te perdre dans la mélodie que tu entends. Concentre ton attention sur la note de fond. C'est alors seulement que le concert servira ta méditation. »

Pèlerinage

Nous prîmes place dans l'auditorium. Les lumières s'éteignirent et le concert commença. Je fermai les yeux et essayai de me concentrer sur le fond musical. Après ce qui me parut deux minutes, les lumières se rallumèrent et l'assistance se leva. Je me demandais ce qui se passait. Pourquoi le concert avait-il été interrompu à son début ? Je lançai un regard interrogateur à Ratnamji qui se mit à rire :

« Allez viens, on s'en va. Dès l'instant où tu as fermé les yeux, tu as dormi comme une souche. Et ça fait plus de deux heures. J'ai pensé que tu devais être très fatigué, alors je ne t'ai pas dérangé. Une si profonde méditation ! »

C'est pourquoi à présent, lorsque j'écoute de la cithare, je prends garde de ne pas fermer les yeux !

Après quelques jours à Baroda, Swamiji décida de retourner à Bombay. Quant à Ratnamji, il avait reçu un courrier l'invitant à Hyderabad, si bien que nous prîmes des billets de train pour cette destination. Au moment de l'achat des places, j'avais dû emprunter la somme à Swamiji, ayant laissé mon argent à la maison. Quand le train entra en gare de Bombay, Swamiji se leva pour descendre.

« Combien dois-tu à Swamiji ? » me demanda Ratnamji.

« Soixante-dix dollars », répondis-je.

« Et combien as-tu sur toi ? »

« Cent cinq dollars. »

« Alors, donne-lui cent dollars. C'est un compte rond. De plus, cela fait mauvais effet d'être regardant quand on rembourse un saint homme. »

À contrecœur, j'offris l'argent à Swamiji qui l'accepta en disant qu'il n'avait pas un sou en poche et que cela lui serait bien utile, puis il débarqua.

« Qu'est-ce qu'on fait, maintenant ? » demandai-je, un peu irrité. « Nous avons encore deux jours de voyage devant nous. Avec cinq dollars, comment pourrons-nous acheter assez de nourriture pour deux ? »

« Eh bien, voyons de quelle manière Dieu pourvoira à nos besoins. Ne devrions-nous pas lui en laisser l'occasion de temps à autre ? » ajouta-t-il avec un sourire légèrement malicieux. « En chemin, il y a deux lieux saints que j'ai envie de voir depuis longtemps. L'un est Dehu Road, où vécut il y a trois siècles le grand saint Tukaram. Non loin se trouve Alandi et la tombe de Jnaneshwar. Ce *mahātmā* quitta volontairement son corps à l'âge de vingt-et-un ans en demandant à ses disciples d'entrer dans ce tombeau pendant qu'il était encore vivant. Il s'assit en méditation et arrêta toutes ses fonctions vitales. Il fut enterré et à ce jour, de nombreux fidèles l'ont vu alors qu'ils méditaient sur sa tombe. Certains ont même été gratifiés d'expériences d'illumination.

« Le malheur, c'est que ce train express ne s'arrête pas à Dehu Road. Par contre, si on descend à l'arrêt d'après, on peut prendre un bus jusqu'à Dehu Road et être de retour pour attraper le train suivant. Mais, dans ce cas, nous n'aurons plus un sou vaillant pour acheter ne serait-ce qu'une banane. Bien, nous verrons. Nous n'avons qu'à jeûner aujourd'hui pour faire des économies. »

Jeûner ?! À peine avais-je entendu le mot que je me mis à ressasser combien j'avais faim. Au bout de quelques heures, Ratnamji engagea la conversation avec un passager voisin. L'homme avait du raisin dans un sac en papier. Tel un loup famélique contemplant un troupeau de moutons, j'avais les yeux rivés sur les raisins. Ô Dieu du Ciel ! Voilà qu'il portait la main au sac et offrait des raisins à Ratnamji ! Seigneur, je savais bien que vous n'abandonneriez pas vos fidèles ! Ratnamji se tourna vers moi

Pèlerinage

et ouvrit les mains : six petits grains de raisin. La générosité de l'homme n'était pas vraiment à la hauteur de ma faim ! Voyant mon expression, Ratnamji éclata de rire. Personnellement, je ne voyais rien de drôle à cela. Dieu nous avait abandonnés.

Quelques heures de plus et soudain le train s'arrêta. Ratnamji se pencha à la fenêtre puis me cria :

« Viens vite, saute ! Nous sommes à Dehu Road ! Dieu a arrêté le train pour nous ! »

Rassemblant à la hâte nos bagages, je sautai du train qui aussitôt s'ébranla. Apparemment, une vache s'était aventurée sur la voie, obligeant le train à l'arrêt jusqu'à ce qu'elle s'en aille ailleurs. Et cela se passait, comme par hasard, à Dehu Road !

Laissant notre paquetage dans une boutique proche de la gare routière, nous partîmes visiter tous les lieux associés à la vie de Tukaram. Ce saint, bien que persécuté tout au long de sa vie par des ignorants, sortait toujours triomphant de ses mésaventures en raison de son cœur pur et innocent. Il enseignait la vie spirituelle au moyen de chants qu'il composait lui-même. Son influence se fait encore sentir de nos jours dans la vie quotidienne de cette région. On raconte qu'il disparut mystérieusement à la fin de sa vie et qu'on ne le revit jamais. Sa maison, ainsi que le temple où il méditait et chantait, sont toujours conservés et nous les visitâmes.

À la sortie de la ville, se dressait un très vieil arbre qui semblait être une sorte de point d'intérêt mais, ne comprenant pas les idiomes locaux, nous ne pûmes savoir de quoi il s'agissait. Quant à moi, au lieu de me sentir inspiré par la vie de Tukaram, j'avais faim et étais un peu en colère contre Ratnamji qui avait donné tout notre argent. Nous retournâmes à l'arrêt d'autobus attendre le prochain bus pour Alandi, distante d'une trentaine de kilomètres. Le commerçant, qui parlait anglais, nous dit qu'il y aurait un bus dans une heure. Il nous demanda si nous avions vu l'endroit où Tukaram avait disparu et nous expliqua que Tukaram s'était tenu sous un arbre et qu'après avoir dit adieu à tous ses amis et bienfaiteurs, il avait disparu dans une gerbe de lumière. Chaque année à la même date et à la même heure, l'arbre se met, dit-on, à trembler violemment, comme s'il avait peur. Il nous expliqua où trouver cet arbre.

Ratnamji déclara qu'il nous fallait absolument le voir avant de repartir et il se remit en route au pas de course sous le soleil torride de midi. Il s'avéra que l'arbre où Tukaram avait disparu était celui-là même que nous avions remarqué plus tôt. Le temps de retourner à la boutique, épuisés et assoiffés, le bus était passé. Je pestais dans ma barbe. Nous avions notre correspondance de train à six heures et il était déjà une heure. Si nous manquions notre train, les billets ne seraient plus valables et nous nous retrouverions en rade, sans billets ni argent. Le prochain bus pour Alandi passait à trois heures. Le temps d'y aller, de tout voir et de reprendre le bus pour la gare, il serait près de sept heures. De plus, j'avais faim et j'étais las. Ratnamji, apprenant que le prochain bus ne passerait pas avant deux bonnes heures, alla s'étendre dans l'arrière-boutique et, m'enjoignant de le réveiller avant trois heures, il s'endormit. Cela signifiait que je ne devais pas de mon côté m'assoupir. Mon cerveau était en ébullition du fait de la colère et de l'inquiétude. Où étaient mon abnégation et ma confiance en Ratnamji et en Ramana ? Face à l'adversité, elles avaient fondu comme neige au soleil !

Le bus de trois heures nous mit à Alandi à quatre. Nous visitâmes tous les lieux associés à la vie de Jnaneshwar et pour finir, nous nous assîmes près de sa tombe pour méditer. Méditer ? J'en étais bien incapable dans un tel état d'agitation ! Finalement, nous prîmes un bus qui devait nous mettre à notre gare de

Pèlerinage

correspondance en deux heures. « Et maintenant », pensai-je, « Dieu va donner une bonne leçon à Ratnamji. Pourquoi faut-il qu'il ait si peu d'esprit pratique ? »

Ratnamji me demanda :

« Qu'as-tu pensé de ces endroits, Neal ? Je me sentais littéralement transporté dans un autre monde, comme si je vivais avec ces saints. Et toi ? »

D'un ton de colère rentrée, je répondis :

« J'avais faim et j'étais fatigué. Comment aurais-je pu apprécier quoi que ce soit ? À présent, nous ne pourrons plus attraper notre train. Si nous n'étions pas retournés voir cet arbre une seconde fois, nous serions déjà à la gare. »

« Quel dommage que tu te soucies tant de ton corps, même après avoir vécu si longtemps à mes côtés. Au lieu d'utiliser ce pèlerinage pour ta croissance spirituelle, tu ne l'emploies qu'à gâter ton mental. Où est ta foi en Ramana si tu ne peux pas même te passer d'argent un seul jour ? Quand nous nous sommes rencontrés, tu m'as dit que tu voulais vivre sans argent. Qu'est devenue cette attitude d'esprit ? »

Que pouvais-je répondre ? Il avait raison, comme toujours. Enfin, le bus atteignit la gare et nous descendîmes. En gare, on nous apprit que notre train avait du retard et n'était pas encore arrivé ! Nous nous précipitâmes sur le quai juste à temps pour le voir déboucher. Après nous y être installés, Ratnamji me regarda en souriant :

« Et maintenant, achète quelques bananes. Demain, nous arriverons à destination. » J'avais reçu une bonne leçon et fis le vœu de ne plus jamais douter de mon guide spirituel. Au fil des années, Ratnamji est arrivé régulièrement en retard à la gare, mais il n'a jamais manqué un train.

À Hyderabad, nous apprîmes que le Śhaṅkarāchārya de Puri venait d'arriver en ville et préparait une grande cérémonie religieuse. En effet, depuis deux ou trois ans, il n'avait pas plu à Hyderabad et la population avait sollicité l'aide de l'*Āchārya*. Il a été prouvé à maintes reprises que si certains sacrifices védiques sont accomplis en suivant à la lettre les instructions des Écritures, cela déclenche un déluge juste après le sacrifice. J'en ai moi-même été témoin deux fois, une fois à Tiruvannamalai, une fois à Hyderabad. Il faudrait beaucoup d'imagination pour soutenir qu'après deux ou trois ans de sécheresse, les pluies torrentielles qui s'abattirent immédiatement après le sacrifice étaient pure coïncidence.

Il y a environ huit cent ans, un garçon du nom de Śhaṅkara naquit dans le Sud de l'Inde. Dès sa plus tendre enfance, il montra les signes d'une vive intelligence. À l'âge de huit ans, il quitta son foyer et sillonna l'Inde à pied jusqu'à ce qu'il rencontre un *satguru* et, en étudiant sous sa direction, il atteignit la perfection. Il écrivit ensuite de nombreux commentaires des Écritures hindoues pour l'édification des chercheurs sincères. Avant de décéder à l'âge de trente-deux ans, il créa quatre ou cinq *āśhrams* dans différentes régions de l'Inde en plaçant à leur tête des disciples qu'il avait lui-même formés. Parce qu'en matière de religion, c'était un enseignant réputé, on lui donnait le titre d'*Āchārya*. De, puis la tradition s'est transmise de façon continue et chaque chef de lignée est désigné sous le nom de Śhaṅkarāchārya. Ces hommes sont soigneusement choisis par leurs prédécesseurs pour leur savoir, leur austérité, leur dévotion et leur effacement personnel. Ils sont les leaders reconnus d'une vaste portion de la population hindoue. Le Śhaṅkarāchārya de Puri de l'époque était l'une de ces personnalités remarquables, réputé pour son haut niveau de réalisation spirituelle et pour sa dévotion. Il était dès lors, de l'avis général, la personne la plus apte à conduire cette cérémonie.

Elle comprenait deux parties. Sous un chapiteau, les plus grands érudits en Écritures hindoues du pays se tenaient en congrès. Pendant la journée, ces lettrés disputaient de nombreux sujets religieux controversés, citant les Écritures à l'appui de leurs thèses. La nuit, l'*Āchārya* abordait divers points qui, tout en présentant un intérêt pratique pour l'homme de la rue, contribuaient à mieux le familiariser avec sa religion et sa culture. Sous un autre chapiteau, mille foyers avaient été allumés. Tout en récitant des *mantras* védiques, on y offrait à Dieu diverses substances, le feu servant de moyen d'adoration. Ce chapiteau était si vaste qu'il faisait près d'un kilomètre et demi de circonférence. Le son des *mantras* était une fête pour les oreilles, la vue des feux rougeoyants un plaisir des yeux. L'atmosphère était saturée de dévotion. Le rituel complet devait durer dix jours pleins.

Je souhaitais ardemment avoir un entretien personnel avec l'*Āchārya* et demandai à Ratnamji si c'était possible. Ratnamji connaissait très bien l'*Āchārya* et passait le plus clair de son temps en sa compagnie. En fait, au bout de quelques jours, il était devenu l'assistant personnel de l'*Āchārya*. Celui-ci dit à Ratnamji que je devrai assister à toutes ses allocutions et qu'il me ferait appeler quand il aurait un moment. Pendant dix jours et dix nuits, de six heures du matin à minuit, j'y assistai, m'attendant à être appelé d'une minute à l'autre. Au terme des dix jours, la cérémonie était close, la pluie était tombée et je n'avais toujours pas été appelé.

L'*Āchārya* devait quitter la ville le soir même et sa prochaine destination se trouvait à huit cent kilomètres de là. Il m'envoya un message disant que, si je souhaitais toujours le rencontrer, je pouvais le suivre jusqu'à sa prochaine étape. Visiblement, il voulait éprouver ma sincérité. Je fis répondre par le messager que je le suivrais dans toute l'Inde jusqu'à ce qu'il me reçoive. Le lendemain, dès qu'il eut expédié ses tâches les plus urgentes, il me convoqua et dans une pièce close, en présence de Ratnamji, il m'apprit bien des choses. Il me dit que, depuis la nuit des temps, de nombreux sages avaient atteint la réalisation du Soi par la répétition constante du Nom de Dieu. Si je voulais atteindre la Félicité suprême et la Paix éternelle, je devais suivre cette voie.

J'étais très heureux d'entendre ces propos car Ratnamji m'avait déjà conseillé de faire cela et j'essayais de suivre son conseil. Après m'avoir encouragé à poursuivre mes efforts vers la réalisation, l'*Āchārya* me remit, comme une marque de faveur, les fruits et les fleurs qui avaient été offerts à Dieu durant sa *pūjā*. Me prosternant devant lui, je pris congé le cœur débordant de joie. L'entrevue méritait bien les dix jours d'attente.

Ratnamji me conseilla alors de retourner à Tiruvannamalai m'occuper de tous les préparatifs pour l'inauguration de sa maison. Il promit de me rejoindre deux semaines plus tard. Je me rendis à Arunachala tandis qu'il accompagnait l'*Āchārya* dans le nord de l'Inde où il attrapa un rhume. Le rhume dégénéra en maladie grave, laquelle fut largement responsable de sa mort trois ans plus tard. Ce fut le début d'une période très douloureuse de ma vie spirituelle.

Alité dans ma maison, Ratnamji me dit : « La nuit dernière, j'ai fait un rêve de très mauvais augure. Je pense que, dorénavant, ma santé va se détériorer. » Il venait d'arriver la nuit précédente avec Seshamma, sa sœur. Pendant qu'il voyageait, un abcès s'était formé sur son pied et après lui avoir occasionné bien des souffrances, avait fini par crever. Il fallait pratiquement le porter partout.

Pèlerinage

« Finissons la cérémonie d'inauguration de la maison », dit-il, « et après nous pourrons aller consulter un bon médecin. » Dès l'instant où je l'avais vu, j'avais voulu aller chercher un médecin, mais il ne me l'avait pas permis. Il pensait que le médecin lui imposerait des restrictions qui entraveraient la cérémonie. De nombreuses personnes avaient été invitées et devaient arriver dans les jours suivants. S'il fallait reporter la date de la cérémonie, ce serait très embêtant pour tout le monde.

Nous fîmes tous les préparatifs nécessaires et, au jour dit, Ratnamji et les prêtres célébrèrent les rites. Une cinquantaine d'invités étaient venus de toute l'Inde mais Swamiji n'avait pas pu en être. Il était hospitalisé suite à une attaque cardiaque et les médecins ne l'avaient pas autorisé à bouger, à son grand regret. Il avait envoyé un messager annoncer personnellement la nouvelle à Ratnamji qui comptait sur lui. Après la cérémonie, Ratnamji s'allongea. Il était très faible et ressentait des douleurs dans la poitrine mais il gardait le sourire et son visage brillait toujours du même éclat.

Le lendemain matin, nous apprîmes qu'un très vieux disciple de Ramana se mourait à l'*āśhram*. Nous nous précipitâmes pour trouver le moine sur son lit de mort. Tout le monde chantait à voix puissante le Nom divin et quelques heures plus tard, il quittait paisiblement son enveloppe charnelle. On l'enterra derrière l'*āśhram* et il fut décidé que Ratnamji observerait les rites de prière sur la tombe qui s'imposent à la mort d'un moine et durent quarante jours. Cela signifiait un report de quarante jours avant de pouvoir aller consulter un médecin. J'en avais le cœur brisé mais que faire ? Il ne voulait rien entendre.

Au bout de quarante jours de souffrance, Ratnamji proposa d'aller rendre visite à Swamiji qui était sorti de l'hôpital et séjournait chez des fidèles. Il promit de consulter un médecin sur place. Nous quittâmes Arunachala et rejoignîmes Swamij dont la santé s'était un peu améliorée. Cependant, il avait des spasmes au niveau d'une des principales artères du cœur et plusieurs fois par jour, il se redressait, haletant, luttant pour retrouver son souffle. C'était vraiment pénible de le voir dans cet état. Dès qu'une attaque était passée, il riait et plaisantait sur le sujet. Au bout de quelques jours, à l'insistance de Swamiji, Ratnamji accepta d'aller voir un médecin. Il passa une radio et l'on découvrit que la majeure partie de ses poumons était atteinte de tuberculose. Sa glycémie était également très élevée. Le soir venu, lorsque nos hôtes apprirent la nature du mal de Ratnamji, ils s'alarmèrent et ne voulurent pas le garder sous leur toit. Swamiji fut extrêmement peiné de cette attitude. Ils lui recommandèrent de ne pas approcher Ratnamji de trop près. En colère, Swamiji rétorqua :

« Si votre propre enfant était atteint de la tuberculose, l'éviteriez-vous de peur de contracter sa maladie ? Là où un amour réel est présent, comment de telles pensées peuvent-elles surgir ? »

Swamiji, avec beaucoup de douceur et de tact, mit Ratnamji au courant de la situation et nous suggéra d'aller à Hyderabad pour y faire hospitaliser Ratnamji. Ce dernier pensait aussi que c'était la meilleure solution mais où trouver l'argent ? Nous avions tout dépensé pour la cérémonie d'inauguration de la maison et à présent, nous n'avions plus assez pour les billets de train et les médicaments. Ratnamji m'interdit de mentionner la chose à Swamiji ou qui que ce fut. Mais quelques minutes plus tard, Swamiji vint à moi en me tendant une grosse somme d'argent.

« Prends ceci pour le traitement de Ratnamji », me dit-il. « Mon *guru*, Prabhudattaji, me l'a envoyé en apprenant que j'étais malade. Je n'ai pas besoin de tant. Cela pourra t'être utile. »

Pèlerinage

Mes yeux s'emplirent de larmes. Ô Dieu, Tu veilles vraiment sur nous, même si j'en ai douté si souvent.

Tandis que nous montions dans un taxi pour aller à la gare, Swamiji nous fit ses adieux. Nous apprîmes plus tard qu'il avait pleuré pendant près d'une heure à cause de la manière dont on avait renvoyé Ratnamji et parce qu'il n'avait pas pu nous accompagner.

De retour une fois de plus à Hyderabad, nous nous rendîmes à l'hôpital de jour où les médecins examinèrent les poumons de Ratnamji.

« Avec des poumons dans cet état, il n'y a vraiment pas de quoi avoir un visage aussi radieux ! » s'exclamèrent-ils. Cette fois, Ratnamji fut admis dans l'aile médicale des hommes, en salle commune. Il n'aurait jamais accepté une chambre individuelle ou un traitement de faveur. Quelle différence y a-t-il entre le pauvre ordinaire et un moine ? Un moine ne doit-il pas se contenter du minimum ? Pensant de la sorte, il n'autorisa aucune dépense superflue pour sa personne.

Le périmètre entourant son lit devint vite, bien sûr, un *āshram*. Presque tous les médecins et infirmiers venaient l'entretenir de leurs problèmes et, bien qu'ayant reçu l'ordre de se reposer et de parler le moins possible pour permettre aux poumons de récupérer, il était conduit à parler dix fois plus que s'il n'avait pas été hospitalisé !

« Que le corps subisse son destin. À parler de Dieu, mon esprit reste absorbé en Lui et ne pense même plus à la maladie. Pourrait-on rêver mieux ? Qui sait quand surviendra la mort ? À ce moment-là, ne devrait-on pas être en train de penser à Dieu ? »

Il ne tenait aucun compte de nos exhortations à parler moins et à se reposer.

Au pavillon médical, la cruauté humaine des médecins n'était pas moindre que celle que nous avions essuyée autrefois en chirurgie. Un jour, un chirurgien entra, suivi d'un groupe d'étudiants. Ratnamji faisait un somme et je lisais à son chevet. Le médecin empoigna le pied de Ratnamji et du manche de son maillet réflexes, racla la partie tendre de sa plante de pied, entaillant presque la peau. Ratnamji hurla. Le médecin fit observer à ses élèves :

« Vous voyez, c'est ce que l'on appelle un réflexe. »

J'étais sur le point de donner à ce personnage sans cœur un aperçu de mes propres réflexes lorsque Ratnamji me regarda d'un air de dire : « Ne le touche pas, c'est un ignorant. »

Une autre fois, un étudiant avait été chargé de faire une injection à Ratnamji. Après avoir enfoncé l'aiguille d'un geste brusque, il s'écria : « Oh mon Dieu, elle s'est tordue ! » Sans même la retirer, il entreprit de la redresser, faisant par la même occasion une déchirure d'un centimètre dans la fesse de Ratnamji. Je ne pus me retenir. Je me mis à l'injurier et le chassai. Ratnamji se tourna vers moi et me dit :

« Sous aucun prétexte tu ne dois me laisser mourir dans cet hôpital. Mieux vaut périr aux mains d'un boucher qu'ici ! »

S'il nous avait laissés lui payer une chambre, on ne l'aurait pas traité de la sorte, mais comme il était avec les indigents, on se permettait de le traiter comme un cobaye.

Durant notre séjour de deux mois à l'hôpital, on m'avait autorisé, comme par le passé, à dormir à côté du lit de Ratnamji. Une nuit, je fis un rêve étrange, ou peut-être pourrait-on appeler cela une vision. Je voyais une belle chambre en haut d'un escalier et j'y montais. À ce moment-là, un homme m'aborda en me disant : « Il y a ici une jeune fille qui désire avoir un enfant. Auriez-vous l'obligeance de l'exaucer ? » Sans réfléchir, j'acceptai

Pèlerinage

la proposition de l'inconnu mais l'instant d'après, je réalisai ce à quoi je m'étais engagé. Regrettant ma stupidité et craignant de rompre mes vœux de célibat, je dégringolai les escaliers jusqu'à la rue. Tout en dévalant la rue, je remarquai un temple sur le bas-côté et m'y arrêtai. Je voyais à l'intérieur l'image de la Mère divine. Je me mis à l'implorer : « Ô Mère, pardonne ma stupidité ! » Tandis que je pleurais, l'image de la Mère divine disparut soudain et à la place se tenait la Mère divine en chair et en os, bien vivante. Elle quitta le temple, me prit par la main et me ramena à la chambre que je venais de fuir. Me montrant des photos obscènes aux murs, Elle me dit : « Mon enfant, cette jeune fille n'est pas pure, contrairement à ce que tu pensais. C'est une fille très légère. » Elle prit à nouveau ma main et me ramena au temple. M'abandonnant à l'entrée, elle recula lentement sans cesser de me regarder avec amour, puis soudain, elle s'évanouit. À Sa place se tenait de nouveau l'image de pierre. Des profondeurs du temple montaient les accords d'un chant : « Victoire à la Mère ! Victoire à la Mère divine ! »

Je m'éveillai en sursaut mais le chant persistait. Au bout de quelques secondes, je me rendis compte qu'il provenait d'une radio dans un coin de la salle. À ce moment précis, Ratnamji m'appela : « Neal ! ». Sa voix était la même que celle de la Mère divine quand elle m'avait parlé. Je me levai et racontai le rêve à Ratnamji. Il sourit et me dit :

« Tu me vois comme la Mère divine venue t'apporter l'évolution spirituelle. Moi aussi, je te vois comme la Mère divine venue réconforter ce pauvre corps. Il y a de multiples façons de voir les gens. Par exemple, tu pourrais me considérer comme un homme malade qui a besoin d'aide. Ou tu pourrais me voir comme quelqu'un qui est en position de recevoir tes services. Ou encore comme un dévot, un saint ou même un sage à qui tu offrirais tes services. Mais la plus haute et la meilleure façon de voir les choses serait de considérer que Dieu réside dans le corps de la personne que tu sers et d'offrir tes services en t'estimant très chanceux de pouvoir Le servir. À terme, ton ego s'affaiblira tandis que la conscience de Dieu s'éveillera. Ne crois pas que je dise ceci dans mon intérêt. Si tu n'étais pas là, Dieu enverrait quelqu'un d'autre pour s'occuper de moi. Je ne compte sur personne, uniquement sur Lui. »

Après deux mois d'hôpital, l'état de Ratnamji s'était nettement amélioré. Il n'y avait plus trace d'infection au niveau de ses poumons. On le laissa sortir en lui conseillant de ne pas se fatiguer et de continuer à prendre ses médicaments pendant plusieurs jours.

Peu après, Swamiji nous fit dire qu'un festival religieux se tiendrait dans un lieu saint nommé Bhadrachalam. Il consisterait en une semaine ininterrompue de chant du Nom divin, vingt-quatre heures sur vingt-quatre. Il demandait à Ratnamji de l'y rejoindre au plus tôt.

Nous arrivâmes à Bhadrachalam le lendemain et retrouvâmes Swamiji en compagnie de centaines de fidèles. Sa santé était bien meilleure, même s'il avait encore des crises de temps à autre. Au cours de ce festival, c'est à peine si j'ai vu Ratnamji dormir, de jour comme de nuit. Il était presque toujours en train de chanter avec les fidèles, de discuter de questions spirituelles ou de suivre Swamiji ici ou là. L'atmosphère sacrée de Bhadrachalam avait sur tous deux un effet particulièrement grisant.

Ce temple ne doit son existence qu'aux efforts isolés d'un saint nommé Ramdas qui vécut il y a environ deux siècles. Sri Rāma lui apparut en rêve et lui demanda de bâtir un temple pour abriter Son image qui se dressait au sommet d'une colline, offerte à tous les vents. À l'époque, Ramdas était fonctionnaire de l'état, chargé de percevoir les impôts et de les envoyer chaque année à l'empereur. Au lieu de remettre cet argent, il l'employa à la construction du temple sans en informer son souverain. Quelques années plus tard, on découvrit l'affaire. Ramdas fut enchaîné. On lui fit parcourir ainsi cinq à six cent kilomètres jusqu'à un donjon où il demeura une semaine sans eau ni nourriture. Là, il composa des chants vraiment pathétiques où, s'adressant à Sri Rāma, il Lui demande pourquoi il en est réduit à souffrir autant alors qu'il n'a fait qu'exécuter Ses ordres. Il était sur le point de se suicider quand l'empereur fut réveillé une nuit par deux hommes se prétendant les serviteurs de Ramdas. Ils lui remirent un sac de pièces d'or d'un montant égal à la somme que Ramdas avait détournée et demandèrent sa libération. Ramdas fut libéré. Lorsqu'on examina de plus près les pièces, on s'aperçut qu'elles étaient à l'effigie de Sri Rāma d'un côté et d'Hanumān de l'autre. Des lettres indéchiffrables y étaient gravées. Comprenant que c'était le Seigneur Lui-même qu'il avait vu, l'empereur renvoya Ramdas à Bhadrachalam en grande pompe. Chaque année, il fit parvenir au temple un important don en or pour célébrer un festival. J'ai vu l'une des pièces que Sri Rāma donna à l'empereur. Au fil des ans, elles ont presque toutes disparu, mais il en reste deux. J'ai vu aussi le trésor du temple qui comprend plusieurs couronnes incrustées de pierres précieuses ainsi que divers ornements offerts par l'empereur au fil des ans aussi longtemps qu'il vécut.

L'histoire veut que Ramdas fît un second rêve dans lequel Sri Rāma lui expliqua que, parce que dans sa vie précédente il avait gardé pendant une semaine un perroquet en cage, il avait dû lui-même connaître la prison dans cette vie. Quant à l'empereur, il avait été dans une vie antérieure un roi très pieux. Il avait voulu célébrer un culte particulier au Seigneur Śhiva en déversant sur son image, au temple, le contenu de mille pots d'eau qu'il allait puiser lui-même à la rivière. Au millième pot, fatigué et irrité, il avait jeté l'eau sur l'image au lieu de la verser doucement. À cause de cela, il dut subir une autre naissance mais en raison de sa grande dévotion, il reçut dans cette vie la vision de Dieu sous forme personnifiée. À en juger par l'atmosphère sanctifiée qui règne à Bhadrachalam, l'histoire est certainement vraie. Swamiji et Ratnamji connurent une Béatitude divine ininterrompue pendant toute la semaine.

Malheureusement, à cause de l'effort, Ratnamji fit une rechute de tuberculose qui commença par une forte poussée de fièvre. Nous prîmes le premier train pour Arunachala dès la fin du festival. Très vite, son état se détériora. La maladie avait gagné le cerveau, provoquant un abominable mal de tête. Le pire est que le médicament précédent restait sans effet.

Ne sachant plus que faire, j'allai sur la tombe de Ramana le prier de m'éclairer. Suite à cela, je me dis qu'il me fallait retrouver le médecin européen qui m'avait jadis déconseillé de fréquenter Ratnamji. Me voyant, il me demanda pourquoi on ne voyait plus Ratnamji ces temps-ci. Je lui expliquai la situation. Il m'accompagna aussitôt à la maison et examina Ratnamji. , puis il me remit un puissant antalgique et écrivit sur-le-champ à un autre *āshram* où il avait vu un stock d'une drogue étrangère susceptible d'enrayer la maladie. En quelques jours, le médicament arriva et l'état de Ratnamji s'améliora rapidement.

Le médecin l'avertit qu'il ferait sûrement une nouvelle rechute, plus difficile à maîtriser cette fois, s'il ne prenait pas trois mois de repos forcé au lit. Le fait est qu'il était devenu résistant aux médicaments utilisés précédemment. Ratnamji était prêt à se plier aux ordres du médecin mais il semble que la Volonté divine en ait décidé autrement. Peu après, survint un

Pèlerinage

événement qui impliqua pour Ratnamji un surcroît de travail et une nouvelle rechute. Apparemment, les souffrances de Ratnamji semblaient devoir durer toujours.

Un matin, il me dit en souriant :

« Swamiji m'a écrit. Il souhaite venir ici faire cent huit fois le tour d'Arunachala à pied en signe d'adoration. À raison d'un tour par jour en moyenne, cela lui prendra au moins cent jours. Tu sais que cela représente une distance de treize kilomètres et sa santé n'est pas fameuse. Il faudra que je l'accompagne. On dirait que Dieu a d'autres projets pour moi que le repos forcé. »

J'avais le cœur lourd en apprenant ceci. Bien sûr, je me réjouissais de la venue de Swamiji mais cela signifiait plus d'efforts et la rechute à coup sûr pour Ratnamji. Lui ne voyait en tout cela que la douce volonté de Ramana pour l'amener, de cette douloureuse façon, au-delà de l'identification à l'enveloppe corporelle.

Swamiji arriva bientôt, accompagné de deux fidèles qui devaient s'occuper de lui. Je m'efforçai de lui faire bonne figure mais je crois que mon expression mi-figue mi-raisin le laissa perplexe. En réalité, j'avais l'impression que le messager de la mort venait d'arriver. Que pouvais-je faire ? Ratnamji, bien sûr, s'entendait mieux que moi aux démonstrations de joie, ou peut-être n'avait-il aucune arrière-pensée. Il semblait sincèrement heureux de voir Swamiji. Ils passèrent la journée à discuter mais Ratnamji se garda bien de mentionner les propos du médecin concernant le repos. Il ne voulait pas gâcher le séjour de Swamiji.

Le lendemain, Swamiji commença sa circumambulation de la montagne. Ratnamji l'accompagnait en s'appuyant sur mon épaule. Au retour, il était épuisé. Quand je voulus voir s'il avait de la fièvre, je constatai avec surprise que sa température était normale. Peut-être, me dis-je, Dieu le protégera-t-il.

Le lendemain, son pas était encore plus lent et par contre-coup, Swamiji dut ralentir le sien. De retour à la maison, je constatai, désolé, que Ratnamji faisait une forte fièvre. C'était la rechute, conformément aux prédictions du médecin. Il m'interdit d'en rien dire à Swamiji.

Le jour suivant, Swamiji vint trouver Ratnamji et le pria de ne plus l'accompagner car cela représentait un trop gros effort qui, d'ailleurs, l'obligeait à adopter lui aussi un pas très lent. Dieu merci ! Mais à quoi bon maintenant ? Le mal était fait. J'allai trouver le docteur mais par principe, il refusa de venir examiner Ratnamji : il avait prescrit une certaine discipline que nous n'avions pas observée. La même chose risquait de se reproduire à l'avenir. À quoi bon gaspiller son temps et son énergie ? Je ne pouvais le blâmer et m'en fus, ne sachant que faire. Le médecin avait suggéré que j'essaie de me procurer les médicaments par une autre personne. Nous connaissions deux personnes aux États-Unis, l'une d'entre elles étant ma mère. Je décidai de lui écrire.

L'un des dévots qui accompagnaient Swamiji était un érudit hors pair en sanscrit. Ratnamji m'avoua que, comme il était incapable de rester assis longtemps, il avait beaucoup de difficultés à lire. Son livre favori était le *Shrīmad Bhāgavatam*, l'histoire de Shrī Kṛiṣhṇa en sanscrit. Elle est composée de quelques dix-huit mille vers et sa lecture demande dix jours pleins. Ratnamji se dit que si l'on pouvait obtenir de l'érudit qu'il lise l'œuvre à haute voix, je pourrais l'enregistrer pour qu'il l'écoute ensuite à loisir. Swamiji trouvait lui aussi l'idée très bonne. Quand ma mère était venue pour l'inauguration de ma maison, elle avait amené un magnéto-cassettes de fabrication étrangère très coûteux et me l'avait laissé. Nous décidâmes de commencer les enregistrements sur l'heure. Soit avant, soit après la séance quotidienne de lecture,

Pèlerinage

Swamiji faisait son tour d'Arunachala comme d'habitude. Après deux jours d'enregistrement, quelque chose se mit à clocher au niveau du magnéto-cassettes. Les pistes se chevauchaient. J'en parlai à Ratnamji et Swamiji.

« Peux-tu le faire réparer ? » demanda Ratnamji.

« J'en doute. C'est un appareil si cher. Où pourrions-nous le porter ? Les gens risqueraient de le détruire au lieu de le réparer. »

« Il vient d'Amérique, n'est-ce pas ? Alors, ne peut-on le faire réparer là-bas ? »

« Ça oui, j'en suis sûr, mais je t'en prie, ne me demande pas d'y aller. S'il n'y a pas d'autre moyen, bien sûr, je ferai ce que tu me diras. »

« Je sais que tu ne veux plus jamais retourner aux États-Unis. Ce serait mal de ma part de te le demander. Tu connais la situation, à toi de décider. » conclut Ratnamji.

Ce soir-là, avant de me coucher, je priai Ramana de m'indiquer la conduite à tenir. À peine endormi, je fis un rêve d'une grande netteté. Ma mère se tenait devant moi et Ratnamji et Swamiji étaient à mes côtés. Tous deux me montraient du doigt ses pieds. Comprenant ce qu'ils voulaient, j'allai me prosterner aux pieds de ma mère. À peine les avais-je touchés que je m'éveillai. Réveillant Ratnamji, je lui racontai le rêve. Il ne dit rien. Je déclarai qu'à mon avis, Ramana m'avait fait signe que je devais aller aux États-Unis. Mais où trouver l'argent ? Ratnamji me dit de retourner dormir, on aviserait au matin. Le lendemain matin, lorsque Swamiji entra, Ratnamji lui raconta mon rêve.

« Vous savez », nous dit Swamiji, « il y a ici des fidèles qui souhaitent que j'organise un festival comme celui que nous avons fait à Bhadrachalam. En fait, il m'ont déjà remis de l'argent pour les premiers préparatifs. Prends cet argent, va en Amérique et reviens au plus vite. Nous nous occuperons de Ratnamji jusqu'à ton retour, mais ne te retarde pas. »

Je pris congé d'eux le matin même après le petit déjeuner et filai à Madras. Il se trouvait comme par hasard une place libre sur le vol de nuit pour New York. Je n'avais même pas le temps d'informer ma mère de mon arrivée. Que se passerait-il si elle était absente ? Espérant que tout irait bien, je pris mon billet et m'embarquai cette nuit-là. Vingt-quatre heures plus tard j'étais à New York. J'avais l'impression de vivre un rêve. L'Amérique et l'Inde sont deux mondes à part, cela faisait six ou sept ans que j'avais quitté les États-Unis et j'avais mené pendant ces années la vie d'un moine hindou traditionnel. Je n'avais même pas changé de vêtements pour la circonstance et voyageais en *dhoti*, un châle me couvrant les épaules. Pas même de chaussures ! Je me sentais pareil à un bébé tombé hors du confort et de la chaleur du nid dans une rue bordée de gratte-ciel ! Je me dis que je ferais mieux d'appeler ma mère à Chicago pour m'assurer qu'elle était bien là.

« Allô, maman ? »

« Qui est à l'appareil ? » demanda-t-elle

« Mais... Moi, bien sûr ! »

« Neal ! Mais où es-tu ? On t'entend si distinctement ! Que se passe-t-il ? »

« Je suis à New York, à l'aéroport. J'attends la correspondance pour Chicago. Peux-tu venir me chercher à l'aéroport ? Je t'expliquerai plus tard. »

J'étais sur liste d'attente pour le vol de Chicago mais obtins la dernière place disponible. Ma mère m'attendait à l'aéroport, folle de joie de me revoir, mais très anxieuse de savoir si j'étais malade. Je lui expliquai tout et lui dis que je devais rentrer au plus vite, si possible dès le lendemain. L'idée de me voir repartir si vite ne l'enchanta guère mais elle accepta de faire le nécessaire.

Le jour même, nous allâmes porter le magnéto-cassette à réparer mais comme on était vendredi, il ne serait prêt que le lundi, si bien que je demandai à ma mère de me réserver un retour pour le mardi. Je crois qu'elle était dans un état de choc voisin du mien, sans quoi jamais elle n'aurait accepté aussi facilement. Je lui dis que j'avais en Inde un ami très pauvre qui avait besoin, pour soigner sa tuberculose, d'un médicament coûteux et introuvable en Inde. Je lui demandai de me le procurer, sans lui dire que l'ami en question n'était autre que Ratnamji car elle se serait affolée à l'idée d'une possible contagion. Après avoir contacté le médecin de famille, nous apprîmes qu'il faudrait plusieurs jours pour obtenir le médicament. Maman accepta de nous l'expédier par avion dès qu'elle l'aurait.

Le mardi suivant, j'étais à bord d'un avion pour l'Inde, laissant ma mère en larmes à l'aéroport. Tout s'était déroulé comme en rêve, pour elle comme pour moi. Vingt-quatre heures plus tard, j'étais de retour à Madras, six jours seulement après mon départ.

En arrivant à la maison, je me prosternai devant Swamiji et Ratnamji. Ils me sourirent et me questionnèrent sur mon voyage. Je pensais qu'ils seraient très heureux de me revoir mais ils ne manifestaient que leur égalité d'humeur coutumière. Les enregistrements reprirent et furent achevés en une semaine.

Un jour, je me dis que je n'avais plus assez de temps pour étudier ou méditer. En fait, parce que je devais servir Ratnamji qui était alité, je n'avais pratiquement plus une minute à moi. Quand je parvenais à ne pas penser à moi-même, j'éprouvais un avant-goût de cette félicité qu'apporte une existence débarrassée de l'ego. Mais à d'autres moments, je me disais que je devrais vivre seul quelque part et consacrer du temps à la discipline spirituelle. Travaillé par ces pensées, je me mis à servir Ratnamji sans conviction. Swamiji ne tarda pas à le remarquer et un jour, il me prit à part :

« Mon enfant », me demanda-t-il, « pourquoi vaques-tu à tes devoirs avec si peu d'entrain ? Serait-ce que tu voudrais partir et pratiquer la méditation par toi-même ? Il fut un temps où moi aussi j'ai pensé de la sorte. Tu pourras toujours trouver tout le temps nécessaire à ces activités, mais vivre avec un véritable sage et avoir la grâce d'accéder à une relation intime avec lui est extrêmement rare. Il y a des gens qui courent le monde à la recherche d'un authentique saint et qui n'en trouvent pas. Nous sommes tous deux, Ratnamji et moi, malades et nous ne resterons peut-être plus longtemps en ce monde. Ne crois pas que nous soyons dépendants de toi et de tes services, mais c'est à toi de décider ce que tu dois faire. Où est ton devoir ? Si tu veux partir pratiquer la méditation intensive, nous n'y voyons aucune objection mais si tu décides de rester, il faut mettre tout ton cœur et tout ton esprit à ton travail. Alors seulement, tu pourras tirer profit du fait de servir des saints. C'est à toi de décider. »

Je savais déjà que Swamiji disait vrai. Je l'assurai que dorénavant je rendrais entière justice à la voie que je m'étais choisie : le service des sages. Si la méditation solitaire m'était nécessaire, je la pratiquerais lorsqu'ils ne seraient plus de ce monde.

Après avoir accompli son vœu de faire cent huit fois le tour d'Arunachala, Swamiji organisa comme prévu le festival religieux. Près de cinq cents personnes venues des quatre coins de l'Inde assistèrent aux cérémonies qui durèrent une semaine. Après quoi, Swamiji décida de partir vers le Nord et fit don à Ratnamji d'un peu d'argent pour acheter des médicaments. Au cours des derniers jours, Ratnamji avait beaucoup souffert avec une fièvre à 38°5, sans jamais en rien dire à Swamiji. À présent que celui-ci s'en allait, nous projetions de partir nous aussi,

Pèlerinage

pour aller trouver un bon médecin et faire soigner Ratnamji. Au lendemain du départ de Swamiji, nous fîmes nos préparatifs, avec l'intention de partir dès le lendemain. J'avais rangé l'argent dans un placard de ma maison où dormait la sœur de Ratnamji tandis que lui et moi dormions chez lui. Tout à coup, à une heure du matin, Ratnamji m'appela :

« Neal, lève-toi et cours à l'autre maison. Je sens qu'un vol est en train d'y être commis. Dépêche-toi ! »

J'arrivai à la maison pour trouver la porte verrouillée de l'extérieur. J'ouvris. Seshamma dormait à poings fermés mais l'argent avait disparu. Les voleurs s'étaient introduits par la cheminée, après avoir enlevé la dalle de ciment qui l'obstruait. Leur larcin accompli, ils avaient quitté les lieux silencieusement en verrouillant la porte derrière eux.

Au matin, on appela la police qui fit venir de Madras un chien policier. Le chien nous mena au frère de notre jardinier, un homme travaillant dans une maison voisine. On l'arrêta, mais quelqu'un usa de son influence pour le faire relâcher et l'affaire s'arrêta là. Complètement dépouillés, il nous fallut attendre que des amis nous envoient assez d'argent pour le voyage et les honoraires du médecin.

À quelques jours de là, je fis un rêve dans lequel je voyais des gens tirer à hue et à dia le corps sans vie de Swamiji. Je rapportai ceci à Ratnamji qui se contenta de hocher la tête, sans faire le moindre commentaire. Peu après, nous apprîmes que Swamiji était mort subitement d'une crise cardiaque à Hyderabad. En fait, sa dépouille fit l'objet d'une lutte acharnée qui ne cessa qu'à la découverte d'une lettre, écrite des années plus tôt, dans laquelle il demandait à ce que son corps soit immergé dans la rivière Kṛṣṇa, dans le sud de l'Inde.

Nous ralliâmes au plus vite les rives de la Kṛiṣhṇa pour constater que les rites funéraires n'avaient pas encore débuté. Ratnamji prit la situation en main et pendant quinze jours, s'assura que tous les rites prescrits étaient accomplis à la perfection. Cela demanda de sa part une supervision constante dont l'effort ne fit qu'aggraver un peu plus son état de santé. On aurait dit une lumière ardente dans un corps brisé. Il était déterminé à faire ce qu'il estimait être son devoir, fût-ce au prix de sa vie, et il faut dire que le Seigneur ne manquait pas de lui en fournir l'occasion !

Je poussai un long soupir de soulagement lorsque les cérémonies s'achevèrent. Nous pouvions enfin aller consulter ! Le docteur prescrivit diverses plantes et des sels minéraux à prendre dans du miel ou du beurre. Il nous dit qu'à son avis, Ratnamji ne souffrait pas de tuberculose mais d'un genre de bronchite chronique. Il conseilla à Ratnamji de rentrer chez lui et de prendre ses médicaments pendant quelques mois.

Avant de rentrer à Arunachala, des amis allèrent consulter un astrologue pour connaître l'avenir de Ratnamji. L'astrologue leur affirma que Ratnamji ne vivrait pas plus de neuf mois. En apprenant ceci, Ratnamji décida de faire un testament par lequel il me léguait ses seuls biens, sa maison et sa bibliothèque. Il pensait que j'en userais comme lui-même l'aurait fait.

De retour à Tiruvannamalai, Ratnamji s'attela à la tâche de mettre en ordre sa bibliothèque de près de deux mille livres rares. Il avait mis plus de trente-cinq ans à les accumuler. Où qu'il aille, au cours de ses voyages, pour peu qu'il ait un peu d'argent, il achetait un livre. À présent, il avait le sentiment qu'il lui fallait les ranger en bon ordre afin que je n'ai pas par la suite à me battre pour les classer. Il lut aussi la *Garuda Purāṇa*, un ouvrage ancien qui traite des derniers rites aux âmes des morts et du voyage post-mortem vers le prochain plan d'existence. Il prit des notes qu'il traduisit en anglais et me donna à étudier afin que je sois capable de superviser les derniers rites qui lui seraient rendus, comme lui-même l'avait fait pour Swamiji. Pour finir, il établit même une liste de personnes à avertir de son décès. En vérité, il ne me laissa guère qu'un blanc à remplir pour la date de sa mort !

« Pourquoi fais-tu tout cela ? » lui demandai-je un jour. « Je me débrouillerai bien. Je ne peux supporter de te voir t'occuper de ces choses-là. Qui sait ? Peut-être que tu vas guérir et vivre encore cinquante ou soixante ans ! »

« Même si je vis encore cent ans, il faudra bien un jour quitter ce corps. À ce moment-là, seras-tu capable de penser à tous ces détails ? Ce n'est qu'une répétition pour que tu ne t'en fasses pas le moment venu et que tout se déroule comme il faut. Tu sais, tout le monde célèbre le mariage de ses enfants ou la naissance d'un bébé ou ce genre d'événements. Étant célibataire à vie, ce sera ma seule cérémonie. Qu'elle soit grandiose. Mon corps sera une offrande au dieu de la mort. Ce sera, si l'on peut dire, la dernière oblation », répartit Ratnamji en riant.

Pendant les six ou sept mois suivants, Ratnamji continua à prendre son traitement de plantes, sans s'en trouver mieux ni plus mal. Sa sœur Seshamma l'invita dans son village pour participer à une cérémonie spéciale qu'elle et son mari commanditaient. Ils souhaitaient sa présence et sa supervision. Nous fixâmes une date de voyage et fîmes les préparatifs nécessaires. Il me demanda d'aller à l'*āshram* récupérer des livres qu'un ami lui avait empruntés quelques mois plus tôt. L'ami en question était un vieux monsieur doté d'un sixième sens pour prédire l'avenir. Il me demanda où nous allions et quand nous serions de retour. Je lui exposai notre programme.

« Dis à Ratnamji de tout terminer avant le 21 février », me dit-il. « Quelque chose pourrait se produire vers cette date-là. Aussi, j'ai la sensation que tu devras contracter un emprunt d'un an au bénéfice d'une personne chère. »

Un emprunt ? Je ne voyais pas du tout de quoi il voulait parler. Je retournai auprès de Ratnamji et lui transmis le message.

À son arrivée au village de Seshamma, Ratnamji s'attela aux préparatifs de la cérémonie. Ce devait être une très grande célébration avec de nombreuses heures de culte, une distribution de présents et des repas offerts aux invités. Les préparatifs demandèrent environ trois semaines. Ratnamji exigeait que l'on n'utilise que les meilleurs produits et renvoyait tout ce qui n'était pas à la hauteur. Peu à peu, sa santé s'améliorait. La fièvre et les expectorations avaient disparu. Le docteur qui avait prescrit les plantes avait peut-être vu juste, après tout.

Enfin, le jour de la *pūjā* arriva. Elle débuta à six heures du matin pour se terminer à minuit, soit dix-huit heures au total ! Ratnamji fut présent tout le temps et supervisa les moindres détails. Il ne se leva même pas pour aller aux toilettes et ne prit ni boisson ni nourriture avant la fin de la cérémonie. Je redoutais ce qui risquait d'arriver à son corps mais il était tout à fait sur un autre plan, insoucieux de la vie et de la mort. Sa personne dégageait un éclat visible qui attirait même les petits enfants. C'était tellement criant que tous les villageois le questionnèrent sur la nature de cet éclat divin.

« Je ne m'en étais pas rendu compte », répondit-il avec simplicité. « Peut-être est-ce une manifestation de la grâce de mon *guru*. »

En fait, c'était la lumière de sa réalisation qu'il ne pouvait dissimuler.

Pèlerinage

Un jour, environ deux semaines après la fin de cette cérémonie spéciale, Ratnamji m'appela auprès de lui. « Je me sens beaucoup mieux à présent », me dit-il. « D'ici quelques jours nous pourrons rentrer à Arunachala. Malgré tout, je sens que je vais quitter mon corps ce mois-ci, ou alors dans six mois. » Au moment même où il disait cela, sa jambe gauche se mit à trembler de façon incontrôlable. Je la saisis à deux mains. L'autre jambe se mit à trembler aussi mais je parvins à l'attraper également. En levant les yeux vers son visage, je vis que ses bras tremblaient aussi et qu'il semblait en train de plonger dans ce qui était apparemment une crise d'épilepsie. Je me précipitai à la cuisine pour appeler son neveu à l'aide. Le temps de revenir à son chevet, nous le trouvâmes inconscient. Au bout de vingt minutes, il reprit conscience mais avant d'avoir pu dire un mot, une nouvelle crise survint et il perdit à nouveau connaissance. Ceci se répéta toutes les vingt minutes. On envoya chercher le docteur qui arriva promptement et essaya d'administrer un médicament mais il était difficile de le faire avaler à Ratnamji. Après la troisième ou quatrième crise, il prononça quelques mots : « Telle est ta bonté, ô mon Dieu ! »

Ce furent ses dernières paroles. Les crises continuèrent à se succéder toutes les vingt minutes. Petit à petit, son corps s'affaiblissait et la sévérité des crises allait s'atténuant du fait de sa faiblesse physique. Je plaçai un certain nombre de personnes autour de son lit pour chanter le Nom divin. Étrangement, je ne ressentais pas la moindre appréhension ou inquiétude. J'avais l'impression que toute la scène qui se déroulait devant moi n'était qu'une pièce de théâtre et que je devais simplement y tenir mon rôle. Finalement, à deux heures et demie du matin, le 18 février, Ratnamji rendit son dernier soupir. Il ouvrit les yeux, sourit et s'éteignit. Il n'était plus. Dans ses yeux, cet air de paix et de béatitude intérieure me donnèrent à penser qu'il était en *samādhi*. On sortit son corps de la maison pour l'exposer dans un hangar du jardin où tous ceux qui lui voulaient du bien purent venir lui présenter leurs derniers hommages.

On continua à chanter le Nom divin toute la nuit et encore le lendemain jusqu'au soir où le corps fut lavé puis porté à l'aire de crémation, aux abords du village. J'étais présent pour m'assurer que tout se déroulait comme il se doit ainsi qu'il l'avait souhaité. Des centaines de personnes accoururent des villages voisins pour voir la dépouille d'un grand saint avant qu'elle ne soit offerte aux flammes. Lorsque le bûcher funéraire fut allumé, chacun rentra chez soi. Je demeurai seul avec un ami sur les lieux de crémation, à proximité du bûcher en flammes, pour surveiller qu'aucun chien n'essaie de manger le corps ou ne dérange le bûcher.

Je ressentais un mélange de joie et de peine à la fois. Enfin, après une vie entière d'effort spirituel, Ratnamji était libéré de la prison douloureuse de son corps. Son âme était retournée à son *guru*, Ramana. En même temps, je restais seul. Il avait été tout pour moi au cours des huit dernières années. Il m'avait tout appris de la vie spirituelle. Maintenant, il était parti. Mais l'était-il vraiment ? Je sentais clairement sa présence en moi, en tant que lumière de la conscience. Au cours des jours suivants, je vécus un curieux sentiment d'identification à lui. Sans savoir si les autres le percevaient ou non, j'avais l'impression que les expressions de mon visage devenaient les siennes, jusqu'à ma façon de parler et même de penser. C'était comme si mon corps et ma personnalité n'étaient que l'ombre des siennes. Bien que séparé de lui physiquement, je connaissais une paix intérieure profonde. Je suppose que cela surprit tout le monde. Parce que j'avais été comme son fils pendant huit ans, les gens pensaient que je serais inconsolable à son décès. Ils furent surpris de voir que j'étais, à tout prendre, plus heureux. N'était-ce pas par sa grâce ? Je le pensais.

Selon les Écritures hindoues, après la mort, l'âme ne passe pas tout de suite dans l'autre monde. Elle a besoin d'une sorte de corps intermédiaire pour faire le voyage. D'habitude, au moment de la crémation, on place une petite pierre sur le cadavre. Lorsque le feu est éteint, on récupère cette pierre ainsi que des fragments d'os. Pendant dix jours, de la nourriture est préparée et offerte au défunt, accompagnée des *mantras* appropriés, en utilisant la pierre comme médium. On pense que chaque jour, avec chaque offrande de nourriture, une partie du corps nécessaire au voyage dans le royaume subtil se forme. Par exemple, l'offrande du premier jour sert à constituer les pieds, celle du deuxième jour les mollets et ainsi de suite. L'offrande est appelée « pinda » et le corps formé de l'essence subtile de cette nourriture est le *pinda sariram*, « sariram » signifiant corps. Le dixième jour, l'âme prend conscience de ce qui l'entoure et de la présence du *pinda sariram*. Elle se rend à l'endroit où sont assemblés pour les derniers rites tous ses amis et regarde qui est venu. Après quoi, elle entame son voyage vers l'autre monde.

On fit toutes ces cérémonies pour Ratnamji. Le dixième jour, la pierre ayant rempli son rôle, on la jeta dans la rivière voisine. Il se trouve que c'était la rivière même où l'on avait immergé le corps de Swamiji neuf mois plus tôt. Ce jour-là, c'était Śhivarātri, une fête annuelle que l'on célèbre dans l'Inde entière. À cette occasion, les gens jeûnent et restent éveillés toute la nuit à prier Dieu jusqu'au point de l'aube. Mais, épuisé par les cérémonies et d'humeur peu gaie, j'allai me coucher vers onze heures du soir. Immédiatement, Ratnamji m'apparut en rêve. Il me sourit et tendit la main. Dans sa paume reposait la pierre. Il la jeta alors dans la rivière et me dit :

« Allons viens, ce soir c'est *Śhivarātri*. Nous devons prier le Seigneur. »

Puis il s'assit et me priant de m'asseoir à ses côtés, il commença la *pūjā*.

Je me réveillai en sursaut, absolument convaincu que ce que je venais de voir n'était pas un simple rêve. Ratnamji avait voulu me montrer qu'il était encore bien vivant et à mes côtés, bien que sous une forme subtile invisible à mes yeux. J'étais extrêmement heureux et pus à peine dormir du reste de la nuit.

Chapitre 5

Seul, en apparence

Après la clôture des cérémonies funéraires, je rassemblai les quelques affaires de Ratnamji et rentrai à Arunachala. Après tout, j'étais venu à Arunachala huit ans plus tôt pour vivre près de la tombe de Ramana et essayer d'atteindre la réalisation de ma véritable nature. J'estimais avoir été guidé au cours de ces huit années par Ramana sous la forme de Ratnamji. Maintenant, il allait falloir mettre en pratique tout ce que j'avais appris. Les fondations étaient creusées, restait à ériger la construction.

Pendant le retour en train, je fis un autre rêve merveilleux. J'étais arrivé à l'*āshram* et trouvais une grande foule assemblée au pied de la colline. En m'approchant, je vis que le corps de Ramana était étendu là, immobile. Il venait juste de mourir. Tout le monde pleurait. Je m'approchai du corps et me mis à sangloter : « Oh, Ramana, je suis venu de si loin pour te voir et voilà que tu es parti avant que j'aie pu t'atteindre ! » C'est alors que Ramana ouvrit les yeux et me sourit. Il me pria de m'asseoir, plaça ses pieds dans mon giron et me demanda de lui masser les jambes.

« Ils disent que je suis mort. Est-ce que je te parais mort, à toi ? » me demanda-t-il.

Sur ce, je m'éveillai et réfléchis, interpellé par la netteté de ce rêve. Certainement, Ramana était avec moi. J'en acquis l'intime conviction.

Nos maisons semblaient vides et inanimées sans Ratnamji. Comment serai-je capable d'habiter sa maison sans lui ? Je le sentais présent en moi mais il ne faisait aucun doute qu'il était physiquement absent. La félicité que j'avais ressentie de façon continue en sa compagnie avait disparu. Je décidai d'aller trouver l'astrologue à l'*āśhram*. Il me fit bon accueil et me demanda des nouvelles de Ratnamji. Je lui racontai tout. Je lui dis aussi que ses prédictions s'étaient avérées exactes : non seulement il avait eu raison de dire que Ratnamji devait terminer son travail avant le 21 février mais aussi, j'avais dû demander un prêt à ma mère pour pouvoir célébrer les cérémonies mensuelles qui ont lieu pendant un an après le décès de la personne. Je lui dis combien j'étais surpris de l'acuité de ses prédictions.

« Me diras-tu ce que me réserve l'avenir maintenant que Ratnamji n'est plus ? » lui demandai-je.

« Ta santé va progressivement se détériorer », annonça-t-il. « Au bout de quatre ans, il n'est pas impossible que tu meures. Sinon, tu iras chez ta mère et poursuivras ta vie spirituelle. En même temps, tu t'occuperas de collecter des fonds. »

Mourir ? Retourner aux États-Unis ? Collecter des fonds ? Cela paraissait trop affreux pour être vrai ! Le remerciant, je rentrai chez moi. Je me mis à broyer du noir. Je savais que les propos de cet homme ne pouvaient être faux et je me sentais très triste et agité. Je n'avais personne à qui parler. Pendant dix jours, je ressassai inlassablement le sujet, incapable de méditer ou même de lire quoi que ce soit. Ceci aurait sans doute continué si je n'avais fait un rêve : Ratnamji se tenait dans la maison et me regardait avec colère.

« Pourquoi te comportes-tu ainsi ? » me dit-il. « Tout est entre les mains de Ramana. Tu lui as remis ta vie, oui ou non ? Tu dois faire ton devoir et méditer sur Dieu jour et nuit. Ce qu'il adviendra de toi est l'affaire de Ramana. Ne t'inquiète pas. » Sur ces entrefaites, je m'éveillai. Pas la moindre trace de somnolence et je me sentais soulagé d'un grand poids. À partir de ce moment, l'inquiétude au sujet de l'avenir cessa de me tarauder.

Au cours de l'année suivante, je décidai d'aller à Hyderabad pour prendre part aux cérémonies mensuelles à accomplir pour l'âme de Ratnamji. Une fois, après avoir achevé mon repas, je m'étais allongé pour me reposer dans la maison de l'homme qui avait célébré les rites. Je me mis à rêver que Ratnamji et Ramana se tenaient côte à côte et me regardaient. Désignant Ratnamji, Ramana me dit : « En le servant, c'est moi que tu sers. »

Bien que je désigne ces expériences sous le terme de « rêves », il doit être clair qu'elles n'avaient pas du tout le côté flou des rêves. Elles étaient presque aussi nettes qu'en état de veille mais avec leur spécificité propre : je sentais que je n'étais ni vraiment éveillé ni en train de rêver. Elles me laissèrent l'impression profonde que j'étais veillé et guidé par ces deux grands hommes.

Environ six mois après la mort de Ratnamji, ma mère décida de venir en Inde avec ma sœur et mon beau-frère. Nous fîmes un voyage d'une dizaine de jours au Cachemire, l'une des plus pittoresques régions de l'Inde. De là, nous prîmes l'avion pour l'Est et séjournâmes à Darjeeling, station de montagne célèbre pour ses plantations de thé, d'où l'on a une vue imprenable sur l'Éverest et le Kanchenjunga. Tandis que nous abordions les montagnes, venant des plaines, je commençai à me sentir euphorique, sans raison apparente. En fait, je me mis à rire aux éclats. Personne ne comprenait ce qu'il y avait de si drôle, moi pas davantage. Mais j'eus le sentiment qu'un grand nombre de saints hommes devaient vivre dans cette région et que leur seule présence me rendait béat.

Cette nuit-là, lorsque je me couchai, Ratnamji m'apparut. Il me regardait comme s'il attendait de moi que je dise quelque chose. Je me hasardai à lui demander : « Ratnamji, quand tu es mort, que t'est-il arrivé à ce moment précis ? » J'avais remarqué qu'il avait l'air en *samādhi* en union parfaite avec Dieu.

Il répondit :

« J'ai senti une force qui montait en moi et me submergeait. Je m'y suis abandonné et ai été absorbé dans Cela. »

Après quoi, il me tourna le dos, s'en alla dans le ciel et disparut progressivement.

Lorsque s'acheva cette année de cérémonies mensuelles pour le repos de l'âme de Ratnamji, je décidai de passer l'année suivante à Arunachala. Je priai mes amis de ne pas venir me voir. Je voulais passer cette année en retraite complète, à méditer et étudier, à essayer d'assimiler le vécu des neuf dernières années. Je commençais à avoir de graves doutes sur ce que devait être ma principale pratique spirituelle. Selon Ramana, il n'y a, essentiellement, que deux voies : la voie de la dévotion, caractérisée par l'incessante répétition du Nom divin ou d'un *mantra* et la voie de la connaissance caractérisée par l'incessante auto-interrogation sur l'essence de « Je ». Ratnamji m'avait conseillé la voie de la dévotion pendant les six premières années que nous avions passées ensemble. Puis un jour, il m'avait appelé pour me dire que je devais pratiquer de plus en plus l'auto-interrogation car c'était le seul moyen de purifier suffisamment mon mental pour le rendre immobile et apte à s'absorber dans la Réalité. Il me fit passer plusieurs heures par jour dans une chambre à méditer sur mon Moi le plus profond. À présent, je ne savais plus quelle

Seul, en apparence

devait être ma pratique. J'avais le sentiment que la voie de la connaissance éveillait en moi de façon subtile une sorte de vanité. Bien que trouvant en moi-même un reflet de la Vérité, j'étais encore très loin d'accepter que cette Vérité soit mon Moi véritable. Être l'humble dévot de Dieu ou d'un *guru* me paraissait une voie plus sage mais en même temps, il ne fallait pas négliger les paroles de Ratnamji.

Je passai plusieurs jours à hésiter entre les deux voies. Puis une nuit, je fis un autre rêve très significatif. Le Śhaṅkarāchārya de Kanchipuram, un sage réalisé pour qui j'avais le plus grand respect, m'apparut, assis devant moi. Il me dit :

« Puissé-je entrer en Toi, puissé-je entrer en Toi ! » Tu dois répéter ceci tous les jours pendant neuf heures. » Je le priai de répéter ce vers en sanscrit.

« Ça suffit ! » me dit-il, un peu fâché et je me réveillai.

À partir du lendemain, j'essayai de répéter ce vers pendant neuf heures. Je me sentais très mal à l'aise à répéter ces mots, aussi je me mis à répéter plutôt mon propre *mantra* tout en concentrant mon esprit sur ces mots. Déjà, mon corps s'affaiblissait de jour en jour et il m'était impossible de rester assis aussi longtemps. Je parvins néanmoins à pratiquer cette répétition cinq heures par jour. À la fin de chaque journée, j'en sentais très nettement l'effet sous forme d'un approfondissement de ma paix intérieure. Je continuai ainsi deux ou trois mois.

Puis un jour, l'*Āchārya* m'apparut à nouveau en rêve. Il était assis devant moi, comme dans le rêve précédent.

« Le mental seul est important », me dit-il. Puis il m'offrit du sucre candi enveloppé dans une feuille de bananier. Il en prit un morceau, le fourra dans sa bouche, puis se leva et s'en alla. Dès le lendemain, je n'éprouvais plus le moindre goût pour la répétition du *mantra*. Par contre, la recherche du Soi me venait tout naturellement, si bien que j'adoptai très sérieusement cette pratique. Je compris enfin ce qu'il avait voulu dire par « seul le mental est important » : peu importe la voie suivie, seule compte la pureté d'esprit qu'elle permet d'atteindre. Il faut garder l'œil sur cela et rien d'autre. Les différentes pratiques ne sont que des moyens et non la fin.

Lorsque deux ans se furent écoulés et que vint le temps de célébrer la seconde cérémonie annuelle pour Ratnamji, ses dévots d'Hyderabad exprimèrent le vœu qu'elle se déroule à Benares ou Kashi. À cette époque, je me sentais déjà trop faible pour voyager. Je souffrais de douleurs intenses dans le bas du dos et dans l'abdomen. J'avais mal tout le long de la colonne vertébrale et les migraines étaient fréquentes. Je me faisais soigner à l'hôpital gouvernemental de la ville mais sans noter la moindre amélioration. En apprenant leur proposition, je me dis : « Eh bien, Ratnamji négligeait son corps au profit des programmes religieux. En tant que son fils, ne devrais-je pas en faire autant ? »

Dans cet état d'esprit, je me mis en route pour Hyderabad. Peu après mon arrivée, nous repartîmes à huit vers Kashi que nous atteignîmes deux jours plus tard. J'étais très heureux de me retrouver à Kashi après dix ans d'absence mais c'est à peine si je pouvais marcher ou me tenir assis. Je ne pouvais que rester allongé dans un coin tout le temps. La veille de la cérémonie, je fis un rêve merveilleux. Je me trouvais au pied d'une butte. J'y grimpai et découvris un petit chalet. Ratnamji était assis à l'intérieur. Il resplendissait d'un éclat céleste et même la maison se trouvait illuminée par sa présence.

« Ah, tu es venu de si loin juste pour participer à cette cérémonie ? Tu souffres beaucoup, n'est-ce pas ? Je suis heureux de constater ta dévotion. Tiens, prend ceci et mange. » Tout en

Seul, en apparence

disant ces mots, il me tendit un petit gâteau et je m'éveillai en larmes. Il voyait réellement tout ce qui se passait et lisait dans mon cœur, tout comme au temps où il était vivant dans son corps physique.

Non sans difficulté, je retournai à Arunachala. L'astrologue avait dit que je risquais de mourir dans les quatre ans et cela faisait déjà deux ans. Il y avait deux choses que je désirais ardemment accomplir avant de quitter ce monde. L'une était de faire le tour d'Arunachala cent huit fois, l'autre un pèlerinage à pied à tous les sanctuaires importants de l'Himalaya. J'étais trop faible pour faire l'une ou l'autre mais je décidai d'essayer néanmoins. Après tout, dans le pire des cas, mon corps mourrait avant l'heure. Qu'il meure au moins en accomplissant un acte sacré, pensais-je.

Tout doucement, je me rendis à la tombe de Ramana et restai là à lui demander mentalement de me donner la force d'accomplir mon vœu. Je sentis un sursaut d'énergie et parvins ce jour-là à parcourir les treize kilomètres du tour d'Arunachala. Je décidai de me reposer un jour sur deux. Chaque fois que je me traînais jusqu'à l'*āshram*, je me sentais si faible qu'il me paraissait impossible de faire ne serait-ce que quelques pas de plus. Cependant, après avoir passé un moment devant le *samādhi* de Ramana, je trouvais toujours assez de force pour faire le tour de la colline. Ceci se poursuivit jusqu'à ce que j'aie accompli mes cent huit circumambulations.

Le moment était venu d'essayer de mener à bien mon second vœu. Je pris le train pour Hyderabad, puis pour Kashi. J'avais dans l'idée de rester quelques jours à Kashi, puis d'entamer ma marche vers l'Himalaya. Je comptais que le voyage me prendrait six mois en marchant sans me presser. Malheureusement, je tombai si malade à Kashi que je dus me rendre à l'évidence : je devais abandonner mes aspirations. Jetant l'éponge, je rebroussai chemin et repris le train pour Hyderabad. Là, je me fis admettre dans un hôpital de soins par des méthodes naturelles. J'avais foi en l'idée que si quelqu'un pouvait diagnostiquer et soigner mon mal, ce serait sans doute ceux qui utilisaient des médecines dans la ligne de la naturopathie, de l'homéopathie ou de l'*āyurvēda*.

Je passai deux mois à hôpital. Son atmosphère était celle d'un *āśhram*, avec cours de yoga, chants dévotionnels et régimes diététiques divers. Malgré tout, je continuais à m'affaiblir et décidai finalement de chercher autre chose. J'allai voir un homéopathe de grand renom qui à l'époque soignait le président indien. Il me soigna gratuitement pendant deux-trois mois, mais il n'y eut pas d'amélioration. Que faire ? Un dévot de mes amis me suggéra alors d'aller en Amérique me faire soigner dans l'intérêt de ma vie spirituelle. Il ne pensait pas que cela pourrait me nuire spirituellement, contrairement à ce que j'avais toujours craint. Il me dit que, si même là-bas ma santé ne s'améliorait pas, je n'aurais qu'à rentrer.

Seul quelqu'un qui a vécu plusieurs années en Inde peut comprendre ma peur et mon aversion à l'idée de retourner vivre aux États-Unis. À vivre en Inde, il très facile de discipliner son existence et de consacrer son temps à la méditation, à l'étude et aux autres pratiques spirituelles. Il y a très peu de distractions. La culture elle-même induit ce mode de vie.

Tel n'est pas le cas en Amérique. Avec l'idéal américain de confort et de jouissance, où que l'on se tourne on est confronté à de multiples occasions d'oublier son but spirituel et de se perdre dans les plaisirs. Il n'est pas dans la nature humaine de rechercher la paix de l'esprit en renonçant au monde extérieur et de se tourner vers l'intérieur pour chercher la Réalité. Les gens cherchent plutôt le bonheur à l'extérieur, dans les objets du monde. Dans cette quête extérieure de la paix, tous sans exception se heurtent à une déception, à un degré ou un autre. Certains se tournent alors vers l'alternative de la quête intérieure. Ayant entendu dire qu'il existe un bonheur plus grand, plus élevé que ce que peut offrir le monde, beaucoup adoptent une vie consacrée à l'accomplissement de la réalisation spirituelle et de l'infinie béatitude qui en résulte. Mais cette vieille tendance à vouloir rechercher le bonheur à l'extérieur relève inlassablement la tête. C'est pourquoi une atmosphère propice est indispensable à celui qui entreprend de parcourir le fil du rasoir qu'est la voie de la réalisation du Soi.

On raconte en Inde une petite histoire qui illustre comment les tendances matérialistes s'opposent à ce que l'esprit se tourne vers l'intérieur pour trouver la lumière. Il était une fois un chat qui en avait assez de chasser les souris pour gagner sa vie. Il se dit qu'en apprenant à lire, il trouverait un meilleur emploi. Une nuit qu'il était en train d'étudier l'alphabet à la lueur d'une chandelle, une souris passa. Aussitôt, jetant à bas son livre et soufflant la chandelle, le chat sauta sur la souris ! Qu'était devenu son désir d'apprendre à lire ?

Me sentant tout à fait semblable au chat de l'histoire, j'étais convaincu que si je passais un certain temps en Amérique, je recommencerais à courir après une vie sensuelle et perdrais peu à peu la lumière intérieure que j'avais acquise au prix d'un dur combat.

Je résolus de tenter l'essai pendant six mois, téléphonai à ma mère pour lui annoncer mon arrivée prochaine et pris mon billet. De retour à Arunachala, j'allai me recueillir sur la tombe de Ramana et le priai de me guider et de m'accorder un prompt retour, puis de Madras, je pris un vol pour New York via Bombay. Ma mère vint à ma rencontre à New York et de là, elle me conduisit à sa nouvelle maison, à Santa Fe, où elle avait récemment déménagé. Pendant tout ce temps, je gardai l'attitude soumise d'un enfant à la charge de sa mère. J'avais décidé d'obéir strictement à ma mère comme à une représentante de Dieu pendant six mois. Ce serait une autre manière de m'abandonner à Sa Volonté.

Je passai les six mois suivants à courir d'un médecin à l'autre. D'abord, bien sûr, j'essayai le système allopathique. Le docteur était tout disposé à reconnaître que je souffrais et que j'étais très faible, mais il ne trouvait pas la cause. Pas de diagnostic, pas de traitement. Ensuite, vint le traitement par les plantes, puis l'homéopathie associée à un régime spécial. Ce fut ensuite le tour de l'acupuncture et même de l'hypnose. Rien ne semblait y faire. Finalement, ma mère pensa que je devais aller consulter un psychiatre. Je ne pus m'empêcher de sourire à l'idée. « Très bien », me dis-je, « si c'est ta volonté, Ramana, j'irai voir un psychiatre. »

« Vous souvenez-vous de votre père ? » me demanda le psychiatre.

« Bien sûr, chaque minute de ma vie je pense à mon Père », répondis-je.

« Vraiment ? Comme c'est intéressant ! Pourquoi devriez-vous penser à votre père si souvent ? Vous avez dû vivre une expérience très traumatisante avec lui », me dit-il.

« En effet, traumatisante est le mot. Il a mis en moi le désir de Le voir et de ne plus faire qu'Un avec Lui. Depuis ce jour, j'essaie de penser à Lui en permanence et de Le voir en toute chose. »

« Qu'entendez-vous au juste par « père » ? » me demanda-t-il.

« Vous et moi et tous les autres, nous n'avons qu'un seul Père et c'est Dieu. Nous sommes tous Ses enfants. Vous êtes libre de ne pas croire à Son existence, cela vous regarde. Quant à moi, je ne peux pas La nier. Je sens nettement Sa Présence en moi. Appelez cela comme vous voudrez, hallucination mentale ou autre. Pour ma part, je dirais que sentir le Réel à l'intérieur de soi est tout à fait normal et que ne ressentir que pensées et agitation mentale, comme c'est le cas de la plupart des gens, est une sorte de maladie. Mon corps est peut-être malade, mais je me sens parfaitement heureux et serein. »

« Peut-être êtes-vous en paix, c'est sans doute très bien pour vous, mais j'ai ici beaucoup de patients qui viennent me voir avec de graves problèmes mentaux et la foi en Dieu n'est pas une solution pour eux. Ils demandent : « S'il y a un Dieu, pourquoi tant de souffrance ? » Non seulement je n'ai pas de réponse à leur fournir, mais je me pose moi-même la question. »

« Docteur, » lui dis-je, « vous avez été élevé dans une société dominée par le christianisme et le judaïsme. Il est très difficile de démontrer à un rationaliste l'existence de Dieu ou l'intérêt de s'abandonner à Sa volonté en utilisant les doctrines ou la philosophie de ces religions. Ce ne serait qu'une question de foi ou de croyance aveugle. Et de nos jours, les gens pèsent longuement les choses avant de les accepter pour vraies. Mais si vous exploriez l'aspect philosophique des religions orientales, vous découvririez qu'elles se basent sur les conclusions logiques d'expériences rigoureuses. Les conclusions auxquelles sont parvenus les sages indiens sont le fruit d'une vie de pratique spirituelle qui les a conduit à vivre certaines expériences. Quiconque suit les voies qu'ils ont tracées connaîtra les expériences que des milliers d'autres ont faites avant eux. Leur philosophie de la vie est parfaitement logique et en accord avec les données actuelles de la science.

« Par exemple, la conception hindoue la plus élevée de Dieu n'est pas celle d'un Être siégeant au paradis et régnant sur la création comme un dictateur. Non, le Dieu suprême est l'essence même de l'individu et l'on peut en faire l'expérience directe en contrôlant son mental, en le rendant subtil et paisible. Le reflet du soleil ne se voit pas bien à la surface d'un lac agité par les vagues. Notre mental est semblable à un lac qui, s'il s'apaise, réfléchira la Présence divine. Si l'on perd de vue le joyau qui est en nous, on court partout sans répit à la recherche du bonheur, incapable de rester tranquille une minute. Lorsque nous jouissons d'une chose, le mental se calme un bref moment et c'est ce calme que nous appelons bonheur. En bonne logique, il en découle qu'en maîtrisant les turbulences du mental et en le rendant calme de lui-même, sans avoir recours à la jouissance, le bonheur devient un état permanent.

« En Orient, la religion n'est pas une simple question de foi. C'est plutôt la science de la maîtrise du mental aux fins d'atteindre à l'expérience directe de la Réalité qui est la source même du mental. On peut qualifier de mauvaises toutes les actions qui nous détournent de ce centre intérieur. Dieu est ce qui nous rapproche du centre. La physique énonce que toute action génère une réaction d'intensité égale et de direction opposée. Ceci s'applique à tous les aspects de la vie, physiques aussi bien que mentaux. On récolte ce que l'on a semé. Si nous faisons du mal, physiquement ou mentalement, à d'autres, il nous faudra un jour souffrir de la même manière. Ceci est vrai aussi pour les bonnes actions. Le résultat ne sera peut-être pas immédiat, mais il viendra... sauf erreur de la science.

« Ceci, bien sûr, implique la croyance en une existence précédente et en une existence future, sans cela pourquoi souffririons-nous pour une action que nous ne nous rappelons pas avoir commise, ou pourquoi connaîtrions-nous la joie sans l'avoir méritée ? Il y a des gens qui mènent une vie de méchanceté et s'en tirent indemnes. D'autres passent leur temps à faire le bien et souffrent pourtant toute leur vie. Ce que l'on vit dans cette vie est dans une large mesure déterminé par nos actions dans une existence antérieure. Personne ne vient au monde avec un casier vierge. Ce que nous faisons aujourd'hui nous reviendra demain ou dans une vie future. Nous forgeons notre propre destinée et ne pouvons blâmer Dieu de nos souffrances. Solder les comptes est la loi de la Nature. C'est à nous d'apprendre à connaître ces lois et à vivre en harmonie avec elles afin de transcender la souffrance et d'atteindre le bonheur et la paix éternels.

« Si nous gardons présent à l'esprit que, lorsque nous récoltons les fruits de nos actions sous forme d'expériences agréables ou douloureuses, nous ne faisons que liquider un passif, notre mental restera en paix, sans souffrance et sans excitation. Un tel esprit serein percevra clairement la lumière extrêmement subtile qui est la source même du mental et de ses occasionnels instants de bonheur et pourra pénétrer en elle. C'est là l'essence de la béatitude. Une telle personne sera alors appelée sage et deviendra un phare et une source d'inspiration pour l'humanité plongée dans l'ignorance.

« Bien que vous soyez sans doute capable d'apaiser vos patients et de résoudre certains de leurs problèmes, d'autres problèmes surgiront immanquablement. Vous devez comprendre que le mental lui-même peut être maîtrisé et libéré de toutes les pensées, y compris celles qui créent les problèmes. Alors seulement, pourrez-vous conseiller efficacement les gens de manière à ce que les problèmes cessent de surgir, tout au moins au niveau mental.

« Je ne sais pas si vous avez suivi tout ce que je viens de dire. Cela doit vous paraître une bien étrange façon de voir les choses. »

Le psychiatre avait en effet compris ce dont je parlai, car il avait un peu étudié la philosophie hindoue. Lui aussi s'était dit que s'attaquer au mental, plutôt qu'à chacun de ses innombrables problèmes, semblait être un moyen plus logique de trouver la paix. Mais comme il n'avait jamais été formé à le faire, il était incapable de conseiller qui que ce soit dans ce domaine. En partant, je lui offris un exemplaire d'un ouvrage intitulé « Qui Suis-je ? » qui contient l'enseignement de Ramana sous forme très concise. Un autre jour, il m'invita à déjeuner et nous eûmes une longue conversation sur les questions spirituelles. Ce que voyant, ma mère finit par conclure que la psychiatrie ne pouvait rien pour moi et n'insista plus pour que je poursuive ces entrevues. Je lui dis également qu'en ce qui me concernait, il ne me paraissait pas indispensable de dépenser cinquante dollars par jour juste pour que j'apporte un peu de paix intérieure au psychiatre !

Cela faisait déjà cinq mois que j'étais aux États-Unis. La date du départ approchait. La seule chose qui me retenait de prendre l'avion, c'est que j'avais fait une demande de visa longue durée pour l'Inde et que la réponse tardait à venir. Pendant ce temps, une situation très ennuyeuse se développait sur un autre front. Depuis trois ou quatre mois, une jeune fille de mon âge venait régulièrement me rendre visite. Si un jour elle ne pouvait venir, elle téléphonait au moins pour savoir comment j'allais. Au début, je pensais qu'elle s'intéressait aux questions spirituelles et que, pour cette raison, elle recherchait ma compagnie. Je ne parlais que de spiritualité avec elle. Au bout d'un moment, je remarquai que, de temps en temps, elle avait envers moi des gestes que l'on aurait pu qualifier d'amoureux. J'écartai cette idée comme le produit de mon imagination impure ou encore comme une bizarrerie de la nature féminine.

Je commençai à éprouver un certain plaisir subtil à sa compagnie et parfois, je me demandais d'où me venait cette conviction que la voie de l'abstinence totale de tout plaisir humain était vraiment ma voie. J'étais surpris de nourrir de telles idées. Je savais que, même si je succombais à la tentation, ce ne serait qu'un moment car j'avais déjà vécu la vie du monde et n'avais plus d'illusions sur le sujet. Malgré tout, une chute serait une chute et me ferait perdre du temps et de l'énergie. Considérant ces dispositions d'esprit, je décidai de rentrer en Inde à la première occasion.

Je n'eus pas longtemps à attendre. Mon visa arriva quelques jours plus tard et je pris immédiatement mon billet d'avion. Ma mère, bien sûr, ne voulait pas que je parte, mais je demeurai inflexible. Le jour du départ arriva. La jeune fille vint me dire au revoir à la maison. Me prenant à part, elle me dit : « Neal, faut-il vraiment que tu partes ? Je t'aime vraiment beaucoup. »

« Moi aussi, je t'aime beaucoup », répondis-je, « mais seulement comme un frère aime une sœur. De plus, il m'est impossible d'aimer une personne plus qu'une autre. La même étincelle nous anime tous et c'est à cette chose que je voue mon amour. Bien qu'il y ait des machines de toutes sortes, le courant électrique qui les fait marcher est le même. Cette chose qui fait que nos corps sont vivants et séduisants est la même pour tous ; qu'elle nous quitte et il ne reste qu'un cadavre. Nous ne devrions aimer que Cela », répliquai-je, soulagé d'être sur le départ pour l'Inde.

Rentrer chez soi ! Je pensais ne jamais te revoir, ô Inde, ma Mère bien-aimée ! Bien que pauvre en biens matériels, tu recèles la richesse des austérités spirituelles de tes milliers d'enfants qui, au cours des âges, ont atteint la félicité infinie de la réalisation de Dieu.

Ô Mère, fais que je ne te quitte plus jamais !

L'Inde m'était chère avant que je parte. Maintenant, après mon retour, elle l'était doublement. Je retournai directement à Arunachala et tâchai de retrouver mon état mental habituel. Je constatais que ces six petits mois passés en Amérique avaient effectivement altéré mon détachement, comme je le redoutais. Au lieu d'éprouver un constant délice à méditer sur la lumière intérieure, le besoin de jouir d'objets extérieurs et l'agitation qui va de pair, avaient envahi un coin de mon esprit. Je me demandais si je retrouverais un jour mon état antérieur. Cependant, je passais autant de temps que possible près de la tombe de Ramana et cet état se rétablit rapidement.

L'effet subtil insidieux de la vie dans le monde me devint parfaitement clair. La tendance à regarder vers l'extérieur grignote lentement la richesse intérieure chèrement acquise par une vie d'intense méditation. Quand il y a une fuite dans un récipient, si petite soit-elle, on constate très vite que toute l'eau a disparu et nul ne sait où elle est passée.

Ma santé continuait à se dégrader de jour en jour. C'est à peine si je pouvais faire cent mètres tellement j'étais faible et je ne pouvais pas rester assis plus de quelques minutes. Mes douleurs dans le dos s'intensifièrent et même manger devint douloureux. J'avais l'impression d'avoir un ulcère quelque part aux environs du duodénum. Sur le conseil d'un homéopathe local, je me mis à manger uniquement de la mie de pain et du lait. Mais même cela était douloureux. Je me demandais combien de jours mon corps pourrait survivre de la sorte. La mort aurait été préférable, mais cela ne dépendait pas de moi. J'avais remis ma vie entre les mains de Ramana et devais accepter les conditions dans lesquelles il me plaçait. Je prenais des médicaments, mais lui seul décidait s'il y aurait ou non amélioration.

Seul, en apparence

C'est dans ces circonstances critiques que je tombais sur un livre intitulé « Je suis Cela », qui regroupe des conversations avec Nisargadatta Maharaj, un *mahātmā* vivant à Bombay. Ses enseignements me parurent identiques à ceux de Ramana et comme je n'avais pas pu voir Ramana de son vivant, je nourrissais un intense désir de rencontrer quelqu'un comme lui. Mais aller à Bombay paraissait hors de question, si bien que j'écrivis à Maharaj en expliquant mon état mental et spirituel et demandai sa bénédiction.

Dès le lendemain, ma lettre à peine postée, une Française vint me rendre visite. Elle avait récemment lu le même livre et avait décidé d'aller voir Maharaj à Bombay. Je lui fis part de mon désir d'y aller et de mon incapacité.

« Vous pourriez prendre l'avion pour Bombay », me dit-elle. « Si vous voulez, je vous aiderai. »

Je me dis qu'elle était une envoyée du Ciel et acceptai avec empressement sa proposition.

Elle avait lu de nombreux ouvrages sur la philosophie non-dualiste qui soutient qu'il n'y a qu'une seule Réalité, le monde étant une manifestation de Cela, et que notre véritable nature n'est autre que Cela. Il est pratiquement impossible d'en prendre pleinement conscience sans une dévotion exclusive à Dieu ou à un *guru* et sans une purification complète du corps, de la parole, du mental et des actes. Ananda, ainsi s'appelait cette jeune femme, considérait, comme la plupart des pseudos non-dualistes, que seule importe la conviction superficielle que l'on est Cela. Sous prétexte d'être cette Vérité suprême, ces gens se complaisent dans toutes sortes d'agissements indisciplinés, irresponsables, voire immoraux. Dans le taxi en route pour Madras, elle me questionna :

Sri Nisargadatta Maharaj

« Pourquoi cette discipline, ces règles ? Même la dévotion à Dieu est superflue. Tout cela n'est bon que pour les faibles d'esprit. Il suffit de penser en permanence : « Je suis Cela, je suis Cela » et un jour tu finiras par réaliser la Vérité. »

« Je crois qu'un point important de la philosophie non-dualiste t'a échappé », objectai-je. « Tous les écrits et tous les maîtres de cette école de pensée insistent sur le fait qu'avant même d'en aborder l'étude, il faut avoir certaines qualifications. Jamais un enfant de maternelle ne pourra comprendre un ouvrage universitaire. Il pourrait même en détourner le sens. De la même façon, avant d'entreprendre l'étude ou la pratique de la non-dualité, le mental doit avoir été suffisamment apaisé pour permettre au Réel de s'y refléter. En se cramponnant à ce reflet, on retourne à l'Origine. Si le reflet n'est pas visible, sur quoi fixera-t-on son mental pour dire que l'on est la Vérité ? Sur ses pensées, sur ses sentiments, sur son corps ? On fait déjà bien assez de mal à ce pauvre petit corps périssable. Si nous nous mettons à penser que nous sommes le Suprême, que n'hésiterons-nous pas à faire ? Qu'est-ce qu'un démon ou un dictateur si ce n'est quelqu'un qui croit que sa petite personne est l'égale de Dieu, voire supérieure ? Il n'y a pas la moindre trace de mal dans le Suprême. Qui n'a pas abandonné ses qualités négatives telles que la convoitise, la colère et l'avarice, ne peut prétendre avoir réalisé la Vérité. Il serait plus prudent de se considérer comme l'enfant d'un *mahātmā* ou de Dieu. Et pour tirer bénéfice de ce statut, il faut s'efforcer d'imiter Son comportement. C'est à cette seule condition que notre mental cessera d'être agité par les passions et deviendra progressivement pur. Alors seulement, la Vérité s'y reflétera, mais pas avant. »

« Tu es vraiment un faible. Tu verras quand nous serons chez Maharaj. Il te dira de jeter par-dessus bord ce fatras de sentimentalisme à la guimauve », répliqua-t-elle, passablement irritée. J'avais déjà rencontré beaucoup de gens comme elle et savais qu'il ne servait à rien de discuter si bien que je me tus.

À notre arrivée à Bombay, un ami nous emmena à l'appartement de Maharaj. Dans sa jeunesse, Maharaj avait fait de la contrebande de cigarettes. Un jour, un de ses amis l'emmena voir un célèbre saint homme de passage à Bombay. Celui-ci initia Maharaj à un *mantra* et lui dit de purifier son mental en faisant table rase de toutes les pensées et en s'accrochant au sentiment intérieur d'être, c'est-à-dire « Je suis ». Il s'adonna à cette pratique intensément pendant trois ans et après nombre d'expériences mystiques, vit son esprit rejoindre la Réalité transcendante. Il demeura à Bombay, faisant du commerce et instruisant ceux qui venaient à lui. Il avait à présent plus de quatre-vingts ans et vivait avec son fils dans un trois-pièces. Il avait aussi aménagé une soupente dans le séjour et s'y tenait la plupart du temps. C'est là qu'il nous reçut.

« Entrez, entrez. Vous venez d'Arunachala, n'est-ce pas ? Votre lettre est arrivée hier. Goûtez-vous la paix auprès de Ramana ? » s'enquit-il jovialement, tout en me faisant signe de prendre place à ses côtés. Immédiatement, je ressentis à être proche de lui une immense paix, signe infaillible que c'était un *mahātmā*.

« Comprends-tu ce que je veux dire par paix ? » demanda-t-il. « Quand on jette un beignet dans l'huile bouillante, ça fait sortir plein de bulles jusqu'à ce que toute l'humidité du beignet ait disparu. Ça fait aussi beaucoup de bruit, pas vrai ? Finalement, tout se tait et le beignet est prêt. L'état de silence mental qui s'instaure au prix d'une vie de méditation s'appelle la paix. La méditation est comme l'huile bouillante : elle fait sortir tout ce qu'il y a dans le mental. Alors seulement, on connaît la paix. »

Pour une explication imagée et vivante de la vie spirituelle, c'en était une !

« Maharaj, je vous ai écrit au sujet des pratiques spirituelles auxquelles je me suis adonné jusqu'à présent. Ayez la bonté de m'indiquer ce qu'il me reste à faire », lui demandai-je.

« Mon enfant », me dit-il, « tu as fait plus qu'assez. Ce sera bien suffisant si tu continues à répéter le Nom divin jusqu'à ta fin. La dévotion au *guru* est ta voie. Elle doit devenir parfaite et ininterrompue par les pensées. Quoi qu'il t'arrive, tu dois l'accepter comme sa très gracieuse volonté pour ton bien. Tu peux à peine te tenir assis, n'est-ce pas ? C'est sans importance. Il y a des gens dont le corps devient malade comme cela lorsqu'ils pratiquent sincèrement la méditation ou d'autres techniques spirituelles. Cela dépend de la constitution physique de chacun. N'abandonne pas tes pratiques, mais persiste jusqu'à ce que tu atteignes le but ou que ton corps meure. »

Se tournant vers Ananda, il lui demanda :

« Quelle sorte d'exercice spirituel pratiquez-vous ? »

« Je me contente de penser en permanence que je suis l'Être suprême », répondit-elle avec un rien de suffisance.

« Vraiment ? N'avez-vous jamais entendu parler de Mira Baï ? C'est l'une des plus grandes saintes que l'Inde ait jamais connue. Dès sa plus tendre enfance, elle avait senti que le Seigneur Kṛṣṇa était tout pour elle et elle passait l'essentiel de ses jours et de ses nuits à le prier et à chanter Ses louanges. Finalement, elle reçut sa vision mystique et son esprit se fondit en lui. Après quoi, elle chanta la gloire et la béatitude de l'état de réalisation. À la fin de sa vie, elle pénétra dans un temple dédié à Kṛṣṇa et disparut dans le saint des saints. Vous devriez marcher sur ses pas si vous souhaitez atteindre le but », dit Maharaj en souriant.

Ananda pâlit. D'une pichenette, Maharaj venait de pulvériser sa montagne de non-dualité ! Elle restait sans voix.

« Il est vrai que je parle de non-dualité à certaines des personnes qui viennent me voir », poursuivit Maharaj, « mais ce n'est pas pour vous et vous ne devriez pas tenir compte de ce que je dis à d'autres. Ce livre qui rapporte mes conversations ne doit pas être pris comme le dernier mot de mes enseignements. Je n'ai fait qu'apporter des réponses aux questions de certaines personnes. Ces réponses s'adressaient à ces gens, pas à tout le monde. On ne peut instruire que sur une base individuelle. Il est impossible de prescrire le même remède pour tous.

« De nos jours, les gens sont pleins de vanité intellectuelle. Ils n'accordent pas foi aux antiques pratiques traditionnelles menant à la connaissance du Soi. Ils veulent qu'on leur apporte tout sur un plateau. La voie de la connaissance les satisfait intellectuellement et pour cette raison, ils peuvent être tentés de la pratiquer. Ils découvrent alors que cette voie requiert plus de concentration qu'ils n'en peuvent fournir et devenant progressivement plus humbles, ils se tournent vers des pratiques plus faciles comme la répétition d'un *mantra* ou l'adoration d'une forme. Peu à peu, la foi en une Puissance les dépassant se fera jour en eux et le goût de la dévotion naîtra dans leur cœur. Alors, ils pourront atteindre la pureté d'esprit et la concentration. Les vaniteux doivent faire un très long détour. C'est pourquoi je te dis que la dévotion est très bonne pour toi », conclut Maharaj.

C'était l'heure de déjeuner et nous quittâmes Maharaj. En nous séparant, il me demanda si je comptais rester quelques jours à Bombay.

« Je ne sais pas », répondis-je, « je n'ai pas de projets. »
« Très bien », dit-il. « Dans ce cas, revenez ici ce soir après quatre heures. »
Le soir, j'étais à nouveau dans la chambre de Maharaj. Il me demanda de m'asseoir près de lui. Je le connaissais depuis à peine quelques heures mais je me sentais comme son propre enfant, comme s'il était mon père ou ma mère.
Un Européen arriva et déposa un gros billet devant Maharaj.
« S'il vous plaît, reprenez ceci », s'exclama-t-il. « Votre argent ne m'intéresse pas. Mon fils est là, il me nourrit et subvient à mes besoins. Quand vous aurez atteint une certaine paix intérieure, on aura amplement le temps pour ce genre de choses. Allez, reprenez votre argent, reprenez-le ! »
Au prix de grandes difficultés, je restai assis à observer tout ce qui se passait jusqu'à sept heures du soir. J'étais parfaitement satisfait et en paix et je pensais que Maharaj ne pourrait rien m'apporter de plus qu'il ne m'ait déjà dit. J'envisageais de rentrer à Arunachala le lendemain. Je le lui mentionnai et demandai sa bénédiction.
« Si c'est ce que tu veux, tu peux partir. Sais-tu ce que sera ma bénédiction ? Jusqu'à ce que tu quittes ton corps, puisses-tu t'abandonner complètement à ton *guru* et avoir une parfaite dévotion envers lui. » Maharaj me regardait avec compassion. Sa bonté m'émut aux larmes mais je parvins à me contrôler. Malgré tout, quelques larmes roulèrent sur mes joues. Il sourit et me tendit un morceau de fruit. Puis il se leva et, prenant une paire d'énormes cymbales, se mit à chanter des chants dévotionnels à la louange de son *guru*. Je me prosternai devant lui et retournai à ma chambre me reposer.
Je n'avais pas vu Ananda depuis le matin. Sans doute évitait-elle de se montrer, l'humiliation ayant été trop grande. Dès

lors je me débattis seul et parvins à regagner par moi-même Arunachala, laissant derrière moi une Ananda plus triste, mais plus sage.

Chapitre 6

Vers la plénitude

Au cours des mois suivants à Arunachala, je cessai tout effort en vue d'améliorer ma santé. Maharaj m'avait dit que la cause du mal était de nature spirituelle. J'avais déjà entendu ce genre de choses avant. Ramana avait un jour expliqué que, alors que chez la plupart des gens la force vitale s'écoule vers l'extérieur par le biais des sens, l'aspirant spirituel, lui, essaie de la retourner vers l'intérieur et de lui faire rejoindre sa source, qui est le Suprême en nous. Ceci met à l'épreuve le système nerveux, un peu comme le débordement d'un cours d'eau contenu par un barrage. Cette contrainte peut se manifester de diverses façons, par des maux de tête, des douleurs corporelles, des troubles digestifs ou cardiaques, ou d'autres symptômes encore. Le seul remède est de poursuivre sa pratique spirituelle.

Le fait d'abandonner cette incessante quête de traitement engendra une grande paix intérieure. Je restai la plupart du temps au lit à répéter mon *mantra*, ainsi que me l'avait conseillé Maharaj, attendant de voir ce qu'apporterait l'avenir. Que ce soit la vie ou la mort, mon sort était entre les mains de Ramana.

Une nuit, je fis un rêve très frappant, le dernier de mes rêves de Ramana. Je me trouvais à l'*āśhram*, près de l'hôpital. Une foule de dévots tournaient en rond, attendant je ne sais quoi.

Je demandai ce qui se passait. On me dit que Ramana avait été hospitalisé et qu'il se pourrait qu'il sorte d'un moment à l'autre. Un homme vint à moi et me tendit un comprimé pour améliorer ma santé. « Non merci », lui dis-je, « j'ai déjà essayé tous les médicaments possibles et imaginables et rien ne marche. » À cet instant précis, la porte de l'hôpital s'ouvrit ; Ramana sortit et s'assit par terre dans la cour de l'hôpital. J'allai me prosterner devant lui et tandis que je m'inclinais, il mit sa main sur ma tête et me la passa le long de la colonne vertébrale jusqu'au milieu du dos. Je me redressai et vis son visage resplendissant. Il me sourit et dit : « Crois-tu que je ne sache pas combien tu souffres ? Ne t'inquiète pas. » Je me relevai, pensant que d'autres souhaitaient l'approcher aussi et me réveillai à cet instant. Je ne le soupçonnais pas à l'époque, mais les circonstances allaient rapidement prendre un tour imprévu.

À quelques jours de là, on frappa à ma porte :

« Puis-je entrer ? » s'enquit une voix de jeune homme.

« Oui, entrez donc », répondis-je

« Peut-être pourriez-vous m'aider. Je viens du Kerala. Une dame de là-bas m'a envoyé ici, à Tiruvannamalai, en m'enjoignant de faire vœu de silence pendant quarante-et-un jours. Elle m'a aussi recommandé d'éviter strictement la compagnie des femmes pendant mon séjour. J'ai voulu loger sur la colline, dans une grotte. Mais le moine qui y habite s'entretenait surtout avec les gens de la ville des relations extra-conjugales des uns et des autres. Je me suis sauvé et je suis à la recherche d'un gîte où je pourrais accomplir mon vœu. Connaîtriez-vous un tel endroit ? »

Je l'examinai attentivement. Il ressemblait un peu à Ratnamji tel que je l'aurais imaginé au même âge. Il devait avoir à peu près vingt-cinq ans. Il paraissait sérieux dans son désir de méditation.

Vers la plénitude

« Il y a une autre maison à côté de celle-ci », lui dis-je. « Elle appartenait à mon guide spirituel qui n'est plus. Vous pouvez l'utiliser. »

Tout en disant cela, j'eus soudain l'impression que j'allais éclater en sanglots, sans raison apparente. Effectivement, mes yeux s'emplirent de larmes et un élan d'amour monta dans mon cœur. Je restai sans voix quelques instants. Je me demandais qui était la dame qui avait envoyé ce jeune homme. Ce devait être une grande sainte. De façon incompréhensible, le pouvoir de sa grâce m'avait touché au moment où je donnais refuge à son enfant. Cela peut paraître irrationnel, mais c'est la conclusion à laquelle j'aboutis sur le moment. Elle s'avéra par la suite parfaitement exacte.

Après l'avoir installé dans la maison, je lui offris à manger. Voyant qu'il n'avait pas de montre, je lui en donnai une pour qu'il puisse savoir l'heure afin de respecter son emploi du temps. En allant chercher cette montre, mes yeux tombèrent sur un chapelet que je n'utilisais pas et je me dis qu'il pourrait lui être utile. Je le lui donnai aussi.

Visiblement ému, il me dit :

« Quand j'ai quitté Amma, je lui ai demandé une montre et un chapelet. Elle m'a rabroué en disant que je ne devrais demander que ce qu'il y de plus haut : Dieu. Elle m'a également dit que j'obtiendrais tout le nécessaire à mes pratiques sans avoir à le demander. Et voilà que vous m'avez justement donné ces choses ! »

« Qui est Amma ? » m'enquis-je, un peu curieux.

« Il y a au Kerala, à cinquante kilomètres environ au nord de Kollam, un petit village de pêcheurs. Il est situé sur une presqu'île, bordée à l'ouest par la mer d'Arabie et à l'est par une lagune formant un réseau de canaux. Amma est la fille d'un des villageois. Depuis cinq ou six ans, elle guérit par son pouvoir spirituel des gens atteints de maladies incurables telles que cancer, paralysie ou lèpre. Les gens viennent la trouver avec toutes sortes de problèmes de la vie ordinaire et elle les résout par ses bénédictions. Trois soirs par semaine, elle consacre la nuit entière à recevoir tout ce monde. Dans ces moments-là, elle révèle son identité avec le Seigneur Kṛiṣhṇa et la Mère divine.

« Que voulez-vous dire par là ? » l'interrompis-je. « Est-ce qu'elle devient possédée par une quelconque puissance divine ? »

« Eh bien », expliqua-t-il, « je suppose que tout dépend de ce que vous voulez croire. Pour moi, elle est la Mère divine Elle-même. Mais les villageois croient que Kṛiṣhṇa entre en elle et qu'elle est possédée par lui la première moitié de la nuit et qu'ensuite Dēvī, la Mère divine, se manifeste le restant de la nuit. Avant et après, c'est selon eux une personne complètement différente et elle ne se rappelle rien de ce qu'elle dit dans ces moments. »

Au fil des ans, j'avais vu beaucoup de personnes de ce genre au cours de mes voyages avec Swamiji et Ratnamji. Ce sont, sans l'ombre d'un doute, des relais de l'Énergie divine mais comme leur esprit n'a pas atteint une pureté parfaite, on ne peut prendre leurs dires pour parole d'évangile. On dirait que leur conscience normale se trouve un moment suspendue et ils ne se souviennent plus après coup de ce qu'ils ont dit ou fait. Cependant, ils retirent un certain bénéfice de ce contact avec le Divin, sous forme d'un don d'intuition plus ou moins développé. J'avais pour ma part vécu avec de véritables sages. Pourquoi aurais-je souhaité rencontrer une telle personne ? Bon, peut-être pourrait-elle m'aider à recouvrer un semblant de santé pour que je n'aie pas à rester au lit toute la journée ? Pensant de la sorte, j'exposai au jeune

Vers la plénitude

homme ma condition et lui demandai si Amma pouvait quelque chose pour moi.

« Je lui écrirai », dit-il, « et j'espère obtenir une réponse, mais je ne pourrai vous mener à elle qu'après avoir accompli mon vœu de quarante-et-un jours. » Il poursuivit en me racontant certains des cas qu'elle avait guéris. L'un d'eux était un lépreux couvert de suppurations de la tête aux pieds. L'homme était plus mort que vif. En fait, tous ses frères avaient déjà péri du même mal. Ses yeux, ses oreilles et son nez étaient à peine visibles tant étaient avancés les ravages de la maladie. La puanteur qui se dégageait de son corps était telle qu'il devait laisser son bol de mendiant à cinquante mètres de lui afin que ceux qui le prenaient en pitié puissent y déposer un peu de nourriture. Un jour, quelqu'un lui dit qu'il y avait dans un village voisin une femme qui manifestait un Pouvoir divin et qu'elle lui viendrait en aide.

N'ayant rien à perdre, le lépreux s'y rendit, mais il hésitait à s'approcher de la foule. Amma, assise dans le temple en tant que Dēvī, le repéra au loin et se levant d'un bond, le héla : « Ô mon fils, n'aie pas peur, je viens ! ». Courant alors à lui, elle le serra sur son cœur pour le réconforter et lui adressa des paroles rassurantes. Il tremblait comme une feuille morte, redoutant ce qui pourrait arriver à Amma, ou d'ailleurs à lui-même. Elle le lava à grande eau tandis qu'il se tenait là, debout, tout habillé et pour finir elle passa sur tout son corps des poignées et des poignées de cendres sacrées. Elle lui recommanda de revenir chaque semaine, les trois soirs où elle était dans le temple. Puis elle alla se changer, ses vêtements ayant été souillés par le pus, et passa le reste de la nuit à s'occuper des autres visiteurs.

Le lépreux revint régulièrement pendant six semaines. Chaque fois, elle le traitait de la même manière. Après la sixième semaine, ses plaies cessèrent de suppurer et commencèrent à cicatriser. À l'heure actuelle, il est complètement guéri, bien que sa peau garde les stigmates de la maladie. Qu'Amma découvre la moindre petite fissure sur sa peau, aussitôt elle la lèche et le jour suivant la fissure est refermée.

Quarante-et-un jours plus tard, j'étais dans le train pour le Kerala, à huit cent kilomètres d'Arunachala vers le sud-ouest, avec mon nouvel ami Chandru. Le paysage était enchanteur. Le Kerala est considéré comme le jardin de l'Inde. Où que porte le regard, la végétation abonde. On trouve cocotiers et bananiers dans tous les jardins. L'endroit où vit Amma, en particulier, est une dense forêt de cocotiers s'étendant à perte de vue en toutes directions. C'est un peu un paradis sur Terre, très différent du climat chaud et sec de Tiruvannamalai. À la descente du train, nous achetâmes des fruits et autres nourritures à offrir à Amma. Nous prîmes un taxi pour parcourir les derniers quinze kilomètres jusqu'à son village. Par bonheur, Chandru m'accompagnait, sans quoi je n'aurais jamais pu faire le voyage. J'étais si faible que je pouvais à peine esquisser quelques pas.

Comme Chandru n'avait pas vu Amma depuis deux mois, je pensais qu'il aimerait passer un moment avec elle en tête à tête. Je m'assis sur la véranda d'une maison voisine et dit à Chandru de revenir me chercher après avoir passé avec Amma autant de temps qu'il le souhaiterait. Cependant, à ma surprise, il revint au bout de quelques minutes à peine, précédé d'une jeune femme vêtue d'une jupe et d'une chemise blanches, un châle blanc sur la tête. Je n'avais vu qu'une petite photo d'Amma, remontant plusieurs années en arrière et ne la reconnus pas. Néanmoins, je me levai. Chandru me dit : « Voici Amma » et je me prosternai devant elle. Elle me tendit les bras pour que je mette mes mains dans les siennes, mais j'eus un mouvement d'hésitation. Depuis douze ans, je n'avais ni touché une femme ni permis qu'une femme ne

Amma en samādhi – 1978

me touche. Cela faisait partie de la discipline d'un moine ayant fait vœu de célibat. Que faire à présent ? Je regardais désespérément autour de moi et mon regard tomba sur les fruits que j'avais apportés pour elle. Je les lui mis entre les mains, soulagé d'avoir trouvé réponse à mon problème. Mon soulagement, hélas, fut de courte durée : elle passa les fruits à Chandru et à nouveau me tendit les mains. Me disant qu'il s'agissait d'une sainte plutôt que d'une femme ordinaire et sans cesser de répéter le Nom divin, je mis mes mains dans les siennes. Elle me conduisit au petit temple où elle passait le plus clair de son temps. Il faisait à peine neuf mètres carrés et ne contenait qu'une sorte de siège ou de tabouret en son centre. Les murs étaient couverts d'images de dieux hindous et de saints. Il ne semblait pas y avoir d'image centrale particulière pour l'adoration. Amma prit de la poudre de vermillon et me fit un point entre les sourcils, là où les yogis situent le troisième œil ou œil de l'intuition. Pendant tout ce temps, sa main vibrait ou tremblait. Je ressentais une sorte d'ivresse, mais ne pus rester debout plus de quelques minutes. On me conduisit alors à un abri couvert d'un toit de chaume, près du temple, où Chandru et Amma s'assirent pour discuter. Je m'allongeai et me mis à l'observer attentivement. Elle dépassait à peine les un mètre cinquante, avec de tout petits pieds et de toutes petites mains, la peau sombre et pas plus de vingt-six ou vingt-sept ans. Je ne percevais aucun éclat particulier, aucune lumière comme en irradie généralement le visage des grands saints. En fait, son visage semblait plutôt refléter une grande affection pour Chandru, comme si elle était sa mère.

Après être resté étendu là pendant quelques heures, je dis à Chandru :

« Vois-tu, cela fait longtemps que tu parles. Il est déjà midi passé. Ne penses-tu pas qu'Amma a peut-être faim ? Ce matin,

Vers la plénitude

dans le temple, quand elle a posé son doigt entre mes sourcils, je l'ai sentie trembler comme quelqu'un qui défaille de faim. Elle se sent peut-être très faible. Pourquoi ne lui prépares-tu pas quelque chose à manger ? »

Chandru traduisit ce que je venais de dire et tous deux éclatèrent de rire.

« Ce tremblement ne provient pas d'une quelconque faiblesse », répliqua Chandru. « Il est constamment présent. Il est dû à la force qui vibre en elle en permanence. Regarde bien ses mains. Elles tremblent toujours légèrement comme cela. Cela n'a rien à voir avec la maladie ou la faiblesse. »

Nous nous rendîmes ensuite dans une maison attenante au temple. On me dit que c'était là que vivaient les parents d'Amma et leurs autres enfants. Elle-même préférait apparemment vivre seule, dans le temple ou dehors sur le sable. On me raconta que, même durant la saison des pluies, on la retrouvait assise ou endormie sous la pluie, tout à fait oublieuse de son corps. Amma vint s'asseoir derrière moi et posa sa main à l'endroit exact où la colonne vertébrale me faisait le plus souffrir.

« Mon enfant », me dit-elle, « tout le monde doit endurer les effets de ses actions passées. C'est à cause des mauvaises actions de ta vie précédente que tu souffres à présent. Mais en définitive, tout cela est pour ton bien. Je ne crois pas qu'aucun médecin puisse découvrir la cause de cette maladie. Elle t'est envoyée par la volonté de Dieu pour te faire progresser dans la vie spirituelle. Amma commettrait une erreur en te l'enlevant. Si tu acceptes gaiement cette maladie comme venant de Dieu et que tu L'implores en gardant ton mental fixé sur Lui, tu n'auras pas besoin de renaître. Par contre, si Amma te libère de ce mal, tu devras sans aucun doute renaître et souffrir encore plus que maintenant. »

Puis Chandru demanda de l'eau chaude, me prépara du lait à partir de lait en poudre et me donna du pain.

« Depuis combien de temps t'alimentes-tu ainsi ? » me demanda Amma.

« Environ trois mois », répondis-je. « Quoi que je mange, cela me cause d'intenses douleurs abdominales. Même ainsi, cela me fait mal, mais il faut bien manger quelque chose, n'est-ce pas ? »

On m'installa dans une pièce de la maison, sur un lit de corde. Épuisé, je m'endormis et ne me réveillai qu'au milieu de la nuit pour trouver Chandru et Amma en conversation dans la pièce. À nouveau, il m'apporta quelque chose à manger et à nouveau, je m'endormis. Quand je me levai le lendemain, à quatre heures du matin, ils étaient encore en train de discuter.

« Ne dort-elle donc jamais ? » me demandai-je. J'appris plus tard qu'en fait, elle ne dormait que deux ou trois heures, de jour ou de nuit, comme c'était le plus commode.

Ce matin-là, Chandru et Amma vinrent s'asseoir auprès de moi et entamèrent la conversation :

« En quoi consiste ta pratique spirituelle ? » demanda Amma.

« Je répète le Nom divin et je pratique également la recherche du Soi. Pensez-vous qu'il soit nécessaire d'être initié à un *mantra* ? Y a-t-il la moindre différence entre le fait de répéter le Nom divin et celui de répéter un *mantra* conféré par un *guru* ? »

« En répétant le Nom de Dieu, on peut sans aucun doute atteindre la réalisation de Dieu, mais l'initiation par un *guru* donne au disciple une grande foi pour persévérer dans sa pratique car il sait qu'il a derrière lui la puissance de son *guru* », répondit Amma. « Cela fait longtemps que tu chemines sur la voie de la connaissance et tu n'as toujours pas atteint le but que tu t'étais fixé. Pourquoi n'essaies-tu pas d'implorer, par de

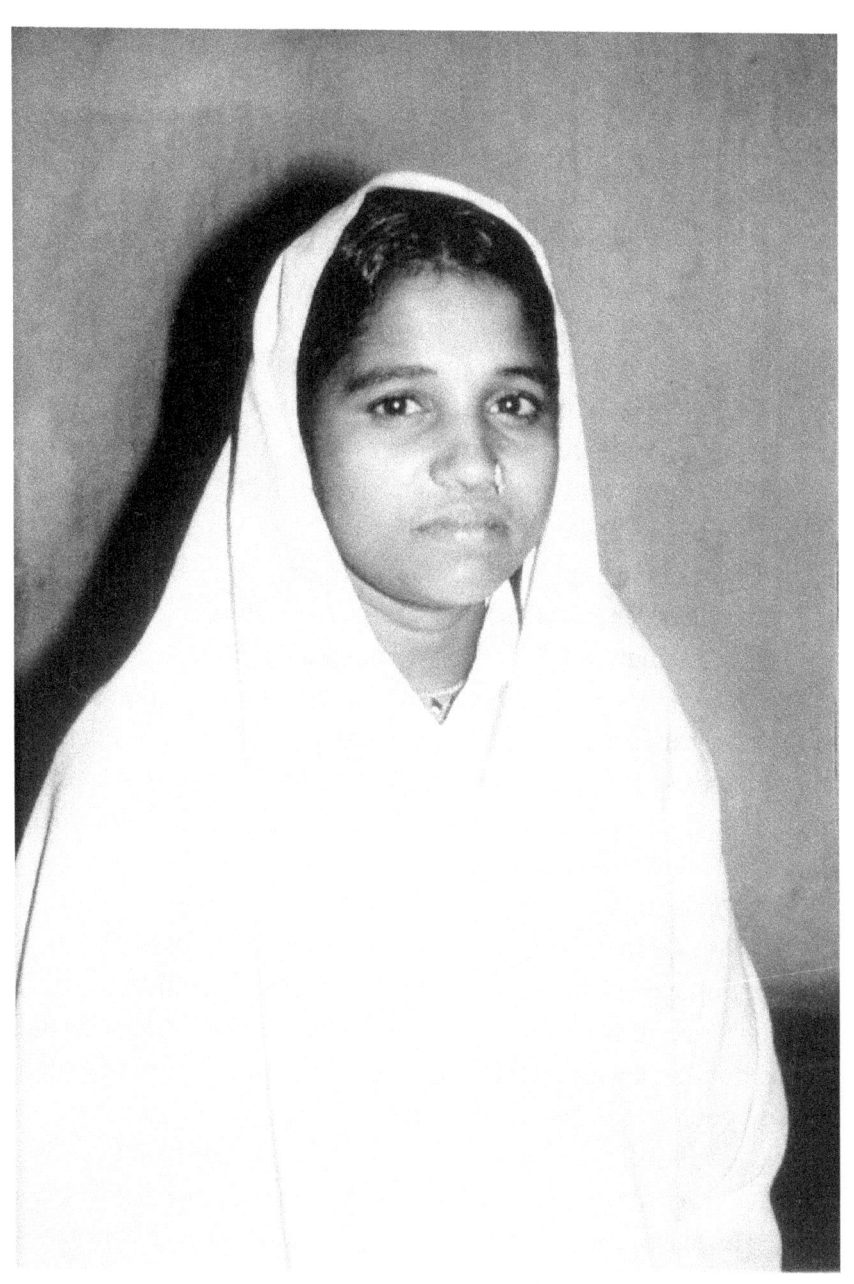

Amma 1979

vraies larmes, Dieu ou ton *guru* Ramana ? Peut-être réussirais-tu de la sorte. »

« Comment peut-on pleurer sans raison ? » lui demandai-je. « Il faut bien que quelque chose provoque les larmes, non ? »

« Ta maladie n'est-elle pas une raison suffisante ? Tu peux à peine bouger et dois rester allongé tout le temps. Tu ne peux même pas manger. Tu devrais prendre une photo de ton *guru* et, la gardant près de toi, l'implorer de se révéler à toi et de te délivrer de tes tourments. Tu n'as qu'à essayer. Ce n'est pas aussi difficile que tu le penses. Je dois aller chez un parent à l'autre bout de l'île et serai de retour dans deux ou trois heures. »

Sur ce, elle se leva et partit.

Quatre heures plus tard, elle n'était toujours pas rentrée. Je désirais manger et demandai à Chandru l'habituel lait avec du pain. Au moment où j'allais enfourner ma cuillerée, je fondis en larmes. « Qu'est-ce donc ? » me dis-je en reposant la cuillère. Mes pleurs se tarirent. À nouveau, je portai la cuillère à ma bouche : les larmes se remirent à couler. Je refis trois ou quatre tentatives, mais chaque fois le phénomène se reproduisait. Chandru m'observait d'un air soucieux :

« Ton estomac te fait-il si mal ? » me demanda-t-il.

« Non », répondis-je, « je ne sais pas ce qui se passe. Tout à coup, l'image d'Amma a traversé mon esprit et je me suis mis à pleurer comme un bébé. J'ai ressenti un immense désir de la revoir et une grande impatience. Peut-être a-t-elle fait quelque chose pour que je me sente ainsi. »

« Je vais aller m'asseoir au soleil et répéter mon *mantra* », dit Chandru. « Peut-être que cela la fera revenir plus vite. » Il sortit. Je me levai et passai dans la pièce voisine. Une photo d'Amma y était accrochée. Dès que mes yeux se posèrent sur elle, je fondis en larmes. J'avais l'impression de voir Dieu sur cette photo. J'en

Vers la plénitude

tremblais jusqu'au tréfonds de mon être et mon esprit était rivé à la photo. Je retournai m'asseoir sur le lit.

Juste à ce moment, la mère d'Amma entra en trombe : « Amma arrive », me dit-elle. « Nous étions de l'autre côté de l'eau et ne parvenions pas à trouver un bateau pour nous faire traverser. Amma s'est mise à crier : « Chandru attend sous le soleil et Neal pleure après moi. Si vous ne trouvez pas rapidement une embarcation, je traverse à la nage ! » Je ne sais comment, nous avons peu après trouvé une barque ». Tout en parlant, elle regardait avec étonnement mon visage baigné de larmes. Amma entra sur ces entrefaites.

« Tu pleures ? » s'enquit-elle innocemment, comme si elle n'était au courant de rien.

Je ne pouvais relever la tête pour la regarder. Elle m'avait rendu humble et je me sentais insignifiant devant elle. Mon cœur et mon esprit n'étaient que jouets entre ses mains. Chandru arriva et lui conta tout ce qui s'était passé en son absence. Je n'avais pas envie de parler et restai assis à attendre.

« Aujourd'hui, il y a *darśhan*. Beaucoup de gens vont venir pour voir Kṛiṣhṇa et la Mère divine. Les chants vont commencer incessamment. Chandru, tu montreras à Neal où s'asseoir quand débutera le *Bhāva*. » Ayant donné ces instructions, Amma quitta la pièce. Le *darśhan* est cette audience qu'Amma accordait aux gens trois nuits par semaine et *Bhāva* est le terme par lequel elle désigne la transformation qu'elle manifeste en ces occasions.

Les chants se poursuivirent une heure, puis Amma se leva et entra dans le temple. Chandru me demanda de prendre place sur la véranda du temple afin de voir clairement ce qui s'y déroulait. Amma entonna alors un chant adressé à Kṛiṣhṇa. À peu près à la moitié du chant, son corps fut pris de tremblements. J'eus la sensation qu'une invisible vague de puissance déferlait du temple et me balayait de la tête aux pieds. Mes cheveux se dressèrent sur la tête et je me sentis empli de béatitude. Tout le poids qui s'était accumulé sur mon cœur du fait de ma longue maladie s'évanouit instantanément. Chandru vint me chercher pour me conduire au temple.

Amma était debout dans un coin. Elle était habillée en Kṛiṣhṇa, avec une petite couronne où était même fichée une plume de paon. Ce n'était pas un simple déguisement. Son visage rayonnait d'une splendeur divine et on avait l'impression d'être réellement en présence du Seigneur Kṛiṣhṇa Lui-même. Chandru me poussa vers elle. Elle m'enlaça affectueusement et passa sa main le long de ma colonne douloureuse. Tout son corps vibrait à un rythme stupéfiant. Elle me regarda alors droit dans les yeux. Ces yeux... Où les avais-je déjà vu ? Ratnamji avait les mêmes quand il s'absorbait en Dieu. Ramana avait ces yeux en permanence. C'étaient les yeux d'un être uni au Suprême, emplis de Paix et dansant, aurait-on dit, dans la Béatitude intérieure. Elle m'étreignit à nouveau avec affection et j'éclatai en sanglots.

Si Dieu avait jamais existé sur Terre, c'était en la personne d'Amma. J'avais enfin rencontré le trésor des trésors. Elle me fit signe de rester debout près d'elle. De là, j'observai comment elle recevait chaque personne qui venait à elle. Elle les étreignait avec amour et leur appliquait un doigt entre les sourcils pendant quelques instants. Puis elle leur donnait un morceau de banane et leur faisait boire un peu d'eau bénite, tout en leur prodiguant des paroles de réconfort. Si elles souffraient d'une quelconque maladie, elle touchait la partie malade. Les petits enfants étaient autorisés à entrer les premiers dans le temple. Ils venaient surtout pour la banane ! Son expression de béatitude intérieure et de paix immuable ne variait jamais, pas même passagèrement. Elle restait là, cinq ou six heures d'affilée, jusqu'à ce

que la dernière personne ait reçu son *darśhan*. Il n'y avait nulle hâte. Elle manifestait la même patience et la même attention envers tous, hommes et femmes, enfants et vieillards, riches et pauvres. Là se trouvait la véritable équanimité. Elle était parfaitement consciente de tout ce qui se passait autour d'elle et elle n'avait rien de commun avec les personnes que j'avais vues être possédées par la grâce divine. C'était un *mahātmā*, elle était établie dans l'équanimité parfaite. Quel miracle qu'elle puisse dissimuler ce qu'elle était, ou qui elle était, à un point tel que nul ne pouvait le comprendre ! J'étais émerveillé. Dans ce petit village de pêcheurs vivait un tel être incognito ! J'avais entendu dire que de telles personnes existent qui cachent leur identité de sages parfaits. J'en voyais à présent une de mes propres yeux. J'étais venu pour raisons de santé, mais maintenant j'avais honte de mon égoïsme et décidai de prendre refuge en elle pour qu'elle m'indique la voie de la réalisation de Dieu.

À contrecœur, ô combien, je quittai le temple et allai m'allonger dans la maison. La douleur et la faiblesse aidant, je ne pouvais tout simplement plus rester là, assis ou debout, bien que j'eusse voulu y demeurer toujours. À la fin du Kṛishṇa *Bhāva*, Amma entra dans ma chambre avec quelques dévots et s'assit à même le sol. Aussitôt, je me levai de mon lit et m'allongeai par terre. Je me sentais trop humble pour être plus haut qu'elle.

« Comment as-tu trouvé Kṛishṇa ? » me demanda-t-elle.

« Je crois que vous nous trompez en faisant semblant de ne rien savoir alors qu'en fait vous savez tout », répondis-je.

Elle rit :

« En vérité, je ne sais rien du tout », affirma-t-elle. « Je ne suis qu'une folle ». Une folle, vraiment !

Au bout d'une heure, Amma retourna dans le temple. Cette fois, elle entonna un chant à Dēvī, la Mère divine. À nouveau, son corps se mit à trembler et quelques minutes plus tard, elle se tenait là sous la forme de Kali, l'aspect terrible de la Mère divine. Bien qu'étant la grâce et la compassion mêmes, la Mère divine revêt un aspect terrible pour inspirer la crainte aux hommes afin qu'ils cherchent à s'amender. Un bon parent doit être gentil et aimant, mais simultanément il ne doit pas hésiter à punir ou à discipliner l'enfant qui se fourvoie dans une voie erronée. Si l'enfant n'a pas la crainte et le respect de ses parents, il n'hésitera pas à faire à sa guise, bien ou mal. Les anciens n'ont jamais pensé, comme les psychologues modernes, qu'il faut laisser pousser les enfants comme des herbes folles, à leur fantaisie. La vie a un sens et un but et pour l'atteindre, il faut développer pendant l'enfance un sens aigu du bien et du mal. C'est aux parents qu'il incombe d'inculquer ces valeurs à leurs enfants. Le sens moral ne vient pas naturellement à l'animal humain, il doit être enseigné et acquis.

L'aspect terrible d'Amma, tenant d'une main une épée et de l'autre un trident, poussait les gens venus lui demander des faveurs à garder l'esprit pur, au moins pendant qu'ils se trouvaient en sa présence. Ainsi, un dévot venu du monde extérieur, qui ne consacrait pas même une minute par vingt-quatre heures à se concentrer en Dieu, pouvait garder une concentration intense pendant deux heures en demeurant auprès d'elle. Au fil de la soirée, au fur et à mesure que les aspirants spirituels se pressaient plus nombreux vers elle, l'aspect terrible d'Amma pendant le Dēvī *Bhāva* se transformait graduellement jusqu'à devenir parfaitement calme et serein. Elle cessa même de porter l'épée et le trident. À la place, ses mains ne tenaient plus que des fleurs.

Je pénétrai dans le temple. On me fit signe de m'asseoir près d'Amma. Elle prit ma tête sur ses genoux et massa mon dos.

J'avais vraiment l'impression d'être dans le giron de la Mère divine. Son apparence et sa personnalité étaient totalement différentes de celles de Kṛiṣhṇa ou d'Amma. Je me demandais comment ces personnalités distinctes pouvaient coexister en une seule et même personne. De toute évidence, elle était parfaitement consciente de ce qui se passait, à tout moment. La personne restait la même, mais la personnalité et l'apparence changeaient. Je résolus de la questionner plus tard sur ce point.

Je restai là aussi longtemps que je le pus, puis allai m'allonger dans la maison. Le *darśhan* se termina à quatre heures du matin, heure à laquelle elle me fit appeler au temple après avoir retrouvé son aspect habituel. J'avais apporté avec moi un petit lecteur de cassettes, comme me l'avait suggéré Chandru, afin de faire écouter à Amma quelques chants de Swamiji. Elle me pria de les passer. En les écoutant, elle avait les yeux fermés et des larmes ruisselaient sur ses joues. Elle était manifestement en extase. Était-ce bien la même personne en qui je voyais, à peine quelques heures plus tôt, Dieu Lui-même ? Je demeurai avec elle encore un moment, puis retournai me coucher. Mais le sommeil me fuyait. Un fort courant de béatitude traversait mon corps, rendant tout sommeil impossible. En fait, au cours des trois jours suivants, c'est à peine si je dormis.

Le lendemain matin, Amma vint voir comment je me portais. Je décidai d'en profiter pour lever mes doutes.

« Pourriez-vous me dire ce que vous ressentez au moment du *Bhāva* ? » lui demandai-je.

« Quand je chante pour Kṛiṣhṇa, ou pour Dēvī, je vois cet aspect particulier du Suprême. M'abandonnant complètement à Cela, je sens que je me fonds en lui ou elle et deviens parfaitement identifiée à eux. » Tout en disant ceci, elle formait un v avec ses doigts et, les rapprochant, me montrait que de deux, ils ne faisaient plus qu'un.

« Pourquoi prétendez-vous que vous ne savez rien de ce qui se passe au cours du *Bhāva* ? » demandai-je encore. « Vous êtes manifestement tout à fait consciente. Je sais par Chandru que vous avez beaucoup souffert à cause de votre famille ou de villageois ignorants qui pensaient que vous étiez folle. Ne pouviez-vous leur révéler la vérité ? »

« J'ai entrepris la mission que Dieu m'a confiée. Je veux que les gens adorent Dieu, pas moi. Ils sont persuadés que Dieu descend en moi trois nuits par semaine et, portés par cette foi, ils viennent ici et trouvent une solution à leurs problèmes. Par ailleurs, la plupart de ces gens ne connaissent même pas l'abc de la vie spirituelle. Même si je leur disais la vérité, qui comprendrait ? Et par-dessus tout, pour quelqu'un qui voit Dieu en tout, y a-t-il le moindre sentiment d'être différent ou que les autres sont différents ? Quelqu'un qui se sent spécial et pense que les autres nagent dans l'ignorance, a encore une longue route devant lui avant d'atteindre la réalisation de Dieu. »

À grand peine, je glanai quelques bribes de l'histoire d'Amma. Naturellement humble, elle avait beaucoup de réticences à parler d'elle-même. Il fallait vraiment l'en prier et même ainsi, elle se lassait vite et partait sans achever le récit en cours.

Le germe de la dévotion se manifesta en son cœur dès son plus jeune âge. Kṛiṣhṇa était tout pour elle et elle commença dès l'âge de cinq ans à composer des chants à son intention. Elle gardait toujours dans son jupon une image de Kṛiṣhṇa et la sortait souvent pour Lui parler. Quand elle eut huit ou neuf ans, sa mère tomba malade et la responsabilité du ménage lui échut. Elle fut forcée d'arrêter sa scolarité, mais fréquenta néanmoins une école paroissiale pour apprendre à coudre. Sa mère et son frère, partisans d'une stricte discipline, n'hésitaient pas à la battre ou à la rouer de coups de pieds s'ils trouvaient à redire à sa conduite. Son frère, en particulier, fut pour elle une source de terribles souffrances, car il s'opposait à sa dévotion et la maltraitait lorsqu'elle chantait à haute voix le Nom divin.

De trois heures du matin à onze heures du soir, elle s'affairait à balayer la cour, nourrir les vaches, faire la cuisine et la vaisselle, laver les vêtements de toute la famille et bien d'autres tâches encore. Comme si cela ne suffisait pas, on l'envoyait chez des parents pour aider aussi à leur ménage. Pendant tout ce temps, elle répétait le Nom divin à voix basse, attendant le jour où elle verrait son Seigneur, Sri Kṛiṣhṇa. Elle avait coutume de donner tout ce qui lui tombait sous la main aux pauvres ou aux affamés qui passaient par chez ses parents et se retrouvait dans de beaux draps lorsqu'on la surprenait. Un jour, elle fut ligotée à un arbre et battue jusqu'au sang pour avoir donné à une famille de miséreux le bracelet d'or de sa mère.

Adolescente, elle commença à avoir fréquemment des visions de Kṛiṣhṇa et se sentait identifiée à Lui. Elle s'enfermait dans la pièce contenant le petit autel familial, chantant et dansant, en pleine extase de Conscience de Dieu, ou restait plongée des heures entières dans une profonde méditation, oubliant totalement ce qui l'entourait. On la trouvait parfois assise, inconsciente, dans la salle de bains, le visage ruisselant de larmes, murmurant « Kṛiṣhṇa, Kṛiṣhṇa ». Sa mère ne parvenait qu'avec peine à la rappeler à la conscience de ce monde. Finalement, son état de réalisation intérieure devint manifeste pour le monde extérieur.

Un jour, tandis qu'elle coupait de l'herbe pour les vaches, elle surprit, provenant d'une maison voisine, un discours sur le Seigneur Kṛiṣhṇa. Incapable de se contrôler, elle accourut sur

Vers la plénitude

les lieux et se tint là, transfigurée en Kṛiṣhṇa Lui-même. Les villageois ne comprenaient pas très bien ce qui était arrivé à la petite. Beaucoup pensaient qu'elle était possédée par Kṛiṣhṇa, d'autres estimaient simplement qu'elle était victime d'une sorte de crise. Personne, bien sûr, ne réalisait qu'elle était une avec Lui. Des foules commencèrent à s'assembler et il lui fut demandé d'accomplir un miracle pour prouver qu'elle était bien Kṛiṣhṇa. Au début, elle refusa, les exhortant à voir le véritable miracle, la présence de Dieu en eux-mêmes. Mais par la suite, elle accéda à leur requête. On pria un homme d'apporter un petit pichet d'eau et de tremper son doigt dedans. Miracle ! L'eau se changea en un pudding sucré appelé *pañchāmṛitam*, qu'on distribua dans toute l'assemblée. De ce petit pichet, près de mille villageois eurent leur content de *pañchāmṛitam* et le pot était encore plein. À partir de là, beaucoup crurent que Kṛiṣhṇa était effectivement venu bénir leur village.

Mais ceci ne fut en aucun cas une bénédiction pour Amma. Convaincus qu'elle n'était qu'une simulatrice salissant le nom de la famille, nombre de villageois et même des parents proches, s'efforcèrent de la faire disparaître. Ils empoisonnèrent sa nourriture et tentèrent même de la poignarder. Cependant, toutes leurs tentatives échouèrent et en fait, peu après, ils essuyèrent eux-mêmes divers revers de fortune.

Six mois s'écoulèrent de la sorte, puis Amma se mit à nourrir le désir de voir la Mère divine, tout comme auparavant elle s'était languie de la vision de Kṛiṣhṇa. Espérant s'attirer la faveur de Dēvī par la méditation et la pratique d'austérités, elle passait tout son temps à méditer sur Sa forme. Parfois, submergée par sa frustration et sa soif d'obtenir une vision, elle pleurait, comme un enfant pleure après sa mère. On la retrouvait souvent étendue sur le sable, le visage barbouillé de larmes, les cheveux, les oreilles et les yeux pleins de boue. Elle ne songeait pas à se protéger des éléments et restait assise ou allongée sous le soleil de midi comme sous l'averse. En résultat de l'intensité de son attente et de la fixation de ses pensées sur Dēvī, elle commença à percevoir l'univers entier sous Ses traits. Elle enlaçait les arbres, embrassait la terre ou éclatait en sanglots sous la caresse de la brise qu'elle sentait pleine de la présence de la Mère. Mais en dépit de toute son ardeur et de ses austérités, elle ne parvenait pas à obtenir la vision de la forme personnifiée de la Mère divine, objet de ses aspirations.

Enfin, un jour, la Mère divine apparut à Amma sous une forme vivante et lui parla. Elle lui affirma qu'elle avait pris naissance pour le bien du monde et qu'elle aurait à enseigner aux gens à se fondre dans leur Soi véritable. Souriant avec grâce, la Mère se transforma en une lumière resplendissante qui s'absorba en Amma. D'après les propres paroles d'Amma : « À partir de ce moment, toute vision objective disparut et j'en vins à voir toute chose comme étant mon propre Soi. » Dès lors, en plus du *Kṛiṣhṇa Bhāva* commença également le *Dēvī Bhāva*. Mais les ennuis d'Amma n'étaient pas pour autant terminés.

Peut-être par jalousie, parce qu'elle attirait de grandes foules, ou simplement pour le plaisir de fomenter des troubles, nombre de personnes continuaient à la harceler. Certains informèrent la police et tentèrent de la faire arrêter pour atteinte à l'ordre public, mais lorsque les policiers la virent, baignée de lumière et de béatitude, ils se prosternèrent et quittèrent les lieux. Un assassin engagé pour la tuer durant le *darśhan* entra dans le temple en dissimulant un couteau sous ses vêtements. Mère le gratifia d'un sourire bienveillant qui l'emplit de remords pour ses intentions coupables. Tombant à ses pieds, il implora son pardon et s'en retourna un autre homme. À l'époque où je

Vers la plénitude

vins à elle, les choses s'étaient quelque peu calmées, mais un certain nombre de villageois lui restaient hostiles.

Un jour, son père, en ayant plus qu'assez des problèmes et des foules qu'attiraient ses états divins, s'approcha de sa fille durant le *Dēvī Bhāva* et considérant qu'elle était possédée par Dēvī, il supplia :

« Je veux que Tu me rendes ma fille telle qu'elle était avant Ta venue. Je T'en prie, va-T'en ! »

« Si je m'en vais », répliqua-t-Elle, « ta fille ne sera plus qu'un cadavre ». Passant outre ces paroles, le père exigea qu'on lui rende sa fille. Aussitôt, Amma tomba raide morte. Pendant huit heures, son corps ne manifesta plus le moindre signe de vie. Un grand tohu-bohu s'ensuivit et l'on accusa le père d'avoir causé sa mort prématurée. On alluma des lampes autour du corps et les prières montèrent vers Dieu pour qu'Il lui rende vie. Prenant conscience de son erreur et s'en repentant amèrement, le père d'Amma s'effondra sur le sol devant le temple et se mit à sangloter en criant : « Pardonne-moi, ô Mère divine ! Je ne suis qu'un pauvre ignorant. Je ne dirai plus jamais cela. Je T'en prie, ramène ma fille à la vie ! » Tout doucement, de faibles mouvements devinrent perceptibles dans le corps d'Amma. Enfin, elle retrouva son état physique normal. À partir de ce jour, ses parents cessèrent de lui imposer des restrictions et elle put faire à peu près ce qu'elle voulait.

Amma avait deux sœurs encore célibataires qui s'occupaient du ménage tout en poursuivant leur scolarité. Un certain nombre de jeunes gens, attirés par l'affection maternelle que leur manifestait Amma et par son discours spirituel, auraient souhaité s'attarder auprès d'elle après le *darśhan*. Mais son père ne le tolérait pas. Il redoutait que leurs intentions ne soient pas tout à fait pures et que des problèmes s'ensuivent par rapport

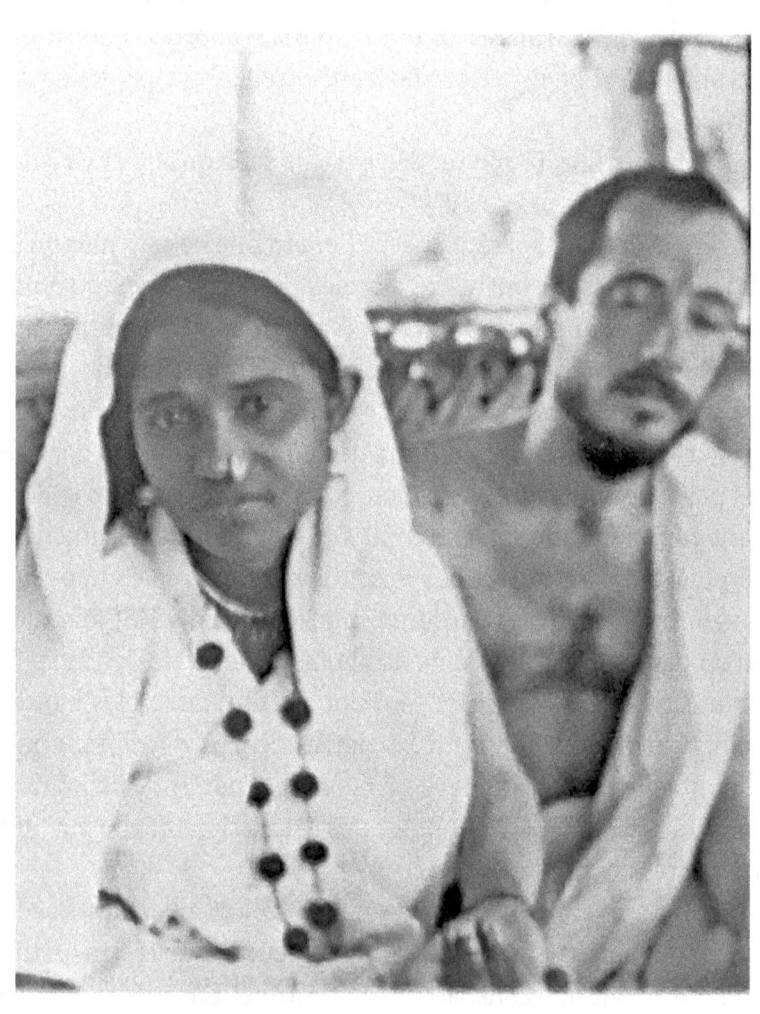

Vers la plénitude

à ses autres filles. Dès que le *darśhan* se terminait, il faisait la chasse à ces jeunes garçons.

Chandru était l'un d'eux et l'attitude du père le blessait. Un jour, il en appela à Amma : « Si ton père continue à se comporter de la sorte, comment cet endroit deviendra-t-il jamais un *āshram* ou un lieu de refuge pour les aspirants spirituels sincères ? Il est méchant avec toi et avec ceux qui veulent rester à tes côtés. De plus, il n'y a personne ici pour s'occuper de toi. Tu n'as même pas une couverture pour te couvrir ni de nourriture correcte à manger. Je ne peux plus supporter de voir les choses continuer ainsi. »

Pour le consoler, Amma lui sourit et lui dit : « Mon fils, ne t'inquiète pas. Va à Arunachala et fais vœu de silence pendant quarante-et-un jours. Tout s'arrangera après ton retour. À Arunachala, tu rencontreras les personnes qui s'occuperont de moi et du futur *āshram*. Tu rencontreras aussi certains de mes enfants originaires de pays autres que l'Inde. Tu verras. Le jour viendra où mon père t'accueillera comme son propre fils, avec amour et affection. »

Chandru s'était donc rendu à Arunachala et nous nous étions peu après rencontrés.

J'en étais à mon troisième jour avec Amma. Toute la journée j'avais humé un parfum divin. Je pensais que c'était peut-être celui de l'encens utilisé au temple, mais je ne pus en trouver. Je demandai à Amma où je pourrais me procurer de cet encens. Elle éclata de rire et me dit : « Un tel parfum est introuvable en magasin. Il existe en chacun de nous, mais seuls les yogis savent le faire ressortir. »

J'avais entendu dire qu'en certaines occasions, Ramana avait béni des fidèles par le pouvoir de son regard. C'était comme si des rayons de lumière subtile émanaient de ses yeux et, lorsque son regard se posait sur quelqu'un, cette personne obtenait diverses expériences spirituelles. Je demandai à Amma si elle était capable et si elle accepterait d'en faire autant. « Je suis une petite fille folle. Je ne peux rien faire », répondit-elle en riant.

Ce soir-là, il y avait *darśhan*. Je restai présent dans le temple aussi longtemps que je le pus pendant les deux *Bhāvas*. Je sentais que l'atmosphère du temple était chargée de paix spirituelle et la méditation venait sans effort. J'allai m'allonger derrière le temple. Je n'avais pas envie de rentrer à la maison et voulais être aussi près d'Amma que possible. Le *darśhan* touchait à sa fin et Chandru vint me chercher. Il dit que Dēvī me demandait de me rendre devant le temple. Je fis le tour du temple et me tins là, face à elle. M'apercevant, elle vint à moi d'un pas vif et m'enlaça affectueusement, puis se penchant en avant, elle me murmura à l'oreille : « Mon fils, ne t'inquiète pas, tu vas aller mieux. » Après quoi, elle recula lentement vers le temple. Elle se tenait dans l'encadrement de la porte du temple et me regardait. Et tandis qu'elle me regardait, je remarquai que son visage devenait de plus en plus brillant. Progressivement, cette radiance s'étendit au point d'envelopper tout son corps, puis le temple, puis les environs. Je ne voyais plus rien que cette lumière brillante et cependant apaisante. Soudain, la clarté se contracta en un seul point de la taille d'une tête d'épingle, si radieuse qu'elle me fit cligner des yeux. L'instant d'après, elle avait disparu et à nouveau, je voyais Amma me sourire. On referma les portes du temple et le *darśhan* s'acheva.

J'avais le sentiment très net qu'Amma était entrée en moi. Mon esprit était empli de sa pensée et je ressentais distinctement sa présence à l'intérieur. J'avais l'impression d'avoir eu un bref aperçu de sa nature réelle, la lumière divine. J'étais stupéfait de sa capacité à cacher son identité de *mahātmā* et à se faire passer

Vers la plénitude

pour quelconque, voire parfois pour folle. C'était vraiment une personnalité unique.

Certes, il y a bien des sages qui, au bout de quarante ou cinquante ans d'intense méditation, atteignent la réalisation du Soi mais là, c'était différent. Depuis l'âge de seize ou dix-sept ans, elle était établie dans cet état suprême et s'en servait d'une manière unique pour le bien de l'homme du commun, sans révéler son identité et sans se préoccuper des mauvais traitements qui pleuvaient sur elle. Elle ne perdait jamais patience et manifestait le même amour à tous ceux qui venaient à elle, même ceux qui venaient pour lui faire du mal.

Parlant de ces derniers, elle dit un jour : « Leurs conceptions erronées les poussaient à parler et à agir de la sorte. Ils ne pouvaient concevoir le but et la signification de la vie spirituelle. Dans ce cas, pourquoi leur en vouloir ? Regardez ces roses magnifiques. Quel parfum délicat ! Mais que leur donnons-nous pour les faire pousser ? Du fumier ! Quelle distance entre le fumier malodorant et la fleur splendide ! De même, les obstacles sont les engrais qui assurent notre croissance spirituelle. Il est dans la nature de l'ignorant de susciter des troubles. Nous devons prier Dieu de leur pardonner et de les ramener dans le droit chemin. »

Le lendemain matin, Amma vint me trouver et me demanda si j'avais goûté le *darśhan* de la veille. Je lui parlai de mon expérience.

« Tu as beaucoup de chance. J'ai eu l'impression que ma lumière intérieure s'extériorisait par mes yeux et allait se fondre en toi. Je me demandais si tu avais ressenti quelque chose. »

La célébration du centenaire de la naissance de Ramana devait débuter dans trois jours. Ce serait une cérémonie grandiose. Bien que désireux de rester avec Amma, je souhaitais aussi assister à la cérémonie. Lisant en moi, Amma me recommanda de retourner à Arunachala pour suivre les célébrations. Elle enjoignit à Chandru de m'accompagner et de m'aider aussi longtemps que j'en ressentirais le besoin. Elle estimait que, puisqu'il ne pouvait pas demeurer auprès d'elle, il devrait au moins s'attacher la compagnie d'un aspirant spirituel déjà engagé dans cette voie. De plus, j'avais besoin de quelqu'un pour s'occuper de moi. Je demandai à Amma si je pourrais ensuite revenir et m'installer définitivement auprès d'elle, car tel était mon ardent désir.

« Si mon père n'y voit pas d'objection, tu peux », répondit-elle. J'abordai son père et lui demandai la permission de rester. Il accepta, mais me dit qu'il serait bon que je construise ma propre hutte. Puisque c'était l'unique condition, je lui dis que je serais de retour très vite. Mais par la suite, Amma m'apprit que j'étais sous l'influence de certaine force négative, en partie responsable de ma maladie, et me recommanda, pour contrecarrer cette force, de rester quarante-et-un jours à Arunachala en célébrant un rituel particulier dont elle m'expliqua tous les détails.

Puis Amma appela son père et lui demanda de nous faire une démonstration de danse. Jeune homme, il avait appris la danse traditionnelle du Kerala, le *kathakali*. Il commença à se mouvoir dans toute la pièce. L'homme dans la force de l'âge se métamorphosa : il avait à présent les jambes arquées et une bedaine grosse comme un dirigeable ! Amma se tordait de rire. Plus nous riions, plus il dansait vite, rebondissant en tous sens comme un gros ballon. Enfin, il s'arrêta, complètement hors d'haleine.

Comme je prenais congé d'elle, Amma m'ôta le chapelet de graines de *rudrākṣha* qui pendait à mon cou. « Il me plaît », dit-elle. Je lui promis de faire enfiler les graines sur un fil d'argent et de les lui rapporter à mon retour. M'étreignant maternellement, elle me dit : « Ne t'en fais pas. Je suis toujours avec toi. » Puis

Vers la plénitude

elle m'accompagna à l'embarcadère et se tint debout au même endroit jusqu'à ce que nous ayons atteint l'autre rive de la lagune. Un taxi nous attendait pour nous conduire chez Chandru, à quelque soixante-cinq kilomètres de là. À peine installé dans le taxi, je fondis en larmes au souvenir de la tendresse qu'Amma m'avait manifestée. Une dizaine de kilomètres défilèrent ainsi avant que je ne parvienne à me maîtriser. Chandru me regardait, perplexe, mais ces crises de larmes n'étaient plus pour lui une nouveauté et il s'abstint de me questionner. Une paix indescriptible envahit mon esprit, je ne pouvais penser à rien d'autre qu'à Amma. Chandru se mit à m'entretenir de choses et d'autres, mais j'étais incapable de lui répondre. Mon cerveau refusait de penser. Bien que toujours malade et très faible, je ne me souciais plus guère de mon corps. Elle avait dit qu'il irait mieux et je pensais donc qu'il en serait ainsi.

Lorsque nous arrivâmes chez Chandru, je me sentis de l'appétit pour la première fois depuis des mois. Je demandai à sa mère de me préparer du riz et des légumes que je mangeai sans ressentir la moindre douleur abdominale. À partir de ce jour, je fus capable d'avaler une nourriture normale. Grâce à quoi, je repris progressivement des forces et pus me déplacer tout seul et même accomplir quelques menus travaux. La faiblesse et les douleurs dans le dos persistaient, mais sans commune mesure avec ce qu'elles étaient avant que je vienne voir Amma.

Le lendemain, nous prîmes le train pour Tiruvannamalai. Après environ une demi-heure de trajet, je me mis à sentir le même parfum divin que j'avais déjà senti en présence d'Amma. Fouillant dans mes affaires, je découvris que l'odeur provenait du chapelet qu'elle avait pris dans ses mains. Cette odeur était aussi forte que si l'on avait versé dessus un flacon de parfum. Je mis le chapelet dans un sac en plastique et le rangeai. Quelques minutes plus tard, le même parfum me frappa. Je sentis que j'allais me mettre à pleurer. Soudain, l'odeur changea : ce fut celle des fleurs de jasmin, puis des citrons frais, puis celle de l'encens ordinaire et enfin, celle du manioc cuit. Toutes choses que l'on trouvait toujours à proximité d'Amma. À l'époque où nous l'avions vue, elle mangeait du manioc plutôt que du riz comme aliment de base.

J'appelai Chandru et lui demandai s'il sentait ces divers effluves. Il ne sentait rien. Je lui demandai alors de garder son nez proche du mien et de voir s'il sentait quelque chose. Les autres passagers devaient vraiment se demander ce que nous faisions ! Pourtant, Chandru ne sentait toujours rien alors que les odeurs

Amma devant la première hutte - 1980

Vers la plénitude

emplissaient mes narines comme si l'on avait placé ces divers produits juste sous mon nez. Ce doit être le jeu d'Amma, me disje. Chandru se rassit. Mais au bout de deux minutes, il s'écria : « Ça y est, je le sens ! Je le sens ! » Au cours des seize heures du voyage, ces odeurs se firent sentir par intermittence, de pair avec une sensation de la présence d'Amma. C'est sans aucun doute une idée étrange de penser qu'une personne puisse être présente bien qu'invisible. Pourtant, c'était bel et bien notre impression et elle reçut par la suite confirmation d'Amma elle-même.

Nous passâmes les quarante-et-un jours suivants à Tiruvannamalai. Les festivités du centenaire de la naissance de Ramana, menées à une échelle impressionnante, furent effectivement grandioses. J'étais heureux de pouvoir y assister. Mais bien que debout près de la tombe de Ramana, mes pensées étaient avec Amma. Je me sentais comme quelqu'un qui, bien que se cramponnant à son arbre, est balayé par une tornade. Pendant onze ans, le centre et le support de ma vie avaient été Ramana. Même mon association avec Ratnamji et Swamiji semblait avoir été amenée et guidée par Ramana. De cette tombe émanait pour moi une présence vivante qui avait été le secours et la consolation de mon esprit souvent troublé. En fait, même la lumière subtile ou le courant de conscience qui s'était fait jour dans mon esprit étaient d'une manière ou d'une autre liés à la présence de Ramana.

À présent, bien que me tenant devant lui, la présence intérieure que je ressentais était celle d'Amma. Était-ce l'effet de cette nuit où sa lumière était entrée en moi, la veille de mon départ ? Cela ne faisait aucun doute et je ne m'en plaignais pas. La compagnie et la supervision d'un *mahātmā* vivant dans un corps sont toujours préférables à celles d'un *mahātmā* ayant quitté l'enveloppe physique. Je me consolais en pensant que le Père m'envoyait à la Mère après m'avoir en partie élevé.

Le rituel qu'Amma m'avait recommandé de faire exigeait que je me trouve devant un temple, n'importe lequel, avant deux heures du matin. Là, priant Dieu de me délivrer de l'influence négative qui m'affectait, je devais passer un brandon enflammé au-dessus et autour de ma tête. Je le fis tout au long des quarante-et-un jours. Pendant ce temps, Chandru s'efforçait de son mieux de pourvoir à mes besoins. Ce fut une rude épreuve pour lui. Ratnamji m'avait formé de façon si stricte que toute action devait être accomplie d'une manière spécifique. Pas même une boîte d'allumettes ne devait être disposée au hasard. Je tenais à ce que Chandru fasse de même. Il dut, bien sûr, se battre tout au long de ces quarante-et-un jours mais plus tard, il reconnut que cela l'avait bien préparé aux quatre années qu'il dut passer loin d'Amma, à étudier le *Vēdānta* à Bombay.

C'est à cette époque que je fis la connaissance de Gayatri. Originaire d'Australie, elle était venue à Arunachala au pied levé, comme portée par les circonstances. Elle y vivait depuis près d'un an, cuisinant pour des dévots locaux et menant une vie extrêmement austère. Elle n'avait pas un sou vaillant et certains jours, pour manger, elle arrachait des feuilles aux arbres. De quelque mystérieuse façon, un peu d'argent ou de nourriture lui parvenaient de temps à autre, ce qui lui permettait de continuer à vivre de la sorte. Elle avait entendu parler d'Amma par Chandru au détour d'une conversation et nourrissait le désir intense de la rencontrer. En fait, elle souhaitait se rapprocher d'Amma au point de devenir son assistante personnelle pour pouvoir la servir.

Gayatri avait un esprit d'une rare innocence. Elle était incapable de la moindre mauvaise pensée envers qui que ce soit,

Vers la plénitude

même fugitivement, quel que soit le tort qu'on ait pu lui faire. De surcroît, elle souhaitait vivre retirée du monde et s'en remettait à Dieu pour prendre soin d'elle et lui montrer la voie de la réalisation. Un jour, pendant qu'elle méditait, elle vit un éclair de lumière et perçut Amma comme une forme vivante à l'intérieur d'elle-même. Le cri de « Mère, Mère, Mère » monta spontanément en elle, puis tout disparut dans un profond silence. Dès lors, elle devint extrêmement impatiente de rencontrer Amma. Quand elle apprit que nous devions bientôt y retourner, elle nous demanda de l'emmener. Chandru me jeta un regard et dit : « Je pense que cette jeune femme pourrait s'occuper d'Amma. Emmenons-la. » Après avoir pris des dispositions pour le gardiennage des maisons de Tiruvannamalai, nous partîmes tous trois, ignorant qu'une vie nouvelle s'ouvrait devant nous.

« Amma est dans son bain. Elle va venir bientôt ». C'était l'un des garçons qui venaient voir Amma les jours où il n'y avait pas de *darśhan*. Nous l'avions trouvé en train de méditer devant le temple. Nous nous assîmes pour attendre Amma. Elle arriva au bout de quelques minutes, courant comme une petite fille et nous accueillit avec des rires. Nous nous prosternâmes à ses pieds et lui présentâmes Gayatri. Après l'avoir attentivement examinée, elle s'assit avec nous. Chandru lui raconta notre étrange expérience du train.

« Quand tu es parti d'ici, tu étais très malade », dit-elle en me regardant. « Je pensais à toi et c'est pourquoi tu as senti ma présence. »

« Amma », lui demandai-je, « suffit-il donc que tu penses à quelqu'un pour qu'il sente ta présence comme si tu étais là ? Comment est-ce possible ? »

« Mon fils, cela demande de la concentration et n'est possible qu'à cette condition. D'abord, je me dis : « Untel est actuellement à tel endroit. Mais cet endroit et tous les endroits du monde sont à l'intérieur de moi. » Pensant de la sorte, mon esprit se porte vers cette personne. Si son mental est un tant soit peu pur, il sentira sûrement quelque chose. Si tu me demandes pourquoi je me tourne vers cette personne en particulier, je ne peux le dire. Cela me prend comme ça, c'est tout. » Sur ce, elle se mit à rire. Des enfants jouaient non loin. Elle se leva et commença à les poursuivre, jouant à chat avec eux. Elle courait et piaillait autant qu'eux. Mis à part sa taille, on aurait cru qu'elle avait six ou sept ans. Au bout d'un quart d'heure environ, elle nous rejoignit, essoufflée.

« On devrait passer plus de temps chaque jour avec de jeunes enfants », dit-elle. « Leur innocence finirait par déteindre sur nous et nous serions heureux comme des enfants. En fait, il est dans notre véritable nature d'être un innocent petit enfant de Dieu, mais nous laissons des choses telles que la convoitise, la colère ou l'avarice recouvrir tout cela. On lit dans les yeux d'une personne qui a réalisé Dieu la même innocence que dans le regard d'un enfant. »

Amma, car c'est ainsi que nous l'appelions, demanda à Gayatri de s'asseoir près d'elle et de méditer. Au bout de quelques minutes, elle appuya un doigt entre les sourcils de Gayatri et la fixa intensément. Ce faisant, elle semblait avoir un but bien précis. Après avoir gardé le doigt comme cela quelques minutes, elle sourit tout à coup. Quoi qu'elle ait voulu faire, elle y était apparemment parvenue. Gayatri ouvrit lentement les yeux. Elle était très timide et pleine d'hésitation devant Amma.

« Ma fille, ne sois pas si timide. Pour progresser dans la vie spirituelle, une fille doit abandonner sa timidité. Si elle souhaite réussir, la femme doit développer certaines qualités masculines, comme le détachement et le courage. En général, les femmes ne sont pas intéressées à renoncer au monde pour atteindre Dieu. Sinon, qui poursuivrait la création ? Mais si d'aventure leur intérêt est éveillé, elles peuvent faire des progrès encore plus rapides que les hommes. »

On décida que je logerais dans la maison, Amma et Gayatri dormant dans le temple et Chandru n'importe où il pourrait se garer de la pluie et du froid. Cette nuit-là, Amma fit coucher Gayatri à côté d'elle et s'endormit les jambes posées sur celles de Gayatri. Son innocence enfantine, jointe à son affection maternelle et à ses conseils, avaient touché le cœur de Gayatri et l'avaient immédiatement liée à Amma. Dès le deuxième jour, elle était décidée à ne plus jamais retourner à Arunachala. En ce temps-là, à part quand elle méditait, Amma passait tout son temps avec nous, nous nourrissant de sa main, plaisantant ou chantant et racontant d'intéressantes anecdotes. On ne s'ennuyait jamais avec elle et au fil des jours, nous prenions conscience que seule Amma existait dans nos pensées.

Le *darśhan* commençait à six heures du soir pour se terminer vers six-sept heures du matin. Même après, Amma s'asseyait devant le temple pour discuter avec les dévots de passage jusque vers dix-onze heures. Nous n'arrivions pas à comprendre comment elle pouvait supporter de telles contraintes jour après jour. Les trois nuits de *darśhan*, nous n'avions aucune envie de dormir. Comment aurions-nous pu dormir à notre aise quand Amma restait debout toute la nuit pour venir en aide aux autres ? Au début, les autochtones ne parvenaient pas à concevoir que deux étrangers souhaitent rester vivre dans un petit village de pêcheurs avec une « folle » comme Amma. Mais rapidement, ils nous virent comme deux des leurs qui ressentaient simplement envers Amma une puissante attraction, comme eux-mêmes. Amma nous interdisait de révéler sa véritable nature aux visiteurs ou aux villageois. Elle estimait qu'il ne fallait pas perturber leur foi, car c'était par cette foi qu'ils résolvaient leurs problèmes.

« Tout viendra en temps et en heure, mes enfants. Qui vous a amenés ici ? Celui-là même qui pourvoira tout le nécessaire, quand ce sera nécessaire. Contentons-nous de faire notre travail sans en désirer les fruits. Amma n'a pas besoin de publicité. Ceux qui ont le cœur pur et la soif de Dieu viendront à sa recherche et la comprendront. »

Elle continuait à jouer le double jeu : Dieu pendant le *darśhan* ; jeune fille un peu folle, mais au demeurant charmante, le reste du temps.

Peu de temps après notre installation définitive auprès d'Amma, on construisit une hutte qui allait devenir le premier bâtiment de l'*āśhram*. Il s'agissait d'une unique pièce, assez vaste pour qu'on puisse en utiliser la moitié comme cuisine et le reste comme pièce à vivre et à dormir. D'un côté s'étaient installées Amma et Gayatri, tandis que Balu et moi occupions l'autre côté. Balu était l'un de ces jeunes gens assez heureux pour avoir obtenu du père d'Amma la permission de vivre sur place. Gayatri s'occupait de la cuisine. Bien que construite en palmes de cocotiers, la hutte suffisait à nous protéger des éléments. Malheureusement, comme c'était le seul abri possible, les nuits de *darśhan*, les visiteurs s'y entassaient comme des sardines, nous laissant à peine la place de nous allonger.

Nous passions le plus clair de notre temps à nous adapter au flot incessant de gens entrant et sortant de la hutte à toute heure du jour et de la nuit. Empêcher les gens de déranger Amma lorsqu'elle s'était enfin endormie devint un travail à part entière. Ils accouraient dès qu'ils en trouvaient le temps, sans jamais prendre en considération le fait qu'elle n'avait peut-être pas dormi depuis deux ou trois jours. Combien de fois j'ai dû m'étendre en travers de sa porte pour que personne n'entre afin qu'Amma puisse bénéficier de quelques heures de repos ! La voir dormir en paix devint ma plus grande joie. Le monde est plein de louanges pour qui manifeste de temps à autre effacement et don de soi. Amma était l'incarnation même de l'abnégation. Elle était prête à donner sa vie pour soulager l'individu le plus insignifiant de ses souffrances. Pour ce faire, elle sacrifiait le sommeil, la nourriture et tout ce qu'elle pouvait appeler sien. Un exemple suffit à illustrer ce point.

Une nuit, le *darśhan* se termina un peu plus tôt que d'habitude, vers quatre heures du matin. On était en saison des pluies si bien qu'il y avait peu de monde. Après le *darśhan*, Amma s'assit devant le temple et discuta avec quelques dévots jusque vers cinq heures, cinq heures et demie. Après bien des remontrances de notre part, elle accepta enfin de se retirer dans la hutte pour se reposer. À peine étions-nous couchés et les lumières éteintes que nous entendîmes appeler à la porte. C'était une dame qui avait manqué son autobus pour venir ici. Elle avait marché toute la nuit, parcourant une grande distance pour venir voir Amma pendant le *darśhan*. Trouvant le *darśhan* terminé, elle souhaitait au moins voir Amma avant de s'en retourner. Mais nous n'avions aucune envie de lui ouvrir.

« Ouvrez ! » exigea Amma. « Je ne suis pas ici pour me prélasser. Si je peux alléger les souffrances d'autrui, au moins un petit peu, cela me suffit. Mon bonheur est le bonheur des autres. Vous rendez-vous compte au prix de quelles difficultés cette femme est parvenue jusqu'ici, juste pour se décharger sur moi du fardeau de ses peines ? Parmi les gens qui viennent ici, certains sont si pauvres qu'il leur faut économiser le moindre sou pendant des jours et des jours pour pouvoir se payer le voyage en bus. Avant que vous ne veniez vivre ici, j'étais libre de rencontrer quiconque arrivait, quelle que soit l'heure. À l'avenir aussi, il faudra me le permettre, sinon je retournerai dormir dehors comme avant. Ai-je besoin de cette couverture ou de cet oreiller ? Je n'avais rien avant et, même maintenant, je n'ai besoin de rien. Je n'utilise ces choses que pour vous faire plaisir. » Sur ce, elle se leva, parla avec la femme et ne retourna dormir qu'après l'avoir réconfortée.

Amma, après m'avoir lié à elle par son comportement affectueux, commença lentement et de façon subtile à m'instruire. Elle ne me donnait jamais de longues explications, se contentant de quelques mots ou suggérant un petit changement dans ma manière de penser ou d'agir. À peine trois ou quatre jours après mon arrivée, elle remarqua que le temple n'avait pas été nettoyé alors qu'il était déjà sept heures du matin. Elle m'appela. Comme j'étais encore très faible et mon corps perclus de douleurs, je passais le plus clair de mon temps couché. Étant elle-même complètement détachée de son corps et voulant que j'accède à son niveau, bien que ce soit parfaitement impossible, elle m'enjoignit de nettoyer le temple et s'attela elle-même à la tâche. Je dus me battre et serrer les dents, mais je parvins tout de même à le faire. Amma semblait toujours trouver quelque travail dont elle ne pouvait charger que moi ! Ce n'est pas que je ne voulais pas travailler, mais l'effort physique était synonyme de souffrance et c'est cela que je désirais éviter. Tout en sachant que c'était un obstacle à mon progrès spirituel, je rechignais toujours à endurer la douleur.

Il est dit que, tout comme il y a trois types de docteurs, il y a aussi trois types de *gurus*. Le premier docteur fait ses recommandations au patient et s'en va, sans se soucier de savoir si le patient a pris ses médicaments. Il ressemble au *guru* qui prodigue ses conseils mais ne se préoccupe pas de vérifier s'ils sont suivis et si les disciples progressent. Le second type de docteur prescrit un remède et admoneste le patient pour qu'il le prenne. Il est pareil au *guru* qui, déjà plus sincère, fait preuve d'une grande patience envers le disciple et prend toutes les peines du monde pour lui expliquer les choses et l'exhorter à suivre les conseils donnés. Enfin, il y a le docteur qui n'hésite pas à grimper sur la poitrine du patient pour lui administrer de force le médicament, sachant pertinemment que sans cela, il ne le prendra pas. C'est le meilleur docteur. Amma était comme ce dernier docteur. Sachant que je ne rejetterai pas l'attachement à mon corps, elle fit en sorte que j'y sois forcé. Même pendant le *darśhan*, chaque fois que j'étais sur le point de me lever pour partir, elle me faisait rasseoir et trouvait quelque bonne raison pour m'obliger à rester.

« Je suis Śhakti elle-même », disait-elle. « Ne te donnerai-je pas la force de rester assis là ? Parce que tu t'inquiètes de comment tu te sentiras demain, tu veux te lever et partir aujourd'hui. » À ma grande surprise, bien qu'agité, perclus de douleurs et faible, je découvris que j'étais capable de rester assis à ses côtés jusqu'à la fin du *darśhan*. En fait, c'était ces jours-là que je méditais le mieux.

Un jour, pendant la saison des pluies, je pris froid et fis une petite poussée de fièvre. Lorsque la fièvre disparut, je me mis à tousser. Cette toux devint si forte et persistante que je commençais à me dire que j'avais attrapé quelque chose aux poumons. Cela persista près d'un mois. La nuit, je restais assis dehors, à l'écart de la hutte pour ne pas déranger le sommeil d'Amma et des autres et je passais des heures à tousser. Finalement, je décidai d'aller voir un docteur qui me donna des médicaments en me disant de les prendre pendant une semaine.

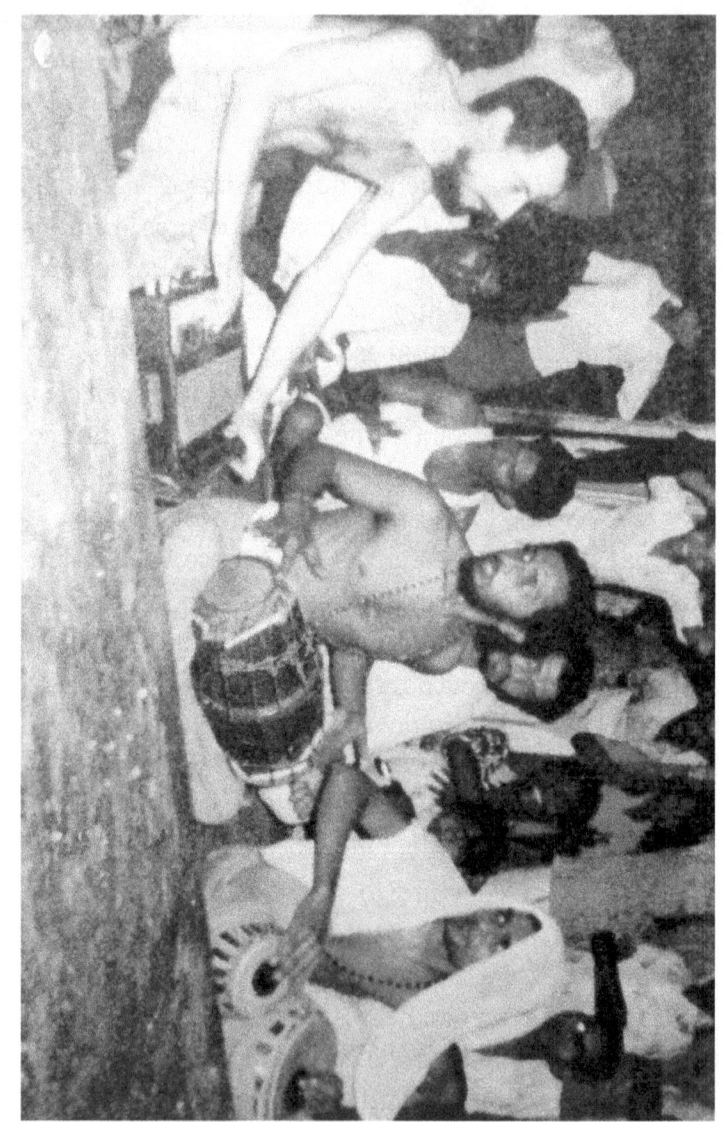

Les *bhajans* au début

Vers la plénitude

De retour à l'*āśhram*, je mis les médicaments entre les mains d'Amma et lui demandai de les bénir. C'est l'habitude pour les gens qui veulent prendre des remèdes tout en ayant foi que, par la grâce d'Amma, ils iront infailliblement mieux. Elle ferma les yeux un moment, puis me rendit les médicaments. Elle avait fait un vœu, ou *sankalpa*, par la puissance duquel je pouvais être certain de guérir. Il est dit que la volonté d'un Être illuminé est parfaite et peut accomplir n'importe quoi, même ce qui paraît impossible. S'Il en prend la ferme résolution, le vœu se réalisera en dépit de tous les obstacles. Je pris donc les médicaments pendant un jour ou deux, mais ne constatais pas la moindre amélioration. J'avais très mal dans la poitrine en respirant et étais anxieux de trouver un soulagement. Je résolus d'aller voir un autre docteur et en revins avec d'autres médicaments. À nouveau, je les remis à Amma qui ferma les yeux puis me les rendit. Je pris les médicaments pendant quelques jours, mais n'en éprouvais aucun soulagement. Quelque chose clochait-il dans le pouvoir de *sankalpa* d'Amma ? Ce jour-là, elle se rendit dans un village voisin pour rendre visite à un dévot qui l'avait invitée. Sentant que j'allais devenir un fardeau pour les autres, j'en profitai pour me faire admettre dans un hôpital privé avec l'idée d'y rester jusqu'à ce que ma santé s'améliore. Je savais qu'Amma, maternelle comme elle l'était, n'aurait pas accepté de me laisser partir à l'hôpital. Je profitai donc de son absence pour m'y rendre avec son père, à une quinzaine de kilomètres de l'*āśhram*.

J'y séjournai trois jours et toujours pas d'amélioration en vue. On me donna quantités d'antibiotiques, mais sans résultat. Entre-temps, Amma avait appris ma fuite, mais n'avait rien dit. Dans le courant de ma troisième nuit d'hôpital, je perçus soudain très intensément sa présence. Pris de sanglots incontrôlables, je n'avais plus qu'une idée : aller la retrouver. Mais comment faire ? J'avais pris l'engagement de ne pas quitter l'hôpital avant d'être guéri. Le lendemain matin, le docteur vint me voir et me donna des cachets en me disant que je souffrais peut-être d'une forme d'allergie et non d'une infection. À ce moment précis, Amma entra, accompagnée d'une quinzaine de personnes.

« Mon enfant, la nuit dernière je me suis mise à penser intensément à toi. Éprouvant une grande compassion pour tes souffrances, j'ai composé ce chant à la Amma divine : »

Īsvari jagadīsvari

Ô Déesse, Déesse de l'univers,
Toi qui protèges,
Toi qui donnes la grâce et le salut éternel,
Délivre-moi de ma douleur.

J'ai vu les plaisirs de ce monde
Et cette vie pleine d'afflictions.
Je t'en prie, ne me fais pas souffrir
Comme le papillon de nuit qui vole dans la flamme.

Devant moi, le nœud coulant du désir,
Et derrière, le nœud coulant de la mort.
Ô Mère, n'est-il pas pitoyable
De jouer à les nouer ensemble ?

En ne me montrant pas la mauvaise voie,
Ô toi l'Éternelle, répands sur moi ta grâce
Ô Mère qui détruis toutes les misères,
Soulage-moi du fardeau de mes peines.

Ce qu'on voit aujourd'hui, demain ne sera plus.
Ô Toi, pure Conscience, tout cela est Ton jeu.
Seul ce qui « est » perdure,
Tout ce qui peut être détruit n'est qu'éphémère.

Ô Mère de l'univers, je Te prie à mains jointes
Afin d'atteindre le but de la naissance humaine.
Ô Déesse de l'univers, présente en toute forme,
Je me prosterne à Tes pieds.

Amma dit alors :
« J'ai décidé de venir te chercher ici aujourd'hui. Tu dois revenir à l'*āśhram*. Ne t'inquiète pas. Bientôt, tu te sentiras mieux. »
« Amma », lui demandai-je, « pourquoi les médicaments que tu avais bénis n'ont-ils pas fait effet ? »
« Quand j'ai fait ce vœu, j'ai pensé : « Que son état s'améliore par la prise de ces médicaments. » Mais tu ne les a pris qu'un jour ou deux. N'aurais-tu pas dû te montrer patient pour laisser au *sankalpa* le temps de faire effet ? Comme un enfant agité, tu as couru d'un médecin à l'autre. Même si je bénis les médicaments, tu dois les prendre pour que cela marche. »

Le médecin, bien sûr, accepta de me laisser partir et nous retournâmes à l'*āśhram*. C'était un soir de *darśhan*. Ma toux était encore très forte. Au cours du *Kṛishṇa Bhāva*, je me rendis auprès d'Amma. Elle mit une main sur ma tête et l'autre sur mon cœur et resta ainsi à me regarder en souriant pendant quelques instants. Elle me fit ensuite signe d'aller m'asseoir dans un coin du temple. Lorsque je regardai autour de moi, après m'être assis, je découvris avec stupeur que je discernais très distinctement une lumière divine sur tous les visages que je regardais. Par ailleurs, mon corps me semblait de bois, non pas lourd, mais insensible. Je continuais à tousser, mais je m'en fichais éperdument. Je goûtais un profond détachement du plan physique et l'ivresse de la Béatitude emplissait mon esprit.

Je me levai et quittai le temple. Le dîner était servi à heure fixe. Je m'aventurai dans la cuisine, mais ne pus avaler quoi que ce soit. Toute nourriture avait l'apparence et le goût du caoutchouc. Qui aurait faim en un tel moment ? Qui pourrait même penser à manger ? Je regagnai le temple et y demeurai une heure de plus. Au bout de trois heures dans cet état, je retrouvai progressivement mon état normal. Dans les deux jours, ma toux commença à diminuer et très vite, elle disparut.

Chapitre 7

Avec la Mère divine

A mma est la Mère de tous ceux qui viennent à elle, hommes ou femmes, jeunes ou vieux. Elle les considère tous comme ses propres enfants ce qui, en retour, les incite à voir en elle leur propre Mère. Ceci amena une grande révolution dans l'esprit de bien des gens qui venaient à elle. Ils se rendirent compte qu'elle n'attendait rien de personne et qu'au lieu de cela, elle leur offrait sans compter son temps, sa nourriture, sa santé et même son repos. Elle le faisait pour tous, sans égard pour ce qu'ils étaient. Ils se dirent qu'il n'existait nulle part ailleurs un amour si désintéressé. Une mère peut se fâcher lorsqu'on lui désobéit ou qu'on lui manque de respect, mais Amma pardonnait même à ceux qui avaient essayé de la tuer et les aimait comme s'ils avaient été de vilains petits enfants. Elle ne demandait jamais rien à personne et acceptait tout un chacun tel qu'il était, propre, sale, ou quoi que ce soit.

En raison de cet amour si plein d'abnégation, nombre de gens développèrent envers Amma un attachement très solide. Beaucoup découvrirent qu'en dehors d'elle, ils ne trouvaient aucun sens à leur vie. Elle était toujours présente dans leurs pensées. Ils commencèrent à songer à se débarrasser de leurs vices, car cela n'était pas digne d'un de ses enfants, bien qu'elle ne leur eût jamais rien dit de tel. Certains même, en dépit de ses protestations qu'elle ne pouvait nourrir et subvenir aux besoins de personne, vinrent s'installer près d'elle, abandonnant foyer, travail, études. C'étaient pour la plupart de jeunes diplômés qui trouvaient peu de perspectives de bonheur réel dans la vie du monde extérieur comparé au merveilleux amour d'Amma, si pur et désintéressé.

En parlant à ces garçons, elle soulignait l'illusion qui consiste à rechercher le bonheur dans la vie du monde. Elle montrait comment quelques moments de plaisir se paient d'années de souffrance. Nous nous agitons à la recherche des plaisirs et même lorsque nous avons assouvi nos désirs, d'autres surgissent interminablement. Les satisfactions répétées, loin de mener à la plénitude, ne nous conduisent qu'à l'ennui et pour finir, au désespoir. Si le bonheur réel et durable ne réside pas dans une perpétuelle satisfaction des sens, où peut-il bien se cacher ?

Amma montrait à ces jeunes gens que l'énergie employée à des fins matérielles peut aussi bien être dirigée pour obtenir l'expérience de la béatitude intérieure et de la Connaissance divine. Le plaisir profane dissipe notre énergie et est une mort lente, tandis que l'expérience spirituelle nous emplit d'énergie et nous emporte vers des sommets de réalisation et de béatitude subtiles inconnus de l'homme ordinaire. Amma disait :

« Le nectar repose au sommet de la tête, dans le lotus mystique aux mille pétales, mais l'homme est si occupé par les cinq sens en-dessous qu'il ne prend jamais la peine d'aller voir là-haut. »

Ayant elle-même réalisé la Vérité, ses paroles avaient plus de poids que tous les livres. Elle incarnait son enseignement. Toutefois, elle ne poussait personne à s'adonner à des pratiques

Amma et Neal

spirituelles, se contentant de mettre les gens en contact avec ces idées.

Deux ans après mon arrivée, un groupe de cinq à six jeunes gens vinrent vivre auprès d'Amma. Il n'y avait d'abri pour personne si bien qu'ils dormaient à la belle étoile, sous un arbre ou devant le temple. Ils ne prêtaient aucune attention à leur nourriture ou à leurs vêtements, s'accommodant simplement de ce qui se présentait. Amma leur avait répété maintes fois qu'elle ne pouvait subvenir à leurs besoins, mais malgré tout, ils n'acceptaient pas de la quitter. Sa compagnie et ses paroles étaient tout ce qu'ils désiraient et l'on ne pouvait qu'admirer leur esprit de renoncement. S'ils n'étaient pas consumés par le désir de la réalisation, ils estimaient toutefois que la recherche du bonheur ne pouvait trouver de réponse dans la vie du monde extérieur. Les plaisirs du monde les laissaient indifférents et ils trouvaient dans la présence de Amma leur unique source de paix et de bonheur.

Mis à part le fait qu'ils fermaient les yeux pour se recueillir quelques minutes ou chantaient des chants dévotionnels pendant le *darśhan*, on ne pouvait pas dire pour autant qu'ils étaient engagés dans la voie spirituelle. Bien que conscient de leur vécu et de leur relation avec Amma, je commençais à m'irriter de leur manque de sérieux dans la pratique spirituelle. Leur attitude avec Amma était celle d'enfants avec leur mère. L'enfant ne veut rien d'autre qu'être avec sa maman. À quoi bon s'efforcer de lui ressembler ? Le bonheur d'être en sa compagnie lui suffit.

J'avais quant à moi recherché la compagnie d'Amma pour aller plus loin dans la vie spirituelle et, la considérant comme mon *guru* et mon guide, j'étais très peiné quand certains des garçons ne lui montraient pas le respect dû à un *mahātmā*. Elle me répéta maintes fois qu'ils ne la voyaient pas avec les mêmes

Avec la Mère divine

yeux que moi et que, par conséquent, je ne devais pas m'attendre à ce que leur comportement ressemble au mien. Leur manque total de discipline commença à m'irriter sérieusement et j'en vins à me demander pourquoi je restais. La compagnie d'un saint est sans nul doute l'aide la plus puissante qui soit au progrès spirituel, mais l'atmosphère générale doit également y inciter.

J'avais souhaité et espéré une atmosphère d'*āśhram* autour d'Amma, mais ne la trouvant pas, j'en rejetais le blâme sur ceux qui étaient venus s'installer auprès d'elle. Je me mis à voir leurs défauts et leur manque de spiritualité plutôt que leurs qualités et leur détachement de la vie matérielle. Mon mental devint excessivement agité et j'envisageai de retourner à Arunachala. Peut-être m'étais-je trompé en venant m'installer ici pour toujours. Je ne pensais pas que les choses prendraient cette tournure. J'avais espéré que le jour viendrait où Amma serait reconnue et respectée en tant que *mahātmā* et qu'un *āśhram* se formerait autour d'elle. J'étais déçu. Telles étaient alors mes pensées.

Alors que j'étais pratiquement décidé à partir, je fis un rêve une nuit. Amma me regardait tandis que dans le ciel, la pleine lune brillait à sa gauche et le soleil à sa droite. Elle me montra du doigt le soleil et dit :

« Vois-tu ce brillant rayon de soleil ? De la même manière que tu le voies, essaie de voir le rayon de lumière divine dans les yeux de chacun. » En me réveillant, je me sentais heureux. Le lendemain, je questionnai Amma sur ce rêve.

« Oui », répondit-elle, « tu dois t'efforcer de voir cette lumière en chaque personne. Si tu n'es pas capable de voir au-delà des défauts des autres, comment pourras-tu voir cette innocente lumière ? Tu dois essayer de trouver cette innocence en chacun. »

Je constatai que le conseil était tout à fait approprié. En fait, si l'on pouvait l'appliquer pleinement, que resterait-il de la convoitise, de la colère, de la jalousie ou de l'antipathie ? Amma voyait clairement en tous la lumière divine et pouvait donc donner ce conseil en connaissance de cause. Sa vie entière n'était-elle pas l'expression de cette expérience ? Elle ajouta qu'au début il faut s'entraîner à imaginer Dieu dans chaque personne, un peu comme on répète pour un spectacle, mais qu'après, cela vient spontanément. En suivant ses conseils, mon aversion envers les résidents et les visiteurs se dissipa et j'accédai à un nouveau plan de paix intérieure, de moins en moins troublé par les circonstances qui m'entouraient. Je continuais à souhaiter que l'on témoigne à Amma tout le respect qui lui était dû, mais pour cela, il allait falloir attendre encore quelques années. Je devais laisser de côté mes idéaux et mes grands espoirs et pénétrer plus profondément dans la subtile présence intérieure d'Amma. Rien d'autre ne devait compter.

Par la suite, de nouveaux arrivants vinrent s'installer auprès d'Amma. Elle n'exigeait pas d'eux qu'ils méditent ou qu'ils adoptent une quelconque discipline quotidienne. La raison en était simple : ces personnes ne recherchaient pas la compagnie d'Amma par désir de réalisation spirituelle, mais simplement pour la paix et le bonheur qu'elles goûtaient en sa présence. Si Amma avait exigé d'elles un semblant de discipline, elles seraient immédiatement retournées à leurs foyers et à leurs activités dans le monde. Elle était dans une phase où elle se les attachait par son amour désintéressé. Le moment venu, elle commencerait à les façonner spirituellement.

Telle est la manière de procéder d'un véritable *guru*. Ce n'est ni sa philosophie ni ses idéaux qui, au cours des longues et pénibles années de pratique spirituelle à venir, maintiendront la relation de *guru* à disciple. Cette relation ne perdure que par la certitude du disciple que le *guru* éprouve pour lui un amour et une sollicitude infinis. Un véritable *guru* commence par s'attacher le disciple par l'amour, puis graduellement, il le guide dans l'apprentissage de la discipline afin de lui révéler les mécanismes du mental, de surface ou cachés. Il le mène ainsi jusqu'au point le plus subtil, là où commence l'existence même du mental. Parvenant à la racine du mental, le disciple reconnaît dans la vérité qui brille en lui son véritable Soi et comprend que le corps et le mental ne sont que des projections irréelles de ce Soi, de sa véritable nature. Pour la plupart des aspirants spirituels, ce processus est très long et peut même demander plus d'une vie. La voie de la connaissance du Soi et du renoncement au mental trompeur est semée d'épreuves et de mésaventures. L'amour est le principal moteur de l'univers et seul l'amour peut nous pousser à persévérer jusqu'au bout, en dépit des embûches du chemin. Si, au début, l'amour fait défaut, le disciple s'enfuira aux premières difficultés. Il est par conséquent du devoir du *guru* d'instiller dans le cœur du disciple, dès le début de la relation, un sentiment d'amour et de confiance, laissant de côté tout le reste.

La capacité à se montrer patient face à la douleur, physique ou mentale, est une qualité essentielle pour qui souhaite résider un jour dans le Soi. Là, rien ne peut altérer la béatitude intérieure, pas même la douleur intense ni le profond chagrin. Il me semblait qu'Amma me donnait de multiples occasions de m'exercer pour m'aider à atteindre cet état. Un incident survenu peu après acheva d'ailleurs de m'en convaincre.

Un jour, un dévot invita Amma à lui rendre visite chez lui à une quinzaine de kilomètres et environ deux heures de chants dévotionnels avaient été prévues dans la soirée. À cette époque, nous n'étions que quatre à savoir jouer de l'harmonium, sorte d'orgue actionné à la main essentiel à l'accompagnement musical. L'un des joueurs, un jeune homme, était parti faire des courses et n'était pas encore rentré. J'avais souffert toute la journée d'une sévère migraine et c'est à peine si je pouvais me tenir assis. Amma me fit appeler pour que je l'accompagne.

« Amma », dis-je plaintivement, « ma tête est sur le point d'éclater. Ne peux-tu demander à quelqu'un d'autre de t'accompagner pour jouer de l'harmonium ? »

« Comment ! » s'exclama-t-elle. « Ce n'est pas possible ! Si tu ne viens pas, cela n'ira pas. Il faut que tu viennes ! »

J'avais décidé de m'abandonner à mon *guru*, quoi qu'il arrive. C'était l'occasion ou jamais de m'y exercer. Je l'accompagnai donc et m'installai pour jouer. Les larmes coulaient de mes yeux, non de chagrin, mais à cause de la pression et de la douleur dans ma tête. Je fus forcé de détacher mon esprit de mon corps et jouai sans me préoccuper des conséquences. Sur le moment, je me dis que la mort devait être ainsi. Il faut bien en supporter la douleur, impuissants que nous sommes à faire quoi que ce soit d'autre. Plus tard dans la soirée, lorsqu'on servit le repas, je ne pus rien avaler car j'avais vaguement la nausée. De retour à la maison, je pus enfin dormir. Le lendemain, comme Amma passait devant moi, elle fit remarquer à quelqu'un à côté de moi : « Tu vois comme je suis cruelle ! En dépit d'un atroce mal de tête, je l'ai forcé à jouer de l'harmonium. » En fait, elle estimait que c'était ce dont j'avais besoin pour atteindre un niveau spirituel plus élevé.

Il ne faudrait pas en conclure qu'Amma est cruelle envers ses enfants. En fait, c'est tout le contraire, mais elle n'hésite pas à faire ce qui est bon pour son disciple, que cela soit agréable ou douloureux.

Une autre fois, alors que j'avais un mal de tête similaire, Amma me fit appeler et commença à m'entretenir de quelque chose. Je lui dis qu'il m'était impossible de me concentrer sur

Amma - 1982

ses paroles car j'avais trop mal. Elle me dit d'aller m'allonger. Je retournai à ma chambre tandis qu'elle se rendait devant le temple pour les *bhajans* du soir. Au milieu du deuxième chant, elle s'arrêta de chanter. À ce moment précis, une lumière apaisante apparut dans mon champ mental, puis s'évanouit. Au bout de quelques instants, elle revint et aspira en elle toute ma douleur, pourrait-on dire. Puis elle disparut et Amma reprit son chant. Me sentant plutôt bien, je me levai, allai au temple et assistai au reste des *bhajans*.

Il y eut d'autres occasions où Amma me soulagea d'une souffrance excessive. Un jour, durant le *Kṛiṣhṇa Bhāva*, je me rendis au temple et me tins dans un coin à la regarder. Je ressentais des douleurs exceptionnellement fortes dans tout le corps. J'étais venu au temple avec l'idée de méditer. Amma se tourna vers moi et me fixa longuement. Je sentis toute la douleur de mon corps me quitter, comme aspirée. Je découvris qu'en sa présence, ma méditation devenait très vite profonde, s'écoulant comme le flot d'un cours d'eau. Ce que l'on ne pouvait pas toujours atteindre en plusieurs années de méditation solitaire, on l'atteignait facilement en la présence divine d'Amma.

Au fil des jours, je réalisais peu à peu quel grand maître était Amma. Quel que soit le nombre de personnes qui venaient à elle, elle comprenait leur niveau spirituel, leurs problèmes, les mécanismes de leur mental et le moyen de les élever spirituellement ou, si nécessaire, matériellement. Elle savait exactement comment agir, à n'importe quel moment, quel que soit le nombre de gens présents. Ses actes ne semblaient demander aucune réflexion, mais couler de source, spontanément, toujours appropriés aux circonstances. Ce qui est un remède pour l'un peut être un poison pour l'autre et elle maîtrisait parfaitement ce principe. En fait, ce qui servit un jour de remède à une personne peut en d'autres circonstances lui faire du mal.

Dans ma propre relation avec Amma, j'observai un changement progressif mais très net. Au début, lorsque je vins à elle, elle m'enveloppa de son affection maternelle et me nourrit même de sa main. Elle passait presque tout son temps avec moi et une ou deux autres personnes qui vivaient là aussi. Me sentant très agité dès que je ne pouvais plus être auprès d'elle, même un court moment, je m'en ouvris à elle.

« Bientôt, tu sentiras ma présence en toi en permanence », me rassura-t-elle, « et tu ne te préoccuperas plus de la présence extérieure. » Ses paroles s'avérèrent prophétiques.

Jour après jour, du fait de son enseignement et des situations particulières auxquelles j'étais confronté, je me tournais un peu plus vers l'intérieur. Je me mis à percevoir nettement sa présence subtile dans mon esprit. J'en vins à préférer rester seul à méditer sur ce phénomène plutôt qu'être assis en sa présence. Bien sûr, pendant les *darśhans*, je ressentais un niveau de concentration particulièrement intense et j'en faisais bon usage. Mais au fur et à mesure que je m'enfonçais en moi-même, je notai un étrange changement dans l'attitude d'Amma envers moi. Si par hasard je l'approchais, elle m'ignorait. Même quand je lui adressais la parole, elle se levait brusquement et partait. Au début, je ne pouvais comprendre ce changement d'attitude. C'est alors que survint un incident qui m'ouvrit les yeux.

Bien que méditant depuis des années, la béatitude de la fusion avec Dieu semblait toujours très loin. Je savais qu'un *mahātmā* a le pouvoir de lever le voile de l'ignorance qui cache au disciple la Réalité. J'en avais parlé à Amma et elle avait admis que cela pouvait se faire, mais seulement si le disciple était parfaitement mûr pour cela. Il fallait qu'il se soit déjà purifié par la pratique spirituelle, au point d'être semblable au fruit mûr prêt à tomber de l'arbre. Je résolus de demander à Amma pourquoi elle ne m'accordait pas cette grâce puisque cela faisait si longtemps que j'essayais. Je n'avais pas conscience de la prétention de ma question qui sous-entendait que j'avais atteint la maturité parfaite. Je l'abordai à un moment où elle était seule.

« Amma, tu as dit que les *mahātmās* ont le pouvoir de libérer leurs disciples. Ne le feras-tu pas pour moi ? » lui demandai-je. « J'ai aussi entendu parler de nombreux cas où le *guru* accordait au disciple l'État suprême. » Sur ce, je me mis à débiter des histoires de grands saints qui avaient atteint la plus haute réalisation par la grâce de leur *guru*.

« Ils faisaient preuve envers leur *guru* d'une dévotion suprême », me dit-elle. « Quand un disciple porte à son maître une dévotion aussi effacée alors, sans même qu'il ait à le demander, l'idée de le débarrasser totalement de l'ignorance et de lui accorder l'état de libération qui en résulte, surgit spontanément dans le mental du *guru*. Mais d'ici là, tant que le disciple n'a pas atteint ce degré de maturité, même s'il se traîne à mes pieds en menaçant de se suicider si je ne lui accorde pas la réalisation, je ne peux le faire et ne le ferai pas. À l'instant où tu seras prêt, la pensée de te libérer jaillira dans mon mental, mais pas avant. »

« Mais alors, que dois-je faire d'ici là ? » demandai-je. « Simplement attendre ? »

« Si tu te contentes d'attendre, tu peux attendre longtemps, en vérité. Au lieu d'attendre, travaille ! » s'exclama-t-elle avec force.

« Ne peux-tu me suggérer quelque chose à faire pour obtenir cette grâce ? » insistai-je.

Amma ne répondit rien. J'attendis cinq minutes et réitèrai ma question. Elle ne répondit toujours pas. Qu'aurait-elle pu

dire ? Elle m'avait déjà répondu et il n'y avait rien à ajouter. Pour finir, elle se leva et partit.

Quelques jours plus tard, j'allai à nouveau la trouver avec la même question. À nouveau, elle ne m'opposa que le silence. J'en vins peu à peu à comprendre que son silence signifiait que je devais moi-même me taire. En réalité, le fait même que la question se soit posée prouvait que ma confiance en elle et mon abandon n'étaient pas complets. Dans ce cas, où résidait la maturité parfaite ? En libérant mon mental de tout désir, j'en viendrais à réaliser par expérience directe que mon Moi le plus profond, occulté par les nuages de divers désirs subtils ou grossiers, est en fait la chose même que je cherchais. En demandant à Amma de me dévoiler la Vérité, je ne faisais que rendre le voile plus opaque et retarder le moment de la réalisation. L'essence de toute pratique spirituelle semblait être de garder l'esprit concentré sur la Mère intérieure en empêchant toute autre pensée de germer. Je résolus dorénavant de poursuivre ce but de toutes mes forces. Mais en dépit de cette résolution, il m'arriva plusieurs fois de questionner Amma sur certains doutes superflus. En réponse à quoi, elle gardait le silence. Son silence m'indiquait que je devais maîtriser mon mental et le rendre parfaitement silencieux. Il n'y avait pas d'autre moyen.

Parce qu'un ressortissant étranger ne peut demeurer en Inde plus de six mois s'il n'est pas rattaché à une institution pour motif d'études ou de travail, il devint indispensable de faire officiellement reconnaître l'*āśhram* par le gouvernement. À la suite de quoi, Amma estima qu'il était temps pour les résidents de commencer à observer une certaine discipline. À cette fin, elle élabora un emploi du temps que devaient suivre tous ceux qui désiraient vivre auprès d'elle. À cette époque, son attitude commença à se transformer complètement, passant du rôle de mère à celui de guide spirituel. Tout en continuant à leur témoigner la même patience et la même attention maternelle, Amma commença à conseiller ouvertement à ses dévots tel ou tel type de pratique spirituelle. En fait, elle alla jusqu'à dire que ceux qui ne voudraient pas méditer ou observer une discipline spirituelle pouvaient rentrer chez eux par le premier bus. Ce fut un peu un choc pour ceux qui avaient jusque-là mené une existence insouciante en pensant que cela durerait toujours.

Pour moi, ce fut avec un grand soulagement, et même une certaine surprise, que je vis Amma prendre les choses en main pour faire de ses enfants des saints. Je me sentis davantage chez moi. L'atmosphère commença à changer, passant de celle d'une grande maison à celle d'un *āśhram* peuplé d'aspirants spirituels engagés dans une vie austère et dirigée vers un but. Amma me chargea de veiller globalement à la discipline de vie des résidents car il ne lui était pas possible d'être tout le temps derrière tout le monde. Je devais lui rapporter toute infraction à l'emploi du temps quotidien.

Tandis que la vie de l'*āśhram* subissait ces profondes transformations, à l'extérieur, les choses changeaient aussi. De plus en plus de monde commençait à reconnaître en Amma une sainte vivante ayant atteint l'État suprême. Son amour universel si particulier, sa patience et son souci de tous devinrent célèbres. On l'invita dans tous les grands temples du Kerala et partout on la reçut avec les honneurs. Par ailleurs, parmi les visiteurs de l'*āśhram*, il y avait de plus en plus de gens réellement désireux de progresser spirituellement.

Les choses étaient enfin devenues telles que je les rêvais depuis si longtemps. Goûtant une grande paix intérieure, je me remémorai les paroles d'Amma, telles qu'elle les chante dans un hymne décrivant le but de sa vie :

Sur le Chemin de la Liberté

Tandis que je dansais sur le chemin de la Béatitude,
Attirances et répulsions disparurent à jamais
Et, perdant conscience de moi-même,
Je me fondis dans la Mère suprême
En renonçant à tous les plaisirs de ce monde.

Innombrables sont les yogis nés en Inde
Qui ont suivi les grands principes de la sagesse divine
Telle que l'ont révélée les Sages anciens.
Combien de vérités n'ont-ils pas énoncées,
Capables de sauver l'humanité de la détresse.

La Mère divine m'a chargée d'inspirer aux gens
Le désir de Libération.
C'est pourquoi je proclame au monde entier
La Vérité sublime qu'Elle m'a révélée :
« Ô Homme, réalise le Soi ! »
« Ô Homme, réalise le Soi ! »

L'ancien temple du *darśhan* - 1979

L'ancien temple du *darśhan* à gauche et la maison d'Amma - 1979

Sur le Chemin de la Liberté

Un Pèlerinage en Inde

Tome 2

Introduction
Tome 2

Voilà maintenant quatorze ans qu'est paru la première partie de *Sur le chemin de la Liberté*. Il s'agissait du récit de mon développement spirituel et des voyages qui m'ont conduit à rencontrer mon maître spirituel, Amma, Mata Amritanandamayi. C'est elle qui avait suggéré la rédaction de ce livre qui raconte comment je me suis intéressé à la spiritualité alors que je menais la vie complètement matérialiste d'un adolescent américain. Cette quête m'a conduit au Japon, au Népal et enfin en Inde. Les onze premières années de mon séjour en Inde, il me fut accordé de vivre en compagnie de différents saints, de vrais sages qui avaient fait l'ascension des sommets de la spiritualité. Mais en 1979, par l'œuvre mystérieuse de la grâce divine, je rencontrai Amma qui appartenait à une toute autre catégorie. Il s'agissait d'un être qui était parvenu à l'union permanente avec Dieu à un âge très jeune. Ce qui était encore plus inhabituel, c'est qu'elle accomplissait un sacrifice complet d'elle-même, employant son pouvoir spirituel à soulager la souffrance des gens, accueillant le plus de monde possible. Elle se préoccupe au départ de leurs souffrances physiques ou mentales afin de les guider ensuite vers l'éveil spirituel et à la béatitude. Et Amma a le pouvoir de le faire. Peu importe le nombre, elle ne connaît pas de limites dans ce domaine. Je l'ai vue rester assise pendant douze heures et donner

Introduction 2

sa bénédiction à vingt-cinq mille personnes, accueillant chacun individuellement. Le plus étonnant, c'est que chacune de ces personnes semblait ensuite soit soulagée de ses souffrances, soit transformée intérieurement. La brièveté de l'étreinte n'enlevait rien à sa puissance et à son caractère bienfaisant. Amma sait ce dont chacun a besoin. Sa connaissance vient de l'intuition et elle est infaillible. La paix et l'amour qui émanent d'elle ne sont pas de ce monde. Après l'avoir rencontrée et observée, on parvient à la conclusion que la Mère divine existe réellement et qu'elle se préoccupe vraiment de ses enfants et de la création.

Ce livre commence là où s'arrêtait le précédent. Il s'agit exclusivement de la vie que j'ai menée auprès d'Amma. Il contient de nombreuses paroles encore inédites d'Amma. Beaucoup de lecteurs ont jugé que la première partie de ce récit constituait une bonne introduction à Amma pour des personnes ne l'ayant jamais rencontrée. Ce deuxième tome constitue une tentative pour faire connaître aux lecteurs les voies mystérieuses et pleines de grâce d'Amma ainsi que son enseignement lumineux. Si j'y suis parvenu le moins du monde, c'est uniquement par la grâce d'Amma. Toutes les erreurs sont miennes et tout ce qui a quelque valeur vient d'elle.

Je suis redevable à Swami Amritaswarupananda pour le récit détaillé de la libération du grand dévot que fut Ottur Unni Nambudiripad.

Puissent tous les dévots d'Amma me bénir afin que, en cette courte vie, j'obtienne un peu de dévotion envers ses pieds de lotus.

Au service d'Amma,
Swami Paramatmananda
Janvier 2000

Amma avec Swami Paramatmananda - 1980

Chapitre 8

Qui est Amma ?

En venant vivre auprès d'Amma, j'étais loin d'imaginer qu'elle serait un jour connue dans toute l'Inde et dans le monde entier. Je pensais que ceux d'entre nous, peu nombreux, qui vivions avec elle au petit village de Vallickavu, pourrions continuer à jouir indéfiniment de sa présence. Pourtant, au fil des ans, Amma nous donna bien des aperçus du futur. Un soir que je me promenais dans l'*āshram*, je fus frappé par l'extraordinaire transformation des lieux par rapport aux humbles débuts du « bon vieux temps ». Ce qui, au départ, n'était qu'une petite hutte de palmes tressées abritant quatre personnes, était devenu un énorme complexe de bâtiments accueillant des centaines de visiteurs. Un jour, dans les premières années, alors que j'étais assis avec Amma devant le hall de méditation, face à la cour, elle se tourna vers moi et dit : « L'autre jour, en méditation, j'ai vu qu'ici s'élevaient de nombreuses pièces, toutes emplies d'aspirants spirituels pratiquant la méditation. »

« Comment est-ce possible, Amma ? » l'interrompis-je. « Nous n'avons pas de quoi acheter du terrain. Et si par miracle nous parvenions à en acquérir, avec quoi construirions-nous des chambres ? »

« Mon fils, les voies du Seigneur sont impénétrables. Si telle est Sa volonté, Il fera en sorte que cela soit. Quant à nous, il nous appartient de suivre Sa volonté et de faire notre devoir. »

De fait, peu après, un dévot acheta les terres situées devant l'*āśhram* et en fit don à Amma. Bientôt, un autre dévot entreprit de bâtir un édifice qui devint peu à peu le temple actuel, la maison d'hôte de l'*āśhram*. Les paroles d'Amma s'étaient avérées prophétiques.

Les visiteurs quotidiens étant peu nombreux à l'époque, Amma pouvait passer le plus clair de son temps assise sous les arbres, à méditer ou à s'entretenir sans contrainte avec les dévots. Aujourd'hui, avec les centaines, voire les milliers de personnes qui affluent régulièrement à l'*āśhram* des quatre coins du monde, Amma ne donne plus le *darśhan* qu'à heures fixes. Le *darśhan* est le moment privilégié où elle se rend disponible pour ceux qui veulent la voir et lui confier leurs problèmes. En dehors de ces moments, il lui est difficile de quitter sa chambre car aussitôt, une multitude de gens l'assaille pour solliciter sa bénédiction ou pour la supplier de soulager leur détresse ou leurs maux.

Dans le monde entier, Amma est vénérée comme l'une des rares saintes, actuellement en vie et accessible à tous, qui soit établie dans le *sahaja samādhi*, cet état naturel où l'on demeure dans la réalité transcendante, dans le Soi. Le seul adjectif susceptible de la décrire de façon adéquate est « mystérieuse. » On peut avoir passé des années auprès d'Amma et penser qu'on sait tout d'elle ; pourtant, tout à coup, en sa présence, l'esprit sera frappé et dérouté par ses actes, mystérieux et imprévisibles parce qu'ils découlent d'une source transcendante. Selon la tradition, seul un *mahātmā* peut en reconnaître un autre. Les êtres réalisés ne présentent aucun signe physique distinctif, il ne leur pousse pas de cornes ! Ils ne se promènent pas non plus avec autour du cou une pancarte proclamant : « Je suis une âme libérée » (contrairement à certains êtres ordinaires ! D'ailleurs, ce qu'entend au juste l'homme de la rue en se prétendant « libéré » n'est pas très clair. Ce n'est à l'évidence pas l'état de non-identification au corps et au mental, sinon il n'aurait nul besoin de faire de telles déclarations). On trouve dans la *Bhagavad Gītā* une conversation entre le Seigneur Kṛiṣhṇa et son dévot Arjuna, traitant justement de ce point : à quoi reconnaît-on un sage ?

Arjuna demande :

> « Ô Keśhava *(l'un des noms de Kṛiṣhṇa)*, quelle est la marque de l'homme d'une sagesse immuable, établi dans le samādhi *(l'état suprême)* ? Comment cet homme parle-t-il, marche-t-il, s'assied-t-il ? »

Le Seigneur répond :

> « Ô Partha *(l'un des noms d'Arjuna)*, quand un homme abandonne tous les désirs du cœur et est satisfait dans le Soi, par le Soi, on dit qu'il est établi dans la sagesse. Celui dont le mental n'est pas perturbé par l'adversité, qui ne désire pas le bonheur, qui est libre des liens affectifs, de la peur et de la colère, cet être est le sage à la sagesse immuable. Celui qui en tous lieux est libre d'attaches, qui ne se réjouit pas de la bonne fortune et ne déplore pas l'infortune, celui-là est établi dans la sagesse. »

Bhagavad Gītā, II, 54-57

Il est d'autant plus présomptueux d'essayer d'apposer une étiquette à Amma que nous ne partageons pas son état d'amour universel et de béatitude. Nous sommes incapables de témoigner comme elle d'un amour égal et sans faille envers une multitude de gens et ne sommes pas capables non plus de sacrifier sans cesse notre temps, notre santé, notre sommeil et notre confort pour le bien du monde. Il se peut qu'après bien des efforts en termes de temps et d'énergie nous parvenions à aider de façon modeste un ou deux amis ou proches parents. Mais Amma, elle, transforme la vie des gens qu'elle rencontre. Elle connaît et comprend le passé, le présent et l'avenir de tous ceux qui viennent à elle. C'est à la lumière de cette connaissance qu'elle conseille et console. Ceux qui sont restés assis à ses côtés six ou huit heures d'affilée tandis qu'elle donnait patiemment le *darśhan* à dix ou vingt mille personnes, savent de quoi je parle. Il faut l'avoir vu, c'est indescriptible. Pourtant, bien qu'il soit difficile de comprendre l'état dans lequel vit Amma, certains facteurs permettent de conjecturer sur sa nature. Au cours de ma vie avec Amma, j'ai vu et entendu diverses choses qui m'ont convaincu que celle que nous appelons Amma n'est autre que la divine Mère de l'univers, la grande Kali.

Vers la fin des années 70 ou le début des années 80, un grand sage se promenait un jour dans le Kerala, aux alentours du village d'Amma. Il fut le premier à comprendre sa véritable nature et à la proclamer publiquement Mère divine. Cet homme s'appelait Prabhakara Siddha Yogi. C'était un *avadhūta*, c'est-à-dire un sage qui a transcendé la conscience du corps et se trouve de ce fait au-dessus des lois et coutumes édictées par l'homme ou la religion. Les *avadhūtas* ont atteint la réalisation de Dieu qui est le but et le fruit de tous les préceptes, de toutes les règles des Écritures. Cependant, ils ne se préoccupent de personne et passent leur vie dans la béatitude suprême de l'union avec la conscience absolue qui est en vérité leur propre Soi. Il arrive qu'on les prenne pour des fous et leur comportement s'apparente parfois à celui d'un idiot ou d'un enfant. Mais leurs actes ont en fait une profonde signification intérieure que, selon Amma, seuls peuvent comprendre ceux qui ont atteint le même niveau de réalisation. Les Écritures abondent en récits sur ces *avadhūtas*, les plus connus étant Jadabharata[2] et Dattātreya[3].

Afin de garder les gens à distance, les *avadhūtas* prennent parfois l'apparence d'idiots incultes alors qu'en réalité, ils sont

---

[2] Jadabharata avait été roi dans sa vie précédente. Ayant renoncé à son royaume et à sa famille, il s'était retiré dans une forêt du Nord du Népal pour s'y consacrer à la pratique spirituelle. Il avait atteint un très haut niveau, mais pas la parfaite réalisation du Soi. C'est alors que survint un événement fâcheux qui devait le faire régresser spirituellement.

Alors qu'il méditait, il entendit le rugissement d'un lion et, ouvrant les yeux, il vit une biche aux abois qui tentait de franchir d'un bond la rivière. La biche était enceinte. Le fœtus fut éjecté et tomba dans la rivière tandis que sa mère mourait. Jadabharata eut pitié du faon. Il le secourut et par la suite l'éleva en l'entourant de soins et d'affection. Malheureusement, il s'attacha à lui et, au moment de mourir, au lieu de se concentrer sur Dieu, sa dernière pensée fut pour le faon. En conséquence, il fut immédiatement réincarné en cerf. Grâce aux effets positifs de sa pratique spirituelle passée, il put, dans son incarnation de cerf, se rappeler les incidents de sa vie passée. Quittant alors sa mère, il retourna sur les lieux de son vieil *āshram* et resta là à penser à Dieu en attendant la mort.

Dans son incarnation suivante où il était fils de brahmane, il gardait encore le souvenir de sa vie précédente. Il se comporta donc comme un demeuré afin que tout le monde l'évite. Ainsi, il ne s'attacherait à personne et rien ne pourrait le détourner de la réalisation de Dieu.

[3] Dattātreya était le fils d'un sage et on le considère comme une des incarnations du Seigneur Vishnu. Il mena la vie d'un *avadhūta* et instruisit les grands rois de l'époque en matière de spiritualité. Il est célèbre pour son discours au roi Prahlāda, dans lequel il compare vingt-quatre types de créatures à vingt-quatre principes spirituels. On dit qu'il est toujours vivant et se manifeste à ses dévots sincères.

établis en Dieu. Prabhakara Siddha Yogi correspondait parfaitement à cette description.

On le connaissait dans la région depuis plus de cent ans. Les anciens du village racontaient à leurs enfants et petits-enfants le récit de ses actions étranges. Ses partisans soutenaient qu'il avait plus de trois cent ans et qu'ils étaient en mesure de le prouver sur la foi des archives officielles du village. Vrai ou faux, il n'y avait en tous cas aucun doute sur son comportement bizarre et imprévisible ni sur l'aura spirituelle qui l'entourait. Amma nous dit un jour que Prabhakara Siddha Yogi avait de nombreux pouvoirs surnaturels ou *siddhis*. Elle mentionna en particulier l'habitude qu'il avait de quitter un corps pour en occuper un autre. Dans les *Yoga Sūtras* de Patanjali, on appelle ceci *parasarira pravesa siddhi*, c'est-à-dire le pouvoir d'entrer dans le corps d'autrui.

L'histoire de Śhaṅkarāchārya, grand renonçant et moine hindou du 9ème siècle qui avait ce pouvoir, est bien connue. Śhaṅkarāchārya était un *mahātmā*. Il établit la suprématie de l'*Advaita Vēdānta* ou philosophie de la non-dualité. Cette philosophie enseigne qu'il existe une réalité unique, appelée *Brahman*, l'Absolu et que c'est Cela qui se manifeste comme Dieu, le monde et l'individu. C'est notre véritable nature, notre Soi réel.

Śhaṅkarāchārya est également l'auteur de commentaires approfondis de la *Bhagavad Gītā*, des *Upaniṣhads* et des *Brahma Sūtras*, ainsi que de nombreux hymnes de dévotion. Tout ceci, il le fit avant d'avoir atteint trente-deux ans, âge auquel il s'assit en *samādhi* et quitta son enveloppe mortelle.

Au cours de ses pérégrinations dans l'Inde antique, il engageait le débat avec les plus grands érudits des lieux qu'il traversait, afin de démontrer le bien-fondé de l'*Advaita*. Un jour, une femme lettrée le mit au défi de débattre de la

Qui est Amma ?

science de l'érotisme. Pratiquant le célibat depuis sa naissance, Śhaṅkarāchārya n'avait aucune connaissance du sujet et demanda donc un délai d'un mois pour préparer son argumentation. La femme accepta.

Modèle d'enseignement pour le monde et *sannyasi*, Śhaṅkarāchārya n'avait aucune intention de souiller sa réputation. Il opta donc pour un expédient. Ayant appris que le souverain local venait de décéder, il confia son corps aux bons soins de ses disciples, puis après être entré en transe yogique, il quitta son propre corps pour investir celui du roi.

Tout le monde fut étonné de voir le roi revenir à la vie, mais ils en furent enchantés et en particulier les reines. Dans son « nouveau » corps, Śhaṅkarāchārya s'adonna aux plaisirs du sexe et acquit le savoir nécessaire. Chose intéressante, les reines et les courtisans remarquèrent que le souverain était devenu remarquablement intelligent, bien plus qu'avant sa mort et ils en vinrent à conclure qu'un grand yogi avait pris possession du corps de leur défunt roi. Ne voulant pas le perdre, ils envoyèrent des messagers battre le pays avec ordre de brûler le corps de tout moine décédé afin que l'âme qui habitait le corps du roi ne puisse plus migrer. Par chance, Śhaṅkarāchārya découvrit leurs desseins et regagna son corps juste à temps. Grâce à ses connaissances fraîchement acquises, il l'emporta sur la femme lors de leur débat.

De même, Prabhakara Siddha Yogi goûtait la vie d'*avadhūta* sur cette Terre. Il désirait ne pas perdre de temps entre les naissances et n'avoir pas à grandir à chaque nouvelle incarnation. Aussi, chaque fois que son corps devenait vieux et faible, il le quittait tout simplement pour entrer dans un autre corps « sur mesure » ! Il en avait ainsi changé bien des fois. En entendant parler de lui, Amma conçut le désir de rencontrer cet être et se mit à penser à lui. Dès le lendemain, il se présenta à sa porte.

« Vous m'avez appelé ? » s'enquit-il.

« Oui. Comment l'as-tu su ? » demanda Amma.

« J'ai vu hier une lumière éclatante sur l'écran de mon mental et j'ai compris que vous désiriez me voir. Je suis donc venu. »

Cependant, cet *avadhūta* avait la détestable réputation de troubler les femmes. Il se mettait nu et les pourchassait en tentant de s'emparer d'elles, sans se soucier des conséquences. Lorsqu'on critiquait sa conduite, il rétorquait : « Quel intérêt aurais-je pour les femmes de ce monde ? Je suis entouré en permanence d'un essaim de belles demoiselles célestes qui m'adorent ! Est-ce ma faute si vous ne pouvez pas les voir ? »

Un jour, il déclara à ses disciples : « Je sens un petit peu d'ego dans mon corps. Je crois qu'il serait opportun de faire quelque chose pour m'en débarrasser. » Il se rendit dans un village voisin, demanda où habitait le commissaire de police et se présenta chez lui. Après avoir frappé à la porte, il attendit. Enfin, la femme du policier vint ouvrir. Aussitôt, l'*avadhūta* se saisit d'elle et l'étreignit. Le mari, bien sûr, prit fort mal la chose. Il s'empara de l'homme, le battit son content puis le fit jeter au cachot et lui cassa un bras. Le lendemain, le yogi disparut mystérieusement de la prison et on le retrouva ailleurs, les membres en parfait état. En raison de tels comportements, dès qu'il faisait son entrée dans un village, les femmes se barricadaient et les hommes le battaient ou le chassaient. Au lecteur qui se demanderait comment un yogi peut se conduire de la sorte, Amma répondrait que seuls ceux qui partagent son état peuvent le comprendre ! L'explication ne peut être comprise du point de vue de l'homme ordinaire. L'*avadhūta* n'est pas identifié au corps et est complètement détaché de ce monde. Sa vision

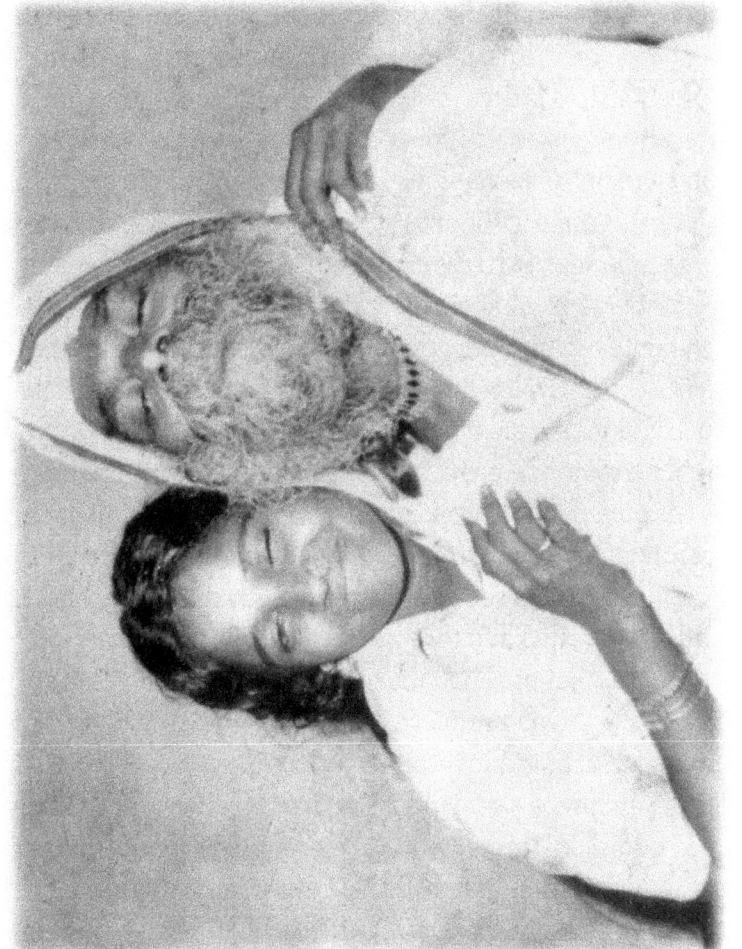

Amma avec Prabhakara Siddha Yogi

des choses est parfaitement inconcevable pour nous qui sommes encore plongés dans ce rêve d'illusion.

Fidèle à lui-même, le yogi essaya d'agripper Amma qui avait à l'époque une vingtaine d'années. Elle arrêta aussitôt sa main d'une poigne de fer et lui dit : « Ignores-tu qui je suis ? Je connaissais ton père, ton grand-père et ton arrière-grand-père ! »

« Oh oui ! Tu es la divine Mère Kali elle-même ! À l'avenir, les gens viendront des quatre coins du monde en ce lieu sacré pour recevoir ton *darśhan* ! » répliqua le yogi avec un sourire empreint de béatitude. Amma lui donna alors une accolade affectueuse et il plongea en *samādhi* un très long moment. Amma le considérait comme établi dans l'état transcendant de Béatitude et le tenait donc en haute estime ; pourtant, elle estima que sa présence et son exemple exerceraient une mauvaise influence sur les enfants spirituels qui viendraient à elle par la suite. Elle forma donc le vœu qu'il ne revienne pas avant longtemps et, de fait, nul ne le revit à l'*āśhram* pendant de longues années. À l'occasion de son trois centième anniversaire, il décida de quitter son corps du moment. Il rassembla ses disciples et ne leur dit qu'une chose : qu'ils aillent à Vallickavu dire à Mère Kali qu'il était parti. Tels étaient son respect et son amour pour Amma.

À l'époque de ma première rencontre avec Amma, un professeur de mathématiques était venu lui rendre visite. Il servait parfois d'interprète. J'étais resté quatre ou cinq jours sous le toit de la famille d'Amma, puis j'étais retourné passer un mois et demi à Tiruvannamalai avant de revenir m'installer définitivement à Vallickavu. Durant mon séjour à Tiruvannamalai, je rêvai une nuit que j'étais assis dans le temple d'Amma pendant le *Dēvī Bhāva*. Elle me sourit et, me désignant du doigt l'homme assis à côté de moi, me demanda si je le connaissais. Je répondis que non. Amma mentionna que cette personne avait un bon niveau de détachement et de dévotion. Après quoi, je m'éveillai et appelai Chandru, qui habitait avec moi à l'époque, pour lui demander de noter ce rêve dans son journal en indiquant le jour et l'heure. Je pensais qu'il s'était peut-être passé à Vallickavu quelque chose que j'aimerais par la suite pouvoir vérifier avec précision.

Trois jours plus tard, je reçus une lettre du mathématicien. Il m'écrivait : « Dimanche, je suis allé à Vallickavu pour recevoir le *darśhan* d'Amma. Pendant le *Dēvī Bhāva*, j'étais assis à ses côtés et je lui ai demandé de te donner son *darśhan* à Tiruvannamalai. M'enjoignant de prendre le trident qu'elle tient parfois durant le *Dēvī Bhāva*, elle me dit qu'elle te donnerait le *darśhan*. Il était alors minuit. As-tu ressenti quoi que ce soit à ce moment-là ? » De fait, c'était le dimanche, à minuit, que j'avais rêvé d'Amma pendant le *Dēvī Bhāva* ! Quelques jours plus tard, cet homme fit un rêve très vivant dans lequel Amma lui disait de me faire comprendre qu'elle était l'incarnation de la Mère divine.

Amma eut un jour la conversation suivante avec des dévots. Bien que pleines d'humour et typiquement dépourvues d'ego, ses paroles révèlent néanmoins sa véritable nature.

Amma : « Avant même la Création, le Seigneur Śhiva avait prédit l'inévitable. Et ensuite, Il donna encore les instructions nécessaires sur la manière dont il convenait de vivre en ce monde. »

Question : « Que veux-tu dire par-là, Amma ? »

Amma : « Avant la Création, Śhakti (la Nature primordiale, l'Énergie cosmique) entendit une voix qui lui disait : « Il n'y a que désolation dans la Création. Tu ne devrais pas l'entreprendre. » C'était la voix de Śhiva (la Conscience pure). Śhakti répondit : « Non, cela doit être accompli. » Ainsi, avant même la Création, Śhiva avait donné à Śhakti quelques notions sur la nature de la

Création. C'est seulement après avoir prévenu Śhakti que Śhiva l'autorisa à créer.

« Après la Création, Lui, Śhiva, aspect de la Conscience pure, s'évanouit. En réalité, Il n'a rien à voir avec tout ce qui se passe autour de nous. Śhakti courut ensuite à Lui pour se plaindre : « Je n'ai plus la paix. Regarde, les enfants me grondent. Ils me blâment pour tout. Personne ne prend soin de Moi. »

« Śhiva lui répondit : « Ne t'avais-je pas dit qu'il en serait ainsi et que tu ne devais pas entreprendre la Création ? Mais tu as persisté et maintenant, tu fais un scandale. N'es-tu pas seule responsable de tout ce qui s'est passé ? Il n'y avait pas de problème du temps où j'étais tout seul, n'est-ce pas ? »

Amma : « Parfois, ici à l'*āśhram*, quand le désir de Dieu décline chez ses enfants, Amma ne peut le supporter. Elle ressent une peine indicible. Dans ces moments, Amma dit à ses enfants : Hélas ! Śhiva m'avait bien dit de ne pas le quitter et de ne pas m'embêter avec tout cela. Regardez-moi maintenant, je souffre. » *(Tout le monde éclate de rire).* Comment pourrais-je alors aller me plaindre à Lui ? Il me dirait : « Ne t'avais-je pas prévenue ? »

Quelques dévots questionnèrent un jour Amma au sujet de sa réalisation de la Vérité. En ce temps-là, Amma avait coutume de se qualifier de « folle qui ne sait rien ». En cette occasion cependant, elle se montra plus explicite. Elle dit : « Amma n'a jamais senti qu'elle était différente de sa véritable Nature infinie. Il n'y a pas eu un temps où elle n'était pas Cela. Le moment de la connaissance, de la réalisation, fut une simple redécouverte, un dévoilement, dans le but de donner un exemple. Un *avatar* est toujours conscient de sa vraie nature. Il est la Conscience incarnée dans toute sa plénitude, sa splendeur et sa gloire.

L'espace est là avant la construction de la maison. Il est toujours là quand elle est achevée. La seule différence est qu'à ce moment-là, la maison est dans l'espace, elle existe dans l'espace. La maison occupe un petit espace dans le vaste espace. L'espace continuera à exister après la démolition de la maison. La maison apparaît et disparaît, mais l'espace demeure dans ces trois périodes, le passé, le présent et le futur. Seule une âme qui évolue pas à pas jusqu'au stade de la Conscience suprême retrouve sa vraie nature en levant le voile. Mais ce n'est pas le cas des *avatars*. Les *avatars* sont comme l'espace. Ils vivent toujours dans cette Conscience. Il n'y a pas pour eux de connaissance ou de réalisation. Ils sont éternellement Cela. »

Chapitre 9

Avant l'āśhram

L'āśhram n'a pas toujours été aussi paisible qu'il l'est aujourd'hui. Peu de temps après que je sois venu m'établir auprès d'Amma, en janvier 1980, un individu, poussé par de vieilles jalousies villageoises à son endroit, tenta d'empoisonner Amma au cours du *Kṛiṣhṇa Bhāva*. J'avais déjà entendu parler d'attentats, mais je fus le témoin oculaire de celui-ci.

À la fin du *Kṛiṣhṇa Bhāva*, Amma buvait toujours un peu de lait apporté par les dévots. Après tout, Kṛiṣhṇa était célèbre pour son amour des produits laitiers, en particulier le lait et le beurre. Un soir, Amma fut terriblement malade après avoir bu de ce lait. Elle mena à terme le *Kṛiṣhṇa Bhāva*, mais se mit ensuite à vomir sans arrêt. Malgré tout, elle enchaîna peu après avec le *Dēvī Bhāva*, comme à l'accoutumée. Avant qu'elle ne se rende au temple, les dévots l'implorèrent d'annuler le *darśhan* et de se reposer. À ceci, elle répliqua :

« Mes enfants, la plupart des gens qui sont venus pour le *darśhan* sont très pauvres. Beaucoup sont de simples journaliers. C'est en épargnant quelques dix ou vingt centimes par jour qu'ils parviennent à économiser assez pour venir voir Amma une fois par mois. Ils ont de la spiritualité une notion très limitée. Ils viennent à Amma pour trouver un peu de réconfort, pour

Avant l'āshram

recevoir d'elle une parole de consolation. Si nous leur demandons de revenir une autre fois, il leur faudra attendre tout un mois avant de pouvoir se payer une seconde visite. Et puis il y a quelques dévots originaires d'endroits éloignés qui ne viennent au *darśhan* qu'une ou deux fois l'an. Ils seraient très tristes si le *darśhan* était interrompu. Amma doit poursuivre le *darśhan* aussi longtemps que possible. Et si elle s'écroule, il faudra y voir la volonté de Dieu.»

Amma réussit à terminer le *Dēvī Bhāva*, mais il fallut fermer les portes du temple à plusieurs reprises pendant qu'à l'intérieur, elle vomissait. J'étais à ses côtés et j'éprouvais une peine immense à voir toute la souffrance qu'elle endurait dans l'intérêt des dévots. Enfin le *darśhan* se termina. Tandis que Gayatri se prosternait devant elle, Amma s'effondra en glissant de son siège sur le sol et l'on ferma les portes du temple.

Amma révéla alors toute la vérité sur cet épisode. Elle expliqua qu'à la fin du *Kṛiṣhṇa Bhāva*, une dévote lui avait offert du lait comme le veut la coutume. Cependant, l'individu qui avait vendu le lait à cette dévote était un athée opposé à Amma. Apprenant que le lait allait lui être offert au cours du *Kṛiṣhṇa Bhāva*, il l'avait empoisonné. La dévote avait offert son lait en toute bonne foi. Amma nous dit qu'à la vue du lait, elle avait tout de suite su qu'il était empoisonné. Étonnés, nous lui demandâmes pourquoi elle l'avait bu. Elle répondit :

« Quand la dévote a offert le lait, Amma l'a d'abord refusé, sachant qu'il était empoisonné. La dévote en conçut un tel chagrin qu'elle se mit à pleurer. Par pitié pour elle, Amma a alors bu le lait. Les dévots apportent leurs offrandes avec de grandes espérances. Si Amma les refusait, ils en seraient très tristes. Alors, Amma a bu le lait malgré le poison. Ne vous inquiétez pas mes enfants, Amma sera bientôt rétablie. » Amma regagna la maison et se coucha, épuisée et en proie à de grandes souffrances. Bhaskaran, grand dévot de la Mère divine qui habitait non loin de là, la veilla toute la nuit, chantant jusqu'au lever du soleil les louanges de la Déesse. Quelle voix ! Même sans comprendre les paroles, je sentais sa dévotion. À la qualité de sa voix, on pouvait affirmer que c'était un chantre émérite.

Bhaskaran traitait Amma comme sa propre fille quand elle était dans son état ordinaire et comme le vecteur du Seigneur Kṛiṣhṇa et de la Mère divine, avec respect, durant les *Bhāvas*. Au fil des ans, il eut, par la grâce d'Amma, de nombreuses expériences merveilleuses. Pour gagner sa vie, il allait autrefois de village en village en chantant le *Śhrīmad Bhāgavatam* et d'autres textes sacrés, acceptant quelque argent dont on voulait bien rétribuer ses services. Il avait entendu parler du *Kṛiṣhṇa Bhāva* d'Amma et s'y était rendu quelques fois, sans être totalement convaincu que c'était bien Kṛiṣhṇa Lui-même qu'il y voyait. Une nuit, il fit un rêve édifiant. Kṛiṣhṇa lui apparut et lui dit : « Mon fils, cela fait tant d'années que tu erres de village en village, Me portant (le *Śhrīmad Bhāgavatam*) sous ton bras et qu'y as-tu gagné ? Je suis là sous ton nez dans la *Kṛiṣhṇa Nada* (la maison d'Amma) et tu ne me reconnais pas. Quelle sottise de ta part ! » Bhaskaran s'éveilla, ébahi. À dater de ce jour, il assista régulièrement au *Kṛiṣhṇa Bhāva*. Une fois, alors qu'il rentrait d'un village voisin, il passa devant un étang appartenant à un temple. Attiré par les fleurs de lotus qui y poussaient, il se dit : « Comme j'aimerais offrir une de ces fleurs à Kṛiṣhṇa ! » Il alla trouver le prêtre du temple, lui exprima son souhait et après avoir obtenu son autorisation, cueillit une des fleurs. Puis il se mit en route pour la maison d'Amma. En chemin, un adorable petit garçon l'arrêta et le supplia de lui donner la fleur. Bhaskaran se trouva confronté à un dilemme. Il ressentait une inexplicable sympathie

pour l'enfant et était enclin à lui offrir la fleur pour lui faire plaisir ; il estimait cependant qu'il n'était pas convenable de donner à un être humain ce qui a été prévu pour l'adoration de Dieu. Finalement, son cœur parla plus haut que son sens du devoir et il donna la fleur au petit garçon. Quand il arriva au temple, Amma était déjà en *Kṛishṇa Bhāva*. Dès son entrée, elle l'appela et lui demanda dans un sourire : « Où est la fleur ? » Le cœur de Bhaskaran fit un bond dans sa poitrine. Il fut incapable de répondre un seul mot. Amma lui tapota alors affectueusement la tête et lui dit : « Ne t'en fais pas, ce petit garçon à qui tu as donné la fleur, c'était Moi, Kṛishṇa. »

Une nuit, vers la fin du *Dēvī Bhāva*, Bhaskaran était assis à l'extérieur du temple. Amma le fit entrer, le bénit et lui donna un bâtonnet d'encens incandescent. Puis elle lui dit de rentrer chez lui sans délai. Il n'était que dix heures du soir et Amma termina le *Dēvī Bhāva* peu après. Ceci était hautement inhabituel car, même lorsque les visiteurs étaient peu nombreux, le *darśhan* se poursuivait au moins jusqu'à une ou deux heures du matin. Après le *darśhan*, alors que nous étions assis autour d'elle, Amma dit : « Ce soir, un des mes enfants va mourir. » Nous nous regardâmes les uns les autres avec un peu d'appréhension : « Qui donc, Amma ? » Mais elle ne répondit pas. Nous regagnâmes alors la hutte et nous couchâmes. Tout à coup, on entendit s'élever de l'autre bout du village des lamentations à fendre l'âme. Amma se leva aussitôt et alla se poster dehors, regardant intensément en direction de la maison de Bhaskaran. Puis elle nous appela et nous nous rendîmes à pied sur les lieux. À notre entrée, la femme de Bhaskaran cessa de pleurer. Elle intima aussi à ses enfants de se taire, car Amma était venue. Son respect pour Amma était tel que, même en cette circonstance extrêmement douloureuse, elle tenait à ce que l'on montre à Amma tout le

Avant l'āśhram

respect qui lui est dû. Le corps de Bhaskaran gisait sans vie sur un matelas à même le sol. Amma demanda comment la fin était survenue. L'épouse répondit : « Il est rentré, a pris son repas et s'est couché en disant qu'il avait une petite douleur dans la poitrine. L'instant d'après, il était mort. » Nous restâmes un certain temps à le veiller, puis retournâmes à l'āśhram avec Amma. Sur le chemin du retour, nous lui demandâmes : « Eh bien, Amma, quel fut son sort après la mort ? »

« Où aurait-il pu aller, si ce n'est au royaume de la Déesse ? » répondit Amma. Un léger sourire illuminait son visage.

En ce temps-là, Amma avait coutume, au début du *Dēvī Bhāva*, de sortir du temple et de se mettre à danser en extase, tenant à la main un sabre et un trident. Elle avait vraiment l'apparence farouche de la déesse Kali, la langue pendante, un râle s'échappant de ses lèvres. Parfois, elle était dans une telle extase qu'elle se roulait par terre en riant aux éclats. À voir Amma dans un tel état, nous nous disions que nous ne la comprenions pas du tout. C'est dans ces moments-là qu'il nous fallait être particulièrement attentifs à notre façon de jouer. La mélodie et le rythme devaient être absolument parfaits.

Une nuit, pendant qu'Amma dansait, je fis une fausse note à l'harmonium (instrument à vent qui ressemble à un orgue miniature). Amma fondit sur moi et abattit son sabre sur l'harmonium. Voyant le sabre fendre l'air, je retirai prestement ma main et bien m'en prit, car elle fit dans l'instrument une profonde entaille à l'endroit précis où, l'instant d'avant, se trouvait ma main. Mon voisin, qui jouait des *tablas* (percussions), fit une erreur dans le rythme. Le sabre s'abattit à nouveau, décapitant l'instrument ! Évidemment, nous étions effrayés et un peu fâchés. Nous évitâmes Amma le restant de la soirée, pensant qu'elle était en colère contre nous. Pourtant, après le *darśhan*, elle nous dit avec amour :

« Quel que soit mon état, je suis toujours votre mère. Il n'y a pas lieu d'avoir peur. Je n'étais pas en colère pour Moi-même, mais plutôt pour les êtres subtils qui goûtaient cette musique. »

« Que veux-tu dire, Amma ? »

« Pendant que je danse, de nombreux êtres viennent me voir dans cet état. Je les vois comme des petits points de lumière animés d'une pulsation. Leur être tout entier se laisse absorber dans le rythme et la mélodie de la musique. Quand vous faites une erreur, c'est un choc terrible pour tout leur système. Imaginez que vous soyez totalement absorbés dans une merveilleuse mélodie et que, tout à coup, les musiciens se mettent à jouer faux. Que ressentiriez-vous ? Ce serait très pénible, n'est-ce pas ? C'est pourquoi, en voyant leur souffrance, je me suis mise en colère contre vous. »

À ce point du récit, une discussion sur les niveaux subtils d'existence serait sans doute à propos.

Nous avons un corps physique fait de chair, d'os et de nerfs, ainsi qu'un corps plus subtil, appelé esprit, fait de pensées et de sentiments et enfin un corps causal dans lequel l'esprit se fond dans le sommeil profond. Dieu possède de même ces trois corps distincts, mais à l'échelle de l'univers. Les textes de l'Inde ancienne, comme Amma, nous disent que cette Terre n'est que la manifestation la plus grossière du corps universel de l'Être Cosmique. Il existe de nombreux autres plans d'existence que nous ne pouvons voir avec nos yeux de chair. Ils sont peuplés d'une variété infinie d'âmes vivantes. C'est de là que nous venons à la naissance et c'est là que nous retournerons après avoir quitté notre corps physique, à la mort. Comme le dit le Sri Kṛiṣhṇa dans la *Bhagavad Gītā* :

Avant l'āśhram

« Ô Partha, ni dans ce monde ni dans le suivant il n'est de destruction pour lui. Mon fils, en vérité, il n'advient jamais rien de mal à celui qui fait le bien. Ayant atteint les mondes des vertueux et y ayant séjourné une éternité, s'il n'a pas réussi dans le yoga, il renaît dans la maison d'êtres riches et purs, ou bien dans une famille de sages yogis. En vérité, une telle naissance est excessivement difficile à obtenir en ce monde. Là, il prend conscience de l'acquis de son incarnation précédente et, plus encore que par le passé, se voue à la recherche de la perfection, Ô fils des Kurus. »

VI, 40-43

Celui dont la conscience, grâce à une longue discipline, est devenue subtile et stable, peut percevoir les mondes subtils. Dans ces mondes, comme ici-bas, il existe des êtres bons et des êtres malfaisants. Comme les humains, ils possèdent divers degrés de puissance spirituelle. Tous les beignets peuvent bien se ressembler de l'extérieur, certains sont fourrés à la crème, d'autres à la confiture, d'autres encore au chocolat. De même, la « farce » interne des êtres vivants, c'est-à-dire leur corps subtil, varie selon leur degré d'évolution spirituelle. Tous les êtres naissent effectivement égaux, mais uniquement en ceci que la même étincelle de divinité, la conscience et la vie, sont également présentes en tous. Hormis cela, tout diffère d'une âme à l'autre.

Dans les premiers temps de l'āśhram, nombre de gens venaient à Amma pour se faire exorciser. Dans les cas de possession, certaines créatures subtiles sont en état de souffrance émotionnelle ; d'autres sont affamées ou assoiffées sans pouvoir assouvir leur besoin. C'est pourquoi elles guettent l'occasion d'interférer avec les êtres du plan physique et d'apaiser ainsi leur souffrance. Pour tenter de s'en débarrasser, la plupart des gens font appel à des exorcistes ou à des spécialistes de magie blanche qui connaissent divers *mantras* susceptibles de chasser ces entités.

Peu avant mon arrivée chez Amma, j'avais connu une jeune fille possédée par une créature subtile très puissante. Autrefois, cette jeune fille avait habité avec sa malheureuse famille un appartement de location dans une maison qui abritait également d'autres locataires. Il se trouva qu'un des voisins, éprouvant de la compassion pour cette famille, construisit une petite maison et la leur offrit. Malheureusement, un des colocataires en conçut de la jalousie et décida de tuer le père de famille en usant de magie noire. Flanqué d'un magicien, il alla frapper à la porte de la nouvelle maison, mais au lieu du père, c'est la jeune fille qui vint ouvrir. Aussitôt, elle fut terrassée par une terrible force et s'écroula. À compter de ce jour, elle ressentit un grand vide intérieur et peu à peu commença à entendre intérieurement la voix d'un homme. Dès que quelqu'un s'approchait avec l'intention de la libérer de cette possession, l'esprit malin se mettait à lui tordre les boyaux comme une serviette mouillée et la jeune fille poussait de tels hurlements qu'on pouvait l'entendre à des kilomètres à la ronde.

L'esprit malin finit par lui dire qu'il avait été dans sa vie précédente un brahmane vertueux, vivant dans une hutte et pratiquant la méditation sur les rives d'une rivière sacrée. Un visiteur lui laissa un jour un livre de magie noire. Au début, cela ne l'intéressa pas mais, par la suite, la curiosité l'emporta. Il le lut et commença à faire des expériences afin de voir s'il parvenait réellement à contrôler les forces du plan subtil au moyen des *mantras* prescrits. En définitive, ses expériences causèrent la perte de nombreuses victimes innocentes et la sienne propre.

Avant l'āśhram

La famille de la jeune fille avait tout essayé pour la délivrer de cette possession, mais en vain. Un jour, la jeune fille entendit une autre voix, laquelle prétendait être le *guru* de la famille. Il l'assura qu'il la sauverait si sa mère faisait vœu de jeûner indéfiniment jusqu'à ce que l'esprit malin soit vaincu. Ceci fut rapporté à la mère qui se mit aussitôt à l'eau et au jus de citron. En définitive, la mère devint si faible qu'elle mourut, laissant le père et la grand-mère seuls pour prendre soin de la jeune fille. Celle-ci, entre-temps, était devenue complètement grabataire. À l'évidence, la seconde voix n'avait été que supercherie de l'esprit malin.

Profondément désolé pour cette famille, je narrai toute leur histoire à Amma en lui demandant si elle pouvait quelque chose pour eux. Elle répondit :

« Dis-leur de venir ici. Aucun esprit malin n'est plus fort que la Déesse. Elle soulagera sans aucun doute cette jeune fille. »

Par lettre, je fis part à la famille des paroles d'Amma, mais je ne reçus jamais de réponse. Il était presque impossible de transporter la jeune fille, car l'esprit malin redoublait alors ses tortures. Quel terrible destin ! Peut-être était-elle déjà morte quand ma lettre leur parvint.

Un soir, un homme qui avait beaucoup de problèmes physiques vint à l'*āśhram* pour le *Dēvī Bhāva*. Il avait consulté de nombreux docteurs au cours des semaines précédentes, mais aucun n'avait pu l'aider. Finalement, il avait entendu parler d'Amma, refuge des démunis, et était venu la voir. J'étais dans le temple à ce moment-là et j'entendis Amma lui demander si un membre de sa famille était récemment décédé d'une morsure de serpent. Il répondit qu'en effet son frère était mort quelques semaines plus tôt d'une morsure de cobra. Amma demanda alors si les rites funéraires avaient été observés et apprit que, pour quelque raison, l'homme n'avait pas accompli pour le défunt les rites et les cérémonies prescrits. Elle lui dit que ses problèmes physiques étaient causés par son frère. Celui-ci essayait d'attirer son attention sur son triste état dans l'au-delà parce qu'il souhaitait les rites funéraires appropriés. Amma demanda alors à l'homme de s'asseoir devant elle. Elle projeta une grande quantité de fleurs dans le vide, juste au-dessus de la tête de l'homme et pendant tout ce temps, elle n'arrêtait pas de sourire en fixant cet endroit précis. J'avais beau en faire autant, je ne voyais rien, bien sûr. L'homme s'en fut après le rite d'Amma. Par la suite, nous apprîmes que ses problèmes avaient disparu.

Lors d'un autre *Bhāva darśhan*, j'étais assis à côté d'Amma lorsqu'un dévot se présenta au *darśhan*. Comme il posait sa tête dans le giron d'Amma, son corps se mit à trembler légèrement. Amma se tourna vers moi avec un sourire et fit de la main un geste suggérant un serpent prêt à mordre. Brusquement, l'homme sursauta et se mit à se rouler par terre. Il quitta le temple en rampant sur le dos pour y revenir immédiatement après, toujours rampant. Il était étendu sur le dos, les yeux tournés vers la porte du temple, à l'opposé d'Amma. Elle fit signe de la main qu'il devait ressortir. Bien qu'il n'ait en aucun cas pu voir son geste, il ressortit immédiatement en rampant sur le dos. Un peu plus tard, il reprit ses esprits. Amma me confia plus tard que cet homme était régulièrement possédé par un *naga*, un être subtil qui, dans ce plan d'existence, est relié à la famille du cobra. Ces êtres se mettent en colère lorsqu'on tue un cobra et créent des ennuis à ceux qui le font. Amma peut voir tous les plans d'existence et rien de ce qui peut se produire dans l'un d'eux ne saurait la surprendre ou l'effrayer. Elle perçoit toute chose comme les aspects variés de son propre Moi, comme un rêveur sait que le rêve est la projection de son esprit.

Avant l'āshram

Au début des années soixante, un phénomène très curieux se produisit dans un petit village de l'Andhra Pradesh, l'un des états de l'Inde. Un villageois cheminait à travers champs lorsqu'il découvrit un cobra blanc sur le sentier. Il n'avait jamais vu un cobra de cette couleur, il n'en avait jamais entendu parler et soupçonna qu'une créature surnaturelle se cachait peut-être sous cette forme. L'identifiant au dieu Subrahmaniam, fils de Śhiva, il étendit sa chemise sur le sol, devant le cobra et se mit à prier : « Si tu es le Seigneur Subrahmaniam, je t'en prie, monte sur ce vêtement et je te porterai au temple. » À sa grande surprise, le serpent se glissa sur le vêtement et s'y tint docilement pendant que l'homme l'emmenait au temple de Śhiva du village. L'ayant posé à terre, l'homme vit le serpent se glisser dans l'étang voisin du temple, prendre son bain, puis se diriger vers le sanctuaire du temple. Il fit d'abord un tour autour de l'effigie de Gaṇēśha, puis s'enroula sur le *lingam* de Śhiva, la tête parfaitement dressée.

Apprenant ceci, les foules affluèrent des villages voisins pour voir cet extraordinaire serpent. Les jours passaient et le serpent ne mangeait rien. Finalement, quelqu'un eut l'idée de le vénérer. Au cours du rituel, on offrit une coupe de lait au serpent. Dès que les *mantras* appropriés eurent été récités, le cobra se pencha et but tout le lait ! À dater de ce jour, le serpent devint la mascotte du village. Il se laissait vénérer, nourrir, câliner et caresser, même par les plus jeunes enfants. Chaque jour, il prenait un bain dans l'étang et, après avoir fait le tour des autres divinités du temple, revenait prendre sa place sur le *lingam*. Des milliers de personnes commencèrent à affluer vers ce village reculé et le gouvernement dut financer la construction d'une route, l'organisation d'un service d'autobus et l'électrification du village. Beaucoup de saints vinrent recevoir le *darśhan* du serpent sacré. Un jour qu'un de ces *mahātmās* était assis devant le temple, chantant en s'accompagnant à l'harmonium, le serpent quitta le saint des saints, se hissa sur l'harmonium et de là s'enroula autour des bras et du cou du sage. Puis il se laissa glisser au sol et regagna le temple, laissant le *swāmi* en extase. Ce *swāmi* se trouvait être un de mes amis et il me rapporta l'incident avec une grande émotion.

Jaloux de la prospérité du temple, un vaurien s'empara un jour du serpent et le tua. Il captura ensuite un cobra tout ce qu'il y a d'ordinaire et, après lui avoir cousu la gueule, il l'installa sur le *lingam*. Quelques heures plus tard, il revint voir quelle tournure prenaient les événements, mais le serpent avait réussit à desserrer ses sutures et le mordit. L'homme mourut peu après d'une mort affreuse.

J'étais allé dans ce village, j'avais vu des photos du serpent miraculeux qui se laissait caresser et adorer par les enfants et n'étais pas surpris quand, à l'occasion, survenaient autour d'Amma des incidents reliés à des divinités-serpents. Très certainement, il existe des plans d'existence que notre vision extérieure ne peut percevoir.

Un jour, alors qu'Amma dansait lors d'un *Dēvī Bhāva*, un homme se présenta avec de mauvaises intentions. Amma sortit du temple, tenant à la main le trident et le sabre et se mit à danser sur l'aire dégagée devant le temple. L'homme s'empara du sabre, essayant de l'arracher à Amma. Il n'y parvint pas mais meurtrit la main d'Amma. Aussitôt, la foule entière se jeta sur lui et lui administra la raclée de sa vie. Témoin de tant de violence, je me mis à trembler comme une feuille. Amma, qui dansait dans un autre coin de l'aire, ne pouvait en aucun cas me voir dans cet état. Aussi fus-je surpris lorsque, le *darśhan* terminé, elle me regarda et me dit en riant : « Pourquoi tremblais-tu si

Avant l'āśhram

fort quand cet homme a tenté de me faire du mal ? Parce qu'il a reçu le châtiment immédiat de sa mauvaise action, il n'aura pas à souffrir par la suite. »

À quelque temps de là, il y eut un nouvel incident contre l'āśhram. C'était la fin du Kṛiṣhṇa Bhāva. Amma était en extase tandis que nous chantions les noms du Seigneur. Après avoir lancé à ses dévots un dernier regard plein d'amour, elle recula dans le temple dont les portes se refermèrent doucement. La musique s'éteignit, un grand calme descendit progressivement sur la scène. L'assemblée était debout en prière silencieuse, plongée dans la dévotion envers Amma sous la forme de Kṛiṣhṇa.

Tout à coup, un homme d'apparence brutale qui se tenait devant Gayatri se mit à hurler quelque chose. Il semblait passablement ivre. Se ralliant au cri de leur chef, quelques ruffians s'avancèrent du fond de la foule et encerclèrent le père d'Amma. Ils commencèrent à le bousculer, faisant tomber ses lunettes. Furieux, Sugunanandan leur enjoignit en criant de quitter les lieux. C'est alors que le meneur de bande brandit ce qui semblait être une arme meurtrière de fabrication artisanale : une ceinture munie à une extrémité de lourds crochets de métal. Il semblait sur le point d'en frapper le père d'Amma. Gayatri fondit sur lui, lui arracha la ceinture et prit la fuite à toutes jambes pour échapper à son courroux. Plusieurs dévots se portèrent en avant pour la protéger et une bagarre s'ensuivit rapidement. Gayatri parvint à se dégager de la mêlée et courut pousser le loquet de la porte du temple, enfermant Amma à l'intérieur de peur qu'elle ne sorte et se fasse attaquer par l'une des brutes. Étant chargé d'assister Amma à la fin du darśhan, je me trouvais déjà dans le temple avec elle. Balu et Srikumar nous avaient rejoints pour la protéger. De l'extérieur, autour du temple, nous provenaient des bruits effroyables, cris, hurlements et fracas de choses que l'on saccage. Dans le temple, Amma rugissait : « Kali ! Kali ! » et tentait de sortir, mais nous l'en empêchions. Nous dûmes la retenir de force, de peur qu'une de ces brutes ne lui fasse du mal. Gayatri se faufila jusque derrière le temple et cacha l'arme sous un tas de vieilles planches avant de revenir prestement monter la garde à la porte du temple. En un clin d'œil, la moitié de la jeunesse du village était arrivée, prête à en découdre. Les dévots, d'habitude pacifiques, montraient qu'ils étaient résolus à se battre pour Amma. En quelques instants, une cinquantaine d'hommes luttaient, accompagnés par les cris anxieux des femmes. On aurait dit une scène du *Mahābhārata*.

Personne ne comprenait vraiment ce qui se passait ni la raison de cette bagarre. Au bout d'environ vingt minutes, la lutte se calma et les villageois quittèrent les lieux. De nombreux dévots et membres de la famille étaient légèrement blessés mais, à notre grand soulagement, il n'y avait aucun blessé grave. Quand Gayatri rouvrit les portes du temple, Amma se précipita, exprimant sa sollicitude envers les blessés. Elle caressa avec amour ceux qui avaient des bosses ou des yeux au beurre noir parmi lesquels quelques-uns de ses proches parents. Puis elle s'adressa au groupe :

« Mes enfants, de nombreux locaux sont hostiles à Amma et cherchent par tous les moyens à la détruire, elle et l'*āśhram*. Entraînés par leur ignorance et leur jalousie, les jeunes d'environ vingt foyers se sont retrouvés ici ce soir dans l'intention d'attaquer les proches d'Amma et de tuer Amma. Il y a environ deux semaines, Amma avait prévenu Sugunanandan de l'éventualité d'une attaque et lui avait conseillé de ne pas s'attarder trop longtemps à l'extérieur. Elle lui avait aussi recommandé d'éviter de se disputer avec quiconque, car elle sentait que les gens cherchaient la provocation. »

Avant l'āśhram

Amma se tourna vers Sugunanandan et lui dit avec beaucoup d'amour : « Même si des gens te malmènent, tu dois apprendre à rester calme et serein. Nous nous en remettons à l'Être suprême. Il nous faut donc apprendre à voir Dieu en chacun, quelles que soient les circonstances et à accepter d'un cœur détaché les louanges comme les mauvais traitements. »

Sugunanandan parut un peu étonné et répliqua :

« Mais deux de ces vauriens se sont présentés ici ce matin même en disant qu'ils avaient faim et nous leur avons donné de l'argent. Et voilà qu'ils reviennent le soir pour nous tabasser ! »

À ceci Amma répliqua :

« Ils ne font que manifester leur nature. Quel que soit leur comportement, nous devons nous en tenir à notre *dharma* et essayer de voir l'unité de Dieu en chacun. »

Amma s'adressa de nouveau aux dévots :

« Mes enfants, voyons dans cet incident l'occasion d'étudier nos propres réactions. Il ne s'agit pas pour nous de surenchérir ou de nous dresser contre des moulins à vent. Nos actions ne devraient en aucun cas dépendre des paroles qui sortent de la bouche de ces voyous. Ne perdons pas les diamants de paix que nous avons acquis par notre *sādhanā* pour des cacahuètes. La vie spirituelle sert à briser la carapace d'ego qui recouvre notre Soi et non à la cultiver. Dans des circonstances difficiles comme celles-ci, il nous faut beaucoup de patience et une grande foi. Dieu nous protège. Si nous nous en remettons complètement à Lui, Il prendra soin de nous. Si nous parvenons à capturer la reine des abeilles, l'essaim tout entier nous servira et nous protégera. »

Mes enfants, soyons dorénavant très prudents. Efforçons-nous d'éviter les situations qui risquent de nous faire perdre notre équilibre. Gardons un cœur ouvert et restons confiants en Dieu. Si nous essayons de vaincre leur ignorance par la force, ils recommenceront avec encore plus d'esprit de revanche. Souvenez-vous, mes enfants : la haine n'éteint jamais la haine, seul l'amour peut le faire. »

Ayant réconforté les dévots, Amma retourna au temple pour commencer le *Dēvī Bhāva*. À beaucoup d'entre nous, elle parut ce soir-là encore plus aimante que d'habitude, comme si elle voulait exprimer à quel point elle appréciait le courage que les dévots avaient manifesté.

Bien entendu, la bagarre devint aussitôt le principal sujet de conversation des villageois. Les rumeurs allaient bon train et nous sûmes bientôt que beaucoup de gens jetaient tout le blâme sur Amma. Le moment paraissait bien choisi pour rester dans l'enceinte de l'*āśhram* et éviter autant que possible le village. En ce temps-là, même dans les circonstances ordinaires, certains villageois ne perdaient aucune occasion de s'en prendre à Amma. Si elle venait à passer devant chez eux, ils ordonnaient à leurs enfants de la huer et de lui jeter des pierres. Pour éviter cela, les disciples avaient prié Amma de renoncer aux longs parcours par les rues, mais elle avait refusé.

Témoin de tout cela, je me demandais si je désirais réellement m'établir de façon permanente à Vallickavu. En fait, l'*āśhram* était un véritable champ de bataille ! Étais-je prêt à mourir ici au milieu des combats ? En définitive, je conclus qu'il n'y avait pas vraiment le choix : je ne pouvais pas jouer les poules mouillées et abandonner Amma. Comme le dit la *Bhagavad Gītā*, mieux vaut mourir en accomplissant son devoir que vivre en faisant celui d'un autre. Par bonheur, cette bagarre marqua la fin des incidents violents. Néanmoins, au fur et à mesure qu'on me révélait l'histoire d'Amma, j'évaluais mieux l'étendue de sa bravoure. Cet incident n'était qu'une peccadille comparé à ce qui se passait jadis, bien avant mon arrivée, du temps où le

Avant l'āśhram

« Comité des Mille » s'était constitué pour détruire Amma. Elle fit front complètement seule. Même sa famille ne la protégeait pas. Elle demeura cependant inflexible en dépit du harcèlement permanent. Le comité regroupait plus de mille jeunes gens de la région côtière mus par une commune brutalité et par divers intérêts particuliers. Ils employèrent différents moyens, soit pour démontrer qu'il s'agissait de sa part d'une supercherie, soit pour la tuer, mais ils échouèrent chaque fois lamentablement. D'ailleurs, nombreux sont les membres du Comité qui devinrent d'ardents dévots d'Amma après avoir fait l'expérience de ses pouvoirs divins et bienfaisants. Un des chefs de file épousa même par la suite une sœur d'Amma.

Essayons de nous imaginer, adolescent, dans la position d'Amma. Même entouré de parents et d'amis, si notre vie était menacée, nous aurions peur. Amma n'avait personne au monde. Comment expliquer son exceptionnelle vaillance dans des circonstances aussi accablantes ? Son remarquable courage ne peut se comprendre que par son état naturel d'identité consciente avec Dieu, par le fait qu'elle sait que ce monde, apparemment concret et le corps qui y vit, ne sont qu'un rêve illusoire projeté sur l'écran indestructible de la Conscience. Il n'y a pas d'autre explication possible. Certains se prétendent d'emblée identifiés à Dieu dès qu'ils optent pour une vie spirituelle. Mais en est-il un seul qui aurait pu demeurer sans peur en pareilles circonstances ? C'est aux actes que l'on juge une personne.

Au début de mon séjour à Vallickavu, je ne parlais pas la langue d'Amma, le malayalam. Par chance, Balu (Swami Amritaswarupananda), Srikumar (Swami Purnamritananda) et un très dévoué père de famille du nom de Kṛiṣhṇa Shenoy, venaient régulièrement à l'āśhram et tous parlaient couramment l'anglais. Monsieur Shenoy est l'auteur de nombreux chants dévotionnels très émouvants par lesquels il supplie Amma de lui accorder sa grâce pour surmonter ses difficultés. Parfois les dévots, comme ce fut le cas pour Monsieur Shenoy, s'éveillent brutalement à leur relation immémoriale avec Amma. Amma dit : « Souvenez-vous que tous ceux qui, dans cette vie, sont associés à Amma étaient également avec elle dans leurs vies passées. Vous ne pouvez voir que cette vie-ci et en conséquence, vous pensez que vous ne connaissiez pas Amma auparavant. Nul ne garde le souvenir de sa relation à Amma dans les vies antérieures. Il y a pour chacun un moment prédestiné où il vient à Amma. Certains viendront plus tôt, d'autres plus tard, mais tous les enfants d'Amma ont de tous temps été avec elle. Ils viennent à elle à des moments divers, parfois après avoir entendu parler d'elle ou après avoir vu sa photo. Pour d'autres, c'est un enregistrement des *bhajans* d'Amma qui joue le rôle décisif. Certains viennent à elle après avoir rencontré un de ses enfants spirituels. D'autres encore ne prennent conscience de leur relation à Amma que par le contact direct avec elle. Certains parlent d' « avant d'avoir rencontré Amma », mais il n'existe rien de tel. Tous les enfants d'Amma la connaissent déjà depuis longtemps. Bien que nul n'en ait conscience, la protection d'Amma a toujours été avec eux. »

La première rencontre de Kṛiṣhṇa Shenoy avec Amma avait complètement bouleversé sa vie. À quarante-cinq ans, c'était un communiste pur et dur. Toute sa famille désirait aller un jour voir Amma et insistait pour qu'il les accompagne. Dans un moment de faiblesse, il accepta. Ils se rendirent à Vallickavu un jour de *Bhāva darshan* et comme ils étaient arrivés en avance, ils s'assirent sous un arbre près du temple. Non loin de là, un groupe d'adolescentes parlaient et s'amusaient. Toutes étaient vêtues à l'identique de jupes et de chemisiers bariolés et toutes semblaient être du village. Tout à coup, Monsieur Shenoy sentit

Avant l'āshram

une force irrésistible le pousser vers une des jeunes filles. Comme en transe, il se dirigea vers leur groupe. Tombant à genoux, il posa sa tête dans le giron de l'une d'elles et se mit à pleurer comme un bébé. Il resta là un long moment à pleurer et quand il se redressa finalement, complètement sonné, la fille le regardait en souriant et lui dit : « Mon enfant, je t'attendais. Tu n'as plus rien à craindre. Je serai toujours avec toi. » À nouveau, Monsieur Shenoy éclata en sanglots. Finalement, il se leva et retourna s'asseoir sous l'arbre. Les siens lui demandèrent : « Tu es déjà venu ici ? » Il répondit : « Je n'y ai jamais mis les pieds. C'est la première fois que je viens. »

« Mais alors, comment as-tu su laquelle de ces filles était Amma ? Rien ne la distingue des autres. »

« Je n'ai pas la moindre idée de ce qui s'est passé ni de comment cela s'est passé », répondit Monsieur Shenoy.

Je vous laisse imaginer ce qui serait arrivé si la jeune fille n'avait pas été Amma !

À la suite de cela, une grande transformation s'opéra en Monsieur Shenoy. Il coupa les ponts avec ses amis communistes et devint membre du comité local du temple le plus proche de chez lui. Ce temple était en triste état et les dévots décidèrent d'en ériger un autre pour abriter les *nagas*, divinités que l'on représente avec un corps de serpent et une tête humaine. Ils emportèrent les effigies sacrées dans un terrain voisin et y construisirent le nouveau temple. La veille de la consécration du temple, Monsieur Shenoy vint à Vallickavu pour recevoir la bénédiction d'Amma et l'inviter à la cérémonie. Il entra dans le temple pendant le *Dēvī Bhāva*. En le voyant, Amma lui dit : « Je sais pourquoi tu es venu. Ne t'inquiète pas, tout ira bien. J'irai au-devant et ferai sentir ma présence dans le nouveau temple. »

Monsieur Shenoy retourna à son village par le premier bus. En arrivant au temple, il trouva tous les membres du comité attroupés devant l'entrée du temple, très excités. Il se demanda pourquoi ils n'étaient pas occupés aux préparatifs de la cérémonie et s'enquit de ce qui se passait. Ils répondirent : « Il y a une heure, un cobra est venu ici. Il a fait le tour des effigies des *nagas*, puis il est entré dans le temple. Nous l'avons suivi avec une lampe de poche mais sans parvenir à le localiser. Il n'aurait pas pu s'échapper sans que nous le voyions et à présent, voilà que le saint des saints est rempli d'une forte odeur de jasmin. » Les cérémonies terminées, Kṛiṣhṇa Shenoy retourna à l'*āśhram*. Avant qu'il ait pu ouvrir la bouche, Amma lui dit : « J'espère que tu es satisfait de mon apparition au temple. J'y suis arrivée bien avant toi, puis je suis revenue. » Inutile de dire qu'après cet incident, la dévotion de Monsieur Shenoy devint inébranlable. Il finit par venir s'installer à l'*āśhram*.

Un matin, alors que nous étions tous assis autour d'Amma, Sarasamma, une dévote d'Amma qui habitait un village à une quinzaine de kilomètres de l'*āśhram*, arriva en courant et se laissa tomber dans les bras d'Amma en sanglotant de façon hystérique. Amma se contenta de rester assise, arborant un sourire empreint de béatitude. Au bout d'un certain temps, Sarasamma reprit un peu ses esprits, se redressa et tenta de parler mais les mots lui restèrent coincés dans la gorge. Un long moment s'écoula avant qu'elle commence à raconter l'aventure édifiante qui lui était arrivée la veille. Voici ses paroles :

« J'ai quitté l'*āśhram* vers quatre heures du matin avec mon fils Madhu et nous avons pris le bus à Vallickavu. Il faisait encore nuit noire quand nous atteignîmes notre village, vers cinq heures du matin. Je descendis à l'arrêt que je croyais tout proche de la maison en pensant que mon fils, lui, descendait par l'autre porte. Dès que j'eus débarqué, le contrôleur du bus fit tinter sa

Avant l'āśhram

clochette et le bus s'éloigna dans la nuit. Regardant autour de moi, je ne vis pas mon fils et me rendis compte alors que j'étais dans un endroit désert, à deux kilomètres environ de chez moi. Mon fils me rapporta par la suite qu'en se retournant sur son siège, il avait eu un choc en ne me voyant plus. Il descendit à l'arrêt suivant et se mit à rebrousser chemin au pas de course pour me rejoindre, mais j'étais loin.

Perplexe et ne sachant que faire, je me remémorai les paroles d'adieu d'Amma : « Sois très prudente aujourd'hui. » Je tenais fermement dans ma main droite le *prasād* d'Amma (en général de la nourriture ou des fleurs qui ont été bénies). Un peu plus haut sur la route, je vis un camion s'arrêter. Sept ou huit hommes en descendirent et se dirigèrent vers moi. Peut-être avaient-ils vu une femme seule descendre du bus à cet endroit désert. Encerclée par ces brutes, je tremblais de peur. Ils me bombardaient de questions dans un langage des plus vulgaires. Je pensais qu'ils allaient me tomber dessus d'un moment à l'autre. Une rage terrible s'alluma en moi. Est-ce donc là le sort de ceux qui vont voir la Mère divine ? Est-ce là le fruit d'une vie entière de dévotion ? Ces pensées faisaient rage en moi et, perdant conscience des circonstances, je me mis à hurler de toutes mes forces : « Amma ! » Ceci démonta les rustauds qui m'entouraient.

La suite est difficile à raconter. Soudain, de façon tout à fait inattendue, la forme lumineuse de la Mère divine m'apparut dans le ciel. Elle avait d'innombrables bras, tenant des armes variées. Elle chevauchait une créature énorme. Son visage, Ses cheveux et Sa couronne ressemblaient tout à fait à ceux d'Amma pendant le *Dēvī Bhāva*. Amma avait revêtu la forme terrible de Kali afin de sauver sa dévote ! Au moment où je pris conscience de cela, je perdis le sentiment de la réalité extérieure. La Mère divine me tendit les bras. Contemplant Sa forme radieuse, mes yeux devinrent fixes et exorbités. Ma langue se mit à pendre comme celle de Mère Kali. Je sentis une force incroyable envahir mon corps et j'éclatai d'un rire effrayant, un rire dont le seul souvenir me donne des frissons dans le dos. L'air résonna du bruit épouvantable de ce rire. Les hommes, qui s'apprêtaient à fondre sur moi, restèrent interdits devant ce personnage effrayant, hurlant de rire, qui leur faisait face sans peur, la chevelure en bataille, les yeux exorbités et la langue pendante. Sans doute ont-ils cru que j'étais un esprit malin et non un être humain ! Perdant toute superbe, ils suspendirent leurs gestes et battirent en retraite, reculant pas à pas. Puis ils sautèrent dans le camion et s'enfuirent. Après leur départ, je restai incapable de bouger. Peu à peu, je repris conscience en même temps que s'estompait la forme enchanteresse de Mère Kali. Mon corps était tout engourdi, comme paralysé. Au bout de quelques minutes, je pus bouger un peu et ma langue reprit sa place habituelle dans ma bouche. Mais je ne pouvais toujours pas bouger les yeux, exorbités. Ils ne redevinrent normaux qu'une fois que je les eus massés un certain temps. À la suite de ce rire effrayant, ma gorge était extrêmement douloureuse. Baissant les yeux, je vis que je tenais toujours dans mon poing fermé le *prasadam* d'Amma. »

Pendant tout ce récit, Amma demeura immobile, un sourire gracieux et omniscient jouant sur ses lèvres.

Chapitre 10

Naissance de l'āśhram

En 1982, l'*āśhram* d'Amma fut officiellement fondé en tant qu'institution caritative à but non lucratif. À l'époque, il ne comptait pas plus de dix personnes, en incluant Amma. Quand Gayatri et moi-même vînmes nous installer à Vallickavu, début 1982, seul un *brahmachārī* du nom d'Unnikrishnan y résidait à plein temps. Grand dévot de la Mère divine, il avait quitté son foyer pour se faire moine errant. En 1976, il devint le premier fils spirituel d'Amma et continua à mener une vie d'austérité, célébrant chaque jour le rituel d'adoration de la Mère divine dans le petit temple où Amma donnait le *Dēvī Bhāva* trois soirs par semaine. À cette époque, nous habitions tous ensemble une petite hutte de palmes tressées que nous partagions dans nos moments de repos, lesquels étaient fort rares. Voyant que certains étaient autorisés à s'installer à titre permanent auprès d'Amma, d'autres voulurent en faire autant. C'est à cette époque que Balu, Venu, Srikumar, Pai, Ramakrishnan, Rao et quelques autres vinrent nous rejoindre.

Amma était très difficile quant au choix de ceux qui étaient autorisés à venir vivre à l'*āśhram*. Elle prenait en compte divers facteurs : la famille aurait-elle à souffrir du fait que leur fils ne gagnerait pas sa vie pour les aider financièrement ? Jusqu'à quel point le candidat était-il sérieux dans ses aspirations spirituelles ? Quelle était la profondeur de la relation de chacun avec elle ? Elle avait une vision très claire de l'avenir et une intention bien arrêtée gouvernait chacun de ses actes. Sa naissance même avait pour but le bien spirituel de l'humanité. Pour ce faire, elle estimait devoir former à la vie spirituelle un groupe de jeunes gens qu'elle pourrait ensuite envoyer aux quatre coins de l'Inde et du monde répandre la véritable spiritualité.

Au siècle dernier, un *mahātmā* du Bengale, Sri Ramakrishna Paramahamsa, s'était donné une mission similaire. Il consacra toute son énergie à l'évolution spirituelle de ses dévots, au prix de sa santé et de sa vie. Enfin, il forma un groupe de jeunes gens chargés de poursuivre son œuvre. Beaucoup le considèrent, à l'instar du Christ, comme une incarnation de Dieu venue en ce monde intentionnellement, dans un but bien précis et non point précipitée ici-bas par la force du *karma*. De même, nombreux sont ceux qui voient en Amma la Mère divine elle-même, incarnée en ce monde dans le but spécifique d'élever spirituellement les hommes. Dans la *Bhagavad Gītā*, le Seigneur déclare qu'il renaîtra dans ce monde de matière aussi souvent que se fera sentir le besoin de sauver le *dharma* (la Loi de la justice divine) de l'érosion du Temps :

> « *Chaque fois qu'il y a un recul du dharma, Ô Bharata et une montée de l'adharma, je m'incarne. Afin de protéger les justes et de détruire les méchants, afin de réinstaurer fermement le dharma, Je m'incarne d'âge en âge.* »
>
> *Bhagavad Gītā*, IV, 7-8

Naissance de l'āśhram

La nature même du temps étant le changement, ce monde requiert pour ainsi dire un entretien spirituel constant. Le Divin est donc amené à s'incarner sans cesse.

Un jour, à l'époque où nous étions encore peu nombreux autour d'Amma, elle aborda le thème de la raison de sa naissance. Elle nous dit qu'elle allait former un vaste groupe de jeunes aspirants spirituels afin qu'ils apportent la connaissance spirituelle à l'humanité. Elle ajouta qu'un jour viendrait où il lui faudrait faire souvent le tour du monde pour apporter la paix à ceux qui vivent hors de l'Inde sacrée. Nous fûmes tous surpris et inquiets de ses paroles. Elle ne s'était jamais aventurée à plus de quelques kilomètres de son village. Si elle devait se mettre à sillonner le monde, qui s'occuperait d'elle ? Et qui s'occuperait de ceux qui vivaient avec elle ? Mais peut-être n'était-ce qu'une plaisanterie de sa part ?

C'est à cette époque qu'Amma révéla le caractère exceptionnel de Śhakti Prasād, qu'elle appelait son *manasa putra*, c'est-à-dire son fils né de l'esprit. Elle laissa entendre qu'étant une incarnation partielle de la Mère divine et né de la simple volonté d'Amma, il deviendrait une force majeure pour le bien de ce monde. Les Écritures indiennes racontent l'histoire d'un sage, Vishwamitra, qui créa un monde à part pour son dévot Trisankhu. Le *Yōga Vasishtha*, ouvrage traitant du *Vēdānta*, mentionne également la création d'un monde par un petit garçon qui était en fait un sage. J'ai un jour demandé à Amma si les sages des temps védiques étaient réellement capables de créer par la simple volonté de leur esprit, comme le disent les Écritures. Elle répondit : « Mais bien sûr ! Amma n'a-t-elle pas créé Śhakti Prasād ? » Cela peut sembler une allégation bien présomptueuse pour qui ne connaît pas l'histoire de Śhakti Prasād, mais pour moi, il ne fait aucun doute qu'on a rarement vu enfant né dans des circonstances aussi étranges.

Les parents de Śhakti, Vidyadharan et Omana, étaient originaires d'un petit village situé à quelques huit kilomètres de l'*āśhram*. Au bout de neuf ans de mariage, leur union n'avait toujours pas été sanctifiée par la naissance d'un enfant. Ayant entendu parler des pouvoirs divins et miraculeux d'Amma, ils décidèrent de tenter leur chance et d'aller lui demander de leur accorder un enfant. Ils arrivèrent à l'*āśhram* en 1977. Avant qu'Omana ait pu dire quoi que ce soit, Amma lui fit signe d'approcher et lui dit : « Ma fille, je sais que tu désires un enfant. Je te délivrerai de ton chagrin et tu seras enceinte dans quatre mois. Ne t'en fais pas. » De fait, quatre mois plus tard, Omana commença à manifester des signes de grossesse. Le quatrième mois écoulé, elle alla se faire examiner à l'hôpital. Les médecins confirmèrent la grossesse. Mais quelle ne fut pas sa surprise quand, au neuvième mois, ces mêmes médecins déclarèrent que la matrice était vide ! Le mystère, c'est que son ventre restait gonflé comme celui d'une femme sur le point d'accoucher. On fit divers tests, tous s'avérèrent négatifs. Finalement, on prit une radio. Au grand étonnement des docteurs, on ne voyait qu'une image dense au niveau de l'utérus. On envoya la femme dans divers hôpitaux pour consultation mais aucun des médecins ne put dire si oui ou non il y avait un enfant dans son ventre.

Omana, très abattue, alla trouver Amma. Celle-ci la consola : « Montre-toi courageuse : cet enfant est divin et aucun rayon X ne pourra le prendre en photo. » Les jours, les mois passèrent. Les voisins se moquaient d'Omana en disant qu'elle allait accoucher d'un éléphant. Pourtant, elle et son mari gardaient confiance en Amma. Ce fut leur épreuve du feu. Finalement, au seizième mois de grossesse, Amma dit à Omana d'aller à l'hôpital pour

Amma avec Śhakti Prasād

accoucher. En dépit de son ventre énorme, les docteurs ne voyaient aucune trace d'enfant. Après maintes discussions, ils se prononcèrent finalement pour une césarienne. Au terme de l'intervention, ils furent ébahis de tomber sur un enfant de sexe masculin en parfaite santé. Amma lui donna le nom de Śhakti Prasād, ce qui signifie « Bénédiction de l'Énergie divine. »

Śhakti commença à méditer à l'âge de trois ans. Il restait assis les yeux clos à répéter *Om Namah Shivaya*, c'est-à-dire « Salutations au Seigneur bienveillant ». Chaque fois qu'il venait à l'*āśhram*, il allait directement à Amma et s'asseyait à ses côtés, couvrant ses pieds de fleurs. Un jour, des visiteurs se moquèrent de lui en disant : « Eh ! à quoi penses-tu quand tu fermes les yeux ? » Il répliqua : « Que pourriez-vous en savoir ? Je vois dans ma tête une merveilleuse lumière de couleur changeante ! » Amma dit que le moment venu, elle lèvera le léger voile d'ignorance qu'elle maintient dans l'esprit de Śhakti afin qu'il connaisse enfin son unité avec Dieu. Sa véritable stature se révélera alors et son travail en ce monde commencera.

Après avoir expliqué ceci, Amma sourit. Un des garçons qui étaient assis près d'elle dit : « Oh, Amma, voilà un sacré bon plan. » Amma le dévisagea avec une expression amusée. « Merci, je suis contente que tu l'approuves ! » dit-elle.

Un villageois du nom de Bhargavan venait régulièrement à l'*āśhram*. Il assistait à chaque *Bhāva darśhan* et était parfaitement convaincu qu'à ce moment précis l'âme de Kṛiṣhṇa habitait le corps d'Amma. Cette manière de penser n'était pas rare car de telles croyances font partie intégrante de la vie religieuse des villages comme celui d'Amma. Ces petites gens ne conçoivent pas la réalisation du Soi ou bien la vision de Dieu. Ils ne voient en Dieu que Celui qui a le pouvoir d'exaucer leurs prières et leurs désirs. Bien que Le tenant pour omniprésent, ils pensent qu'il

Naissance de l'āśhram

est plus facile de L'aborder dans un temple et de se Le concilier par des offrandes rituelles. Si on Lui offre ce qui Lui plaît, Il est enclin à exaucer les vœux de Ses fidèles. Telle est la naïveté des croyances villageoises. L'idée que Dieu puisse être dans le cœur de chacun en tant que Réalité intérieure transcendant l'ego individuel ne les effleure jamais. C'est pourquoi ils ne peuvent interpréter que comme une possession temporaire le comportement hautement insolite d'Amma pendant les *Bhāva Darśhans*. Aussi, quand Bhargavan assistait au *darśhan*, il était vraiment persuadé de voir Kṛiṣhṇa en personne et ne soupçonnait pas le moins du monde la grandeur spirituelle d'Amma. Il pensait seulement que cette petite villageoise avait beaucoup de chance.

Un jour, il confia à Amma qu'il allait se rendre au célèbre temple de Kṛiṣhṇa à Guruvayur, à quelques deux cent cinquante kilomètres au nord de l'*āśhram*. Amma lui dit : « Penses-tu pouvoir voir Kṛiṣhṇa là-bas ? »

« Évidemment, sans quoi, pourquoi irais-je si loin ? »

Il partit et atteignit Guruvayur dans la soirée. Malheureusement, il avait oublié ses lunettes et ne put voir l'effigie du Seigneur. Il ne distinguait qu'une forme floue. Il rentra fort déçu et se présenta au *darśhan* pendant le *Kṛiṣhṇa Bhāva*. Avec un sourire malicieux, Amma lui dit : « Aurais-tu oublié tes lunettes, par hasard ? Alors que je suis ici, pourquoi es-tu allé là-bas pour me voir ? »

Inutile de dire qu'à dater de ce jour, Bhargavan perdit tout intérêt pour les visites de temples !

Si quelqu'un désirait voir à quoi ressemblait Kṛiṣhṇa, il n'avait qu'à regarder Amma en *Kṛiṣhṇa Bhāva*. Le nom de Kṛiṣhṇa signifie : « Celui qui attire ». On dit que c'était le plus charmant des êtres. C'est l'impression que donnait Amma pendant le *Kṛiṣhṇa Bhāva*. Elle était un mélange d'omniscience et de facétie.

Elle offrait par exemple un morceau de banane à quelqu'un et lorsqu'il s'apprêtait à y mordre, elle retirait le morceau ! Cela soulevait des vagues de rires dans l'assistance mais la personne n'en était pas gênée ; n'était-ce pas en effet Dieu Lui-même qui s'adonnait à cette plaisanterie ? Parfois, elle versait de l'eau bénite dans la bouche de quelqu'un et continuait à verser sans s'arrêter jusqu'à ce que l'eau s'écoule, mouillant le devant de son corps avant de tomber par terre. Si un dévot lui offrait du beurre, elle le lui présentait afin qu'il en prenne un peu mais dès qu'il essayait de mordre dans la motte, elle lui en tartinait le nez ! Ses actions correspondaient aux récits des tours de Kṛiṣhṇa pendant son enfance à Vṛindāvan.

Un jour, environ deux mois après notre installation à l'*āshram*, je me trouvais dans la hutte avec Balu, un des *brahmachārīs* et j'écoutais au casque un enregistrement des chants d'Amma quand elle entra et se mit à chanter précisément la même chanson, en accord parfait avec la cassette. Elle ne pouvait entendre aucun son en provenance des écouteurs car j'avais réglé le volume très bas. Je la contemplai stupéfait et lui demandai comment elle pouvait savoir ce que j'écoutais. Elle se contenta de sourire d'un air entendu et se dirigea vers l'autre bout de la hutte. Elle était apparemment en train de jouer avec une serviette, essayant de la nouer autour de sa tête. Elle se retourna enfin, la tête enturbannée et nous lança un regard. Quelle ne fut pas notre stupeur de la voir en *Kṛiṣhṇa Bhāva* ! Au bout d'un moment, elle nous tourna le dos, puis nous fit face à nouveau. Elle était redevenue elle-même.

À la suite de cet incident, nous fûmes convaincus que les *Bhāvas* divins d'Amma étaient entièrement entre ses mains. Elle pouvait choisir de les manifester ou non, quand et comme bon lui semblait. Jusque-là, Amma avait innocemment prétendu que ses *Bhāvas* étaient entre les mains de Dieu. Nous avions finalement percé son secret : elle et Dieu ne faisaient qu'un. Plongée dans un état inhabituel, Amma nous dit : « Si vous voulez voir le Kṛiṣhṇa qui vivait il y a cinq mille ans à Vṛindāvan, vous pouvez Le voir ici (se désignant du doigt). La Mère divine et le Seigneur Kṛiṣhṇa résident tous deux dans cette pauvre folle ! »

rapporta les paroles de Venu, Amma dit : « Il est aussi mon fils et il viendra ici. » Ces paroles inquiétèrent Balu, car le fait qu'il eût renoncé à la vie de ce monde pour aller vivre à l'*āśhram* avait déjà provoqué bien des remous dans sa famille. Que se passerait-il si un autre fils venait à faire de même ?

Amma se rendit un jour en visite chez la tante de Balu, laquelle hébergeait Venu pendant ses études universitaires. Constatant sa présence, Venu passa devant Amma en l'ignorant avec superbe. Loin de se laisser démonter par sa grossièreté, Amma alla vers lui et, prenant ses mains dans les siennes, lui dit avec amour : « N'es-tu pas le frère de mon fils Balu ? Amma était impatiente de te rencontrer. » Les défenses de Venu tombèrent aussitôt devant cet amour maternel plein d'innocence. Échangeant des regards de connivence, nous murmurâmes : « L'affaire est entendue. Il est cuit ! » et nous mîmes à rire. Et de fait, Venu était fin cuit ! Il se débrouilla tant bien que mal pour terminer ses études et passer ses examens, mais il avait perdu tout intérêt pour la vie de ce monde. Dans un esprit de renoncement, il rasa bientôt ses longs cheveux et se présenta à l'*āśhram* pour y demeurer.

Srikumar (Swami Purnamritananda Puri) vivait dans un village à une quinzaine de kilomètres de chez Balu. Il entendit parler d'Amma et vint la voir en 1979. C'était une période cruciale de son existence, car son esprit était assailli de doutes quant à l'existence de Dieu. « Si Dieu existe, comment se fait-il que si peu de gens soient heureux en ce monde, que la plupart d'entre eux souffrent ? » Cette pensée le tourmentait et il espérait trouver la réponse auprès d'Amma. En la voyant, en croisant son regard plein d'amour, en sentant la présence divine et l'atmosphère sacrée qui l'entouraient, son esprit s'emplit de paix. Mais le comportement hautement inhabituel d'Amma le laissait perplexe.

Premiers disciples

Parfois, elle se comportait comme un petit enfant innocent et jouait avec ses dévots. Tantôt elle chantait et dansait, tantôt elle sanglotait en extase. Ou bien elle pouvait être profondément absorbée en méditation et l'instant d'après, se rouler par terre en riant. Amma nourrit Srikumar de ses propres mains et lui enseigna les principes spirituels peu après son arrivée. Sa sainteté, son amour de mère et son comportement étrange, extatique, le lièrent à elle. Il ne fut pas long à décider de venir s'installer auprès d'Amma mais cela ne put se faire tout de suite, car ses parents ne voulaient pas le laisser partir. Fils unique, il était censé prendre soin d'eux à leur retraite. C'est pourquoi, ses études terminées, on l'envoya travailler dans une ville lointaine.

Srikumar connut le même sort que Balu : il ne put supporter d'être séparé d'Amma et se montra incapable de conserver un emploi. Il traîna une existence malheureuse à Bangalore, accomplissant distraitement son travail tout en pensant à Amma. Au bout d'un mois, il rentra chez lui avec une forte fièvre et dut être immédiatement hospitalisé. Couché dans son lit d'hôpital, il fit l'expérience suivante :

« Mon père était sorti me chercher un café. J'étais seul dans la chambre quand soudain, mes mains et mes jambes furent comme paralysées. Une fraîche et douce brise passa sur moi et, à ma grande surprise, je vis entrer Amma. Elle s'approcha de moi avec un bon sourire. Comme un petit enfant, je fondis en larmes. Elle s'assit près de moi et appuya ma tête contre elle sans dire un mot. L'émotion me submergeait, les mots s'étranglaient dans ma gorge. Une lumière émanant du corps d'Amma envahit la pièce. Elle-même était baignée d'un éclat divin. À cet instant précis, la porte s'ouvrit et mon père entra. Amma disparut aussitôt. »

En temps voulu, Srikumar vint résider à l'*āshram*.

Ramesh Rao (Swami Amritatmananda Puri) était le fils préféré d'un riche marchand de tissus. Il travaillait dans la boutique de son père. Mais la vie trop tranquille de son village ne lui plaisait guère. Il souhaitait partir à l'étranger, dans le Golfe Persique. Il était en train d'essayer de décrocher un emploi là-bas lorsqu'il entendit parler des pouvoirs divins d'Amma. En juin 1979, il vint pour la première fois à Vallickavu, désireux de connaître son avenir. Il était bien loin de se douter des bouleversements qui l'attendaient ! Avant qu'il ait pu dire quoi que ce soit, Amma lui dit : « Mon fils, tu essaies d'aller de l'autre côté de l'océan. Amma rendra cela possible si tel est ton désir. Ne t'inquiète pas. »

Ces paroles éclairées amorcèrent pour Rao la fin de la vie dans le monde et le début de la vie spirituelle. Il rentra chez lui et tenta de vaquer à ses occupations au magasin de tissu mais il ne parvenait pas à fixer son attention sur son travail. Il ne pensait qu'à revoir Amma. Ce besoin devint si intense que très souvent, il fermait la boutique de bonne heure et se précipitait à Vallickavu. Il commença à rêver fréquemment de la Déesse de l'univers qui lui apparaissait en rêve sous les traits d'Amma. Jour après jour, son agitation croissait, en même temps que son désir de réaliser Dieu. Et comment s'en étonner ? En présence d'Amma, l'esprit se tourne tout naturellement vers Dieu.

Un jour qu'il était assis auprès d'Amma, Rao perdit conscience du monde et pendant plus de cinq heures, il se perçut comme un petit enfant de deux ans flottant sur l'Océan de Félicité de la Mère Divine. À la fin, Amma l'appela et le ramena en ce monde du nom et de la forme. À la suite de cette expérience, Rao perdit le peu de goût qui lui restait pour les plaisirs du monde. Il cessa d'aller à sa boutique et passait des semaines entières auprès d'Amma et des autres résidents de l'*āshram*. Ce

Premiers disciples

comportement déchaîna bien sûr une tempête au sein de sa famille. Bien que tout le monde ou presque en Inde sache que la réalisation de Dieu est le véritable enjeu de l'existence, rares sont les parents qui souhaitent que leurs enfants se consacrent à ce but sublime en devenant renonçants. Ils pensent qu'ils devraient d'abord goûter les joies de la vie de famille, accumuler biens et richesses et ensuite seulement, au seuil de la vieillesse, s'adonner à la *sādhanā*. Ils oublient cependant que le temps d'atteindre la vieillesse (et encore, à condition de ne pas mourir avant !), l'esprit s'est tellement figé dans ses habitudes qu'il lui est pratiquement impossible de se concentrer sur Dieu. Comment pourrait-on se concentrer sur Dieu après s'être appesanti sur des objectifs matériels pendant soixante-dix ou quatre-vingts ans ? Un vieux singe peut-il apprendre de nouveaux tours ?

Il y a bien longtemps en Inde, les enfants étaient retirés très jeunes de leur foyer et placés dans un *gurukulam*. Là, ils étudiaient et chantaient les textes sacrés, servaient avec désintéressement leurs aînés et leur maître, pratiquaient la maîtrise des sens et menaient une vie simple et noble. C'est seulement après douze ans de cette vie de discipline qu'ils se mariaient s'ils le souhaitaient et jouissaient des richesses matérielles et des plaisirs de ce monde. Mais même ainsi, on attendait d'eux qu'ils poursuivent l'étude des Écritures et la pratique religieuse et qu'ils gardent un minimum de contrôle d'eux-mêmes. Après avoir engendré de vertueux enfants, ils étaient censés abandonner la vie de famille vers cinquante ans pour aller vivre dans un *āshram* ou une forêt, vouant le reste de leur vie à une pratique spirituelle intense dans le but de réaliser Dieu. Ayant acquis une base solide dans leur jeunesse, l'ayant perpétuée dans l'âge mûr, ils pouvaient sans trop de difficultés effectuer la transition vers une vie de renoncement total et de contrôle absolu de soi. Tel était l'idéal des temps anciens. De nos jours, plus personne ne suit cet entraînement de toute une vie. Penser qu'après avoir vécu soixante-dix ans dans un esprit matérialiste, en priant un peu et en allant au temple de temps à autre, on pourra se concentrer ensuite sur Dieu et finalement se fondre en Lui, c'est prendre ses désirs pour des réalités ! Si cela suffisait pour trouver Dieu, pourquoi tant de gens se seraient-ils donné tant de mal, luttant toute leur vie pour contrôler leur esprit vagabond et le fixer sur le Divin ?

Mais le monde actuel étant ce qu'il est, il n'y a rien d'étonnant à ce que les parents de Rao, le voyant s'orienter fermement dans cette direction, aient été peu enclins à le laisser se faire moine. Amma enjoignit à Rao de rentrer chez lui afin d'obtenir de ses parents l'autorisation de vivre à l'*āśhram*. Autant demander à deux gros matous affamés de laisser filer une souris dodue !

« Amma, ils me créeront des problèmes si je rentre maintenant », protesta Rao. Mais Amma répondit calmement qu'un homme courageux vient à bout de toutes les difficultés. Elle n'était pas disposée à admettre si facilement Rao dans la vie monastique. Il s'était montré très attaché à la vie matérielle avant de venir à elle et avant de le laisser renoncer au monde pour toujours, elle voulait s'assurer qu'il avait vraiment l'étoffe d'un moine. Ô combien elle est sage et en apparence cruelle !

Rao rentra chez lui et ses parents le gardèrent prisonnier. Ne constatant aucun changement dans son attitude, ils décidèrent que son désintérêt subit pour le monde était peut-être dû à une forme de maladie mentale. Après dix jours de traitement en hôpital psychiatrique, ils l'emmenèrent chez des parents, très loin de son propre village. Là, ils essayèrent de le tenter par toutes sortes de subterfuges, utilisant comme appât une jeune femme de la famille, mais il résista à toutes les tentations. Rao

Premiers disciples

écrivit à Amma : « Si Amma ne me sauve pas, je me suiciderai ! » Au bout d'un mois, comme sa « folie » semblait avoir disparu, on l'autorisa à regagner son village. Comme il est triste, même si c'est peu surprenant, de voir que les gens considèrent comme anormal d'aimer Dieu et de vouloir en faire l'expérience directe. Les joyaux de l'humanité sont des gens qui ont manifesté dans leur vie quotidienne une certaine dévotion à Dieu. Abraham Lincoln, Albert Einstein, Mahatmā Gandhi, tous sont considérés comme de grands hommes. Cependant ces hommes attribuaient leur modeste portion de grandeur à Dieu. Tous étaient d'humbles dévots du Seigneur. Pourquoi dès lors les gens du monde tiennent-ils pour une aberration mentale d'aimer Dieu de tout son cœur ? L'Ancien Testament ne prescrit-il pas d'aimer Dieu de tout son cœur, de tout son esprit et de toute son âme ? Lequel est fou, celui qui aime Dieu ou celui qui n'y pense même pas ? Telle est la puissance de *māyā*, l'Illusion universelle, qui nous fait voir toutes choses à l'envers.

De retour dans son village, Rao revint à l'*āśhram*. Amma insista pour qu'il rentre chez lui et qu'il y reste jusqu'à ce que ses parents lui aient donné de leur plein gré l'autorisation de demeurer auprès d'elle. Mais c'en était trop pour Rao qui refusa de partir. Au bout de quelques jours, son père, sa famille et une fourgonnette de police firent irruption à l'*āśhram*. Tandis qu'ils essayaient de l'emmener, Rao déclara : « Je suis assez grand pour savoir où et comment je veux vivre ma vie. » Sans se soucier de ces paroles, les policiers le firent monter de force dans une voiture afin de l'emmener, une fois de plus, à l'hôpital psychiatrique.

Amma avait-elle donc abandonné son pauvre enfant ? Pas du tout. Sur le chemin de l'hôpital, tout le monde s'arrêta pour déjeuner dans un restaurant. Rao refusa de se joindre à eux et resta dans la voiture. À ce moment précis, il entendit une voix intérieure lui dire : « Si tu t'échappes maintenant, tu seras sauvé. Sinon, tu seras détruit ! » L'instant d'après, il avisa un taxi qui s'était arrêté devant la voiture. Sans perdre une seconde, il s'y engouffra et demanda au chauffeur de le conduire chez un dévot qui habitait la ville. De là, il prit un train de nuit pour Bombay. Quand on retrouva sa trace, il s'enfuit plus au nord, vers les Himalayas. Errant comme un mendiant, sans même un vêtement chaud, il vécut plusieurs mois dans la région himalayenne. Enfin, Amma lui écrivit que tout danger était écarté et qu'il pouvait revenir à l'*āśhram*. Grâce à de l'argent envoyé par les āśhramites, Rao put prendre le train et venir s'installer à l'*āśhram* en 1982. Amma avait durement éprouvé son ardeur. À présent, elle pouvait être sûre qu'il tiendrait jusqu'au bout ses engagements. La volonté de vaincre tous les obstacles pour réaliser Dieu, Vérité intérieure, devrait toujours être aussi ferme.

Ramakrishnan (Swami Ramakrishnananda Puri) commença à venir voir Amma en 1978. Il était employé de banque non loin du village où elle vivait. Dès le départ, la nature aimante d'Amma fit fondre son cœur et le lia à elle. Sa divinité de prédilection était la Mère divine Mīnākṣhi, personnifiée par la déesse du célèbre temple de Mīnākṣhi de Madurai, dans le Tamil Nadu. Dans son intense désir de La voir, il invoqua la grâce d'Amma qui lui accorda de nombreuses visions de la Déesse. La grâce d'un *mahātmā* nous octroie aisément ce que des années d'efforts ardus ne peuvent accomplir.

Amma mit bien souvent à l'épreuve la foi de Ramakrishnan, tant avant qu'après son installation définitive à l'*āśhram* en 1984. Bien que le *guru* soit toujours conscient de son omniprésence et de son omnipotence, le disciple, lui, ne l'est pas. C'est le devoir du *guru* d'insuffler cette foi au disciple afin qu'il poursuive sa *sādhanā* avec zèle et conviction. Dans la banque où

Premiers disciples

il travaillait, Ramakrishnan avait pour tâche d'ouvrir chaque matin la chambre forte. Cela exigeait donc qu'il soit présent ponctuellement à dix heures. Il travaillait à une centaine de kilomètres du village d'Amma. Après une nuit de *darśhan* à l'*āśhram*, Ramakrishnan prit un jour le bus le lundi matin pour aller travailler. Mais voilà que le bus s'arrêta une douzaine de kilomètres avant sa destination ! Ramakrishnan descendit, s'informa du prochain bus et fut pris d'inquiétude en apprenant qu'il ne pourrait arriver à la banque en temps voulu. Il essaya alors de trouver un taxi mais sans succès. Passablement énervé, ce que l'on peut comprendre, il en appela à Amma : « Ô Amma ! », espérant qu'elle trouverait une solution. Après tout, c'était par dévotion pour elle qu'il s'était rendu à l'*āśhram* le dimanche, afin de la servir pendant le *Dēvī Bhāva*. N'était-ce pas son devoir de prendre soin de lui ? Quelques instants plus tard arrivait un inconnu en scooter qui offrit de le conduire à destination. Arrivé en ville, il franchit le seuil de la banque à dix heures tapantes ! Lorsqu'il rapporta ce miracle à Amma, elle fit le commentaire suivant : « Un seul appel suffit. S'il est lancé avec concentration, Dieu viendra. »

Amma dit un jour à Ramakrishnan d'un ton sévère : « Il y a des hommes qui continuent à regarder les filles, même après avoir opté pour une vie de renoncement. »

« Ah bon ! Qui ça, Amma ? » demanda Ramakrishnan.

« Toi ! » rétorqua-t-elle.

« Qui, moi ? Amma m'accuse alors que je suis innocent ! »

« N'y a-t-il pas au bureau voisin du tien une jeune fille qui porte un anneau de nez et n'est-il pas exact que tu la regardes tous les jours ? Mais ne t'en fais pas, mon fils, je sais que tu la regardes parce qu'elle te fait penser à moi », répliqua Amma en riant.

Après le départ de Ramakrishnan pour son bureau, Amma me raconta l'incident et ajouta avec un petit rire : « Aujourd'hui, Ramakrishnan a eu un petit aperçu des *siddhis* (pouvoirs mystiques) d'Amma ! »

Tels étaient certains des disciples d'Amma dont le destin était de devenir *sannyāsīs*. Je dis « destin » parce que de tels êtres ne remettent pas leur décision à plus tard et ne calculent pas avant d'abandonner la vie matérielle pour une vie de renoncement. Simplement, ils ne conçoivent plus d'autre alternative. Ils ne supportent aucun autre style de vie et ne peuvent en accepter l'idée. Il ne faut pas en conclure pour autant que les gens mariés ou ceux qui ne sont pas moines ne peuvent prétendre à une vraie spiritualité. J'ai un jour entendu Amma dire ceci à un groupe de dévots mariés :

« Un chef de famille peut sans aucun doute atteindre la réalisation mais il ou elle doit être un authentique *grihasthāśhrami*. Bien que vivant dans sa famille, il doit mener l'existence d'un āśhramite et ne vivre que pour Dieu. Voilà ce qu'est la véritable vie maritale ou *grihasthashrama*. Il est possible d'avoir une vie spirituelle tout en vivant dans le monde. L'unique condition est d'agir de façon désintéressée, sans aucun attachement, en déposant tout aux pieds du Seigneur. Toutes nos actions devraient être accomplies avec une dévotion absolue. Le chef de famille devrait toujours exercer sa faculté de discernement et penser : « Tout appartient à Dieu. Rien n'est mien. Dieu seul est mon véritable Père, ma Mère, mon Parent, mon Ami. »

Un chef de famille qui souhaite mener une vie spirituelle après avoir assumé ses responsabilités dans le monde devrait s'exercer au renoncement dès le début, car cela n'est pas facile. Le renoncement exige une pratique constante et de longue haleine. Il ne sera peut-être pas capable de tout abandonner extérieurement, mais il devrait s'efforcer d'être détaché intérieurement. Afin de conserver cet esprit de détachement intérieur, *lakshya bodha* (un esprit tourné vers le but spirituel) est important.

Un bon chef de famille devrait être intérieurement un *sannyāsī*. Amma ne conseille à personne de fuir ses devoirs. Il faut les accomplir de son mieux. Il n'est pas bon de fuir la vie, c'est pure lâcheté. Un couard n'est pas fait pour la recherche spirituelle. C'est pourquoi Kṛiṣhṇa n'a pas permis à Arjuna de quitter le champ de bataille. La vie est un combat. Il ne s'agit pas de l'éviter. En outre, c'est impossible. Vous pouvez bien courir vous réfugier dans une forêt lointaine ou dans un *āśhram* pour échapper à la vie, mais elle vous y rattrapera. Tout comme il est impossible d'échapper à la mort, il est impossible d'échapper à la vie. On ne peut qu'essayer de les transcender. C'est pourquoi une personne intelligente ne fuit pas la vie, mais la mène raisonnablement, en apportant à ses affaires tout le soin nécessaire.

Vivre avec sagesse implique une solide base spirituelle. Il faut s'efforcer de cultiver le détachement afin de se préparer au renoncement total. Mais comme la plupart des gens ne sont pas des *sannyāsīs*, ils doivent tenir leur rôle convenablement dans le monde.

La compassion envers l'humanité souffrante est notre devoir envers Dieu. Notre quête spirituelle devrait commencer par le service désintéressé du monde. Les gens courent à la déception s'ils méditent en espérant qu'un troisième œil va s'ouvrir alors qu'ils ont fermé les deux autres. Cela ne se produira pas. On ne peut pas fermer les yeux au monde au nom de la spiritualité et espérer évoluer. Percevoir l'unité tout en regardant le monde les yeux grand ouverts, voilà la réalisation spirituelle.

Que l'on soit chef de famille ou *sannyāsī*, le renoncement est la voie. Intérieurement, le chef de famille doit être un *sannyāsī*. Extérieurement, il doit être actif, accomplissant ses devoirs correctement et avec précision. Menant de front vie spirituelle et vie de famille, préparez-vous au renoncement final.

Un *sannyāsī* voue sa vie entière, intérieure et extérieure, au bien du monde. Un *grihasthāśhrami* mène encore extérieurement une vie de famille mais vit intérieurement comme un *sannyāsī*.

Le renoncement n'est peut-être pas très facile pour un chef de famille, mais il doit essayer de calmer son mental. L'esprit d'un chef de famille tend à être très agité par les soucis qui l'assaillent de toutes parts. Amma sait qu'il est très difficile de faire taire ces problèmes qui font dans nos têtes un bruit assourdissant. Mais il n'est pas impossible d'atteindre le silence intérieur. La plupart de nos anciens maîtres menaient une vie de famille. Ils y sont parvenus. C'étaient des êtres humains comme nous. S'ils ont réussi, pourquoi pas nous ?

Le potentiel du véritable renonçant existe en chacun de nous. Il se trouve peut-être à l'état de graine, mais il est là. La graine ne germera pas seule : il faut la semer, l'entourer d'un grillage pour la protéger des bêtes, la préserver d'un excès de soleil ou de pluie, l'arroser suffisamment, en un mot en prendre grand soin. La graine devient alors un arbre immense, dispensant l'ombre et donnant à profusion fleurs et fruits. Voilà le genre d'effort qu'il faut pour atteindre le but. Les saints et les sages pratiquaient *tapas*, des austérités et atteignaient ainsi la réalisation de Dieu. Nous devrions, nous aussi, nous efforcer avec persévérance d'y parvenir.

Sri Kṛiṣhṇa avait une famille et ses responsabilités étaient multiples. Il incarnait le détachement. Sri Rāma avait également une famille et de plus, il était roi. Il incarnait le *dharma*. Janaka était roi et chef de famille. Lui aussi était un *jivanmukta*, un libéré vivant. Tous trois trouvaient le temps de pratiquer des austérités et de mener une vie spirituelle en dépit de leurs devoirs royaux et des autres obligations qui leur incombaient.

Si nous déclarons que nos problèmes et nos responsabilités familiales ne nous laissent pas de temps à consacrer à la spiritualité, il s'agit d'une mauvaise excuse. Cela signifie simplement que nous n'avons pas le désir réel de suivre la voie spirituelle.

Un *grihasthāśhrami* doit être capable de renoncer à tout quand il le souhaite. Un oiseau posé sur une brindille morte sait qu'elle peut se rompre à tout moment, il est donc toujours vigilant, prêt à prendre son envol. Comme l'oiseau, un chef de famille devrait toujours être conscient que les relations de ce monde sont éphémères et qu'elles peuvent prendre fin à tout moment. Pareil à l'oiseau, il devrait être prêt à abandonner tous les liens pour s'élancer vers la spiritualité, convaincu que toutes les actions dans lesquelles il est engagé ne sont que des tâches temporaires que Dieu lui a confiées. Un serviteur fidèle agit sans éprouver le sentiment de la propriété. Ainsi, quand il plaira à Dieu, le maître, de lui demander d'arrêter, le chef de famille devrait être capable de le faire, sachant que rien ne lui appartient. Prêt à abandonner tous les plaisirs et les conforts de ce monde, il accomplit certes son devoir dans le monde, mais comme une forme de *sādhanā*, comme une forme d'adoration.

Restez chez vous mais ne perdez pas le contact avec votre Être réel, le véritable centre de l'existence. Suivez les directives d'un maître. Reconnaissez pour ce qu'elle est la prison dans laquelle vous vivez et comprenez que ce n'est pas votre vraie demeure. Comprenez aussi que vos attachements ne sont pas de jolis bracelets mais de lourdes chaînes qui vous asservissent. Un maître authentique vous aidera à en prendre conscience. Une fois cette prise de conscience accomplie, peu importe que vous viviez chez vous ou dans un *āśhram*. Quoi que vous fassiez, où que vous soyez, vous ne pourrez vous éloigner de votre véritable centre. »

Chapitre 12

Amma, le guru

À l'époque où nous sommes venus nous installer aux pieds d'Amma, son comportement était tantôt celui d'une enfant, tantôt celui d'une mère. Parfois, elle se conduisait comme une fillette, courant partout, dansant, s'amusant avec les autres enfants. Elle pouvait se reposer sous les arbres, manger à même le sol ou rester étendue par terre sous la pluie. Comme une mère poule, elle se montrait très affectueuse envers tous et n'exigeait de nous aucune discipline. Elle nous donnait à manger de ses propres mains, s'assurait que nous avions où dormir, nous réconfortait lorsque nous étions malades ou avions des problèmes et gardait un œil sur nous en permanence. Mais au bout d'un certain temps, elle déclara qu'elle changerait bientôt de rôle et qu'elle commencerait à nous traiter comme un *guru* traite ses disciples. Cela me convenait parfaitement. Depuis longtemps, j'espérais qu'une atmosphère d'*āshram* se créerait autour d'Amma. Et de fait, l'aspect enfantin d'Amma disparut presque complètement. Sa nature maternelle passa aussi au second plan et elle devint celle qui enseigne. Quel que soit le rôle qu'elle décidait de jouer, Amma s'y identifiait parfaitement. Pendant les *Kṛiṣhṇa* et les *Dēvī Bhāvas*, elle devenait l'incarnation de ces aspects de Dieu. Quand elle était dans l'humeur d'un enfant, elle était exactement comme une enfant. Elle pouvait se montrer plus maternelle que votre propre mère. À présent, Amma était devenue le *guru* des *gurus*. Qu'y a-t-il de miraculeux à cela ? C'est par la grâce de la Mère universelle que les grands *gurus* deviennent ce qu'ils sont. Quand la Déesse décide d'assumer ce rôle, c'est pour elle un jeu d'enfant.

Fin novembre 1982, Amma se rendit avec un petit groupe à Tiruvannamalai pour un pèlerinage de dix jours. C'était la première fois qu'Amma s'absentait aussi longtemps du village et c'était aussi la première fois depuis leur instauration en 1975 que les *Kṛṣṇa* et les *Dēvī Bhāvas* étaient suspendus. Nous prîmes le train un lundi matin après la fin du *Dēvī Bhāva* du dimanche et arrivâmes à destination le lendemain. Nous étions une quarantaine et nous nous installâmes dans les deux petites maisons que j'avais construites du temps où je vivais là-bas. Amma donnait le *darśhan* dans la maison pendant la journée. De nombreux dévots qui vivaient à l'*āśhram* et alentour vinrent la voir. Le soir, elle chantait des hymnes dévotionnels à Ramanashram, devant la tombe de Ramana Maharshi, que l'on appelle son *samādhi*. Le lendemain matin, un *sannyasi* du nom de Kunju Swami vint lui rendre visite. Natif du Kerala, il était disciple du célèbre saint du début du siècle, Narayana Guru. Narayana Guru l'avait amené à Tiruvannamalai alors qu'il n'était qu'un jeune homme et l'avait confié à Ramana Maharshi pour son évolution spirituelle. Il était à présent octogénaire, mais Amma le traitait comme un gamin de cinq ans et il en était enchanté, comme un enfant avec sa propre mère. Pendant qu'il méditait, Amma posait une main sur son crâne rasé et chantait une ronde enfantine en tournoyant autour de lui. Un de mes amis de Tiruvannamalai me rapporta que, lors de mon départ pour Vallickavu au début de 1980, Kunju

Swami avait dit : « Nealu n'aurait jamais quitté Ramanashram, il serait resté ici jusqu'à sa mort si la Mère du Kerala avait été autre que *Parashakti* (l'Énergie suprême) elle-même. » Et à son expression, on voyait bien qu'il considérait réellement Amma comme la Déesse incarnée.

Un jour, Amma sortit de la maison comme une flèche, toute seule. C'était à l'évidence un besoin d'évasion et manifestement, elle ne voulait pas être suivie. Étant le seul à l'avoir vue partir, j'attrapai au vol quelques bananes, des biscuits et de l'eau, je mis le tout dans un sac et m'élançai à sa poursuite. J'avais vu qu'elle avait perdu toute conscience de son corps et savais qu'elle pouvait fort bien se perdre. Je la suivis à distance tandis qu'elle faisait le tour de la montagne d'Arunachala, visiblement en état d'ivresse divine. M'ayant vu quitter la maison au pas de course, les autres m'avaient emboîté le pas. Ils me dépassèrent bientôt et rejoignirent Amma qui avait à ce moment-là adopté un pas très rapide. Elle me distança peu à peu et disparut au loin.

Srikumar me fit par la suite le récit des événements. Il me dit :

« Quelqu'un a accouru vers nous en disant : « Amma a disparu. On ne la trouve nulle part ! » À ces mots, nous avons immédiatement loué une carriole à cheval et nous nous sommes mis en route vers Arunachala en cherchant Amma partout. La veille, en escaladant la colline avec elle, nous avions vu de nombreuses grottes des deux côtés du chemin. Amma entrait dans certaines de ces grottes pour y méditer et, souvent, il fallait bien des supplications pour la persuader d'en ressortir. Sur le chemin du retour, elle avait dit : « Je n'ai pas envie de redescendre, mais en pensant à vous, mes enfants, je m'y contrains. » Nous avons donc pensé qu'Amma se trouvait peut-être dans une de

Amma avec des dévots à Arunachala (Skandashram)

ces grottes. Mais comment la retrouver parmi les innombrables grottes de cette vaste colline ? Tout le monde était très inquiet.

La carriole atteignit enfin la colline. Au bout de quelques kilomètres, nous aperçûmes soudain la silhouette d'Amma, loin devant nous. Nous approchâmes et mîmes pied à terre. Amma offrait une vision magnifique. Elle marchait en titubant, comme ivre. Tout son corps vibrait et ses mains formaient un *mudra* sacré (geste mystique des mains). Elle avait les yeux mi-clos, un sourire de béatitude illuminait son visage. On aurait dit la déesse Pārvatī tournant autour de Śhiva ! Nous suivîmes Amma en enjoignant à la carriole de suivre également. Nous nous mîmes à réciter des *mantras* védiques et à chanter des *bhajans* à pleins poumons. Les collines résonnaient de nos chants. L'atmosphère de *samādhi* qui émanait d'Amma, associée à la joie des chants et de la prière, nous gratifia tous d'une expérience sublime.

Nous l'avions suivie un certain temps quand elle se retourna et nous enveloppa d'un regard d'amour indescriptible. Ce regard contenait tant de compassion et tant de force à la fois qu'on aurait dit qu'il pulvérisait tous nos *karmas* et nos *vāsanās* (habitudes profondément ancrées). Lentement, Amma redescendit à notre niveau. Peu après, elle riait et discutait affectueusement avec nous. Un peu fatiguée par sa longue marche, elle s'assit quelques minutes sous un arbre le long du chemin. En dépit de nos suggestions, elle refusa de monter dans la carriole et se leva peu après pour reprendre sa marche. C'est ainsi que nous fîmes à pied les treize kilomètres du tour de la colline.

Vers la fin de la circumambulation, nous rencontrâmes un charmeur de serpents qui jouait de la flûte au bord du chemin. Amma alla s'asseoir devant lui, observant avec intérêt le serpent qui dansait au son de la flûte. Comme un petit enfant, Amma demanda : « Mes enfants, pourquoi les serpents n'ont-ils ni pieds ni mains ? » L'innocence de sa question nous fit tous rire. Mais elle donna elle-même la réponse : « Dans leurs vies passées, peut-être n'ont-ils pas utilisé à bon escient leurs mains et leurs jambes ? Mes enfants, gardez ceci présent à l'esprit : pareille incarnation peut survenir à quiconque fait mauvais usage de ce que Dieu lui a donné. »

À présent, son expression avait complètement changé, révélant tout le sérieux et la majesté du *guru*. « Mes enfants », poursuivit-elle, « Amma sait que vous aimez Amma plus que tout au monde. Vous ne pouvez concevoir d'autre forme de Dieu qu'Amma. C'est pourquoi vous n'avez pas vraiment besoin de faire le tour de la colline. Cependant, vous devez devenir des modèles pour la société et donner l'exemple. Autrefois, les gens étaient capables de voir Dieu en la personne de leur *guru*. Mais de nos jours, peu de gens ont ce pouvoir de discernement. C'est pourquoi de tels rites et cérémonies sont nécessaires pour les gens ordinaires. Par votre exemple, la société doit apprendre à suivre ces pratiques. Aussi, à l'avenir, honorez toujours ces rites afin de contribuer à l'élévation spirituelle de l'humanité. Amma elle-même observe ces pratiques pour vous montrer la bonne voie. »

Nous restions assis dans un silence contrit, absorbant les paroles d'Amma. Au bout de quelques minutes, elle continua : « Mes enfants, ne soyez pas tristes à l'idée qu'Amma est toujours en train de vous reprendre. Ne pensez jamais qu'Amma ne vous aime pas. Amma ne vous instruit qu'en raison de son amour débordant pour vous. Vous êtes le trésor d'Amma. Amma a renoncé à tout, mais il y a une seule chose qu'elle ne pouvait abandonner : vous, mes enfants. Amma ne se sent vraiment heureuse que lorsqu'elle vous voit devenir la lumière du monde. Elle ne demande ni votre adulation ni vos soins. Amma veut

Mère, le guru

seulement vous voir acquérir la force de porter le fardeau et la souffrance du monde. »

Les paroles d'Amma, profondes et pourtant douces comme un nectar, pulvérisèrent nos ego. Nous tombâmes à ses pieds en priant : « Ô Amma, rends-nous nobles ! Rends-nous si purs que nos vies puissent être sacrifiées pour le salut du monde ! »

Au bout de quatre heures, je regagnai la maison avec un sac vide, ayant moi-même mangé toutes les provisions. Comme je poussai la porte, mon sac vide à la main, Amma saisit immédiatement la situation et me dit en éclatant de rire : « M'as-tu apporté quelque chose à manger ? »

Notre séjour coïncidait avec le festival de Divali, célébration annuelle qui attire des centaines de milliers de personnes de toute l'Inde du Sud. À cette occasion, on allume un feu sacré au sommet d'Arunachala. Il représente le brasier de l'illumination spirituelle déchirant les ténèbres de l'ignorance immémoriale. Un matin, nous descendîmes tous en ville pour voir la procession du char. Les effigies des divinités locales sont placées sur un immense char de bois, haut de plus de trente mètres et délicatement sculpté. Le char défile en procession par les rues de la ville, tiré par la foule au moyen de cordes. Ce fut un joyeux événement et un spectacle impressionnant. Tandis qu'Amma se tenait au balcon d'un immeuble pour mieux voir le char, un *avadhūta* du nom de Ramsuratkumar vint la voir. Il avait été disciple du célèbre Swami Ramdas de Kanhangad, dans le Nord du Kerala. À Tiruvannamalai, il était révéré pour sa sainteté. Vêtu de haillons, il avait une longue barbe flottante et tenait à la main un éventail. En présence d'Amma, il devint soudain comme un petit enfant, la regardant comme sa mère spirituelle. Cela ouvrit les yeux des dévots locaux quant à la nature réelle d'Amma. Au terme de dix jours bénis passés à Tiruvannamalai, nous regagnâmes l'*āśhram*.

Un beau jour, Amma décida qu'il était temps d'ajouter deux huttes à celle que nous avions déjà. Avec l'afflux de nouveaux résidents permanents, nous avions besoin de plus de pièces. Amma ne voulait pas que nous dormions à la belle étoile *ad vitam*. Une existence si dépouillée était bien sûr un bon test de notre détachement, mais Amma considérait qu'un aspirant spirituel devait disposer d'un coin privé pour sa *sādhanā*.

Je fus chargé de surveiller les travaux. On avait fait venir des ouvriers pour construire les huttes. Je fis un plan et le soumis à Amma. Il représentait trois huttes disposées en U, ouvertures vers l'extérieur du U. Je pensais que cette disposition économiserait l'espace et permettrait à la brise d'entrer dans toutes les huttes. L'idée semblait bonne. Les ouvriers érigèrent les principaux piliers soutenant la charpente des huttes et commencèrent à lier les palmes de cocotier sur cette armature. En sortant du temple, Amma vit les travaux en cours et se mit à crier :

« Qui leur a dit de faire cela ? »

Tous les doigts se pointèrent vers moi. Ma belle fierté d'architecte s'écroula aussitôt.

« Qui t'a demandé de donner cette orientation aux huttes ? »

« Enfin, Amma, tu as vu le plan et tu l'as approuvé ! »

« Je ne me souviens pas avoir vu le moindre plan. Démolissez cela ! On ne doit jamais construire des huttes en vis-à-vis. Tu ne penses qu'au confort, à la circulation d'air ! Et les préceptes des Écritures alors, tu n'y songes pas ? Non, bien sûr ! Les règles interdisent de construire des huttes de cette façon. » Sur ces bonnes paroles, Amma retourna dans le temple. Je me tournai impuissant vers les ouvriers et les priai d'anéantir leur travail de la matinée, puis m'adressant à Balu :

« Tout cela a-t-il un sens ? » dis-je. « Il est très difficile de comprendre Amma. »

« Attends, sois patient », répondit Balu. « Attendons de voir ce qu'Amma nous prépare. C'est sa manière de t'amener à t'abandonner complètement à elle. »

Deux minutes plus tard, Amma ressortit du temple. Elle regarda les ouvriers qui commençaient à démanteler les huttes. « Mais que font-ils ? Dis-leur de construire selon le plan d'origine. Sinon, comment la brise pourrait-elle pénétrer dans les huttes ? »

« Mais Amma », dis-je, « que fais-tu des règles des Écritures ? »

« Les règles ? Quelles règles ? Il n'y a pas de règles en ce qui concerne la construction de huttes. Les règles ne s'appliquent qu'aux véritables bâtiments en dur. »

Ayant dit, Amma regagna une fois de plus le temple.

D'éventuels témoins de cette scène auraient sans doute qualifié Amma de déraisonnable, voire de folle. Mais la manière dont Amma s'occupe de l'esprit de ses disciples s'inscrit parfaitement dans la lignée des traditions présentes et passées. Marpa, le *guru* du célèbre yogi tibétain Milarepa, lui fit construire et reconstruire maintes fois une tour de sept étages, avant de se déclarer satisfait de son travail et de lui accorder l'initiation. Aujourd'hui, Milarepa est considéré comme le plus grand yogi de l'histoire du Tibet.

Il existe beaucoup de récits de ce genre sur les *gurus* qui mettent à l'épreuve l'obéissance et le lâcher-prise de leurs disciples.

Un *guru* âgé de plus de cent ans voulait désigner son successeur. Comme les candidats étaient nombreux, il décida de les mettre à l'épreuve. Il demanda à chacun d'aller chercher de la terre et de construire une plate-forme de boue. Quand toutes les plates-formes furent achevées, le *guru* dit : « Je suis désolé, mais ces plates-formes ne sont pas aussi bien que ce que j'espérais. Pourriez-vous s'il vous plaît les détruire et recommencer ? » Ainsi fut fait. Le *guru* dit alors : « Cet endroit ne convient pas pour des plates-formes. S'il vous plaît, défaites-moi cela et construisez vos plates-formes sur ce bout de terrain là-bas. » Lorsque ce fut fait, le *guru* vint les inspecter. « Hmm, Je n'aime pas davantage ce terrain. Pourquoi ne pas construire vos plates-formes plutôt là-bas ? »

La plupart des disciples pensaient que le *guru* était devenu sénile avec l'âge et qu'il n'avait plus toutes ses facultés. Beaucoup se lassèrent donc, ce qui ne laissa que quelques candidats à la succession du *guru*. Mais chaque fois que ceux-ci construisaient une plate-forme, le *guru* la rejetait encore et toujours.

Au bout d'un certain temps, il ne resta plus qu'un seul candidat en lice, un homme d'âge moyen. À le regarder construire puis démolir plate-forme après plate-forme, les autres disciples se moquaient de lui, disant qu'il était bien bête de vouloir complaire à un *guru* un peu dérangé. Le disciple interrompit un moment son travail pour leur dire :

« Mes frères, ce n'est pas le *satguru* qui est fou. Le monde entier est fou et il n'y en a qu'un seul qui ne le soit pas : le *satguru*. Le monde entier est aveugle ; seul le *satguru* y voit clair. » Les disciples répliquèrent qu'ils souffraient manifestement tous les deux d'aliénation mentale. « Vous pouvez dire tout ce que vous voulez de mon humble personne », répondit le disciple, « mais je vous interdis d'avoir la moindre parole irrespectueuse envers mon *satguru*. Même si je dois passer le restant de mes jours à construire des plates-formes pour me conformer à ses désirs, par sa grâce, je continuerai. »

En définitive, le disciple reconstruisit sa plate-forme d'un cœur léger soixante-dix fois en tout. Le *guru* lui dit alors : « Tu peux t'arrêter à présent. Je suis très content de toi, car toi seul m'a obéi implicitement. Tu t'es complètement abandonné à ma volonté et à mes souhaits. » Se tournant vers les autres disciples, il leur dit : « Il n'en est pas un seul parmi vous qui m'ait obéi alors que c'est la première obligation d'un vrai disciple : donner au maître tout votre amour et toute votre dévotion, lui accorder votre pleine confiance et obéir à ses désirs d'un cœur joyeux. »

Le disciple s'abandonne à un *satguru* en vertu du grand amour et du respect qu'il éprouve pour lui. Les épreuves toujours plus difficiles qu'il lui faut traverser ne servent qu'à renforcer sa détermination.

Plus tard ce soir-là, nous étions assis autour d'Amma. Comme si elle lisait dans mes pensées concernant les événements de la journée et l'étrangeté de son comportement, elle dit : « L'abandon de soi ne peut être imposé par le maître. Il se produit naturellement chez le disciple. Un changement intervient dans son attitude, dans sa compréhension et dans sa manière de faire les choses. C'est son monde intérieur qui se transforme. Toute sa conception de la vie change. Un maître authentique ne forcera toutefois jamais un disciple au renoncement. Forcer, de quelque manière que ce soit, serait mauvais, comme la blessure que l'on infligerait à une fleur en bouton en voulant écarter de force ses pétales. La violence détruirait la fleur. Dès que les conditions favorables sont réunies, l'éclosion se produit spontanément. Le maître crée les situations nécessaires à l'éclosion du disciple. En réalité, un véritable maître n'est pas une personne : il n'est pas le corps car il n'a pas d'ego. Son corps n'est qu'un instrument qu'il promène partout afin d'être présent au monde pour le bien des gens. Deux personnes peuvent s'imposer mutuellement des idées car elles sont identifiées à leur ego. Mais un *satguru*, qui est l'incarnation de la Conscience suprême, ne peut rien imposer à personne, car il est au-delà de la conscience du corps et de l'esprit. Le maître est comme les grands espaces ou le ciel infini. Il existe, voilà tout.

Si quelqu'un essaie de vous imposer ses règles ou ses idées, vous saurez que c'est un faux maître, même s'il se prétend réalisé. Un maître authentique ne prétend rien. Il est là, c'est tout. Peu lui importe que vous vous abandonniez ou non à lui. Si vous vous abandonnez à lui, vous en tirerez bénéfice ; si vous ne vous vous abandonnez pas à lui, vous ne changerez pas. Dans un cas comme dans l'autre, le maître n'est pas affecté. Il ne s'inquiète de rien. La simple présence du maître permet à l'éclosion de se produire naturellement. Le maître ne fait rien de spécial pour cela. Il est le seul à pouvoir vous former sans vous donner un enseignement direct. Sa simple présence génère automatiquement un flux constant de situations dans lesquelles vous pouvez faire l'expérience de la Réalité suprême dans sa plénitude. Mais le maître ne fait pas intervenir la force et il ne demande rien. Le désir de renoncement croîtra en vous à partir de l'immense inspiration qu'apporte la présence physique du maître, incarnation de toutes les qualités divines. Vous contemplez en Lui l'acceptation et le véritable don de soi et vous avez ainsi un exemple réel sur lequel vous appuyer. »

Ceci devrait répondre à toutes les questions que pourrait se poser le lecteur. Pourquoi un véritable *guru* se comporte-t-il parfois de façon déraisonnable, contradictoire ou même carrément insensée ? Tout simplement pour donner au disciple l'occasion de déposer son mental aux pieds du *guru* et de recevoir ainsi la connaissance divine. Tant que le mental individuel existe, le disciple ne peut atteindre la sagesse. Le disciple désireux de maintenir son individualité ne peut pas en même temps se fondre dans l'Esprit universel. Renoncement et obéissance sont nécessaires. La méditation, l'étude et les autres disciplines spirituelles sont faciles comparées à la pratique du don de soi au *guru*. Gardons ici à l'esprit qu'il ne s'agit pas d'une personne s'abandonnant à une autre personne. Tout *guru* digne de ce nom est parvenu à l'unité avec la réalité transcendante. Il a fondu son individualité dans l'existence universelle et il est devenu l'instrument de Cela. S'abandonner à lui revient à s'abandonner à Dieu, à se fondre en Dieu et à ne plus faire qu'un avec Lui. C'est dans cette optique qu'il faut comprendre les actions ou les paroles étranges d'Amma.

Un jour, Amma était assise sur la véranda du temple, adossée au mur. Un dévot lui avait apporté un petit sachet de « mixture », mélange de cacahuètes grillées, de lentilles, de pois et autres légumes séchés, salés et pimentés. Amma l'étala sur le sol, selon son habitude, puis prit quelques petits morceaux et les mangea. Quelques corbeaux arrivèrent alors et se mirent à picorer. L'un d'eux se mit à se battre avec les autres, essayant de les empêcher de manger quoi que ce soit. Il réussit finalement à chasser ses congénères, puis se tint là tout tranquille, regardant Amma sans rien manger lui-même. Amma fixa le corbeau qui avait un air doux tout à fait inhabituel chez ces oiseaux.

« Je ne sais pas pourquoi, je ressens beaucoup d'affection pour ce corbeau », me dit Amma. « S'il te plaît, donne-lui quelque chose à manger. » Je me penchai pour lui donner un peu de mixture, mais il s'écarta de moi et sauta sur les genoux d'Amma. Il resta là un bon moment, à l'amusement général. Puis il s'ébranla, donna un petit coup de bec à la boucle de nez d'Amma et s'envola.

Le lendemain, j'étais étendu sur une natte au bord des *backwaters*. Le même corbeau vint à moi et me sauta sur le ventre. Il resta là aussi longtemps que je me tins tranquille. Je lui caressai la tête sans qu'il trouve à y redire. C'était un comportement très inhabituel chez un corbeau, car ils sont en général soit très peureux soit extrêmement agressifs et arrogants. Ce corbeau-là revint les jours suivants. Puis un jour, nous le trouvâmes flottant dans l'eau du réservoir situé au-dessus de la chambre d'Amma. Comme il était encore vivant, nous le descendîmes et allumâmes un feu afin de le réchauffer. Nous voyant faire du feu au bord de l'eau, Amma vint voir ce qui se passait. Elle s'approcha, prit l'oiseau mourant et le caressa doucement, sur quoi il expira dans ses mains. Béni soit ce corbeau ! Puissions-nous mourir ainsi entre les mains de la Mère Divine !

À peu près à cette époque, ma mère m'écrivit des États-Unis pour me dire qu'elle aimerait passer quelque temps avec moi. Une fois tous les trois-quatre ans, elle venait en Inde ou me proposait de la retrouver quelque part à mi-chemin. Cette fois, elle souhaitait aller en Égypte et en Israël. Avec la permission d'Amma, je partis pour Bombay, j'obtins visas et billets d'avion et m'envolai pour l'Égypte.

Je n'avais jamais été au Moyen-Orient. Comparé à l'atmosphère tranquille de l'Inde du Sud, j'avais le sentiment d'une grande hostilité. Ensemble, nous visitâmes les pyramides de la région du Caire, puis nous partîmes au sud vers la Vallée des Rois et des Reines, près de Karnak. Je ne sais pourquoi, cette civilisation éteinte n'avait pas grand attrait pour moi. Après tout, la culture de l'Inde antique est au moins aussi vieille que la civilisation égyptienne, mais elle survit encore aujourd'hui telle qu'elle était il y a des milliers d'années. La seule chose que je trouvai vraiment intéressante fut, à Karnak, un très grand temple exhumé par des archéologues au dix-neuvième siècle. Il était construit exactement sur le même plan que les antiques temples de Śhiva du Tamil Nadu. Comme eux, il avait de grandes tours servant de portes, des murs d'enceinte et des salles à colonnades. Il y avait même des images d'un dieu et d'une déesse, un grand bassin pour les ablutions et des véhicules pour transporter le dieu d'un endroit à l'autre au cours de l'année. Exactement comme chez nous ! Mais l'échelle des temples égyptiens faisaient paraître nains ceux de l'Inde. On se sentait microscopique dans la grande salle aux piliers colossaux. Pensant que tout le monde aimerait voir ces vieux temples, j'achetai des diapositives pour les rapporter en Inde.

Ensuite, nous nous rendîmes en Israël. J'étais impatient de découvrir les hauts lieux associés à la vie de Jésus. Après avoir vécu quinze ans en Inde en compagnie de nombreux saints réalisés, j'avais développé une réelle vénération pour le Christ en tant que *mahātmā* et incarnation de Dieu. J'ai beaucoup apprécié de voir son lieu de naissance, les endroits où il a accompli quelques-uns de ses miracles et le Calvaire où il a expiré. J'ai passé davantage de temps à méditer dans ce dernier endroit. Bien que Jésus soit mort depuis près de deux mille ans, on ressent encore la sainteté des lieux qu'Il a fréquentés.

Enfin, je retournai en Inde, content de rentrer. Le soir de mon arrivée, nous décidâmes de passer les diapositives que j'avais ramenées d'Égypte et d'Israël. Amma se joignit à nous dans le hall de méditation. Je faisais le commentaire. Amma ne parut pas très intéressée, jusqu'au moment où nous en vînmes au temple égyptien exhumé des sables. À sa vue, elle nous dit : « Vous voyez, j'ai toujours dit que sous ce hall de méditation se trouvait mon précédent *āśhram*. Si l'on creusait suffisamment profond, on trouverait ici un temple avec les tombes de nombreux moines. Tout a été emporté par un raz de marée puis recouvert par le sable. Si en Égypte les scientifiques ont pu mettre à jour tout un complexe archéologique enfoui à des centaines de mètres sous le sable, pourquoi ce que je vous dis ne serait-il pas vrai ? »

Amma avait souvent mentionné que son précédent *āśhram* se trouvait sous l'actuel. Elle avait aussi dit qu'il n'y avait pas eu d'*āśhram* à cet endroit depuis au moins mille ans. En rapprochant ces deux affirmations, nous en avons conclu que l'incarnation précédente d'Amma remontait à cette époque. Ce n'est probablement pas un hasard si, de tous les enfants, elle est la seule à être réellement née dans la maison de ses parents. Tous les autres frères et sœurs sont nés à l'hôpital, dans les villes voisines. Il est également bien connu qu'un moine errant s'était un jour arrêté devant la demeure familiale. C'était il y a bien des années, alors que le père d'Amma n'était qu'un jeune homme. Le moine avait éclaté d'un rire tonitruant. Quand on lui en avait demandé la raison, il avait répondu que l'endroit était sacré et que de nombreux saints étaient enterrés là. Une chose est sûre : ceux qui viennent ici ressentent une paix inhabituelle. Qui peut dire si ceci est dû à la sainte présence d'Amma, aux associations du passé ou aux deux combinés ?

Amma dit qu'un lieu ne devient pas saint de lui-même mais du fait qu'un saint ou un sage y ont vécu. Les effets de leur aura radieuse persistent pendant des milliers d'années. Beaucoup de principes impalpables gouvernent notre monde. À vivre auprès d'Amma, la foi en ces vérités subtiles se développe naturellement.

Après avoir vu les diapos des lieux saints de la chrétienté, une discussion animée s'éleva concernant les vastes divergences entre les principes originels d'amour et de compassion enseignés par le Christ et les formes de christianisme qui se développèrent

Mère, le guru

par la suite, aboutissant parfois à des guerres et à des conflits. Amma alla droit au cœur du problème en nous disant : « Les principes essentiels de toutes les religions enseignent l'amour, la paix et l'harmonie. Jamais les maîtres spirituels n'ont prêché l'égoïsme ni encouragé les gens à se traiter injustement ou à se battre. Le problème n'est pas au niveau des religions ou de la spiritualité. Il vient du mental de l'homme. Les problèmes et conflits qui existent aujourd'hui au nom de la religion sont dus à la méconnaissance des principes religieux.

À notre époque moderne, les gens vivent plus dans leur tête que dans leur cœur. Le mental nous leurre. Le mental est le siège de l'égoïsme, de l'iniquité et de tous nos doutes. L'intellect est le siège de l'ego. Celui qui vit tout entier dans le mental et dans l'ego ne se soucie pas des autres, il ne se préoccupe que de lui-même.

Les intellectuels interprètent à leur convenance les enseignements des Écritures et des grands maîtres de leur religion. Les gens sans méfiance constituent des proies faciles, ils adoptent ces définitions déformées de la vérité. Ils finissent par se retrouver en conflit avec eux-mêmes et avec les autres. C'est ce qui se passe dans la société moderne. Les intellectuels deviennent des chefs et des conseillers écoutés. Leurs partisans les idéalisent et leur vouent un culte comme à Dieu. En fait, Dieu passe alors aux oubliettes. On choisit d'ignorer la vérité et les principes essentiels de la religion, la raison d'être même de la religion et des pratiques spirituelles.

Malheureusement, à la mort d'un maître, ce sont des intellectuels de ce genre qui prennent la direction de la plupart des religions. Seule une âme remplie d'amour et de compassion est capable de guider l'humanité et d'éclairer la voie de la religion. Seul un maître est capable d'unir les gens et de les aider à comprendre le sens véritable de la religion et de ses principes. Mais le cœur a été oublié.

Quiconque possède une réelle compréhension de la religion ne blâmera jamais ni la religion ni les maîtres spirituels authentiques pour les calamités actuellement perpétrées en leur nom. La faute en incombe aux pseudo-enseignants religieux et non à leurs innocents disciples. Ces soi-disant maîtres veulent imposer aux autres leurs idées et leurs visions. Leurs partisans sincères ont pleinement foi en leurs paroles et en leurs interprétations erronées. L'intellect (l'ego) est beaucoup plus puissant que le mental. Le mental est intrinsèquement faible. L'intellect est déterminé alors que le mental doute sans cesse, vacille et tremble. Les interprètes intellectuels de la plupart des religions ont la détermination nécessaire pour convaincre les gens. Leur énorme ego et leur détermination l'emportent facilement sur les adeptes de toute véritable religion. Ainsi ont-ils le dessus sur les croyants sincères.

Ces intellectuels sont totalement dépourvus de foi véritable, d'amour et de compassion. Leur *mantra* est l'argent, la puissance, le prestige. Ainsi ne blâmez pas la religion, la spiritualité ou les vrais maîtres pour les problèmes que connaît le monde actuel. Il n'y a rien de mal dans la véritable religion ou la spiritualité. Le problème, c'est le mental humain. »

Quand je suis venu m'installer auprès d'Amma en janvier 1980, les seuls bâtiments étaient la maison familiale, le petit *kalari* (temple) où elle donnait le *darśhan* pendant les *Dēvī* et les *Kṛiṣhṇa Bhāvas* et un abri recouvert d'un simple toit de palmes, sans murs, permettant aux dévots de passage de se reposer à l'abri de la pluie ou du soleil. Pendant quelque temps, j'ai dormi dans la maison, tandis qu'Amma et Gayatri se reposaient dans le temple. La famille assurait la cuisine. Mais au bout d'un certain temps, nous avons souhaité être indépendants de la famille, car ils ne pouvaient avoir envers Amma la même attitude que nous. Pour eux, elle restait toujours la fille ou la sœur. Les choses ont dû être très bizarres et très difficiles pour eux après notre arrivée, car Amma avait été jusqu'alors la servante de la famille. Et voilà qu'à présent, nous nous efforcions de la servir. Amma ne possédait rien. Même les vêtements qu'elle portait, elle les partageait avec ses sœurs. Si elle était fatiguée, elle se couchait sur le sable, même s'il pleuvait. Elle ne possédait pas même une natte, ne parlons pas d'un oreiller ou d'une couverture ! Durant les *Bhāva darśhans*, elle restait debout dans le temple plus de douze heures d'affilée. Bourré de dévots, le temple n'avait pas la moindre aération et nous n'avions pas de ventilateur. Pourtant, Amma ne se plaignait jamais de rien. Elle incarnait vraiment le renoncement et l'abandon de soi. Que ce soit agréable ou pénible, elle acceptait tout comme la volonté de Dieu. Elle était et demeure l'idéal en toutes choses. Sa vie est un exemple que tout aspirant spirituel sérieux, tout être humain, devrait suivre. Elle nous dit : « Un véritable maître montrera toujours l'exemple à ses disciples. Un maître réel, bien qu'ayant transcendé toutes les lois et les limitations, doit s'en tenir strictement aux valeurs morales et éthiques. C'est seulement ainsi qu'il sera un exemple pour les autres. Si le *guru* dit : « Écoutez, je suis au-delà de toutes choses et donc, je fais ce qu'il me plaît. Contentez-vous de m'obéir et de faire ce que je vous dis », cela ne peut que nuire au disciple. Un maître authentique ne fera jamais rien de tel. Tous les grands maîtres du passé, les anciens saints et sages, étaient les exemples vivants de nos valeurs les plus hautes et les plus nobles. Bien que le *guru* soit au-delà de la conscience du corps et dépourvu de toute faiblesse humaine, les disciples ne le sont pas. Ils s'identifient au corps et à l'ego et c'est pourquoi ils ont besoin d'un exemple vivant, d'une incarnation des qualités divines à laquelle se raccrocher. Les disciples tirent toute leur inspiration du maître. Aussi, un véritable maître attache-t-il une grande importance au fait de mener une vie exemplaire, fondée sur la morale et sur l'éthique. »

Nous ressentions comme une chance de pouvoir servir Amma en lui procurant une natte, un drap, un oreiller ou de la nourriture. C'était indubitablement une époque bénie pour nous, car il y avait mille moyens simples de servir notre *guru* en lui offrant des aliments, des vêtements ou d'autres articles de première nécessité. Amma acceptait tout, non qu'elle en eût besoin, mais pour nous faire plaisir et pour nous permettre de la servir.

On raconte l'histoire d'un homme très riche qui se rendit un jour au temple et offrit cinq mille pièces d'or à la divinité. Le prêtre prit l'argent comme si de rien n'était et le donna à l'office. L'homme se troubla : « Savez-vous que ce sac contient cinq mille pièces d'or ? » demanda-t-il au prêtre. Le prêtre hocha la tête.

« Êtes-vous sûr d'avoir bien compris ? »

« Vous me l'avez déjà dit », répondit le prêtre, « je ne suis pas sourd. »

L'homme commença à s'énerver : « Écoutez, cinq mille pièces d'or, c'est tout de même une somme, même pour un homme riche comme moi ! »

Le prêtre regarda l'homme avec commisération et lui dit :

« Voyons, monsieur, est-ce que vous me demandez de vous en être reconnaissant, de vous remercier ? »

« Eh bien, ce serait tout de même la moindre des choses ! »

« Attendez une minute, monsieur, je vais aller rechercher vos pièces d'or. Vous pouvez les reprendre. Vous devriez être reconnaissant qu'elles aient été acceptées. Un donateur devrait être reconnaissant car, si son don n'était pas accepté, comment pourrait-il bénéficier de cette action ? »

Au bout d'un mois, il fut décidé que nous construirions une hutte afin de vivre séparés de la famille. J'avais un peu d'argent et cette somme suffit à acheter les matériaux. Peu après, nous avions une hutte de six mètres sur trois. Une moitié servait de cuisine, l'autre était réservée au repos. Bien sûr, repos ne voulait pas dire dormir, car Amma dormait rarement et recevait des gens dans la hutte vingt-quatre heures sur vingt-quatre. Au cours des deux ans où nous avons habité tous ensemble, je ne me souviens pas avoir jamais vu la lumière s'éteindre dans cette hutte. À l'époque, Amma, Gayatri, Balu et moi vivions là en permanence. C'étaient les débuts de l'*āshram*.

Au bout de deux ans, un dévot qui venait de temps en temps voir Amma fit construire une autre petite hutte, adjacente à la première. Ce fut la première « maison d'hôte » de l'*āshram*. Un ou deux ans plus tard, on comptait deux huttes de plus. Elles étaient utilisées par les nouveaux résidents, les *brahmachārīs* qui étaient venus vivre sur place. À cette époque, nous étions dix ou douze. Et bien que chacun ait un coin à soi, il restait beaucoup de problèmes que je désirais résoudre. Et en tout premier lieu, le repos et l'intimité d'Amma. Parce que la chambre d'Amma n'était qu'une hutte en feuilles de cocotier tressées, les gens n'hésitaient pas à l'appeler du dehors ou même à regarder à travers les feuilles pour voir si elle était là. Personne ne se souciait de son repos, même si elle n'avait pas dormi depuis plusieurs jours. L'unique préoccupation des gens était de porter à sa connaissance leurs problèmes, rien d'autre. Amma s'allongeait parfois vers cinq ou six heures du matin après une longue nuit de veille. Elle était à peine endormie depuis dix minutes que quelqu'un entrait, se prosternait, lui touchait les pieds et l'appelait jusqu'à ce qu'elle se réveille, tout cela uniquement pour lui annoncer son départ ! Ayant vu la chose se reproduire maintes fois, je me triturais les méninges pour trouver une solution. Mais que pouvais-je faire ? L'idéal aurait été de construire une véritable pièce en briques et en ciment, avec de vraies portes et de vraies fenêtres, pour qu'Amma puisse avoir un peu de vie privée. Il aurait été bien aussi qu'elle ait sa propre salle de bains, car elle faisait la queue avec les autres, attendant son tour d'utiliser la cabine de douche, laquelle consistait en quelques palmes de cocotier entourant une plate-forme de pierres. Notre toilette était du type local, une toile de jute tendue sur quatre poteaux qui s'enfonçaient dans les *backwaters*, avec quelques méchants bouts de bois en guise de plate-forme où se tenir. Ceux qui viennent à l'*āśhram* de nos jours et se trouvent un peu incommodés de ne pas avoir salle de bains et toilette attenantes à leur chambre feraient bien de se rappeler de quoi se sont contentés Amma et les premiers āśhramites pendant de longues années. Et que dire d'un ventilateur ? Le seul ventilateur de l'*āśhram* était un vieux truc poussif qu'on utilisait dans le temple pendant les *Bhāva darśhans* et que l'on mettait ensuite dans la hutte d'Amma pour couvrir le bruit des voix afin qu'elle puisse se reposer de temps en temps. Nous avions gratté nos fonds de tirelire pour pouvoir l'acheter, car en été la chaleur dans le temple était suffocante. Toute notre eau était amenée depuis le robinet du village, soit par nous-mêmes, soit par la sœur cadette d'Amma. Ce n'était pas tâche facile car le robinet était bien à quarante mètres de la maison et de plus, il était toujours entouré de vingt ou trente femmes attendant l'arrivée de l'eau qui se produisait généralement vers minuit ou plus tard.

Un autre problème tenait au fait qu'aucun des *brahmachārīs* n'avait d'endroit où méditer. La plupart du temps ils devaient laisser leurs huttes à des visiteurs de passage et dormaient sous les arbres. Vu le nombre de visiteurs allant et venant à toute heure, il n'y avait aucun endroit où méditer sans être dérangé. Un hall de méditation et une chambre pour Amma, voilà qui constituait désormais un besoin crucial, mais où trouver l'argent pour les construire ? Amma nous interdisait formellement de demander de l'argent à quiconque pour quelque raison que ce soit. Ceci nous apprit à nous en remettre à Dieu pour tout. Il en résulta nombre de situations intéressantes. Amma dut parfois aller mendier dans le village afin que les *brahmachārīs* aient quelque chose à manger. Elle envoya un jour Balu mendier du riz dans son village, car nous n'avions pas d'argent pour en acheter. Il était sur le point de partir lorsqu'arriva un mandat postal qui nous permit d'acheter un sac de riz.

Je soulevai l'idée des constructions et demandai son avis à Amma. Elle refusa catégoriquement à moins que nous ne construisions d'abord un semblant d'abri pour les dévots de passage. Chose curieuse, différents dévots firent peu après don de briques, de sable, de ciment, de bois et de tuiles et nous pûmes construire un hall décent pour abriter les visiteurs les nuits de *darśhan*. Avant de se retirer dans la hutte, Amma faisait sa tournée pour s'assurer que chaque personne était confortablement installée. Nous n'avions guère plus à offrir qu'un emplacement à même le sol, mais grâce à la sollicitude pleine d'amour d'Amma, les gens se sentaient mieux que s'ils avaient été chez eux dans un lit douillet.

À présent, nous avions la possibilité de construire une chambre pour Amma et une salle de méditation pour tous les résidents. Un jour, l'idée me traversa l'esprit d'aller aux États-Unis et d'essayer de réunir des fonds dans ce but. En même temps, je combattais cette idée, car je ne voulais pour rien au

Amma devant le premier « bâtiment » de l'*āśhram*

Mère, le guru

monde quitter Vallickavu ou l'Inde. Je sentais que ma sauvegarde spirituelle en dépendait. Pourtant, l'idée revenait sans cesse. Plus je la repoussais, plus elle revenait. Finalement, j'allai trouver Amma et lui soumis mon idée.

« Mon fils, cette idée ne vient pas de toi mais de moi. Mes enfants ont besoin d'un lieu où méditer sans être dérangés. Je ne voulais pas te dire d'aller en Amérique dans ce but, car je sais que tu ne veux pas t'éloigner, mais il n'y a apparemment pas d'autre alternative. Va, mais ne sois pas déçu si tu ne rencontres pas un accueil favorable. Dieu s'occupera de tout. Nous devons faire notre devoir, mais les résultats sont entre Ses mains. »

En vue de ce voyage, j'ai pensé que je devais écrire une sorte de brochure sur la vie d'Amma. Jusque-là, rien n'avait été écrit sur Amma, en aucune langue. En fait, hormis quelques faits épars qu'elle avait mentionnés ici et là, nul ne connaissait vraiment quoi que ce soit de sa vie. À présent, il devenait nécessaire de coucher tout cela sur le papier. Amma accepta de nous consacrer un peu de temps chaque jour pour nous parler de sa vie. Mais, comme le dit l'adage, les promesses sont faites pour être rompues ! Amma nous livrait quelques faits, puis agacée, se levait et partait. Nous posions des questions, nous efforçant de relier entre eux des petits bouts d'information et de remplir les blancs concernant les détails et les dates. Notre patience à tous fut mise à rude épreuve, mais finalement nous parvînmes à écrire l'essentiel de la vie d'Amma.

Une question demeurait sans réponse et il semblait que nous n'arriverions jamais à obtenir d'Amma le moindre éclaircissement là-dessus. Nous souhaitions savoir à quel moment elle avait atteint la réalisation. Pour quelque raison, elle évitait toujours de répondre quand nos questions en arrivaient là. Nous avons essayé des ruses variées pour obtenir une réponse. D'abord nous lui avons ouvertement posé la question : « Amma, quand as-tu atteint la réalisation ? » Elle se levait alors d'un bond et partait en disant : « Cette folle ne sait rien ! » Nous avons alors compris que l'approche directe ne nous mènerait nulle part. Nous lui avons alors demandé : « Amma, est-ce après le début des *Kṛiṣhṇa Bhāvas* qu'Amma a atteint la réalisation ou après le début des *Dēvī Bhāvas* ? » La réponse fut la même : elle se levait et partait ! Nous avons alors essayé une autre technique. « Amma, quelqu'un peut-il manifester des *Bhāvas* divins avant d'avoir atteint la réalisation ? » Mais Amma était bien plus fine que nous et éludait toujours le sujet. Elle savait longtemps à l'avance ce qui se tramait dans nos têtes et avait arrêté ses plans bien avant que nous ne commencions à la questionner.

Finalement, alors que j'étais sur le point de partir, Amma admit qu'elle avait réalisé l'union avec *Brahman* sans forme dans ses années d'adolescence, bien avant le début des *Kṛiṣhṇa* ou *Dēvī Bhāvas*. Elle avait alors pris conscience que tous les aspects de Dieu, tels que Kṛiṣhṇa, Gaṇēśha, Śhiva ou Dēvī se trouvaient en elle. Cependant, après cette révélation, Amma ajouta : « Mais, à vrai dire, tout cela n'est qu'une *lila* (un jeu divin) ! » Surpris, nous avions demandé : « Amma, veux-tu dire par-là que ta *sādhanā*, ta réalisation et les *Bhāvas* ne sont que jeu ? »

« Oui », répondit Amma. « Cela n'avait d'autre but que de donner un exemple au monde. Amma n'a jamais pensé que cet univers était réel. Depuis sa naissance, elle ne sent que la réalité de Dieu. Les *Kṛiṣhṇa* et les *Dēvī Bhāvas* sont soumis à la volonté d'Amma. Elle peut les manifester quand bon lui semble. Ils sont pour le bien du monde. Son être le plus profond est toujours le même, la Paix éternelle. »

Que dire de plus ? Les paroles d'Amma sont suffisamment éloquentes.

Mère, le guru

Le jour de mon départ arriva. J'allai voir Amma pour prendre congé d'elle, mais elle était dans le temple et se reposait, ce dont elle avait grand besoin. Je m'inclinai simplement à la porte du temple et partit. Je voulais servir Amma et non être servi par elle. Il me semblait plus important de la laisser se reposer, plutôt que de la voir pour lui dire au-revoir.

J'arrivai en Amérique après un voyage sans histoires. Ma mère avait offert de payer mon billet d'avion et de m'aider par tous les moyens. À partir du matériel biographique que j'avais rassemblé, nous avons rédigé une petite brochure sur Amma et l'avons envoyée à quelque cent cinquante personnes, en faisant appel à leur aide en faveur du travail d'Amma. Je n'étais pas très optimiste. Après tout, je ne connaissais personne, tous ceux à qui nous avions adressé notre appel étaient des amis de ma mère. De fait, les retours furent très maigres. J'étais déçu et ne savais que faire. Cela faisait presque deux mois que j'étais en Amérique.

Puis un jour, ma mère me dit : « Neal, tu te souviens, quand tu es parti pour l'Inde en 1968, je t'ai racheté ta collection de monnaies pour que tu aies un peu d'argent. Je l'ai toujours. Pourquoi ne pas la récupérer et essayer de la vendre ? » J'étais très heureux de ce noble geste et me mis aussitôt à étudier le marché de la numismatique. En moins d'une semaine, j'avais revendu ma collection dix fois le prix que je l'avais achetée. Cela suffirait à faire construire une chambre pour Amma ainsi qu'un hall de méditation. Je pris immédiatement un billet pour l'Inde et peu après, j'étais de retour auprès d'Amma.

Avec Ganga, un *brahmachārī* français qui était venu vivre auprès d'Amma peu après moi, nous nous mîmes au travail et élaborâmes le plan du nouveau bâtiment. J'avais une petite expérience du travail de construction. Elle datait de ma vie à Tiruvannamalai lorsqu'à la suggestion de mon précédent guide spirituel, Ratnamji, j'avais fait construire deux maisonnettes. Ganga possédait lui aussi une certaine expérience, acquise au même endroit : lors de son séjour à Tiruvannamalai, il avait supervisé un chantier pour le compte d'un dévot hollandais. Nous optâmes pour une construction de deux étages. Le rez-de-chaussée consisterait en une pièce unique avec une petite véranda et pourrait être utilisé pour la méditation. Sous l'escalier, il y aurait un espace de rangement pour entreposer des outils. À l'étage, il y aurait une chambre avec salle de bains et terrasse, réservée à l'usage d'Amma.

Malheureusement, nous n'avions pas de terrain pour construire quoi que ce soit. Tout le terrain en notre possession était occupé par nos huttes. Si nous les supprimions, où habiterions-nous ? Finalement, nous décidâmes de combler une partie des lagunes qui nous appartenaient. Il nous fallut beaucoup de temps pour amasser assez de sable et remblayer la lagune, ce qui repoussa d'autant les travaux. Comme le vieux temple où Amma donnait les *Bhāva darśhans* se trouvait alors en cours d'agrandissement, les *darśhans* se tenaient dans l'abri qui avait été construit pour le repos des dévots.

En raison de difficultés diverses, la construction de ce petit bâtiment demanda environ un an. L'obtention des matériaux, les problèmes de main-d'œuvre et le rationnement de l'eau concoururent à créer d'interminables retards. Pour ces mêmes raisons, lorsque par la suite un bâtiment plus grand fut construit pour les dévots, ce qui normalement aurait dû prendre deux à trois ans en prit sept. Mais même lorsque la chambre de l'étage fut prête, Amma refusa de s'y installer. Bien qu'au-delà du plaisir et de la souffrance, du confort et de l'inconfort, elle éprouvait le besoin de montrer l'exemple du renoncement en continuant à vivre dans la hutte, en dépit des multiples inconvénients que cela impliquait. Ce n'est que deux ans après la fin des travaux qu'Amma commença effectivement à y passer ses nuits. Elle finit par y établir ses quartiers, mais uniquement parce que Ganga et moi ne cessions de la supplier d'emménager.

À vivre proche d'Amma, on ne peut qu'être frappé par son souci extrême du progrès spirituel des gens. Elle préfère souffrir elle-même plutôt que de donner un mauvais exemple. Amma n'a nul besoin d'observer les règles et les directives de la vie spirituelle puisqu'elle est à jamais établie dans l'état même qui est l'aboutissement de tous ces efforts. Cet état est celui de l'*avadhūta*, celui qui a transcendé une fois pour toutes l'identification au corps. En règle générale, de tels êtres se préoccupent peu de l'élévation spirituelle du monde. Ils se complaisent dans leur propre état de béatitude suprême et ne veulent pas se préoccuper des souffrances d'autrui. En fait, ils font généralement fuir ceux qui les approchent en faisant semblant d'être fous, possédés ou idiots. Il est pratiquement impossible de trouver un être établi en Dieu qui soit prêt à tout sacrifier pour le bien de ceux avec qui il entre en contact. De tels sages se comptent sur les doigts d'une seule main.

Des dévots d'Amma désiraient ardemment l'emmener à Kanyakumari. C'est la pointe extrême de l'Inde et les eaux de trois mers s'y rejoignent, apportant des sables de trois couleurs différentes : la mer d'Oman, l'Océan Indien et la baie du Bengale. Un temple célèbre consacré à la Mère divine se dresse à cet endroit. Une femme *avadhūta*, Mayi Amma, vivait à Kanyakumari et nous décidâmes de passer quelque temps auprès d'elle. Le *Dēvī Bhāva* se tenant à Vallickavu le dimanche soir, nous partîmes le vendredi pour être de retour le dimanche dans l'après-midi. Nous étions une quinzaine dans un minibus.

Chemin faisant, nous fîmes un arrêt dans un village du nom de Marutamalai, niché au pied d'une montagne célèbre pour sa richesse herboristique. Là aussi vivait, disait-on, un *avadhūta*. Il s'appelait Nayana. Après quelques recherches, nous trouvâmes sa hutte située dans la rue principale. Pénétrant dans une pièce faiblement éclairée, nous découvrîmes, assis dans un coin, un vieillard affreusement sale occupé à cracher du jus de bétel rouge sur les murs. Un des villageois nous dit qu'il ne s'était pas lavé depuis plus de dix ans. C'était assez facile à croire ! Immédiatement, Amma s'assit en face de lui, mais quelle ne fut pas notre stupéfaction et notre colère lorsqu'il lui décocha une gifle. Amma se contenta de lever les yeux vers nous et de nous dire de nous calmer. Ensuite, il me cracha à la figure et se mit à vociférer dans un langage connu de lui seul. Évidemment, nous souhaitions quitter les lieux au plus vite, mais Amma n'était nullement pressée. Finalement, nous partîmes au bout d'une quinzaine de minutes.

Après avoir pris place dans le bus, Amma se tourna vers nous et s'exclama : « Merveilleux ! Il était plongé dans l'état suprême ! » Nous ne pouvions absolument pas la croire. L'état suprême ? État suprême de quoi ? De la folie ? Amma répondit : « Vous ne pouvez pas comprendre, aucun d'entre vous. Seul celui qui est dans cet état est capable de le reconnaître en autrui », puis elle se tut. Nous pensions tous intérieurement : « Si c'est cela l'état suprême, très peu pour moi ! »

Nous poursuivîmes notre route vers Kanyakumari, trop heureux d'abandonner Nayana à son état suprême. Après avoir atteint le cap, nous nous mîmes en quête de Mayi Amma, qui vivait au bord de l'océan. Nous découvrîmes une très vieille mendiante, étendue demi-nue sur le sable. Un chien en guise d'oreiller, elle était entourée d'une meute de trente ou quarante bâtards. Etait-ce là la grande sage que nous recherchions ? Si Amma ne nous avait pas dit que Mayi Amma était un *mahātmā*, il aurait été impossible de le croire. Elle ressemblait à la dernière des miséreuses. Amma s'assit en face d'elle tandis que nous l'entourions. Mayi Amma se redressa et lui balança une gifle. Nous étions sous le choc ! En l'espace d'une heure, c'était la deuxième fois de la journée qu'Amma se faisait gifler par un *mahātmā*. Elle se contenta de sourire et s'installa à califourchon sur le dos de Mayi Amma, comme un petit enfant jouant avec sa mère. Puis Mayi Amma se leva et se dirigea vers la plage. Toutes les poubelles de Kanyakumari avaient été rassemblées et déposées là spécialement à son intention. Tous les jours, elle allumait un bûcher et célébrait un sacrifice du feu en utilisant les détritus comme offrandes sacrées. Quelle était la signification intérieure de sa mystérieuse existence ? Nul doute qu'elle seule et ceux qui partagent son état peuvent le savoir. Ayant terminé son rituel, elle plongea dans l'océan nue comme un ver et refit surface avec un poisson qu'elle se mit à dévorer tout cru.

Vers midi, un de ses dévots lui apporta son déjeuner dans une boîte en fer blanc à plusieurs compartiments. Assis autour d'elle, nous chantions des chants dévotionnels tandis qu'elle se restaurait. Elle offrit ensuite à chacun en gage de bénédiction un peu de ses restes. Un des dévots qui nous accompagnait était strictement végétarien depuis sa naissance. À tous, Mayi Amma donna de la nourriture végétarienne mais à lui et à lui seul, elle présenta un morceau de poisson frit. Quand vint mon tour, elle entreprit de me verser un peu de pudding sucré dans les mains. Mais avant que le pudding n'atteigne mes paumes, un chien surgit et se mit à le laper au fur et à mesure qu'il était versé. N'atterrissait dans mes mains que ce qui dégoulinait de la gueule du chien. Amma me regarda intensément pour voir ce que j'allais faire. J'hésitai un instant, puis avalai le pudding. Quand nous allons à la rencontre de *mahātmās*, nous devons avoir entière confiance en leur pouvoir spirituel. Nous devons être prêts à laisser tomber notre attachement à toutes nos règles et conceptions. C'est seulement à cette condition que nous pouvons recevoir leur bénédiction. Mayi Amma nous donnait justement l'occasion de faire cela.

Après deux jours plus ou moins sereins à Kanyakumari, nous reprîmes le bus pour rentrer à l'*āśhram*. Au fur et à mesure que nous nous rapprochions du village de Nayana, la tension montait en nous. Nous redoutions qu'Amma ne veuille s'arrêter pour le revoir. Nous étions presque à la sortie du village quand, tout à coup, nous vîmes Nayana debout au milieu de la route, nous faisant signe d'arrêter. Nous poussâmes un grognement collectif. Apercevant Nayana, Amma nous cria de stopper. Elle descendit aussitôt du véhicule et nous la suivîmes. Mais pas de Nayana en vue. Où était-il passé ? Nous nous rendîmes à sa hutte et trouvâmes porte close. Amma fut la première à en franchir le seuil. Nayana était là, assis dans son coin habituel. Même en courant depuis la route, il n'aurait pas pu regagner sa chambre en si peu de temps. Amma s'installa en face de lui et nous nous préparâmes au pire. Amma commença à se balancer d'avant en arrière et à pincer la jambe de Nayana. Il restait là, très calme, la regardant. Puis Amma ferma les yeux et des larmes commencèrent à couler sur ses joues. Nous ne comprenions rien à ce qui se passait. Soudain, elle explosa en *Kali Bhāva*, état d'identification à la déesse Kali. Sa langue sortit de sa bouche, presque à toucher le menton et elle émit un rugissement terrible. Ses yeux s'exorbitèrent tandis que ses mains formaient des *mudras* (gestes sacrés). Elle se mit à rebondir sur place comme une balle. Les bracelets de ses poignets en furent pulvérisés. Dire que nous étions surpris serait un euphémisme ! Au bout de dix minutes environ, elle reprit son apparence habituelle. Lorsqu'elle rouvrit les yeux, elle avait l'air d'une personne complètement ivre. De fait, elle était ivre de béatitude divine.

Montrant du doigt le jeune Śhakti Prasād qui nous accompagnait, Nayana dit : « Ton fils, ton fils ! » Là encore, nous étions stupéfaits, car nous savions tous que Śhakti Prasād avait été conçu par la grâce d'Amma. Le fait que Nayana le sache nous prouvait qu'il n'était pas aussi fou qu'il en avait l'air.

Une fois que nous fûmes remontés dans le véhicule, Amma dit : « Pendant que nous allions à Kanyakumari, Nayana a compris qui j'étais. Il a attendu mon retour car il voulait voir ma véritable nature. C'est pourquoi il est apparu devant le bus pour disparaître ensuite. J'ai capté son souhait et lorsque je me suis assise devant lui, le besoin de satisfaire ce désir s'est levé dans mon esprit. En voyant l'aspect divin de Kali, Nayana a plongé dans l'état de Śhiva et ensemble nous avons communié dans la béatitude transcendante. »

Le reste du voyage fut sans histoires et nous regagnâmes l'*āśhram* juste à temps pour le *Dēvī Bhāva*.

Le lendemain, Amma s'allongea sur le sable devant la hutte. Au bout d'un certain temps, elle entra dans la hutte et me dit : « Nayana Swami vient de passer me voir. » Je jetai un coup d'œil dehors mais ne vis personne. « Non, non, je ne veux pas dire physiquement. Il est venu sous forme subtile et maintenant, il est reparti. » À vivre avec Amma, on prend progressivement conscience que la Création divine ne se limite pas au seul monde visible.

Une femme pénétra un jour dans l'enceinte de l'*āśhram*, se dirigea vers un des *brahmachārīs* qui méditaient devant le temple et lui souffla dans les oreilles. Il en fut, bien sûr, très surpris. Après cela, la femme s'en alla. Elle avait l'apparence d'une villageoise locale. Amma l'avait vue arriver et repartir. Elle dit que cette femme devait être un *mahātmā*. Je demandai à Amma pourquoi elle pensait cela. Après tout, n'importe quelque personne dérangée aurait pu agir de la sorte. Amma répondit : « Sinon, comment aurait-elle su que ce *brahmachārī* souffre d'abcès aux oreilles ? Nombreux sont les *mahātmās* qui, comme elle, parcourent le pays, inconnus du public. »

Tous les matins, nous méditions un certain temps en compagnie d'Amma, assis dehors devant sa hutte. Un matin, je rejoignis les autres en retard. Je m'assis silencieusement à quelques mètres d'Amma. Je fermai les yeux et, en quelques secondes, mon esprit devint parfaitement calme. Un peu plus tard, il reprit ses singeries habituelles. Je restai là environ une demi-heure, puis me levai et allai dans la hutte. Amma me rejoignit et dit : « Fils, as-tu vécu une expérience particulière pendant ta méditation aujourd'hui ? Quand tu es arrivé et que tu t'es assis près de moi, mon esprit s'est tourné vers toi. Il a pris la forme de *Brahman* et t'a effleuré. »

Au fil des ans, ceci devint pour moi le signe qu'Amma pensait à moi. Cela s'est produit bien des fois : bien que je fusse physiquement éloigné d'Amma, mon esprit devenait parfaitement calme et la pensée intense d'Amma occupait alors ma conscience. Cela survenait parfois pendant que je parlais à quelqu'un. J'étais alors contraint de m'interrompre et je restais là comme un imbécile, muet. Cela ancra en moi la foi qu'Amma, par sa simple pensée, pouvait m'accorder la réalisation que je désirais tant. Elle m'avait affirmé que c'était exact. Quatre jours après ma première rencontre avec Amma, j'étais retourné à Tiruvannamalai. Durant le trajet en train, j'avais senti diverses fragrances divines et eu l'impression qu'Amma était là avec moi. À plusieurs reprises,

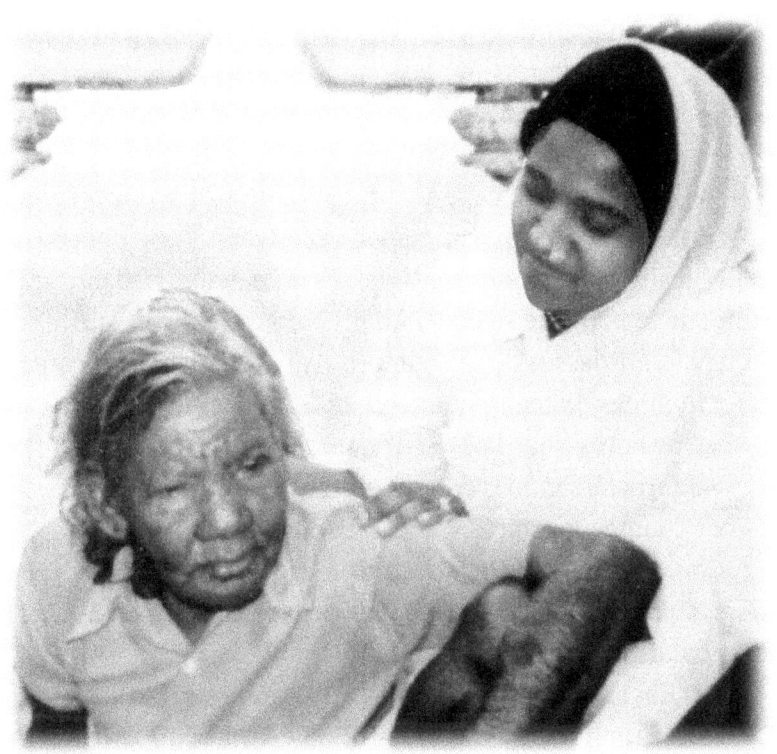

Amma avec Mayi Amma

j'avais été pris d'accès de larmes et j'avais éprouvé un désir intense de voir Amma. Un mois et demi plus tard, lorsque je la retrouvai, je la questionnai sur ces manifestations. Elle confirma ce que je sentais, qu'elle avait pensé à moi et que cette pensée concentrée m'avait accordé ces expériences. Ce qui ne peut être atteint par des années de pratique spirituelle, peut être obtenu en un instant par la grâce d'une pensée ou d'un regard du *satguru*, le sage parfait.

On raconte une très belle histoire au sujet d'un roi de Perse. Il était très épris de vie spirituelle et recherchait sans cesse la compagnie de saints. Cependant, ce roi vivait dans un tel luxe que son lit était en permanence recouvert d'une couche de fleurs fraîches de trente centimètres d'épaisseur. Un jour qu'il était sur le point de se coucher, il entendit du bruit sur le toit du palais, au-dessus de sa chambre. Après enquête, il découvrit deux hommes qui déambulaient sur le toit.

« Que faites-vous là ? » leur demanda-t-il d'un ton vif.

« Sire, nous sommes chameliers, nous sommes à la recherche de nos chameaux égarés », répondirent-ils.

Confondu par tant de stupidité, le roi leur dit : « Et comment comptez-vous donc trouver des chameaux sur les toits d'un palais ? »

« Ô Roi », répondirent-ils, « si tu cherches la réalisation de Dieu dans un lit de pétales, n'est-il pas naturel que nous cherchions des chameaux sur les toits d'un palais ? »

Cette réponse marqua profondément le souverain qui, en conséquence, changea radicalement son mode de vie. Abandonnant son royaume, il partit pour l'Inde en quête d'un maître réalisé. En arrivant à Bénarès, il entendit parler d'un *guru* du nom de Kabīr. Il se rendit chez lui et lui demanda de l'accepter comme disciple.

Kabīr lui répondit : « Il n'y a rien de commun entre un roi et le modeste tisserand que je suis. Deux personnes aussi différentes pourraient difficilement faire bon ménage. »

Mais le roi plaida sa cause en disant : « Je ne viens pas à toi en tant que roi, mais en tant que mendiant. Encore une fois, je te supplie de m'accorder cette faveur. » La femme de Kabīr, Loi, éprouvant de la compassion pour le roi, pressa son mari de l'accepter. Kabīr finit par accéder à sa requête.

On confia au roi les plus basses besognes de la maisonnée : le lavage de la laine et du fil, l'approvisionnement en eau, en bois et autres corvées du même genre. Six années passèrent. Le roi s'acquittait de sa tâche sans un murmure. Un jour, Loi entreprit Kabīr en ces termes : « Voilà six longues années que ce roi est parmi nous. Il mange ce que nous lui donnons, il fait ce que nous lui ordonnons, il n'élève jamais un mot de protestation. Il me semble qu'il a largement mérité l'initiation. »

« De mon point de vue », répondit Kabīr, « l'esprit du roi n'est pas encore pur comme le cristal. » Mais Loi insista ; elle ne pouvait croire que le roi ne fût pas prêt à recevoir l'initiation.

« Si tu ne me crois pas », dit Kabīr à sa femme, « tu peux en avoir la preuve par toi-même. La prochaine fois que le roi sortira, amasse tous les détritus que tu pourras trouver et porte-les sur le toit de la maison. Au moment où tu verras le roi franchir le seuil, verse-lui la poubelle sur la tête. Reviens ensuite me dire sa réaction. »

Ainsi fut fait. Tandis que les détritus pleuvaient sur sa tête, le roi leva les yeux et dit dans un soupir : « Si nous étions en Perse, jamais tu n'aurais osé me faire cela ! »

Loi rapporta à son mari les paroles du roi. « Ne t'avais-je pas dit que le roi ne méritait pas encore tout à fait l'initiation ? » commenta Kabīr.

Six autres années passèrent, le roi trimant toujours aussi dur. Un jour, Kabīr dit à sa femme : « Maintenant, le récipient est parfaitement prêt à recevoir le don. »

« Je ne vois aucune différence entre l'état du roi maintenant et il y a six ans », opina Loi. « Il s'est toujours montré travailleur et de bonne volonté et il ne s'est jamais plaint, même pas les jours où il n'y avait pas assez à manger pour que nous le nourrissions. »

« Si tu veux voir la différence, répondit Kabīr, tu n'as qu'à déverser à nouveau la poubelle sur sa tête. »

Le lendemain, comme le roi passait devant la maison, Loi fit exactement ce que Kabīr lui avait dit. Levant les yeux, le roi dit : « Longue vie à toi. Ce mental était encore plein d'ego et de « je. » Il lui fallait un tel traitement. »

Loi courut répéter ces paroles à son mari. Kabīr fit venir le roi et le regarda intensément. Par le pouvoir de son regard, l'esprit du roi s'éleva et finit par se fondre en l'Être suprême.

« Ta *sādhanā* est terminée, dit Kabīr. À présent, tu ferais mieux de rentrer dans ton royaume. »

Telle est la toute-puissance d'un *mahātmā*. Chacun devrait rechercher la compagnie d'un *guru* et s'efforcer d'obtenir sa grâce. Si quelqu'un tente de faire une *sādhanā* tout seul, il perdra un temps précieux à essayer d'atteindre le but par tâtonnements. Même lorsqu'on a un *guru*, on rencontre d'innombrables obstacles, aussi bien intérieurs qu'extérieurs. Pourquoi ne pas s'assurer autant d'aide que possible afin d'atteindre le but au plus vite ? Nous avons beau étudier assidûment les ouvrages spirituels ou pratiquer la méditation, il y a toujours toutes sortes d'aspects subtils de la vie spirituelle que nous ne savons pas gérer. Les saints qui ont parcouru la voie et qui ont atteint le but sont la plus puissante des aides. Cependant, ils sont très rares !

Une nuit que j'étais assis avec Amma devant le temple, je lui ai demandé : « Amma, que dois-je faire pour réaliser Dieu ? »
Ramassant une poignée de sable, Amma dit : « Tu dois devenir comme ce sable. Ce sable laisse tout le monde lui marcher dessus sans se plaindre. C'est le plus humble parmi les humbles. De même, quand tu ne seras plus rien, à cet instant précis, tu deviendras le Tout. L'individualité doit disparaître. C'est seulement ainsi que peut se manifester l'existence universelle. C'est le but de toute pratique spirituelle. »

Le mot *mahātmā* signifie grande âme. Beaucoup d'aspirants spirituels nourrissent l'idée grandiose de devenir des *mahātmās* en acquérant de grands pouvoirs spirituels. Mais qu'est-ce qu'un véritable *mahātmā* ? Quelqu'un qui a détruit l'ego, quelqu'un qui a renoncé à son individualité et s'est ainsi fondu dans l'Être suprême. Ce sont là les seules caractéristiques d'une grande âme. De telles qualités n'existent pas chez l'individu rempli d'ego en quête de pouvoir. Pour que le véritable pouvoir spirituel devienne accessible, il faut d'abord avoir conquis l'ego. Dieu n'accorde pas Ses trésors à qui veut conserver une identité séparée.

Un jour arriva à Vallickavu un gentleman originaire d'Hyderabad. Il se présenta comme un dévot de Dēvī ayant pratiqué des années durant diverses *sādhanās* afin d'obtenir la grâce de la Mère divine. Il avait entendu parler d'Amma et désirait assister au *Dēvī Bhāva* dans le temple et chanter le *Dēvī Māhātmyam*, célèbre hymne sanscrit à la gloire de la Mère divine. Amma accepta. Ce jour-là, après déjeuner, Amma, Gayatri et moi-même nous reposions sous un arbre. L'homme en question était lui aussi étendu sous un arbre, vingt mètres plus loin. Au bout de cinq minutes, Amma se mit à glousser. Se tournant vers nous, elle dit : « Cet homme est un expert en magie noire. Il a mémorisé de nombreux *mantras* qui lui permettent de contrôler des esprits malins du plan subtil. Avec leur aide, il peut se livrer à toutes sortes de méfaits. »

Surpris des paroles d'Amma, je lui demandai : « Amma, comment peux-tu dire une chose pareille ? Tu as à peine eu le temps de l'observer ! »

« Je n'ai pas besoin de temps pour savoir qui il est. La brise qui a effleuré son corps m'a apporté tous ces *mantras*. »

En entendant les propos d'Amma, mes cheveux se dressèrent sur la tête. J'eus soudain un aperçu du monde d'Amma. J'étais sans voix. Mon esprit était paralysé. Nous qui voyons Amma à travers notre vision grossière, comment pourrions-nous comprendre qui elle est et comment elle perçoit ce monde ? Nous vivons enfermés dans une chambre obscure tandis qu'elle est dehors, à l'air libre et dans la lumière. Rien n'échappe à sa vision. Nous connaissons tous la parole : « Rien n'échappe à l'œil de Dieu ». Ce qui pour l'homme ordinaire n'est qu'une simple expression verbale devient expérience vécue en présence d'un *mahātmā*. Ceux qui ont côtoyé, ne fût-ce que pendant une courte période, de tels êtres, ne peuvent plus jamais employer à la légère des expressions telles que « À Dieu ne plaise », « Dieu seul le sait » ou « Nom de Dieu. » Pour l'individu moyen, Dieu n'est qu'un mot. Mais en vivant avec des *mahātmās*, on perçoit clairement l'existence de Dieu.

Ce soir-là, il y avait *Dēvī Bhāva*. Notre ami le magicien noir (tel est le nom que nous lui avions donné) entra dans le temple et s'assit à côté de moi. Il avait son livre à la main, prêt à réciter le *Dēvī Māhātmyam*. Mais, inexplicablement, il devint très nerveux, regardant sans cesse autour de lui. Après s'être ainsi agité pendant un quart d'heure, il se leva et quitta le temple sans avoir récité son chant.

Mère, le guru

Le lendemain matin, il vint me trouver et me dit qu'il avait décidé de partir le jour même. Je lui demandai ce qui le pressait. Il répondit qu'il lui restait encore beaucoup d'endroits à visiter dans le cadre de son pèlerinage. Je lui demandai alors pourquoi il n'avait pas récité le *Dēvī Māhātmyam* la veille, mais il ne répondit pas. Sentant un brin de malice pointer en moi, je lui demandai s'il connaissait la magie noire. Il devint tout pâle et dit : « Non. » Je lui rapportai alors ce qu'Amma nous avait dit à son sujet. Il semblait sur le point de prendre ses jambes à son cou et de s'enfuir. Puis il déclara : « Il est vrai que j'ai étudié ces *mantras* il y a très longtemps, mais je ne les ai jamais employés contre personne. » Qui pouvait dire si c'était vrai ou non ? Quoi qu'il en fût, je ne voulais pas l'embarrasser davantage si bien que je lui demandai s'il désirait voir Amma avant de partir. Cela dut le mettre encore plus mal à l'aise, puisque c'était Amma qui l'avait démasqué. Cependant, peut-être par politesse, il répondit que oui.

Nous entrâmes alors dans la hutte d'Amma. Elle était assise, en conversation avec des dévots. Regardant l'homme avec un sourire, elle lui dit : « Mon fils, combien d'enfants as-tu et de combien de femmes différentes ? Quinze ? Vingt ? Tu ne devrais jamais utiliser ces mauvais *mantras*, sous aucun prétexte. En outre, tu ne devrais jamais boire ni avoir de relations sexuelles illicites sous couvert de culte tantrique. Cela te mènera à ta perte. Tu crois peut-être faire ainsi quelque progrès spirituel, mais sans les conseils d'un *guru* qui a atteint la réalisation par la voie tantrique, on ne peut que se damner. » À ces mots, l'homme commença par élever des objections, mais après un moment de réflexion, il réalisa peut-être la vérité des paroles d'Amma et se tut. Après s'être incliné devant Amma, il quitta les lieux et on ne le revit plus. Environ un mois plus tard, un autre homme vint d'Hyderabad pour rencontrer Amma. Il nous dit qu'il connaissait cet homme et qu'il était effectivement connu pour les agissements qu'Amma avait évoqués.

Cet incident me fit réfléchir au sort de cet homme et de ses semblables qui s'abusent et abusent aussi les autres. N'auront-ils pas à souffrir après la mort ou dans une vie future ? Ceci souleva dans mon esprit une question encore plus vaste, à savoir : y a-t-il ou non une autre vie après la mort du corps ? Qui pourrait le savoir mieux que Celle qui « était morte » huit heures durant pendant le *Dēvī Bhāva* après que son père eût exigé qu'elle lui rende « sa » fille ?

Le lendemain, je demandai à Amma : « Amma, dans les *Upaniṣhads* on raconte l'histoire d'un garçon qui s'était rendu au royaume de la mort et avait demandé à Yama, le Seigneur de la Mort, si l'on continuait à exister après la mort du corps. Amma, tu vois tous les mondes en toi, je t'en prie, dis-moi ce qui se passe quand nous quittons le corps physique. »

L'expression d'Amma se fit très grave. « En posant la question de la vie après la mort, me dit-elle, tu poses aussi la question de la doctrine du *karma*. Analyser la loi karmique n'est pas si important. L'essentiel est d'y échapper, de sortir du cycle du *karma* engendré par l'ignorance de notre véritable Soi.

Les mauvaises actions du passé peuvent ne pas porter leurs fruits dans l'avenir immédiat et il en va de même des bonnes actions. On voit des gens de peu de vertu mener une vie agréable et de bonnes gens souffrir sans raison apparente. Cela semble contraire à la loi du *karma*. On peut même songer que cette loi n'existe pas. Cependant, pour en comprendre la portée, la loi du *karma* doit être examinée et pesée à un niveau de conscience plus élevé. Et pour s'élever à ce niveau, la foi et la pratique spirituelle sont nécessaires. Le critère, ici, n'est pas l'intellect, mais l'intuition spirituelle.

La vie procède par cycles. L'univers entier est cyclique. La nature suit un schéma cyclique, comme la Terre tourne autour du Soleil selon une orbite bien réglée. Les saisons sont cycliques : le printemps, l'été, l'automne, l'hiver, à nouveau le printemps et ainsi de suite. L'arbre vient de la graine et donne à son tour des graines qui produiront d'autres arbres. C'est un cycle. De même, il y a la naissance, l'enfance, la jeunesse, la vieillesse, la mort et à nouveau la naissance. C'est un cycle continu. Le temps s'écoule de façon circulaire et non pas linéaire. Chaque créature vivante fait inexorablement l'expérience du *karma* et de ses fruits jusqu'à ce que le mental se taise enfin et que l'être réside, comblé, en son propre Soi.

Les cycles se répètent sans cesse sous forme d'action et de réaction. Le temps procède par cycles. Non que les événements exacts se reproduisent régulièrement. C'est plutôt le *jivatman* (l'âme individuelle) qui revêt différentes formes en fonction de ses *vāsanās* (tendances latentes). Les réactions sont le résultat d'actions passées. Et cela continue, sans fin. Au fur et à mesure que tourne la roue de la vie, les actions passées portent leurs fruits. On ne sait pas quand ou comment viendra le fruit ni ce qu'il sera. C'est un mystère qui n'appartient qu'au Créateur. On y croit ou on n'y croit pas. Mais qu'on y croie ou non, la loi du *karma* continue à opérer et les fruits mûrissent. Le *karma* n'a pas de commencement, mais il s'arrête au moment où l'individu abandonne l'ego et atteint l'état de réalisation.

L'homme évolue pour devenir Dieu. Chaque être humain est Dieu en essence. L'évolution de l'homme vers Dieu est un processus lent qui requiert beaucoup de coupes, de polissages et de remodelages. Il exige beaucoup de travail et une patience infinie. Cela ne peut être fait à la va-vite. Les révolutions sont rapides, mais elles détruisent et elles tuent. La révolution est le propre de l'homme. L'évolution est le propre de Dieu.

La roue de la vie tourne lentement mais sûrement. L'été arrive ; il prend son temps, il ne vient jamais en se hâtant. Puis les autres saisons, l'automne, l'hiver, le printemps ont leur propre rythme. Derrière le mystère réside la puissance invisible de Dieu. Cette puissance ne peut être analysée. Contente-toi de savoir qu'elle existe.

Essaie d'oublier le cycle du *karma*. Il est inutile de penser au passé. Le chapitre est clos. Ce qui est fait est fait. Affronte le présent. Ce qui est important, c'est le présent parce que notre avenir dépend entièrement de la manière dont nous vivons le présent. Nous ne serons vraiment dans le présent que lorsque la présence du Divin colorera chaque instant de notre vie. D'ici là, nous habitons soit dans le passé soit dans le futur. Le présent réside dans l'instant, mais nous le manquons toujours. Quand nous vivons dans l'instant, nous sommes entièrement présents ; l'instant suivant n'a aucune importance. Le fait de vivre dans l'instant, en Dieu, en Soi, met fin à l'emprise du *karma* sur nous.

La puissance du *karma* voile notre véritable nature et en même temps, elle crée le besoin de réaliser la Vérité. Elle nous ramène à notre véritable état. Pour qui sait voir, la roue du *karma* est une grande transformatrice. Elle est porteuse d'un grand message : « Ta vie est le résultat du passé. Dès lors, fais attention ; tes pensées et tes actes présents déterminent ton avenir. Si tu fais le bien, tu seras récompensé en conséquence, mais si tu commets des erreurs ou de mauvaises actions, elles te reviendront avec une force égale. » Et pour le véritable chercheur spirituel, il y a cet autre grand message : « Mieux vaut arrêter le cycle complètement. Clos le compte et sois libre à jamais. »

Toutes les explications du *karma* servent à empêcher les humains de se faire du mal à eux-mêmes et d'en faire aux autres, à leur éviter de s'écarter de leur propre nature, Dieu.

Le hasard n'existe pas. La Création n'est pas un hasard. Le soleil, la lune, l'océan, les fleurs, les montagnes et les vallées ne sont pas le fruit du hasard. Les planètes tournent autour du Soleil sans s'écarter d'un pouce de leur orbite. Les océans couvrent de vastes étendues du globe, sans pour autant avaler la terre entière. Si cette magnifique création n'était que hasard, elle ne serait pas aussi ordonnée et systématique. L'univers ne serait que chaos. Mais regarde la beauté et le charme exquis de la création, sa perfection intrinsèque. Peux-tu parler de hasard? La trame de beauté et d'ordre qui émane de la création tout entière rend évidente l'existence d'un grand cœur, d'une intelligence qui nous dépasse, origine de toute chose.

Notre passé n'est pas uniquement le passé de cette vie. Il ne remonte pas à la naissance de ce corps actuel. Le passé comprend toutes nos vies précédentes, vies que nous avons traversées sous des formes et des noms divers. L'avenir non plus ne peut être connu. Il échappe à notre contrôle. Il nous est impossible de prédire ce qui arrivera demain. La véridicité du *karma*, dès lors, est essentiellement une question de foi. De même que les vagues de l'océan diffèrent par la forme et par la taille, la force de vie revêt des formes variées selon les tendances accumulées par chacun.

Quand tu auras réalisé le Soi, tu sauras tout du *karma*. Les mystères de tes incarnations précédentes te seront révélées. Tu connaîtras le secret de l'univers, de la création entière. Seule la réalisation du Soi peut dévoiler le mystère. Quand tu auras atteint la perfection, tu sauras que le véritable Soi est et a toujours été présent. Tu sauras qu'il n'est jamais né et ne mourra jamais, qu'il n'est jamais soumis à la loi du *karma*.

L'avenir n'offre aucune garantie, même l'instant qui vient est incertain. La mort est l'unique certitude. Cet instant est vrai, le suivant peut apporter la mort, qui sait ? Aux yeux de celui qui est reconnaissant de tout ce qui arrive, qui abandonne tout et enlace la mort avec le sourire, la mort est belle. La mort cesse d'être un ennemi à redouter, elle devient au contraire son meilleur ami. La mort n'est pas la fin ; c'est le début d'une autre vie. »

Chapitre 13

Le fruit de la grâce

Ce même jour arriva d'Amérique une lettre de mon frère Earl, disant qu'il aimerait bien venir en Inde et rencontrer Amma. Je lui avais en effet parlé d'elle lors de mon voyage aux États-Unis. Il arriva deux semaines plus tard. Je le fis entrer dans ma chambre qui n'était guère qu'un petit coin de hutte. Mes conditions de vie le surprirent quelque peu. Il s'assit sur le lit et nous commençâmes à parler. Sur ces entrefaites, Amma entra dans la chambre et s'installa sur le lit à côté de lui. Elle l'inspecta de la tête aux pieds et, lui pinçant légèrement le bras, déclara : « Tu es un peu gros, non ? » Sans motif apparent, Earl éclata en sanglots. Je pensai qu'Amma avait dû le pincer vraiment fort, mais ce n'était pas cela. De ma vie, je n'avais jamais vu mon frère pleurer. Amma se tourna vers moi avec un sourire malicieux. Pendant ce temps, Earl sanglotait comme un enfant. Ses tatouages amusaient beaucoup Amma qui les inspecta méticuleusement. Ses bras étaient couverts de motifs bariolés : il y avait un Kṛiṣhṇa, un Bouddha, le serpent de la kuṇḍalinī et d'autres sujets spirituels. Il avait quelque chose d'un poster de spiritualité ambulant. Et plus il pleurait, plus Amma souriait. Finalement, il retrouva un semblant de contenance, tout en demeurant incapable de dire un mot. Amma resta encore quelques minutes, puis elle se leva et partit. Earl venait manifestement de recevoir le choc de sa vie. Telle fut sa première rencontre, explosive, avec la Mère divine. Cependant, d'autres explosions l'attendaient encore.

Earl me demanda si j'avais des livres sur Kṛiṣhṇa, si bien que j'allai lui chercher le *Bhāgavatam* à la bibliothèque de l'*āśhram*. Il passa beaucoup de temps à lire dans ma chambre, mais chaque fois qu'il tombait sur le mot Kṛiṣhṇa, il éclatait en sanglots. Comme si cela ne suffisait pas, il fondait aussi en larmes dès qu'il entendait la voix d'Amma. Dès qu'il s'approchait d'Amma pendant le *Kṛiṣhṇa Bhāva*, il se mettait à pleurer et à trembler de manière incontrôlable. Il venait alors à moi et s'asseyait par terre à mes côtés, se cachant derrière mon *dhoti* (longue pièce de tissu que portent les Indiens). Après quelques jours de ce manège, il décida qu'il voulait en discuter avec Amma. Je me rendis dans la hutte voisine où se trouvait Amma et lui demandai si je pouvais faire entrer Earl, ce à quoi elle acquiesça.

À notre entrée, Amma fit signe à Earl de venir s'asseoir à côté d'elle sur le lit. J'étais sur le point de lui expliquer qu'il avait quelques questions à éclaircir, mais avant que j'aie pu ouvrir la bouche, Earl éclata à nouveau en sanglots. Amma le serra dans ses bras et me regarda d'un air entendu en arborant un grand sourire. Cela dura une dizaine de minutes après quoi Amma, estimant sans doute qu'il avait assez pleuré, cessa probablement d'appuyer sur « la manette des larmes. » Il put enfin poser sa question.

« Je voulais juste dire qu'il m'est très désagréable de ne pas comprendre ce qui m'arrive. Depuis mon arrivée, on dirait que j'ai contracté une sorte de fragilité mentale. Pourrais-tu m'expliquer pourquoi je pleure ainsi tout le temps ? »

Le fruit de la grâce

Amma eut un sourire gracieux et dit : « Au fond de nos cœurs, nous sommes tous les enfants de Dieu. Mais, au fur et à mesure que nous avançons en âge, l'enfant s'entoure d'une dure carapace formée par nos mauvaises actions. La convoitise, la colère, la jalousie, l'avarice, l'orgueil et autres tendances négatives de ce type, se combinent pour former cette carapace. Pour finir, le tendre petit enfant devient dur comme une pierre. Mais en présence de Dieu ou d'une âme ayant réalisé Dieu, la carapace se craquèle et la personne se met à pleurer comme un enfant. C'est une grande chance. Quelques moments passés à pleurer ainsi confèrent une pureté qui ne peut être atteinte en plusieurs vies de pratique spirituelle. »

Earl était heureux et soulagé d'entendre l'explication d'Amma. Mais au bout de quelques jours, son esprit sceptique reprit le dessus. Ce soir-là, juste avant le *Kṛiṣhṇa Bhāva*, il me confia : « Je crois que ces pleurs sont liés à une faiblesse intérieure. Ce soir, j'ai décidé que quoi qu'il arrive, je n'éclaterai pas en sanglots. » Combien d'enfants d'Amma ont pris de semblables résolutions ? Mais face au raz-de-marée de son énergie divine, les fragiles châteaux de cartes de l'ego humain, minutieusement érigés, sont balayés.

Earl se jeta crânement dans l'arène du temple et alla vers Amma en *Kṛiṣhṇa Bhāva*. Et de fait, il ne trembla pas et ne pleura pas. J'étais entré dans le temple pour être témoin de sa victoire ou de sa défaite. Amma m'adressa un sourire comme pour me dire qu'elle était parfaitement au courant de son plan dès l'instant de sa conception. Après avoir reçu le *darśhan* d'Amma, Earl vint me rejoindre et se tint à mes côtés d'un air très assuré. Voyant cela, je sortis et allai m'asseoir devant le temple avec les autres dévots. Peu après, Earl sortit à son tour. Mais dès qu'il eut franchi le seuil du temple, il se raidit soudain et d'un air tout drôle, se précipita vers l'arrière de l'*āśhram*. Suivit un cri d'angoisse si intense que de nombreux dévots se précipitèrent pour voir ce qui se passait. Et qui trouvèrent-ils ? Earl ! Certains des dévots vinrent me demander ce qui n'allait pas chez mon frère. Souffrait-il de quelque mal atroce ? Je me contentai de sourire et répondis que je n'en savais rien.

Après la fin du *Kṛiṣhṇa Bhāva*, j'allai me reposer un moment dans ma chambre. J'y trouvai un Earl plutôt déconfit qui essayait de lire. Je lui demandai si quelque chose n'allait pas et il me répondit : « Tu as peut-être vu ce qui s'est passé dans le temple ce soir. Je suis parvenu à me maîtriser quand je suis passé au *darśhan*. Je commençais à pleurer, mais j'ai réussi à refouler mes larmes. Alors, j'ai pensé que j'avais raison, que tous ces pleurs n'étaient qu'un truc émotionnel. Mais au moment où j'ai passé la porte du temple, un colossal courant d'énergie a fusé du bas de ma colonne vertébrale et quand il a atteint le sommet de mon crâne, il a explosé comme un missile. À cet instant précis, j'ai eu la conviction qu'Amma était une incarnation de Dieu. Qui d'autre aurait pu me faire une chose pareille ? »

Quelques jours plus tard, Earl retourna aux États-Unis. Il m'avoua par la suite qu'à partir de ce moment, pas un jour ne s'était écoulé sans qu'il éclate en sanglots à la pensée d'Amma. L'année suivante, il revint à Vallickavu et demanda à Amma la grâce d'avoir un enfant, car sa femme n'avait pas conçu depuis de longues années. Amma le bénit et de fait, peu après, sa femme se trouva enceinte et donna naissance à un petit garçon très intelligent et précoce. Les deux années suivantes, il revint à Vallickavu avec femme et enfants. Pour finir, il décida d'entreprendre des études de droit. Il avait déjà passé la quarantaine et obtenir un diplôme à cet âge est chose ardue. Lorsqu'il en parla à Amma, elle lui dit : « Il y a de nombreux obstacles à ce que tu

Le fruit de la grâce

deviennes avocat. Mais Amma arrangera cela. » Au cours de ses études, il fut pris de doutes : passerait-il ou non ses examens ? Il écrivit alors à Amma en lui demandant sa bénédiction afin qu'il réussisse à ses examens. Lorsque je lus sa lettre à Amma, elle dit : « Earl est devenu négligent dans ses études. Dis-lui de faire plus attention et je m'occuperai de tout. » Lorsque je revis Earl, il m'avoua qu'Amma avait vu parfaitement juste et qu'après être redevenu plus sérieux, il n'avait plus eu de problèmes en faculté. Il décrocha enfin son diplôme et devint avocat.

Rencontrer les dévots qui viennent voir Amma et les écouter raconter comment s'est développée leur foi en elle en tant que Mère divine est toujours une source d'inspiration. Il y avait un professeur d'anglais qui venait régulièrement recevoir le *darśhan* d'Amma. Jeune homme, il avait manifesté un fort penchant pour la spiritualité. Il voulait même renoncer au monde pour se faire moine. Malheureusement, il était fils unique et dans une famille indienne, un fils unique a le devoir de se marier et d'avoir des enfants pour perpétuer la lignée. Le jeune homme accepta donc de se marier et choisit pour épouse une jeune fille vertueuse. Le soir de ses noces, il dit à sa femme : « Par la volonté de Dieu, je n'ai pu mener la vie de moine et je me suis donc marié. Je serais content si au moins un de mes enfants pouvait mener cette vie. Aussi, avant de dormir avec toi, je te demande d'accepter que notre premier-né soit dédié à la Mère divine et que nous le mettions sur la voie spirituelle. » La jeune femme accepta sans la moindre hésitation. À quelque temps de là, elle donna le jour à un garçon. Malheureusement, tous deux avaient oublié leur vœu. Et la vie continua. Les années passant, leur fils développa toute une série de problèmes de santé. Ils consultèrent de nombreux médecins, sans grand résultat. Finalement, ils entendirent parler d'Amma dont le village n'était qu'à une ou deux heures de route de chez eux. À cette époque, l'enfant avait déjà sept ans. L'homme décida de faire le voyage jusqu'à Amma dans l'espoir qu'elle pourrait quelque chose pour son fils. Lorsqu'il arriva, le *Dēvī Bhāva* était déjà commencé. Il entra dans le temple et se prosterna devant Amma. Quand il releva la tête, Amma lui demanda avec un sourire : « Où est ton fils ? Pourquoi ne me l'as-tu pas amené ? As-tu oublié la promesse faite la nuit de tes noces de m'offrir ton premier-né ? » Inutile de dire que ce fut un choc et que l'homme en conçut une foi profonde en Amma en qui il voyait la Mère divine elle-même.

Les animaux aussi ont eu leur place dans les péripéties de l'*āshram*. Un soir, pendant le *Dēvī Bhāva*, un des veaux de l'*āshram* se mit à beugler à pleins poumons, comme s'il était très malade. À l'exception d'Amma qui était assise dans le temple, nous allâmes tous voir ce qui se passait. Le veau était couché, en proie à des convulsions. Comme nous ne pouvions pas faire grand-chose, nous rapportâmes les faits à Amma. Sitôt le *Dēvī Bhāva* terminé, elle accourut à l'étable et prit la tête du petit veau sur ses genoux. Puis elle demanda à quelqu'un d'apporter de l'eau bénite du temple qu'elle versa ensuite dans la gueule de l'animal en faisant un geste des mains comme pour signifier « À présent, vas-t'en ! » Le veau expira quelques instants plus tard. Amma se tourna vers nous et nous dit : « Ce veau était un *sannyasi* dans sa vie précédente. Mais il conçut de l'attachement pour une vache, en conséquence de quoi il se réincarna en vache. Parce qu'il avait été moine, il est né dans cet *āshram* et a pu bénéficier de la compagnie de saints et de dévots. Il a été nourri par des aspirants spirituels et sanctifié par le son de la récitation du Nom divin. À présent, il a atteint une naissance supérieure. » Telles sont les voies mystérieuses du *karma*. La légère tristesse que nous éprouvions au décès subit du veau s'évanouit grâce

Le fruit de la grâce

à l'explication d'Amma. Amma nous déclara plus tard que sa propre mère aurait dû mourir ce soir-là. Tôt dans la journée, elle l'avait avertie de se préparer au pire. Mais elle avait décidé, nous dit-elle, de prolonger l'existence de sa mère en transférant sa mort sur le veau, mettant fin par la même occasion au *karma* de l'animal. Amma ajouta qu'elle en avait fait autant pour des centaines de gens qui, au fil des ans, étaient venus la voir. Elle voyait que leur heure approchait et que leur décès plongerait les familles dans d'énormes difficultés. Alors, par compassion, elle prolongeait leur existence. Elle leur demandait d'acheter une vache, un poulet, un chien ou un chat et, le jour dit, l'animal mourait à leur place. En entendant ceci, nous en vînmes à comprendre qu'Amma ne tient pas seulement entre ses mains sa propre vie et sa mort, mais aussi celles de ses dévots.

Un soir, j'étais dehors en train de parler avec Srikumar, un des jeunes gens qui à l'époque venaient régulièrement voir Amma. Tout à coup, il s'écroula avec un grand cri. En inspectant son pied, nous trouvâmes deux marques qui signaient une morsure de serpent. Immédiatement, nous nous précipitâmes chez Amma pour lui raconter ce qui s'était passé. Elle accourut auprès de Srikumar, prit le pied dans ses mains et se mit à aspirer le venin pour le recracher. Graduellement, les souffrances de Srikumar empirèrent. Au soir, elles étaient intolérables. Amma le veillait en permanence, le réconfortant et lui disant qu'il n'y avait pas de quoi s'inquiéter. Les autres dévots pensaient cependant qu'il fallait l'emmener voir un docteur et lui faire subir un traitement antivenimeux. Amma donna son accord et ils partirent avec Srikumar. Lorsque le médecin vit la morsure et le tableau clinique, il affirma que Srikumar avait été victime d'un serpent extrêmement venimeux. Mais, chose curieuse, il n'y avait pas trace de venin dans son sang. Il rentra à l'*āshram* cette nuit-là en proie à d'atroces douleurs qui ne disparurent que le lendemain.

Amma lui expliqua : « Mon fils, ton destin était d'être mordu par un serpent hier, où que tu fusses. Mais parce que cela s'est produit en présence d'Amma, rien de grave n'est survenu. Sachant que cela devait arriver, je ne t'ai pas laissé rentrer chez toi hier alors que, depuis le matin, tu me demandais la permission de partir. » Sitôt rentré chez lui, Srikumar vérifia son horoscope et découvrit qu'il était bel et bien destiné à souffrir d'un empoisonnement ce jour-là. L'émotion le submergea et il versa des larmes à la pensée de la grâce et de la compassion d'Amma.

On peut se demander pourquoi Amma n'a pas tout simplement empêché que Srikumar soit mordu par un serpent, puisqu'elle savait que cela devait se produire. Amma répond que lorsqu'on s'est abandonné à Dieu ou à un *satguru*, notre *karma* individuel s'en trouve considérablement allégé, mais il nous faut quand même souffrir un peu. Pour illustrer cela, elle raconte l'histoire suivante :

« Un riche propriétaire terrien avait deux fils de natures diamétralement opposées. Ram avait un penchant pour tout ce qui était mauvais, tandis que son frère Hari était noble et porté vers la religion. En grandissant, Ram s'adonna aux femmes, au jeu et à la boisson, tandis que Hari se plongeait dans les activités religieuses. Il assistait à toutes les assemblées religieuses des villages avoisinants. Ram tournait en dérision la spiritualité des siens. Il éprouvait comme une infortune d'être né dans une telle famille.

Un jour, une célèbre danseuse donnait un spectacle dans un village voisin. Ram devait patronner cet événement dont il était l'invité de marque. On l'accueillit comme le fils d'un homme riche. Au même moment avait lieu dans ce même village un

Le fruit de la grâce

sermon religieux et Hari s'y rendit. Sur le chemin du retour, il fut surpris par une violente averse, glissa dans un fossé et se blessa grièvement. Ses amis le transportèrent jusque chez lui et l'on fit venir un docteur.

Ram, après avoir fait la fête avec la danseuse et son groupe, prit le chemin du retour et glissa au même endroit que son frère. Mais il ne tomba pas. Son pied heurta une grosse pierre. En y regardant de plus près, il s'aperçut que c'était un lingot d'or. Tout content, il rentra chez lui avec le lingot et le montra à tout le monde. En voyant dans quel état lamentable se trouvait son frère, il le provoqua en disant : « À quoi peut bien servir ta religion ? Tu vas écouter réciter les saintes Écritures et en rentrant, tu as un terrible accident. Regarde-moi. Je me suis bien amusé et j'en ai été récompensé par un lingot d'or. Quand abandonneras-tu ton mode de vie désuet ? Si Dieu existait, il m'aurait certainement puni et Il t'aurait récompensé. Et pourtant, que voyons-nous ? » Une discussion s'ensuivit dans l'assistance, mais sans parvenir à conclure qui, du croyant ou du rationaliste, avait raison.

Le lendemain, un *mahātmā* vint à passer par le village. Le père des deux garçons l'invita ; il lui raconta ce qui s'était passé la veille et ce qu'avait dit Ram. La question demeurait : pourquoi le jeune homme tourné vers la religion souffrait-il, tandis que le mauvais sujet était récompensé ? Le *mahātmā* répondit : « La nuit en question, Hari était destiné à mourir. Du fait de son innocence et de sa dévotion, il n'a été que blessé. Cette même nuit, Ram était supposé atteindre une position royale. Mais du fait de ses mauvaises actions, il n'a reçu qu'un lingot d'or. Si vous ne me croyez pas, vérifiez les horoscopes. » Lorsqu'on consulta les horoscopes des deux garçons, les propos du *mahātmā* s'avérèrent exacts.

Sur le Chemin de la Liberté

Certains jours de *Bhāva darśhan*, un millier de personnes et plus venaient à l'*āśhram* voir Amma. Elle tenait audience dans sa hutte et recevait tout le monde depuis le matin jusque dans l'après-midi. Puis le soir, à nouveau, elle donnait le *darśhan* à chacun, une fois pendant le *Kṛiṣhṇa Bhāva* et encore une fois pendant le *Dēvī Bhāva*. À cette époque, le *Kṛiṣhṇa Bhāva* durait de sept heures du soir à minuit. Ensuite, Amma venait s'asseoir dehors avec les dévots pendant une demi-heure environ avant de donner le *darśhan* du *Dēvī Bhāva*, parfois jusqu'à six ou sept heures du matin. Après cela, elle rencontrait les dévots et restait avec eux jusque vers onze heures. C'est alors qu'arrivaient, l'un après l'autre, les jeunes gens qui allaient devenir les *brahmachārīs* et Amma passait le reste de la journée avec eux. Le soir, elle était généralement invitée à célébrer la *pūjā* chez des dévots des villages voisins. D'habitude, la *pūjā* commençait vers minuit et se poursuivait jusqu'à trois-quatre heures du matin. Ensuite, Amma restait avec les dévots jusqu'au lever du soleil et rentrait à l'*āśhram*. Et la même routine recommençait, parfois pendant dix jours d'affilée. Aucun de nous n'était capable de soutenir le rythme d'Amma. Nous avions besoin de dormir. Et nous trouvions qu'elle aussi avait besoin de dormir si bien que nous avions recours à toutes sortes de stratagèmes pour l'amener à se reposer un peu. Nous avions un vieux ventilateur très bruyant qui couvrait tous les autres bruits de son vacarme infernal. Il s'avéra très efficace pour isoler Amma du monde extérieur. Car même quand elle s'allongeait, si d'aventure elle entendait une voix, elle se levait d'un bond pour voir si ce n'était pas quelqu'un qui venait pour elle. Les Écritures affirment que l'état de réalisation est l'état où l'individualité cesse d'exister pour laisser transparaître toute la gloire de l'existence sans ego. Amma en est la vivante illustration. Il faut le voir pour le croire. Certains jours où arrivaient à l'improviste de nombreux visiteurs, les résidents de l'*āśhram* donnaient leur propre nourriture. Que faisait alors Amma ? Elle prenait une grosse marmite et allait de porte en porte quémander des restes de riz pour nous nourrir. Elle avait coutume de dire: « Un *sannyasi* ne devrait éprouver aucune timidité. Et une mère ne devrait éprouver aucune honte à mendier pour ses enfants. » Par ces actions, Amma nous montre non seulement ce qu'est le véritable détachement, mais aussi ce qu'est le véritable amour. Même dans la vie de famille ordinaire, si elle est menée de façon dévouée, on peut progresser spirituellement. Une très jolie histoire illustre ce point :

C'était une époque de grande famine. Une famille de cinq personnes dut quitter sa maison pour aller chercher ailleurs les moyens de sa subsistance. Le père endura beaucoup d'épreuves et de privations afin de nourrir les siens et, bien souvent, il devait jeûner. En conséquence, il mourut rapidement. C'était à présent à la mère que revenait la charge de veiller sur les enfants. À son tour, elle s'imposa d'extrêmes privations et devint si faible qu'elle ne pouvait plus marcher. Voyant son triste état, son jeune fils lui dit : « Je t'en prie, mère, repose-toi. J'irai moi-même mendier pour nous tous. » La mère était très malheureuse à l'idée que son fils fût obligé de mendier pour gagner leur pitance, mais que pouvait-elle faire ? Le fils se passait de nourriture des journées entières afin que sa famille puisse manger.

Quelques jours s'écoulèrent et l'enfant devint si faible qu'il pouvait à peine marcher. Il réussit à atteindre une maison et demanda un peu d'argent. Le maître des lieux était assis sous la véranda et lui proposa de lui donner plutôt à manger. À ce moment-là, le garçon s'évanouit. L'homme le souleva et l'installa sur ses genoux. L'enfant murmurait quelque chose. Approchant son oreille, il écouta attentivement. L'enfant disait : « Cette nourriture que vous voulez bien me donner, donnez-la d'abord à ma mère s'il vous plaît. » Et sur ces paroles, il sombra dans l'inconscience.

Ce genre d'amour filial n'existe plus de nos jours. Voyez la noble affection qui unissait ces âmes en un amour désintéressé. Lorsque la vie de famille est ainsi menée, elle purifie l'esprit de ses membres et ouvre la voie à la Libération.

Une idée fausse largement répandue, en particulier en Inde, veut que seuls les religieux puissent réaliser Dieu. Pourtant, au fil des ans, j'ai rencontré des dévots mariés beaucoup plus avancés que bien des *sannyasis*. À l'époque de mon séjour à Hyderabad dans l'Andhra Pradesh, je m'étais lié avec un dévot marié de là-bas. Il avait commencé sa vie spirituelle vers les quarante-cinq ans et lorsqu'il mourut, presque octogénaire, il avait réalisé Dieu. Certes, cela n'avait pas été facile, mais est-ce jamais facile ? Chaque matin, il se levait de bonne heure, adorait Dieu, faisait son *mantra japa* et lisait les Écritures. Il faisait de même le soir en rentrant du travail. Pendant la journée, il répétait le Nom divin sans interruption. S'il dénichait un saint dans la ville, il l'invitait chez lui et le gardait aussi longtemps que le sage voulait bien rester, le traitant comme un roi en toutes circonstances. Il organisait de surcroît des festivals religieux dans sa maison. Certains duraient parfois toute une semaine. Il s'abandonnait aussi à la volonté de Dieu de façon exemplaire. Je l'avais un jour accompagné à l'hôpital rendre visite à un dévot souffrant. Tandis qu'il se tenait au chevet du dévot, une infirmière s'approcha, poussant une cloison mobile à armature métallique. Dieu sait pourquoi, la cloison se renversa et tomba sur lui, l'armature métallique le frappant à la tête. Il s'écroula et resta sonné un moment. Je craignais qu'il ne soit grièvement blessé, mais l'instant d'après il se releva et dit en riant : « Merci beaucoup mon Dieu, merci

Le fruit de la grâce

beaucoup ! » Il avait divers problèmes de santé qui lui interdisaient pratiquement de voyager, mais se rendait sans hésiter là où le devoir l'appelait. C'était au départ un homme riche mais la cupidité de ses proches parents l'avait complètement dépouillé. Ils lui envoyaient tous leurs enfants afin qu'ils reçoivent à ses frais éducation et nourriture. Il acceptait toute chose comme envoyée par Dieu pour son développement spirituel et il s'y pliait inconditionnellement.

Si une personne mariée peut concentrer de façon continue son esprit sur la pensée de Dieu par le *mantra japa*, l'étude des Écritures, la prière, le renoncement, la fréquentation de saints et de sages, l'humilité et l'obéissance à la volonté de Dieu, elle peut sans aucun doute atteindre la réalisation. Quel que soit notre statut dans la vie, cela requiert un effort intense. Mais ce qui se passe généralement, c'est que l'homme se laisse détourner par les nombreux objets attrayants de ce monde et reste cloué au sol. Telle est la puissance de *māyā*, l'illusion universelle du Seigneur.

Il était une fois un roi très vertueux qui n'avait pas d'enfants. À l'approche de la vieillesse, il s'intéressait davantage à la quête spirituelle qu'à la conduite des affaires de ce monde et passait l'essentiel de son temps en *satsang, japa*, méditation et étude des Écritures. Ses ministres s'inquiétaient de l'absence d'héritier adéquat si le roi venait à mourir sans avoir désigné personne. Ils l'entreprirent donc sur ce sujet et lui exprimèrent leurs craintes.

« Ne craignez rien », leur répondit le roi. « Je choisirai un successeur digne de ce nom. » Sur ces entrefaites, il leur demanda de concevoir une grande foire avec les attractions les plus extraordinaires et les plus variées. Ces attractions seraient si impressionnantes et si alléchantes que seul l'homme le plus détaché, le plus ferme et le plus persévérant pourrait y résister. Il y avait des stands de jeux, des spectacles, des étangs artificiels avec des parcs, des pâtisseries et autres lieux d'amusement et de plaisir. Le roi fit alors proclamer qu'il se préparait à choisir un successeur. Celui qui parviendrait à le retrouver au cœur de la foire serait désigné pour être le prochain roi.

Des milliers de gens accoururent, mais la plupart furent tellement attirés par la beauté des lieux, la musique et la nourriture exquises qu'ils en oublièrent complètement la raison initiale de leur présence et ne pensèrent plus qu'à s'amuser. Les rares candidats qui ne succombèrent pas à ces tentations se mirent à la recherche du roi. Mais au bout d'un certain temps, eux aussi estimèrent que l'effort nécessaire était trop grand et qu'il valait mieux profiter des plaisirs de la foire.

Quatre jours passèrent sans que personne découvre le roi. Le cinquième jour arriva un brillant jeune homme. Il admira la foire mais ne se laissa pas distraire. Sans oublier son but, il alla droit vers le temple situé au centre de la foire. Il y entra mais ne trouva pas le roi. Il pensait avec justesse que si le souverain se trouvait vraiment quelque part dans la foire, ce serait dans le temple. Il fit le tour du temple, mais en vain. Regardant alors de plus près, il avisa une petite porte sur un des côtés du temple et s'engagea dans un couloir qu'il suivit jusqu'à une seconde porte qu'il poussa. Soudain, une lumière éclatante jaillit de la salle la plus secrète du temple. Là, au centre de la pièce, se tenait le roi, assis sur son trône. Le jeune homme se prosterna devant lui. Le roi souriait. Enfin, il avait trouvé un digne successeur.

Le monde avec ses multiples attractions représente la foire et Dieu est le roi. Il ne nous a pas envoyés ici-bas pour que nous nous contentions de jouir des objets extérieurs, mais pour que nous découvrions le Seigneur qui se cache parmi eux. Bien sûr, nous sommes Ses enfants et les héritiers de Son royaume, mais nous ne pourrons l'obtenir qu'en cherchant Dieu avec patience,

Le fruit de la grâce

persévérance et fermeté, sans laisser nos sens nous distraire du but. Nous pouvons goûter ce qui se présente à nous sans concevoir d'attachement et percer ainsi le voile d'illusion qui nous cache Dieu. Que l'on soit moine ou père de famille, le monde est là avec ses distractions et il faut le dépasser si l'on veut réussir dans la vie spirituelle.

Dans le courant d'avril 1985, la construction d'un temple et d'une structure d'accueil pour recevoir les visiteurs s'imposa comme une nécessité absolue. Depuis longtemps déjà, le flux des visiteurs à l'*āshram* s'était fait continu. Comme nous n'avions pas où les loger, les *brahmachārīs* abandonnaient leurs huttes et dormaient à la belle étoile. La chose n'aurait posé aucun problème si elle n'avait été qu'occasionnelle, mais ce déménagement était devenu perpétuel et gênait leur pratique spirituelle. De plus, le temple des *Bhāva darśhans* était devenu trop petit pour contenir tous les dévots. Or, Amma souhaitait que tout le monde puisse être avec elle pendant le *Dēvī Bhāva* (à l'époque, elle avait déjà mis un terme aux *Kṛiṣhṇa Bhāvas*.) Il faudrait pour cela que le *Bhāva darśhan* se tienne dans une salle immense. Aussi décida-t-on de construire un édifice qui combinerait à la fois des chambres pour les dévots et un temple pour les *Bhāva darśhans*.

Un dévot fortuné acquit le terrain s'étendant devant l'*āshram* de l'époque. Là devrait s'élever l'édifice. Amma me demanda, ainsi qu'à un autre dévot architecte, d'élaborer chacun de notre côté un plan grossier. Quelle ne fut pas notre surprise, lorsque nous nous réunîmes quelques semaines plus tard, de découvrir que nous avions exactement la même esquisse ! Nous en conclûmes que c'était là le plan d'Amma et que nous n'étions que ses instruments. Restait le problème de l'argent : où allions-nous trouver les fonds nécessaires pour une construction de cette envergure ? Il était prévu une surface totale atteignant à terme les dix mille mètres carrés. Amma nous prévint que nous ne devions rien demander à personne. Si Dieu souhaitait la construction de cet édifice, il pourvoirait à tout le nécessaire. Peu après, quatre ou cinq dévots occidentaux firent des dons afin que les travaux puissent commencer. Mais au bout de quelque temps, les fonds s'épuisèrent. Les deux petites maisons que j'avais construites à Tiruvannamalai restaient vides là-bas. Je proposai de les vendre, mais Amma n'était pas disposée à accepter. Peut-être me testait-elle pour voir si je restais attaché à mon ancien logis, mais j'avais depuis longtemps cessé de penser à Tiruvannamalai et à ma vie là-bas puisque je m'étais voué totalement au service d'Amma. Je continuai donc à l'entreprendre pour qu'elle m'autorise à vendre les maisonnettes et elle finit par accepter. Ainsi, nous nous débrouillâmes pour poursuivre tant bien que mal la construction.

Amma estimait que tous, elle-même, résidents de l'*āśhram* ou visiteurs, devaient participer aux travaux. Elle disait qu'ainsi nous développerions davantage de compassion envers ceux qui ont la vie dure. De plus, ce travail de force serait bon pour notre santé et permettrait de surcroît des économies. Puisqu'il était voué à un but spirituel, ce serait un *karma yoga* (action désintéressée offerte à Dieu). Aussi Amma, et tout le monde avec elle, commença-t-elle à charrier la terre excavée des fondations. Ensuite, tout le monde transporta pierres, sable, ciment, briques, bois et autres matériaux de construction jusqu'au chantier et participa de même à la coulée du béton. Je me demande combien d'autres sages réalisés ont ainsi passé une bonne partie de leur temps en travaux de force pour montrer l'exemple.

C'est aussi vers cette époque qu'Amma commença à voyager énormément dans toute l'Inde à l'invitation de ses nombreux dévots. Elle se rendit dans les principales villes indiennes,

Bombay, New Delhi, Calcutta, Madras, ainsi que dans une multitude de villes plus petites et de villages du Kerala. Partout l'accueil était enthousiaste ; c'étaient souvent des dizaines de milliers de personnes qui venaient la voir. Amma donnait parfois le *darśhan* pendant six ou huit heures d'affilées jusqu'à ce que la dernière personne soit passée. En raison de ces fréquents déplacements, les dévots entreprirent d'établir des filiales de l'*āśhram* pour que les programmes d'Amma puissent s'y dérouler. Le reste du temps, ces *āśhrams* seraient source de réconfort pour ceux qui ne pouvaient se rendre à Vallickavu.

Chapitre 14

À l'étranger

Un jour, je reçus une lettre de mon frère Earl, me disant qu'il était plongé dans les études et ne pourrait de ce fait venir en Inde pendant quelques années. Amma accepterait-elle d'envisager de se rendre en Amérique ? L'argent qu'il aurait dépensé pour son billet pourrait être utilisé pour acheter un billet aller-retour pour son voyage. J'allai trouver Amma et je lui lus la lettre. Elle dit : « Réponds-lui qu'Amma viendra. Tu organiseras tout cela. » À l'époque, il n'y avait que deux Américains à l'*āśhram* : moi-même et une jeune femme qui était là depuis quelques mois. Après mûre réflexion, je décidai qu'après dix-huit ans en Inde, je n'étais pas apte à organiser la tournée d'Amma à l'étranger. Je demandai donc à cette jeune femme si elle était prête à essayer. Elle accepta, Amma approuva également et quelques jours plus tard, elle s'envolait pour les États-Unis. Après discussion avec Amma, il fut décidé que tant qu'à faire un demi tour du monde, elle pourrait aussi bien s'arrêter en Europe sur le chemin du retour. La jeune femme se rendit en Amérique et dans quelques pays d'Europe et contacta autant de gens qu'elle le put. Le projet de visite d'Amma ayant reçu un écho favorable, elle revint en Inde rapporter tout cela à Amma et à moi-même. Amma lui demanda alors de repartir pour s'occuper de tous les préparatifs, ce qu'elle fit.

Amma devait d'abord se rendre à Singapour, puis à San Francisco, Seattle, Santa Fe, Chicago, Madison, Washington, Boston et New York. De là, elle irait en France, en Autriche, en Allemagne et en Suisse avant de rentrer en Inde. La tournée entière prendrait trois mois. Je demandai à Amma si les résidents de l'*āshram* auraient la force de supporter son absence aussi longtemps. Elle répondit que ce serait pour eux l'occasion d'une pratique spirituelle plus intériorisée. De plus, ils pourraient ainsi développer une réelle soif de Dieu, la vie avec Amma étant comme une fête permanente au point qu'on en venait même à oublier qu'elle n'avait d'autre but que la réalisation de Dieu.

Certains se demanderont comment il est possible d'oublier le but véritable de la vie avec Amma. Il y a environ cinq mille ans, en Inde du Nord, le Seigneur s'incarna sous la forme de Sri Kṛiṣhṇa. Son histoire est relatée dans le texte sacré du *Śhrīmad Bhāgavatam*. Il y est dit que le Seigneur s'incarna pour détruire les méchants et pour protéger et guider les bons. Bien qu'étant par essence au-delà de toute forme et de tout attribut, Il assuma une personnalité des plus gracieuses afin de devenir objet de dévotion pour les générations présentes et à venir. Ceci est une caractéristique de l'antique religion indienne : elle affirme que l'Être suprême s'incarne à intervalles réguliers chaque fois que décline le *dharma*. Et lorsqu'Il s'incarne, Il soulève un raz-de-marée de dévotion et de spiritualité qui balaie le monde. Il met dans le cœur des hommes une irrésistible fascination pour Lui seul si bien que, sans effort, ils sont attirés par Sa résence divine et veulent rester avec Lui. Les *gōpīs*, petites vachères du village de Kṛiṣhṇa, connurent dès l'instant de Sa naissance cette formidable attraction. Quoi qu'elles fissent, elles ne pouvaient penser qu'à Kṛiṣhṇa. Même lorsqu'elles allaient vendre leurs produits par les rues, elles criaient : « Kṛiṣhṇa ! Keśhava ! Nārāyaṇa ! » (autant de noms de Kṛiṣhṇa) au lieu de « Lait ! Beurre ! Yaourt à vendre ! » Du moment où Kṛiṣhṇa quittait le village pour mener paître les vaches jusqu'à son retour le soir, leurs pensées s'attachaient à Lui. Elles ne méditaient pas, elles n'avaient aucune pratique spirituelle. Elles parvinrent toutefois à l'union avec Dieu. Comment est-ce possible ? Le *Bhāgavatam* affirme que, quelle que soit notre attitude envers Lui, on peut réaliser Dieu en pensant constamment à Lui. Nous pouvons L'aimer comme notre propre enfant ou comme notre époux, notre bien-aimé, notre ami, notre parent ; nous pouvons aussi Le détester comme notre ennemi juré ou encore Le craindre. Toutes ces attitudes intérieures peuvent mener à la réalisation grâce au souvenir constant de Dieu car tel est le critère. Le souvenir constant de Dieu est en soi-même une méditation Qu'est-ce donc en effet que la méditation, sinon la concentration absolue sur une seule pensée à l'exclusion de toute autre ? Bien sûr, personne n'aime penser à Dieu par haine ou par peur, car il est douloureux d'être l'ennemi de Dieu. En fait, pour atteindre la réalisation, il ne suffit pas de méditer plusieurs fois par jour en oubliant Dieu le reste du temps. Le souvenir constant de Dieu est la condition préalable d'une vie spirituelle réussie. C'est pourquoi la pensée de Dieu doit imprégner chacune de nos activités quotidiennes.

Vivre avec Amma revient à vivre avec Kṛiṣhṇa. Elle attire inexplicablement les pensées de ses dévots. On éprouve en sa présence un bonheur exceptionnel. Cependant, Amma affirme que pour pérenniser ce sentiment, les pratiques spirituelles telles que le *mantra japa*, la méditation et le contrôle de soi sont nécessaires. En présence d'Amma, on peut être spontanément heureux et calme et oublier de se demander comment on serait

À l'étranger

en son absence. C'est pourquoi Amma pensait qu'une séparation de trois mois, aussi pénible soit-elle, serait bénéfique pour la croissance spirituelle de ses enfants. Ils avaient apparemment atteint un niveau de maturité suffisant pour pouvoir tirer profit de cette occasion. En vérité, de nombreux dévots d'Amma ressentent une concentration plus grande et une dévotion plus intense lorsqu'ils sont loin d'Amma qu'en sa présence physique. La séparation est effectivement un très sûr moyen de faire croître l'attente. C'est ainsi que Kṛiṣhṇa procéda pour amener les *gōpīs* à la réalisation.

Un soir de pleine lune, le Seigneur Kṛiṣhṇa joua un air de flûte. C'était pour les *gōpīs* le signal de venir le rejoindre dans la forêt pour la célèbre *rasa līlā*. Cette danse symbolise la félicité divine que goûte l'âme en communion avec Dieu. Abandonnant familles et foyers, les *gōpīs* accoururent et dansèrent avec leur bien-aimé Kṛiṣhṇa. Après leur rencontre avec le Seigneur, elles tirèrent une certaine fierté de leur bonne fortune. À cet instant, Kṛiṣhṇa disparut. Elles devinrent aussitôt folles de désir de le revoir et se mirent à errer dans la forêt en une quête frénétique. Lorsque leur folie atteignit son point culminant, le Seigneur réapparut et mit fin à leur détresse. Elles lui posèrent la question suivante : « Certains aiment ceux qui les aiment. D'autres, au contraire, aiment même ceux qui ne les aiment pas. D'autres enfin n'aiment personne. S'il Te plaît, Ô Seigneur, explique-nous ceci clairement. » En d'autres termes, les *gōpīs* accusaient le Seigneur d'indifférence à leur égard alors qu'elles-mêmes débordaient d'amour envers Lui. Elles voulaient savoir pourquoi Il les traitait si durement.

Kṛiṣhṇa répondit : « Ceux qui s'aiment par intérêt partagé, Ô mes amies, n'aiment en réalité qu'eux-mêmes et personne d'autre, car leur comportement n'est dicté que par un intérêt égoïste. La vertu et la bonne volonté n'ont rien à voir là-dedans, car la motivation d'un tel amour est purement égoïste. Ceux qui aiment réellement, même sans être payés de retour, sont pleins d'amour et de compassion, comme des parents. Là, bonne volonté et vertu irréprochables sont à l'œuvre, Ô charmantes jeunes filles. Enfin, il y a ceux qui n'aiment personne, pas même ceux qui les aiment, encore moins ceux qui ne les aiment pas. Ce sont soit des sages qui se grisent de leur propre Soi et n'ont aucune perception de la dualité, soit des gens qui, bien que conscients du monde extérieur, ont réalisé leurs ambitions et sont donc libérés de la quête du plaisir, ou encore des crétins incapables d'apprécier leur bonne fortune, des ingrats qui, tout en étant conscients des services rendus, éprouvent de l'inimitié même envers leurs bienfaiteurs.

Pour ma part, Ô mes amies, je n'appartiens à aucune de ces catégories. Je ne rends pas visiblement leur amour à ceux qui m'aiment afin qu'ils pensent toujours à Moi comme l'homme sans le sou pense à un trésor qu'il aurait trouvé puis perdu, obsédé par l'idée de cette richesse et insensible à tout le reste. Afin d'assurer votre dévotion constante envers Moi, je suis resté invisible un certain temps, Ô mes belles, tout en continuant dans l'invisible à vous aimer et à écouter avec délices vos déclarations d'amour. Pour Moi, vous avez rejeté le décorum mondain et les injonctions des Écritures, abandonnant les vôtres. C'est pourquoi, Ô bien-aimées, vous ne devez pas blâmer votre adoré. Je suis à jamais votre obligé, vous dont la relation avec Moi est absolument pure, vous qui avez concentré en Moi votre esprit, vous qui avez brisé les chaînes difficiles à rompre qui vous liaient à vos foyers. »

Śhrīmad Bhāgavatam X, 32, v.16-22

À l'étranger

Ces paroles du Seigneur nous expliquent comment la séparation physique d'avec un Être divin nous permet de nous purifier en fixant irrévocablement notre esprit sur Dieu. Lorsque Kṛishṇa quitta Vṛindāvan, le village de son enfance, Il assura les *gōpīs* qu'il reviendrait bientôt, mais en fait, Il ne revint jamais. Il les revit bien des années après à Kurukṣhētra où des gens venus de l'Inde entière s'étaient assemblés pendant une éclipse de soleil. Entre temps, les *gōpīs*, habitées par la pensée constante de Kṛishṇa, s'étaient si parfaitement abandonnées à Sa volonté que leur individualité s'était fondue en Lui. La turbulence de leur désir et de leur dévotion avait cédé la place à la paix parfaite de l'Unité. Tel est le fruit ultime de la dévotion à Dieu. Ce qui est vrai de la relation entre Kṛishṇa et les *gōpīs* l'est également de celle entre toute être divin et ses dévots. Pour toutes ces raisons, Amma estimait qu'une séparation de trois mois serait bonne pour ses enfants, eux qui avaient jusque là bénéficié de sa présence constante, certains depuis de longues, très longues années.

Il fut décidé que certains d'entre nous partiraient en éclaireurs et feraient une sorte de pré-tournée aux États-Unis afin de faire connaître Amma avant son arrivée. Je partis donc avec deux autres *brahmachārīs* le 22 mars 1987, deux mois avant Amma. Nous nous arrêtâmes d'abord à Singapour, puis après trois jours de programmes de présentation, nous reprîmes l'avion pour San Francisco. Les deux *brahmachārīs* qui m'accompagnaient quittaient l'Inde pour la première fois et c'était pour eux une expérience toute nouvelle. Je devins en quelque sorte leur « *guru* de l'occidentalisation », alors que j'étais moi-même en état de choc culturel. Les Indiens qui viennent en Occident éprouvent un choc, comme les Occidentaux lorsqu'ils se rendent en Inde, parce qu'il leur faut un temps pour s'adapter. Bien que l'Inde et l'Occident appartiennent à la même planète, des mondes les séparent. Nous habitions tous à Oakland chez mon frère, à l'époque étudiant en droit à Berkeley. Accompagnés de deux autres dévots, nous fîmes dans un vieux minibus Volkswagen le tour des endroits où se rendrait Amma. À chaque étape, nous donnions des causeries sur Amma et chantions des chants dévotionnels. Nous allâmes ainsi jusqu'à New York avant de retourner à San Francisco pour y accueillir Amma.

Dès notre arrivée chez mon frère, nous téléphonâmes à Singapour pour vérifier qu'Amma y était bien arrivée. Car même si c'était prévu, d'une certaine manière, il nous semblait incroyable qu'elle puisse quitter l'Inde. Comment les résidents de l'*āśhram* survivraient-ils à son absence ? Comment s'étaient passé les adieux ? En voyant leur détresse, Amma avait peut-être annulé son voyage ? Auquel cas, il valait mieux pour nous rentrer en Inde. Telles étaient nos pensées du moment. Quel soulagement lorsque Gayatri décrocha et nous dit que tout le monde était bien arrivé ! À cet instant, Amma saisit le combiné et cria : « Mes enfants ! » Nous tombâmes tous trois à la renverse en entraînant le téléphone. Les deux *brahmachārīs* éclatèrent en sanglots. Au bout d'un moment, ils reprirent le combiné et demandèrent : « Amma, tu vas bien venir n'est-ce pas ? » Amma les rassura et, après leur avoir parlé longuement, leur dit au revoir. Les *brahmachārīs* étaient loin d'Amma depuis près de deux mois, ce qui avait représenté pour eux une énorme tension émotionnelle. En entendant la voix affectueuse d'Amma, la digue de leur cœur avait cédé.

Deux jours plus tard, le 18 mai 1987, Amma arriva à l'aéroport de San Francisco où l'attendait une foule nombreuse. Elle était comme une enfant, regardant tout autour d'elle, saluant tout le monde du geste, enlaçant affectueusement tous ceux qui l'approchaient, y compris des gens qui n'étaient pas du tout là pour la voir ! Nous ramenâmes Amma chez Earl dans une camionnette de location, lui racontant pendant le trajet tout ce qui s'était passé au cours de notre pré-tournée. Amma nous rapporta aussi tous les événements de l'*āśhram* depuis notre départ. En arrivant à la maison, Amma alla derechef s'installer pour donner le *darśhan*. Nous étions très inquiets : elle venait de passer seize heures dans un avion et était sûrement épuisée. Et voilà qu'elle allait prolonger de deux ou trois heures pour rencontrer ses enfants d'Occident ! Nous eûmes beau protester, elle ne voulut rien entendre et déclara : « Ces enfants attendent depuis longtemps de me rencontrer. Qu'importe si je ne me repose qu'un peu plus tard ? Je ne suis pas venue pour mener une vie confortable. Je suis venue pour servir les gens. »

Beaucoup de gens assistaient aux *darśhans* du matin et aux programmes de soirée. Le *darśhan* du matin se tenait chez Earl, tandis que les programmes du soir avaient lieu dans des églises ou des salles de San Francisco, Berkeley et Oakland. Amma passa aussi quelques jours à Santa Cruz et à Carmel. Le soir, il y avait généralement un bref discours suivi de *bhajans* conduits par Amma et enfin le *darśhan* qui durait jusque vers minuit. Le tout premier *Dēvī Bhāva* occidental se déroula dans la maison de Earl. Ce fut pour tous une expérience extraordinaire. Les dévots occidentaux ne savaient pas trop à quoi s'attendre et nous pas davantage ! La maison d'Earl était pleine à craquer et la foule débordait jusque dans la rue. Tout le monde était entassé dans la pièce attenante à la salle de *Dēvī Bhāva* et les gens se grimpaient littéralement les uns sur les autres pour voir ce qui se passait. On aurait dit une maison de fous. La rumeur avait couru qu'Amma allait entrer dans une sorte de transe et personne ne voulait

Arrivée d'Amma à l'aéroport de San Francisco - 1987

rater cela. Avant le début du *darśhan*, tout le monde récitait (ou plutôt hurlait !) le Nom divin.

Enfin, les portes du « temple » s'ouvrirent et un silence complet s'établit. On aurait pu entendre une mouche voler. Impossible de décrire l'expression des visages. Les gens buvaient littéralement Amma des yeux comme s'ils étaient à demi-morts de soif. Jamais ils n'avaient contemplé pareille splendeur et pareille majesté. C'était comme si la Reine de l'univers était descendue sur Terre pour accorder aux humains la grâce d'une vision éclatante. Son sari de soie brochée étincelait tandis qu'elle vibrait d'énergie divine et les joyaux de sa couronne lançaient des éclairs lumineux comme le lever de milliers de soleils. Un par un, les gens firent la queue pour recevoir le *darśhan* de la Déesse venue sur Terre tandis que l'air résonnait de chants dévotionnels. Le *darśhan* se poursuivit ainsi jusque vers trois ou quatre heures du matin.

En faisant le ménage plus tard, je découvris que de nombreux murs en placoplâtre s'étaient fissurés sous la pression de la foule. Encore heureux que la maison ne se soit pas écroulée ! Amma avait sans conteste fait une entrée fracassante aux États-Unis !

Pendant le tour, Gayatri préparait pour nous le déjeuner et en mettait toujours une portion de côté pour le dîner, car le temps que nous rentrions du programme du soir, il était toujours trop tard pour cuisiner. Par malchance, alors que nous étions encore chez Earl, certains dévots, alléchés par les odeurs savoureuses qui s'échappaient de la cuisine, découvrirent les délices de la cuisine indienne et mangèrent notre dîner. En rentrant après minuit, quelle ne fut pas notre surprise de constater que « quelqu'un était passé par là » ! Pour sauver la situation, j'allai au libre-service Safeway du coin, achetai deux pains et de la confiture et nous fîmes la dînette. Alors que nous étions en train de manger, Amma entra et nous demanda pourquoi nous mangions du pain et non du riz. Je lui expliquai ce qui s'était passé.

« Combien ont coûté ces pains et cette confiture ? » demanda Amma.

« À peu près quatre dollars », répondis-je.

« Quatre dollars ! Mais cela fait pratiquement cinquante roupies indiennes ! Sais-tu combien de personnes on peut nourrir avec cinquante roupies ? Si vous aviez acheté pour quatre dollars de riz et de légumes et aviez passé une petite demi-heure de plus à cuisiner, vous auriez eu des restes pour demain. Ce n'est pas parce que vous êtes en Amérique qu'il ne faut plus compter en roupies. »

Dans son enfance, Amma a connu l'extrême pauvreté. Sa famille la traitait comme une domestique. Elle passait souvent plusieurs jours sans manger et recevait pour s'habiller les vêtements les moins chers. Elle faisait avec ce qu'elle avait, cousant et recousant sans cesse ses hardes déchirées. Même après la création de l'*āshram*, elle garda l'esprit d'économie. Elle essayait de nous inculquer que tout nous est donné par Dieu et mérite de ce fait d'être traité avec grand soin, par égard pour sa valeur. Elle n'allait pas changer ses principes maintenant, simplement parce qu'elle avait débarqué dans l'abondance de l'Occident. Elle n'en changera jamais.

Il y eut au cours de la tournée d'Amma beaucoup de conversations édifiantes. Quelqu'un demanda un jour pendant le *satsang* du matin : « Amma, les Écritures disent que je suis l'*ātman* (le Soi). Si c'est vrai, pourquoi devrais-je méditer et procéder à toutes ces purifications préalables ? Pourquoi ne pas simplement plonger dans la Réalité ? »

Amma répondit : « Mon enfant, si c'était possible, tu ne poserais pas la question. Bien sûr, tu as entendu dire que tu étais l'*ātman*, mais peux-tu dire que tu es capable de goûter le fait d'être Cela ? Peux-tu voir Cela en toute chose ? Tu ne pourras jouir des fleurs qu'après avoir semé les graines et fait pousser les plantes. Admettons que tu n'aies jamais vu ton père. Tu ne te contenterais pas d'apprendre son nom. Tu voudrais le voir en chair et en os. Si ta mère te manque parce qu'elle est très loin de toi, tu ne seras content que lorsque tu l'auras rejointe et que tu l'auras vue. Seule l'expérience directe de l'*ātman* nous permet de goûter la béatitude, non la simple certitude intellectuelle de son existence. Nous n'avons à présent qu'une conviction intellectuelle de l'existence de la Vérité. Notre mental s'agite et bondit en tous sens comme un singe. Avec un mental pareil, il est difficile d'atteindre l'Éternel. Le chat qui a goûté à un poisson n'aura de cesse de l'avoir entièrement dévoré. Ainsi, quand notre mental entre en contact avec le monde, il devient incontrôlable et s'agite comme le singe ou le chat affamé.

Même si nous savons que la Réalité suprême réside en nous, nous continuons à nous comporter comme si le bonheur dépendait du monde matériel. À cause de cette attirance pour les objets du monde, nous sommes incapables de progresser beaucoup vers la réalisation. Supposons que vous placiez un encrier sur le coin droit de votre bureau et que vous l'utilisiez ainsi pendant dix jours. Même si vous le placez ensuite à gauche, le onzième jour, votre main ira automatiquement le chercher à droite. Les vieilles habitudes nous tirent en arrière et nous empêchent de progresser spirituellement.

Mes enfants, afin d'exercer l'esprit à ne plus courir d'un objet à l'autre, nous devons cultiver de nouvelles habitudes, telles que la méditation et le *mantra japa*. Par cette pratique, nous gagnerons en concentration. Pour produire de l'électricité, on construit un barrage sur la rivière et on canalise l'eau. De même, la pratique spirituelle a pour effet de canaliser vers un seul point les errances du mental, ce qui le rend subtil et puissant. Si l'on n'a pas d'abord atteint cet état de concentration, la réalisation est impossible. Même lorsque nous vaquons à nos activités quotidiennes, poursuivons notre *japa*. Un courant continu de bonnes pensées purifie le sang, le mental et l'intellect, engendrant une grande capacité de mémorisation et un état général de bonne santé. Inversement, les mauvaises pensées s'avèrent destructrices.

Dans notre état actuel, nous sommes très pâles, comme des lumières falotes dans la nuit. Mais par la *sādhanā,* nous pouvons devenir éclatants, spirituellement éclatants. Dessiner une ampoule électrique n'a jamais donné de la lumière. Répéter simplement « Je suis l'*ātman* » n'est pas la même chose qu'en faire l'expérience directe. L'effort est nécessaire. La fraîcheur de la brise, les rayons de la lune, l'immensité de l'espace, tout cela est imprégné de Dieu. Connaître et vivre cette Vérité est le but de l'incarnation humaine. Efforcez-vous de l'atteindre.

Amma se rendit ensuite à Seattle, puis revint dans la région de San Francisco ; elle passa quelques jours au Mont Shasta. Lorsque la montagne apparut, Amma se mit à la fixer intensément. Elle ignorait que cette montagne, coiffée d'un unique nuage en forme de calotte de champignon, était le Mont Shasta. Elle continuait à la regarder et finit par nous demander si c'était le Mont Shasta. Nous répondîmes « oui ». Elle poursuivit sa contemplation jusqu'à ce que nous arrivions sur les lieux du programme, à flanc de colline. Le paysage était magnifique avec, derrière nous, le pic aux neiges éternelles, plus bas les pentes herbeuses et tout autour une série de volcans éteints. Là où nous étions, il n'y avait pas d'électricité, mais cela ne nous dérangeait pas, nous étions trop heureux d'être en pleine nature. Une fois installée dans sa chambre, Amma demanda aux organisateurs locaux si un culte de la montagne était célébré ici régulièrement. Ils répondirent qu'à leur connaissance, les Indiens d'Amérique rendaient autrefois un culte à la montagne, mais qu'à présent elle était simplement considérée comme un endroit sacré, refuge d'êtres divins. Amma dit : « Sur la route, mon regard a été attiré par le nuage qui chapeautait la montagne. Je n'arrivais pas à en détacher les yeux. J'ai ensuite perçu dans le nuage une présence vivante qui ressemblait à Śhiva avec au front trois lignes de cendres sacrées. J'ai pensé que cette montagne était peut-être révérée depuis des temps reculés comme une forme de Dieu. »

La présence d'Amma, assise avec nous sur ces pentes herbeuses, accentuait les effets mystiques de l'atmosphère et tous plongèrent dans un état de parfaite sérénité. Le dernier jour de cette retraite pastorale, nous voulions emmener Amma sur la montagne pour voir la neige car elle n'avait jamais vu de neige en Inde. Mais Amma insista pour donner le *darśhan* jusqu'à la dernière minute et il ne nous resta plus ensuite que le temps de rentrer à Oakland. J'ai remarqué que chaque fois que nous essayons de faire plaisir à Amma de façon profane, elle s'arrange pour contrarier nos plans et consacrer le temps ainsi libéré à des causes purement spirituelles. Mais comment pourrait-on faire plaisir à un être établi dans la béatitude du Soi ? Les quelques joies que nous retirons des objets des sens ne sont, somme toute, qu'un reflet infinitésimal de la béatitude divine. Ainsi, la lune paraît très belle dans le ciel nocturne et l'enfant ignorant pense qu'elle brille de son propre éclat. Jusqu'au lever du soleil de la réalisation du Soi, la lune de notre mental nous semble briller par elle-même et toute joie paraît avoir une existence indépendante. Amma essayait donc de nous enseigner ainsi à ne pas rechercher le bonheur en dehors de notre Soi véritable. Si les sages ne montrent pas l'exemple aux ignorants, qui le fera ?

Après le Mont Shasta, nous poursuivîmes notre route vers Santa Fe et Taos. Le programme était partout le même que dans la région de San Francisco et les *Dēvī Bhāvas* se déroulaient dans la maison de nos hôtes. Les années suivantes, le nombre grandissant des dévots rendit cela impossible et pour finir, il fallut trouver de grandes salles. La nuit de son arrivée à Santa Fe, Amma ne ferma pas l'œil une seconde. Elle nous confia au matin qu'elle avait passé la nuit à donner le *darśhan* à d'étranges créatures subtiles vivant aux alentours. Lorsqu'on lui demanda à quoi ressemblaient ces créatures, elle affirma qu'elles avaient des corps d'animaux sur des jambes d'humains. Curieuse coïncidence : il y avait dans l'une des pièces de la maison des figurines qui correspondaient exactement à la description d'Amma. Lorsqu'on lui demanda ce qu'elles représentaient, notre hôte répondit qu'il s'agissait de *kachinas*, statuettes des dieux vénérés par les tribus indiennes locales. Nous comprîmes alors que de tels êtres existent réellement et sont visibles par ceux dont la vision est assez subtile. Apparemment, ils avaient perçu qui était Amma et étaient accourus en masse pour recevoir sa bénédiction.

Un jour, pendant le *satsang* du matin, une discussion intéressante eut lieu entre Amma et un chercheur sincère. Tous ceux qui ont une recherche spirituelle observent à un moment ou un autre de leur *sādhanā* que leur esprit est distrait du but, la réalisation du Soi, par des désirs sexuels. Cette personne avait donc demandé conseil à Amma sur ce point :

« Amma, que faut-il faire face au désir ? »

Amma répondit :

« Mon enfant, il existe entre mâles et femelles une attirance naturelle qui est présente dans tous les êtres. Cette attirance subtile persiste tant que l'on n'a pas réalisé la Vérité, même si l'on a renoncé à tous les plaisirs de ce monde. On peut rencontrer chez un centenaire le désir d'un adolescent de seize ans. Cette *vāsanā* nous venant de nos vies précédentes, elle est difficile à dépasser. Notre propre corps est le fruit du désir de nos parents. Votre conception est le résultat de leur intense besoin de satisfaire leur désir. C'est pourquoi, jusqu'à la Libération, le désir constitue un obstacle.

Mais n'ayez crainte. Prenez constamment refuge aux pieds du Seigneur. Priez-Le avec sincérité, de tout votre cœur : « Où es-Tu ? Je T'en prie ne laisse pas mon esprit perdre son temps dans de telles pensées. Que cette énergie gaspillée soit mise à profit pour le bien du monde. Ô Bien-Aimé, je T'en prie, viens et sauve-moi ! » Si vous priez ainsi, vous progresserez peu à peu. »

L'homme demanda : « Amma, s'il est à ce point difficile de contrôler les tendances sexuelles, quel espoir y a-t-il pour nous qui vivons dans le monde ? »

« Mon enfant, quand le désir ardent de réaliser Dieu est ancré dans un cœur, il n'y a plus de place pour les désirs du monde. Lorsqu'une fille se trouve un petit ami tendre et beau, elle est incapable de penser à un autre homme. De même, si votre esprit est plein de Dieu, il ne s'attarde sur rien d'autre. Quand on a la fièvre, les sucreries ont un goût amer. De même, quand on brûle du désir de Dieu, le monde perd tout attrait.

Ne songez pas : « Comment serait-il possible d'atteindre cet état ? Je ne parviendrai jamais à la libération. » Par la prière et la *sādhanā*, nous pouvons lentement atteindre le but. Gardez toujours à l'esprit que le bonheur transitoire du sexe est entouré d'une gangue de tourment. Lorsqu'un tuyau est crevé, la pression d'eau décroît ; lorsqu'une casserole a une fuite, l'eau s'en échappe, quelle que soit la quantité de liquide qu'on y verse. De la même façon, on ne peut trouver chez ceux qui s'adonnent largement au sexe cette énergie qui est développée par la *sādhanā*. L'eau portée à ébullition acquiert assez de force pour entraîner un moteur à vapeur. De même, par le contrôle de soi, le mental est purifié et devient assez fort pour réaliser Dieu.

Mon enfant, on peut, en cultivant un bon caractère et de nobles pensées et en recherchant la compagnie des sages, supprimer les trois quarts des tendances négatives. Mais ces mauvaises tendances ne seront totalement anéanties qu'après la réalisation. Aussi, marchez vers ce but en rejetant la peur, le découragement et les idées sombres. »

De Santa Fe, notre itinéraire passait par Madison, Chicago et Boston où il y eut des programmes bien chargés au Cambridge Zen Center, à la Société Théosophique et à la Harvard Divinity School. Ensuite, après les journées prévues à New York, Amma donna des programmes pendant quelques jours lors d'une retraite à Rhode Island. Pendant ce séjour, Ron, un de mes cousins, vint voir Amma. C'était un homme d'affaires prospère en même temps qu'un chercheur spirituel sérieux. Il demanda conseil à Amma sur son avenir. Elle lui recommanda de continuer, comme un service envers ses employés, son travail dans le monde tout en s'efforçant d'observer le célibat. Ron fut très heureux des paroles d'Amma, lourdes de sens pour lui.

Quelques jours plus tard, nous partîmes pour l'Europe. L'atmosphère était notoirement différente de celle de l'Amérique. Un sentiment de vieille tradition était partout perceptible. Cela représentait un changement agréable par rapport à l'Amérique moderne, mais présentait aussi quelques inconvénients. En l'absence de grands centres d'achat, nous perdions un temps fou à trouver les articles les plus simples. En outre, nous devions toujours passer par des interprètes puisque nous ne parlions que l'anglais. Les dévots européens étaient également un peu plus réservés que ceux des États-Unis alors qu'au fil des ans, ils allaient devenir beaucoup plus nombreux. Deux des endroits les plus mémorables que visita Amma furent un lieu de retraite dans un village reculé d'Autriche et un *āśhram* des Alpes suisses. Malgré des températures extrêmement froides, parfois proches du zéro, Amma s'asseyait souvent dehors, vêtue seulement d'un sari de coton et contemplait les collines verdoyantes, si pittoresques, en chantant à la Mère divine le chant *Srishtiyum Niye*.

Tu es la Création et le Créateur
Tu es l'Énergie et la Vérité
O Déesse, Déesse, Déesse

Tu es le Créateur du Cosmos
Tu es le commencement et la fin.

Tu es l'Essence de l'âme individuelle
Et tu es aussi les cinq éléments.

Pendant le *Dēvī Bhāva* en Autriche, je fus contrarié de voir dans la salle, à dix ou douze mètres à peine d'Amma, un homme et une femme couchés par terre enlacés. Tout au long de la tournée, il y avait eu des choses de ce genre. Il n'était pas rare de voir des gens s'embrasser, s'enlacer ou se masser mutuellement. Leur façon de s'habiller était souvent impudique et ils parlaient et riaient haut et fort en présence d'Amma. Tout ceci créait une atmosphère irrévérencieuse et un certain laisser-aller. Cela me contrariait beaucoup car j'étais habitué aux manières orientales imprégnées de culture spirituelle. Là-bas, la plupart des gens savent se tenir dans les temples et en présence de *mahātmās*. Cependant, Amma m'interdit de faire à quiconque la moindre remarque. Elle était, après tout, nouvelle venue parmi eux. Et ce n'était pas leur faute non plus, car comment reprocher à des gens de ne pas avoir le comportement adéquat dans des situations qu'ils n'ont jamais connues ?

Tout de même, en voyant ce couple étendu par terre, je demandai à un dévot d'aller leur dire de se lever et de montrer plus de respect pour la présence sacrée d'Amma. Le dévot alla trouver le couple, s'assit auprès d'eux et commença par leur poser une question : « Si la reine d'Angleterre était là sur l'estrade, seriez-vous tous deux vautrés par terre comme cela ? » Visiblement surpris, le couple répondit : « Bien sûr que non ! » « Alors pourquoi le faites-vous devant la Mère divine ? Elle est la Reine de l'univers. » Inutile de préciser que le couple se redressa immédiatement.

Amma passa une dizaine de jours dans les Alpes suisses dans le cadre magnifique d'un *āshram* entouré de pics enneigés avec vue en contrebas sur des lacs d'émeraude nichés au creux des vallées. Une foule nombreuse accourut de toute l'Europe durant cette retraite et ce fut pour tous une occasion mémorable. Au cours d'un *darśhan* du matin, quelqu'un demanda à Amma : « Amma, comment puis-je être utile au monde ? Est-ce que le fait de mener ma propre *sādhanā* peut d'une quelconque manière bénéficier au monde ? »

Amma répondit :

« Toute *sādhanā* est bénéfique pour le monde entier. Les vibrations générées par la méditation ou la répétition du *mantra* purifieront à la fois votre esprit et l'atmosphère environnante. Sans le savoir, vous répandrez autour de vous la paix et la quiétude. Si le bien du monde vous tient à cœur, pratiquez votre *sādhanā* avec sincérité. Devenez le phare qui guide les bateaux. Manifestez la lumière de Dieu dans le monde.

À l'étranger

Certains viennent trouver Amma en lui disant : « Vois, il y a eu tel ou tel scandale d'état, il y a eu telle ou telle catastrophe financière ». Mes enfants, rien n'est éternel en ce monde. Si vous vous attachez aux objets extérieurs, vous ne récolterez que la souffrance. C'est la souffrance qui nous mène à Dieu. La Conscience cosmique que nous appelons « Dieu » est présente dans toute la création. Mais une compréhension intellectuelle de cette vérité ne nous apportera pas la paix de l'esprit. Il faut en faire l'expérience et se fondre dans la pure Conscience.

Il n'y a pas de raccourci vers Dieu. Il faut pratiquer sa *sādhanā* avec régularité et dévotion. C'est par notre propre effort que nous pourrons percevoir la grâce que Dieu répand en permanence sur nous. Aussi, dès que vous avez un moment libre, employez-le à chercher Dieu. Si vous créez la paix dans votre cœur par la *sādhanā*, cela aura un effet bénéfique sur votre famille, votre travail, etc. Cette paix et cet amour de Dieu jailliront de votre cœur et inciteront d'autres personnes à cheminer sur la bonne voie.

Inutile de prêcher. Vivez selon la règle de Vérité et beaucoup de gens en bénéficieront. Par la *sādhanā*, vous cultiverez les vertus éternelles de votre être. Notre pratique devrait nous permettre de développer, entre autres qualités, la patience, la tolérance, l'ouverture d'esprit, la compassion. Sinon, elle est inutile. Si nous restons assis une heure en méditation pour nous mettre en colère cinq minutes après, nous perdons tout le bénéfice acquis. Seul celui qui vit selon la Vérité peut être un bienfaiteur pour les autres, pas celui qui ne fait que prêcher.

Amma ne parle pas beaucoup, car la plupart d'entre vous lisent de nombreux livres et entendent de nombreux discours sur la spiritualité. Il vous reste à présent à gagner en expérience.

Que la Vérité devienne votre propre Vérité. Voilà ce qui est nécessaire. »

De Suisse, nous nous envolâmes pour les Maldives. Nous pensions qu'après la fatigue de trois mois de tournée, Amma avait besoin d'une journée de repos avant de retrouver la vie trépidante de l'Inde. Nous avions entendu dire que les Maldives étaient un endroit paradisiaque et c'était vrai. Mais avant d'atteindre le paradis, il fallait d'abord passer par l'enfer, car l'immigration et les douaniers insistèrent pour fouiller chacune de nos valises, ce qui représenta deux ou trois heures de tracasseries et de chipoteries à l'aéroport. Quel choc après les formalités sans souci des pays occidentaux ! Nous avions le sentiment de passer d'un réfrigérateur à un four. Après avoir enfin quitté l'aéroport, nous prîmes un ferry pour une petite île à une heure de distance de l'île principale. C'était une île d'à peine quatre kilomètres carrés avec quelques constructions. Le tout évoquait un décor de film d'aventures dans les mers du Sud. En dehors du personnel de l'hôtel, il n'y avait que nous sur l'île. C'était un petit paradis, avec son sable blanc, ses lagons limpides et les poissons brillamment colorés de rouge, bleu, vert et jaune qui nageaient partout. Ce soir-là, Amma s'installa avec nous sous le ciel étoilé illuminé par la pleine lune et nous chantâmes des chants nouveaux composés durant la tournée. C'était vraiment le paradis sur Terre.

Le lendemain matin, lorsque nous reprîmes le bateau pour l'île principale, la mer devint rapidement mauvaise et nombre d'entre nous, je crois, commencèrent à penser que nous allions bientôt sombrer dans les profondeurs abyssales. Nous finîmes par rallier l'île où nous eûmes la « joie » de découvrir que les douaniers désiraient ouvrir à nouveau toutes nos valises avant de nous dire au revoir. Nous fûmes passablement soulagés de

À l'étranger

quitter cet infernal paradis et très heureux d'arriver en Inde une heure et demie plus tard. Il y avait foule pour accueillir Amma à Trivandrum. On l'emmena dans un auditorium de la ville pour lui offrir une réception officielle. Elle fit ensuite les trois heures de route pour rentrer à Vallickavu dans le bus de l'*āśhram* avec tous les résidents qui depuis si longtemps brûlaient de la revoir. Même les villageois locaux, généralement mal disposés envers elle depuis les premiers temps de sa *sādhanā*, étaient heureux de la revoir et l'accueillirent en grande pompe. Sans se laisser arrêter par l'excitation du moment, Amma fit immédiatement la tournée de l'*āśhram*, observant tous les changements survenus et nettoyant elle-même les endroits en désordre. Tout le monde était fou de joie de la revoir. C'était une vraie résurrection !

Plus tard cette année-là, Amma accepta l'invitation de ses dévots de La Réunion et de Maurice, deux petites îles au large de la côte orientale de l'Afrique. Le 17 décembre 1987, elle s'embarqua pour cette destination avec un groupe de *brahmachārīs*. À La Réunion, un disciple d'Amma du nom de Prematma Chaitanya (à présent Swami Premananda Puri), avait construit pour elle un très joli petit *āśhram*. Une foule nombreuse l'y accueillit, beaucoup pleurant de joie à sa vue. Plus d'un millier de personnes de toutes religions assistèrent à chacun des programmes qui eurent lieu dans divers endroits de l'île. Ce furent des moments de merveilleuse harmonie religieuse. C'était sans doute la première fois dans l'histoire de la mosquée de La Réunion qu'un maître spirituel non musulman y était invité et accueilli par le maître soufi des lieux. Ce soufi avait eu une expérience mystique un jour qu'il visitait l'*āśhram* d'Amma à La Réunion. Alors qu'il se tenait devant la très belle photo d'Amma de la salle de méditation, il eut la vision d'Amma sortant de la photo et se présentant en chair et en os devant lui. Il s'était immédiatement prosterné.

En quittant la salle, il avait dit à Prematma : « Aujourd'hui, j'ai vu une vraie Mère. » Plus tard, il s'adressa à sa congrégation à la mosquée en ces termes : « Il est extrêmement rare de rencontrer un *mahātmā*. Et même dans ce cas, il est encore plus difficile de le reconnaître, car de tels êtres ne se dévoilent pas aisément. Une sainte de la stature du prophète Mahomet doit bientôt venir sur notre île. Si vous êtes tous d'accord, nous pourrions aller l'accueillir à l'aéroport et l'inviter à visiter la mosquée. »

Tout le monde accepta de grand cœur et la réception eut lieu. Amma donna le *darśhan* à tout le monde, beaucoup éclatant en sanglots. Tous étaient désolés de la voir repartir, car les distinctions superficielles de caste et de religion avaient été balayées par son pur amour.

De La Réunion, Amma se rendit ensuite à Maurice où elle fut invitée à rendre visite au Gouverneur Général à sa résidence. Elle répondit à ses nombreuses questions concernant la spiritualité et les oeuvres sociales. Au cours de son séjour de trois jours sur l'île, elle fut reçue dans de nombreux temples et *āśhrams* locaux et rentra finalement en Inde la première semaine de janvier.

Des années auparavant, quand Amma avait commencé les *Kṛiṣhṇa Bhāvas* et que les dévots étaient encore peu nombreux, elle avait confié à son père un soir de *Bhāva darśhan* qu'elle serait amenée à voyager plusieurs fois autour du monde et que des gens de tous pays viendraient la voir à Vallickavu. Évidemment, il ne pouvait en croire un mot. Jusque là, Amma avait été une sorte de servante. Elle ne possédait rien et n'avait aucun avenir. Qui aurait pu imaginer qu'une villageoise inconnue apporterait réconfort et consolation à des milliers de gens de tous milieux ? Ce premier tour du monde prouva la véracité de ses paroles. Jaillissant de l'intuition plus que du raisonnement, la connaissance du futur dont Amma fait preuve est infaillible. Il ne faut pas se

À l'étranger

laisser prendre à son apparence modeste. Les sages véritables n'ont pas besoin d'étaler leur omniscience. On les comprend quand ils veulent bien être compris.

Chapitre 15

La lila de l'ordinateur

Peu après le tour du monde, mon cousin vint passer quinze jours à l'*āśhram*. Passer d'une vie de confort à l'atmosphère spartiate de l'*āśhram* représentait pour lui un grand pas à franchir. Mais il en fut plus que récompensé par la paix intérieure qu'il ressentit. Un jour, je lui fis visiter la bibliothèque de l'*āśhram* et lui demandai s'il lui serait possible de dresser une liste alphabétique de tous les ouvrages.

« Ce serait tâche très facile pour un ordinateur. Vous n'en avez pas ? » Je trouvai la question de Ron très drôle. Autant demander à un mendiant s'il avait une Rolls. Qu'aurions-nous fait d'un ordinateur ? Et où aurions-nous trouvé l'argent pour l'acheter ? Je lui répondis que, non seulement nous n'en avions pas mais qu'en plus, je serais bien en peine d'imaginer ce que nous en ferions si nous en avions un.

« Eh bien, vous pourriez indexer votre liste d'ouvrages par titre, nom d'auteur ou sujet, vous pourriez faire de la comptabilité, vous pourriez même l'utiliser pour publier vos livres en anglais », rétorqua Ron. Puis il offrit d'acheter un ordinateur pour l'*āśhram* et me pria de demander l'accord d'Amma. J'allai trouver Amma et lui rapportai notre conversation.

La līlā de l'ordinateur

« Qu'est-ce qu'un ordinateur ? » me demanda-t-elle. « Et qu'est-ce que cela peut faire ? » Je lui répétai ce que Ron m'avait dit.

« Si cela lui fait plaisir de nous offrir un ordinateur, bien sûr laisse-le faire, mais l'argent pourrait être mieux employé aux travaux de construction », répondit Amma. Je rapportai à Ron la première partie de la phrase en omettant ce qui concernait les travaux de construction pour ne pas refroidir son enthousiasme à l'idée d'offrir un ordinateur à l'*āśhram*. En outre, à la réflexion, l'idée d'avoir un ordinateur à l'*āśhram* avait commencé à me plaire. Pourtant, quand mon propre enthousiasme me conduisit à tronquer la réponse d'Amma, j'étais loin d'imaginer que l'achat de cet ordinateur marquerait le début d'une période très douloureuse dans ma vie. Jusque là, j'avais toujours scrupuleusement évité la technologie, considérant qu'elle me distrairait de ma vie spirituelle. Et même à ce moment-là, je n'avais nullement l'intention d'apprendre moi-même à me servir d'un ordinateur. Quand j'allai à nouveau trouver Amma pour lui demander quand nous pourrions nous rendre dans une grande ville pour acheter l'ordinateur, elle ne parut pas enchantée et nous dit d'y aller quand bon nous semblerait. C'était sa façon de dire : « Vous n'en ferez qu'à votre tête de toute manière, alors pourquoi me poser la question ? » Agir ainsi vis-à-vis d'Amma, c'est se mettre dans une situation très dangereuse car, ainsi que je l'ai déjà mentionné, elle fonctionne au niveau de l'intuition, non du raisonnement. Si l'on suit implicitement ses instructions, nos souffrances seront très atténuées. Mais si l'on fait consciemment ce que l'on veut, allant à l'encontre de ses désirs, alors il faut s'attendre à des calamités sans fin. Lorsqu'on choisit de suivre la voie dévotionnelle, il faut obéir et s'en remettre à la volonté du *guru*. Nous oublions pourtant souvent cette volonté ou bien encore nous passons outre, du fait de notre tendance à faire ce qui nous plaît. En vertu de cette tendance très forte chez moi, j'allais recevoir une leçon amère mais fort profitable.

Le lendemain, avec Ron et deux autres *brahmachārīs*, nous nous rendîmes dans la grande ville de Cochin en quête d'un ordinateur. Nous finîmes par en trouver un qui nous plaisait et dûmes passer commande, car il n'y avait en stock que le modèle de démonstration. On nous dit qu'il ne serait livré que dans trois semaines mais qu'en attendant, ils nous prêteraient leur propre ordinateur. Et nous voilà donc à l'*āshram* avec notre nouvelle machine. Restait la question de savoir qui allait apprendre à s'en servir. Parce qu'elle comportait un bureau, on installa l'ordinateur dans ma chambre. Puis quelqu'un alla demander à Amma qui devait apprendre. Elle suggéra deux *brahmachārīs* qui avaient quelque expérience de l'informatique avant de venir résider à l'*āshram*. Mais ils avaient très peu de temps disponible pour cette tâche et n'y consacraient qu'une ou deux heures le soir. À l'occasion, ils me consultaient quand ils rencontraient une difficulté car, pensaient-ils, trois cerveaux valent mieux que deux. À ce stade, une idée insidieuse s'insinua dans mon esprit. « Pourquoi ne pas essayer d'apprendre un peu ? De toute façon, il est là dans ma chambre. Si j'arrive à apprendre un peu, je pourrai aussi les aider. » Ainsi allaient mes pensées.

Une petite histoire raconte comment la simple proximité d'un objet parvint à anéantir la *sādhanā* d'un yogi. Il était une fois un sage qui pratiquait ses austérités avec tant d'ardeur qu'Indra, le dieu des dieux, craignit qu'il lui ravisse un jour son trône dans les cieux. Il se dit : « Je dois trouver le moyen de faire échouer la pratique de ce saint et l'empêcher d'accéder au royaume céleste. »

La līlā de l'ordinateur

Indra eut bientôt une idée. Se déguisant en chasseur, il descendit sur Terre armé d'un arc et de flèches et se présenta à l'*āshram* du sage. Après s'être incliné très bas devant lui, il lui dit : « O *sādhu*, je suis un chasseur et je dois à présent faire un long voyage à pied. Je vous serais extrêmement reconnaissant si vous pouviez me garder cet arc si lourd et ces flèches jusqu'à mon retour, car c'est pour moi un fardeau inutile. »

« Un arc et des flèches ? » s'exclama le saint homme. « Je suis navré, Monsieur, mais leur simple vue serait pour moi une grande souffrance puisqu'ils sont utilisés pour tuer des animaux. »

« Swāmi, je les mettrais à l'arrière de votre demeure et vous ne les verriez jamais. Ainsi, vous ne seriez pas incommodé et je serais soulagé d'un grand poids. Ne pouvez-vous pas m'aider ? »

Compatissant comme le sont tous les *sādhus*, le saint accepta la requête du chasseur et l'arc et les flèches furent entreposés derrière sa hutte. Le chasseur prit alors congé.

Mais il se trouve que le *rishi* avait coutume de faire le tour de sa maison après sa méditation ; il voyait donc chaque jour l'arc et les flèches. Il finit par se dire : « Voyons simplement comment fonctionnent ces engins. Assurément, cela ne peut pas faire de mal. » Il ramassa l'arc, y plaça une flèche et fut surpris de voir comme la flèche filait loin et vite. Par la suite, il ne put résister à la tentation de s'exercer un peu plus chaque jour. Finalement, il y prit tant de plaisir qu'il devint lui-même chasseur. Ainsi, l'objet qu'il ne voulait même pas voir au départ devint une source de grand plaisir et bien sûr, un obstacle sérieux à sa progression spirituelle.

N'ayant ni maître ni manuel, je commençai mon apprentissage à zéro, en procédant par tâtonnements. Quiconque a déjà utilisé un ordinateur sait bien que lorsque quelque chose cloche, ce peut être pour un million de raisons et beaucoup de choses clochaient. Constatant mon intérêt pour cet apprentissage, les deux autres *brahmachārīs* cessèrent de venir. Quand je leur demandai pourquoi ils ne venaient plus, ils me répondirent qu'ils n'avaient pas le temps. Quoi qu'il en soit, un problème se posait désormais : beaucoup d'argent avait été investi dans cet ordinateur, j'avais été l'un des instigateurs de cet achat et à présent, plus personne ne voulait apprendre à s'en servir. Qui allait-on blâmer pour cette acquisition inutile ? J'imaginais Amma me disant : « Ne t'avais-je pas prévenu ? Mais tu apprends toujours de la manière forte. » Je commençai donc à m'affoler et décidai que, coûte que coûte, une personne au moins à l'*āshram* parviendrait à maîtriser cet ordinateur. Pour finir, ce fut moi. Mais c'était plus facile à dire qu'à faire. Je passai de nombreuses, très nombreuses nuits blanches à me battre avec cet engin diabolique. Cette épreuve était si exaspérante que je me retrouvais bien des fois au bord des larmes. Mais à force de persévérance et d'intenses prières, je finis par acquérir une modeste compétence. Après quoi, mon rendement augmenta considérablement.

Jusque là, je me consacrais à dupliquer les cassettes de *bhajans* de l'*āshram*. Tous les magnétophones étaient empilés les uns sur les autres dans ma chambre et fonctionnaient jour et nuit, interminablement, car la demande était toujours plus forte que la production. À l'origine, l'*āshram* ne vendait pas de photos d'Amma ni d'enregistrements de ses chants. Quand un dévot s'offrait à faire des copies de photos ou de cassettes, nous acceptions et ces articles étaient ensuite distribués gratuitement à quiconque en faisait la demande. Mais quand les demandes devinrent trop nombreuses et trop fréquentes, nous n'eûmes plus d'autre choix que de vendre cassettes et photos à un prix modique pour pouvoir continuer à fournir les dévots. Au fil des

La līlā de l'ordinateur

ans, le flot de visiteurs grossissant sans cesse, la demande de cassettes augmenta elle aussi. Comme je ne pouvais pas faire de travail de force à cause de mes problèmes de dos, on m'assigna la tâche de faire les copies de cassettes. J'étais de service vingt-quatre heures sur vingt-quatre. La nuit, j'insérais les cassettes, lançais les machines, puis m'allongeais et m'assoupissais jusqu'à ce que j'entende le clic de fin des magnétophones. Je me relevais alors, tournais les cassettes et me rendormais une demi-heure jusqu'au clic suivant. Cela dura un certain nombre d'années.

Mon autre travail consistait à pomper l'eau vers le réservoir supérieur. Les conduites municipales ne distribuaient l'eau que pendant la nuit. Mais la pression était tellement faible que nous avions construit un réservoir souterrain afin de collecter le maximum d'eau par simple gravité. En général, la pression était si basse qu'elle propulsait l'eau à peine trente centimètres au-dessus du niveau du sol. C'est pourquoi il fallait régulièrement que je pompe l'eau vers le réservoir supérieur afin que le réservoir souterrain puisse à nouveau se remplir. Outre le travail de reproduction des cassettes, je consacrais une heure sur trois à ce travail nocturne. Et voilà que le travail d'ordinateur me tombait également sur les épaules.

Bien que l'entreprise eût promis de nous livrer l'ordinateur dans les trois semaines, les jours et les semaines s'écoulaient sans que nous recevions rien. Finalement, au bout de six mois, les pièces commencèrent lentement à arriver, une par une. Enfin, l'ordinateur au complet fut là. Mais ce n'était pas la fin de nos problèmes. Les pièces étaient arrivées à la petite semaine et voilà qu'elles se mirent à tomber en panne au même rythme jusqu'à ce que toutes aient dû être remplacées. Quand l'ordinateur fut à nouveau en état de marche, le cycle recommença : l'ordinateur se détraqua pièce par pièce. L'entreprise m'affirma qu'ils n'avaient jamais vu cela. Ils avaient, dirent-ils, d'excellents résultats de performance et ne comprenaient pas ce qui pouvait bien se passer à l'*āshram* pour que cette machine soit un tel casse-tête, aussi bien pour nous que pour eux. J'hésitais à leur révéler ce que je savais être la vérité, à savoir que la bénédiction d'Amma n'était pas sur cet ordinateur. J'ai même parfois pensé qu'elle avait peut-être maudit toute la démarche.

Un jour qu'un des techniciens de maintenance était venu pour une réparation, il exprima le désir de recevoir le *darśhan* d'Amma. Après s'être prosterné devant elle, il se releva et Amma lui dit : « Nealu a le sentiment que j'ai jeté une malédiction sur cet ordinateur. Mais je ne jette jamais de malédiction sur rien ni sur personne. Pourquoi le ferais-je ? Les choses et les gens y parviennent très bien tout seuls. » Après cela, nos problèmes d'ordinateur se firent moins aigus, sans jamais disparaître complètement.

Lorsque notre ordinateur fonctionna à peu près, il fut tellement utilisé que le besoin d'une seconde machine se fit bientôt sentir. J'allai trouver Amma avec quelque hésitation en expliquant que l'idée ne venait pas de moi, mais qu'un seul ordinateur ne pouvait plus suffire à tout le travail de l'*āshram*. Elle m'autorisa à aller à Cochin pour acheter une seconde machine. Le lendemain matin, lorsque je me rendis à sa chambre pour lui dire que je partais, elle me demanda : « Où vas-tu ? » Je lui rappelai qu'elle avait donné son accord pour que j'aille à Cochin acheter un autre ordinateur, mais elle prétendit n'en avoir aucun souvenir. Au cours des six mois suivants, ce scénario se répéta quatre fois au point que je décidai de ne plus soulever la question. Après tout, j'étais venu à l'*āshram* pour réaliser Dieu, pas pour passer mon temps à me préoccuper de cette machine à problèmes. Je pris la ferme résolution de ne plus rien avoir à

La līlā de l'ordinateur

faire avec l'ordinateur, résolution reprise et abandonnée un millier de fois par la suite ! Peu à peu, il m'apparut clairement qu'Amma avait décidé de faire de moi le premier homme dans l'histoire à réaliser Dieu devant un écran d'ordinateur ! Dans les temps anciens, les aspirants spirituels restaient assis dans des grottes à méditer jusqu'à ce que leur ego devienne si ténu qu'il laisse transparaître la lumière de Dieu. Peut-être que de nos jours, les moines atteindront la même pureté d'esprit en bataillant avec un clavier.

Le *guru* nous offre de nombreuses occasions d'améliorer notre degré d'obéissance et d'abandon de nous-mêmes. Amma m'en présenta une peu après cet épisode. Un matin, je découvris un petit furoncle sur l'un de mes doigts. Je le grattai un peu et il s'infecta. La lésion grandit au point que je me retrouvai avec la moitié du doigt enflammé et suppurant. J'essayai de le traiter par diverses pommades et préparations antibiotiques, mais sans succès. Enfin, après dix jours de souffrances, je décidai que, puisque la science médicale ne m'était d'aucun secours, il faudrait peut-être montrer la blessure à Amma. En même temps, j'hésitais un peu à poser à Amma une question si terre à terre, aussi j'eus une idée. Enroulant un linge autour de mon doigt, je me fis un pansement de la taille d'une balle de tennis, me rendis à la chambre d'Amma et m'assis après m'être prosterné devant elle. Naturellement, elle remarqua ma main et me demanda, comme je l'avais espéré, quel était le problème. Je défis mon bandage avec beaucoup de cérémonie. Elle jeta un œil à la blessure et me dit : « Oh, pourquoi ne mets-tu pas un peu de poudre de curcuma là-dessus ? » « Du curcuma ? », pensai-je. « Qu'est-ce que la poudre de curcuma pourrait bien faire de plus que les bombes nucléaires de la médecine moderne ? » Mais l'instant d'après, je me souvins qu'il ne faut jamais prendre à la légère les paroles d'Amma. Je quittai la chambre et me rendis directement à la cuisine de l'*āśhram*. Après avoir fouillé un moment, je finis par tomber sur un sachet plastique contenant de la poudre de curcuma qui avait manifestement été employée pour la cuisine. Ma première pensée fut : « Les gens ont probablement fourré leurs mains sales là-dedans, ce n'est pas assez propre pour une plaie. » Mais ensuite, je me rendis compte que la volonté d'Amma s'accomplit indépendamment de la propreté. En appliquant un peu de poudre de curcuma sur ma blessure, je ressentis une sédation immédiate de la sensation de brûlure et, en moins d'une semaine, j'étais guéri. Voyant cela, je pensais avoir découvert un nouveau remède miracle. Comme j'aidais aussi au dispensaire médical en faisant les pansements, j'appliquai de la poudre de curcuma sur la première blessure que je vis et la couvris d'un pansement. Quelle ne fut pas ma surprise quand le patient revint deux jours plus tard avec une splendide infection, encore plus vilaine qu'avant ! Apparemment, ce n'était pas le curcuma qui m'avait guéri, mais la volonté toute-puissante d'Amma.

Chapitre 16

Brahmasthānam, demeure de l'Absolu

Peu après son retour de l'étranger, Amma décida de construire et de consacrer un temple unique en son genre dans un village du nom de Kodungallur, à quatre heures de route au nord de l'*āshram*. Ce temple porte le nom de *Brahmasthānam* et possède quatre portes orientées vers les quatre points cardinaux. L'effigie installée dans le sanctuaire est composite : sculptée dans un même bloc, elle présente une divinité différente sur chacune de ses quatre faces. Ces divinités sont Shiva, Dēvī, Gaṇēsha (celui qui lève les obstacles) et Rāhu qui, sous la forme d'un serpent, représente l'une des « planètes » qui influencent la destinée humaine. (Dans l'astrologie occidentale, Rāhu correspond au nœud septentrional de la Lune). Le *Brahmasthānam*, tel qu'Amma l'a conçu, sert de refuge indéfectible pour les multitudes prises dans le tourbillon d'influences planétaires maléfiques. L'idée lui en est venue alors qu'elle étudiait la cause des souffrances de ces millions de personnes qui viennent chercher auprès d'elle un soulagement à leurs maux, aussi nombreux qu'inexplicables. Amma estime que les positions et les mouvements des planètes et d'autres corps célestes ont une influence directe ou indirecte sur la vie humaine. Les influences maléfiques sont généralement créées par la position et les mouvements de Saturne, de Mars et de la sombre Rāhu. Elle décida qu'il devait y avoir moyen de contrecarrer leurs mauvaises influences. C'est pourquoi elle institua dans ce temple une *pūjā* destinée à neutraliser les effets pervers de ces planètes et de leurs transits.

Le fait de participer à cette *pūjā* dans le temple Brahmasthānam garantit aux personnes plongées dans le chagrin des résultats positifs rapides. Accompli avec sincérité, dans l'état d'esprit adéquat, tout acte d'adoration porte ses fruits. Les *pūjās* célébrées dans les temples *Brahmasthānam* d'Amma, depuis leur instauration à Kodungallur, sont connues pour avoir purifié l'atmosphère. Un deuxième temple fut établi à l'*āshram* d'Amma de Madras et, en mai 1990, le rituel de sept jours, avec plus d'un millier de participants, culmina avec l'arrivée de la pluie, pluie très nécessaire pour soulager la sécheresse que connaissait la région. Pour la purification de l'esprit et l'épanouissement des qualités spirituelles dans nos vies, il ne suffit pas simplement d'aller à l'église ou au temple, de faire allégeance et de rentrer chez soi. Il est indispensable d'avoir une forme ou une autre de pratique spirituelle et d'installer le Seigneur en son cœur par une dévotion assise sur les principes spirituels. C'est pour aiguiller les gens vers ce but qu'Amma a créé les temples *Brahmasthānam* et leur rituel particulier.

Dans les temps anciens, c'est aux grands maîtres qu'il appartenait de consacrer les idoles des temples. Amma dit : « L'installation des idoles sacrées ne doit pas être accomplie par ceux qui ne peuvent maîtriser leur force vitale. Elle doit être faite par ceux qui sont capables d'insuffler du *prāṇa śakti* (force vitale) à l'effigie, de façon à instiller en elle une présence vivante *(chaitanya)*. C'est uniquement à cette condition que la *chaitanya* de l'effigie grandira et s'affirmera au fur et à mesure que seront célébrées les *pūjās*. »

Si l'on se penchait sur l'histoire des temples antiques, on découvrirait que les affirmations d'Amma sont parfaitement véridiques. Les célèbres temples de Tirupati Venkateswara et de Guruvayur Kṛishṇa sont des exemples de temples consacrés par des sages d'autrefois. Ils attirent chaque année des millions de dévots. Les idoles qu'ils y ont installé, bien qu'apparemment de pierre, reflètent en réalité la splendeur du Divin. Elles sont pleines d'énergie divine et peuvent accorder les bienfaits que réclament les dévots. Les effigies ainsi chargées d'énergie divine abondent en Inde.

Certains pourraient se demander à quoi servent les temples et les représentations des divinités si le but consiste à faire l'expérience de l'Absolu non-duel. Amma dit à ce sujet : « Ceux qui ont atteint l'état de réalisation non-duelle peuvent déclarer que nul ne naît ni ne meurt, car ils n'ont aucune conscience du corps. En vérité, *eux* ne naissent pas et ne meurent pas. Mais tout le monde a-t-il atteint cet état ? La majorité n'a-t-elle pas conscience du corps ? La plupart des gens, absorbés dans la vie matérielle, sont faibles d'esprit. Ils n'ont pas conscience de leur perfection innée. C'est pourquoi les activités de ce monde les affectent et les font souffrir. Si vous conseillez ces gens dans l'esprit de l'*advaïta* (non-dualité), il leur sera difficile d'y adhérer brusquement dans leur vie quotidienne et de progresser. Vous pouvez toujours leur dire « Vous n'êtes pas ce corps », ils vivent dans le monde et en connaissent les difficultés. Vous aurez beau leur dire « Vous n'êtes ni le corps, ni le mental, ni l'intellect », cela ne correspond pas à leur expérience vécue. Même s'ils acceptent le fait, ils ne peuvent pas subitement se transformer et en faire l'expérience dans leur vie quotidienne, car ils sont totalement immergés dans le monde. L'*advaita* (non-dualité) est la Vérité, mais elle ne doit pas être recommandée abruptement. Il n'est pas bon de dire à un enfant qui pleure parce qu'il s'est blessé à la main : « Ne pleure pas. Ce n'est que le corps et tu n'es pas le corps. » L'enfant continuera à crier de douleur. Il en va ainsi de ceux qui vivent dans le monde. Ils subissent les effets des conjonctions planétaires et souffrent en fonction de leur mauvais *karma* florissant.

Amma a rencontré au moins dix millions de personnes. Même ceux qui possèdent des navires et des avions ont des histoires marquées par le chagrin et viennent en quête de paix. Amma sait à quel point ils souffrent pendant les conjonctions planétaires néfastes. Ces temples ont été construits pour soulager leur souffrance.

Combien de gens dans ce pays ont aujourd'hui vraiment foi en Dieu ? La dévotion réelle envers les temples est introuvable. Certains essaient même de les détruire ! Cependant, si on pouvait leur exposer de façon convaincante les principes du culte, cela déclencherait peut-être en eux une transformation. Quand l'approche se fait par le raisonnement, il est possible d'inculquer à ces gens la dévotion. C'est pour cette raison qu'Amma a construit ces temples.

L'essence de l'effigie installée à Kodungallur est « l'unité dans la diversité et la diversité dans l'unité ». Lorsque des matériaux divers sont offerts au feu et consumés, ne deviennent-ils pas une même cendre ? Ainsi, dans le feu de la Connaissance, la multiplicité se réduit à l'Unité. Voyons l'unité dans tous les visages. Le pouvoir divin qui réside en chacun est Un. Quand nous regardons une personne, avec ses yeux, son nez, ses bras et ses jambes, nous ne la voyons pas comme la succession de ces

Brahmasthānam, demeure de l'Absolu

divers organes, mais comme une seule forme humaine composée de tout cela. De même, bien que chaque corps soit une entité distincte, il faut voir le Soi unique qui les anime tous. C'est le concept représenté ici.

En appuyant sur un seul interrupteur, on peut allumer autant d'ampoules électriques que l'on veut. Dans le temple *Brahmasthānam*, quatre « ampoules » ont été reliées à un « interrupteur », c'est tout. Une seule résolution d'Amma a insufflé l'énergie vitale aux quatre divinités. Ce que l'on appelle « énergie » est Un. Pourquoi les quatre divinités devraient-elles être placées dans quatre endroits distincts ? Ainsi, elles sont représentées dans une seule pierre. Gardons aussi à l'esprit qu'il faudrait beaucoup plus de place pour consacrer un lieu différent à chaque divinité. Le concept n'est-il pas plus important que le lieu de l'installation ou la manière dont elle est faite ?

Mes enfants, Dieu n'est pas dans le bloc de pierre. N'est-Il pas dans nos cœurs ? C'est pour pouvoir nous nettoyer le visage que nous nous regardons dans la glace. Nous ne sommes pas nous-même le miroir. Dieu est partout, mais afin de purifier le mental humain et de le nettoyer, nous avons besoin d'un outil, d'un concept. C'est le rôle de l'idole sacrée. Certains vénèrent Dieu dans une montagne. Ce qui importe, c'est la conception ou l'attitude de chacun. Ainsi, ce temple et son effigie correspondent à la conception d'Amma. Elle est à prédominance *Śhiva-Śhakti*. Dans l'ancien temps, il n'y avait pas de temple. Le seul temple était dans le cœur de chacun. De quand date l'existence des temples ? Elle est assez récente. Afin de faire progresser les gens en accord avec leur nature, à différentes époques, les *mahātmās* ont instauré des formes variées de Dieu.

L'essence de Śhiva est l'état d'Absolu. Seul l'Absolu *(Brahman)* peut enlever toutes les impuretés. Seul Śhiva peut, à Lui seul, prendre sur lui et avaler les conséquences néfastes des mauvaises actions de tous les êtres. Śhiva est le filtre qui reçoit le mauvais *karma* des humains comme des dieux. Il est dans sa nature de recevoir les impuretés de l'humanité et de la purifier. Quelle que soit la quantité d'impuretés qu'Il absorbe, Il n'en est pas affecté et Il peut à Lui seul sauver le monde. Gaṇēśha est celui qui lève les obstacles. Dēvī, l'énergie divine *(kuṇḍalinī śhakti)* assoupie à la base de la colonne vertébrale *(muladhara chakra)*, s'éveille alors et se déploie sous forme d'un serpent qui s'élève pour rejoindre Śhiva (l'état sans forme de l'Absolu). Tel est le principe qui sous-tend le *Brahmasthānam*. Le but d'Amma n'est pas d'assujettir les gens au culte d'une idole. Elle souhaite qu'ils réalisent Dieu. »

Chapitre 17

La foi mise à l'épreuve

Le second tour du monde d'Amma commença en mai 1988. À ceux qui avaient fait l'expérience de son amour divin l'année précédente s'ajoutaient ceux qui en avaient entendu parler. Partout, les salles étaient combles. À Singapour, une femme se prosterna devant Amma. Alors qu'elle se relevait, Amma lui demanda : « Pourquoi n'es-tu pas revenue le lendemain ? » La femme eut d'abord l'air stupéfaite, puis ravie. Elle nous raconta par la suite que l'année précédente, lorsqu'elle était venue voir Amma, celle-ci lui avait demandé de revenir le lendemain. Mais, en raison de circonstances incontournables, elle n'avait pas pu. Tel était le sens de la question d'Amma. Cette femme était stupéfaite qu'Amma, qui avait dû voir des centaines de milliers de gens depuis, ait pu se souvenir d'un détail aussi insignifiant. Cela la convainquit de sa nature divine.

Il ne serait pas déplacé d'évoquer ici les *siddhis* ou pouvoirs mystiques. De nombreux miracles se produisent autour d'Amma. Elle-même manifeste aussi une omniscience patente et infaillible. Bien qu'elle prétende ne rien savoir, il apparaît clairement à ses dévots que ceci n'est qu'un faux-semblant. Combien de milliers de personnes ont fait l'expérience de son omniscience !

Et combien de milliers d'autres ont vu sa grâce salvatrice les tirer d'insolubles problèmes ! Amma ne fait pas étalage de ses pouvoirs. Elle est bien trop subtile pour cela. Cependant, elle ne nie pas que les *mahātmās* puissent accomplir et accomplissent, de fait, des choses qui nous paraissent miraculeuses. Interrogée sur la nature des miracles et des pouvoirs spirituels, elle répondit :

« Les miracles sont généralement attribués aux dieux vivants. Selon la conception commune, les miracles ne peuvent être accomplis que par des êtres divins, ils sont l'apanage de tels êtres. Les gens croient même qu'une personne qui ne fait pas de miracles ne peut pas être un *mahātmā*, alors que cette personne peut très bien en fait être réalisée. En vérité, ce qui, selon nous, constitue un miracle peut indifféremment se produire ou ne pas se produire en présence des grands maîtres authentiques, car ils n'y attachent pas grande d'importance. Ils n'ont rien à perdre ni à gagner en faisant des miracles. Ils se moquent de la renommée, ils ne souhaitent pas non plus plaire ou déplaire à quiconque. Si cela se produit, c'est bien ; si cela ne se produit pas, c'est bien aussi. De nos jours cependant, la foi des gens dépend des miracles qu'accomplit un Maître réalisé, un dieu vivant. Il y a aussi, malheureusement, de prétendus *gurus* qui exploitent les gens en faisant croire qu'ils font des miracles.

La maîtrise parfaite du mental équivaut à la maîtrise de l'univers. Tout, dans la création, est constitué des cinq éléments : le feu, l'eau, la terre, l'air et l'espace. Lorsque vous avez atteint la réalisation, ces cinq éléments sont sous votre contrôle. Ils deviennent vos serviteurs obéissants. Si vous voulez que quelque chose se change en montagne, cela se fera. Ou si vous désirez créer un autre monde, c'est possible également. Mais pour cela, vous n'avez pas besoin d'atteindre la réalisation. Vous pouvez acquérir ces pouvoirs avant.

Une personne peut posséder des pouvoirs miraculeux, mais tant qu'elle est assujettie à l'ego et au sentiment du « moi » et du « mien », ces pouvoirs sont inutiles car sa nature fondamentale ne change pas, cette personne est elle-même incapable de changer ou de transformer quiconque. Elle ne peut conduire personne sur le chemin de la divinité. Celui qui fait mauvais usage de ses pouvoirs ne peut que détruire et nuire à la société. En utilisant ses pouvoirs pour aller à l'encontre de la loi naturelle, il pave inévitablement la voie de sa propre destruction.

En fait, en accomplissant des miracles, on contrevient aux lois de la nature. Bien sûr, un *mahātmā* est libre de le faire parce qu'il ne fait qu'un avec l'énergie cosmique. Mais il ne le fera que si c'est absolument nécessaire. Il préfère s'en abstenir.

Un gouvernement, avec l'aide des experts administratifs, établit une constitution pour le pays. Les membres du gouvernement doivent eux-mêmes obéir aux règles et aux lois qu'ils ont édictées. De même, les véritables maîtres sont ceux qui ont établi les lois de la nature, mais afin de montrer l'exemple, ils doivent eux-mêmes respecter ces lois, ne pas les transgresser ni les bousculer.

La spiritualité n'est pas faite pour nourrir l'ego. N'importe qui peut acquérir des pouvoirs occultes en s'adonnant à certaines pratiques prescrites par les Écritures. Mais la véritable réalisation spirituelle dépasse de très loin tout cela. C'est l'état où l'on devient complètement libre de tout attachement, attachement du corps, de l'esprit ou de l'intellect. C'est l'expérience intérieure de la Vérité suprême. Lorsque ce stade ultime est atteint, vous ne pouvez plus abriter de sentiments négatifs tels que la colère, la haine ou le ressentiment. Vous demeurez dans la paix suprême et l'amour divin, au-delà de l'espace et du temps. Où que vous soyez, vous rayonnez cet amour et cette paix. L'amour divin, la

La foi mise à l'épreuve

compassion et la paix qui émanent de vous transforment l'esprit des gens. Un tel être peut transformer des mortels en immortels, des ignorants en sages et l'homme en Dieu. Voilà le véritable miracle qui se produit en présence d'un *mahātmā*.

Il se peut qu'en présence d'un *mahātmā*, des miracles surviennent spontanément. C'est seulement une expression intégrale de son existence. D'un seul regard, d'un vœu, le maître transforme tout à son gré. Mais il faut avoir l'attitude appropriée et une juste perception intérieure pour percevoir les véritables miracles qui se produisent autour du maître.

Celui qui est uni à la Conscience suprême ne fait qu'un avec la création toute entière. Il n'est plus uniquement le corps. Il est la force vitale qui brille en chaque parcelle de la création. Il est la Conscience qui donne à toute chose sa beauté et sa vitalité. Il est le Soi partout immanent.

Écoutez l'histoire du grand sage Vēdavyāsa et de son fils Shuka. Dès l'enfance, Shuka était détaché du monde. Vēdavyāsa voulait que son fils se marie et mène la vie ordinaire d'un père de famille. Mais Shuka, qui était né divin, était très attiré par la vie de renonçant. Si bien qu'un jour, il abandonna tout et partit pour se faire *sannyāsī*. Alors que Shuka s'éloignait, Vedavyasa cria son nom. Ce fut la Nature qui répondit à son appel : les arbres, les plantes, les montagnes, les vallées, les oiseaux et les animaux, tous lui répondirent.

Que signifie cet épisode ?

Quand Vēdavyāsa appela son fils, c'est la Nature qui répondit parce que Shuka était cette pure Conscience immanente dans toute la Nature. Vēdavyāsa appelait Shuka, mais Shuka n'était pas le corps, il n'avait donc ni nom ni forme. Il était au-delà du nom et de la forme. Il existait en tout. Les corps de toutes les créatures étaient son corps. Il était dans chaque corps et c'est pourquoi tous répondirent. Voilà le sens de cette histoire.

Transcender l'ego signifie devenir un avec l'univers. Vous devenez aussi vaste que l'univers. Vous plongez profondément dans ses secrets et ses mystères et vous réalisez la réalité ultime, la Vérité suprême. Vous devenez le maître de l'univers.

Amma ne s'est jamais sentie séparée, de quelque façon que ce soit, de son Soi réel. Il est donc difficile de dire à quel moment ce pouvoir miraculeux entra en action. Il n'y a jamais eu un instant où Amma n'ait pas vécu son identité avec la Force suprême. Dès sa naissance, Amma savait qu'il n'y avait rien d'autre que Dieu. »

Au cours du second tour du monde, en plus des pays qu'elle avait déjà visités l'année précédente, Amma se rendit en Angleterre et en Allemagne. Un jour, à Munich, pendant le *darśhan* du matin, je fis une longue promenade. Je tombai inopinément sur un vieux palais transformé en musée. Il y avait devant le palace un bassin rempli de gros poissons et couvert de grands cygnes blancs. Pensant qu'Amma aimerait voir cela, je lui en fis part après le *darśhan*. Elle devint comme une petite fille dans son impatience de voir les cygnes, car il est dit dans les Écritures indiennes qu'il y a des cygnes au lac Manasarovar au Tibet, près du célèbre Mont Kailash, la demeure légendaire du Dieu Śhiva. Selon les Écritures, les cygnes ont le pouvoir unique de séparer le lait de l'eau. Ceci est dû aux sécrétions acides de leur bouche qui font cailler le lait, le séparant de l'eau. Ils symbolisent la faculté de discerner entre le réel et l'irréel. Qu'est-ce qui est réel et qu'est-ce qui ne l'est pas ? Ce qui ne change jamais, qui reste immuable dans le passé, le présent et l'avenir, cela est réel et tout le reste est irréel. Telle est la définition que les Anciens donnaient de la Réalité. Toute la Création est un mélange des deux. Les formes sont irréelles mais leur essence est réelle et elle pénètre tout comme le lait se mélange à l'eau. Celui qui s'attache à isoler en lui-même ce qui est immuable trouvera la Vérité.

Nous nous rendîmes au bassin sur le chemin du programme du soir. Amma se précipita vers les cygnes. Elle leur donna des morceaux de pain qu'ils venaient manger dans ses mains tandis qu'elle riait et s'amusait comme une petite fille.

Amma passa dix jours dans les Alpes suisses, à deux heures de route de Zurich. Durant son séjour, elle s'adressa à un dévot qui était obsédé par la peur de la mort : « Dieu t'a donné une aura adéquate. Elle possède une énergie illimitée, infinie. Elle peut être chargée à n'importe quelle capacité. Nous pouvons voyager dans n'importe quel monde, même un monde dépourvu d'oxygène. La mort peut être transcendée. Tu ne nais jamais, tu ne meurs jamais. Si le ventilateur, ou le réfrigérateur, ou l'ampoule électrique tombent en panne, le courant électrique n'est pas pour autant détruit. De la même façon, l'*ātman* en toi existe éternellement. Ne crains pas la mort et ne t'inquiète pas de ta prochaine naissance. »

Quelqu'un d'autre demanda : « Amma, je consacre chaque jour du temps à la méditation sans en retirer le bénéfice souhaité. »

Amma répondit : « Mon fils, ton esprit est agité par tant de sujets divers. Régularité et discipline de vie sont indispensables pour un aspirant spirituel. Si tu mènes une *sādhanā* sans avoir de discipline dans ta vie, comment pourrais-tu en bénéficier ? Si tu prends de l'huile dans un récipient pour la transvaser dans un autre récipient, puis encore dans un autre et ainsi de suite, à la fin, il n'en restera rien. Où est passée l'huile ? Elle est restée sur les parois de tous les récipients. De même, si tu te plonges dans toutes sortes d'affaires mondaines après la méditation, le pouvoir obtenu par concentration sur un objet unique se perdra dans le dédale de la diversité. Si tu parviens à voir l'unité de Dieu dans les divers objets du monde, tu ne perdras pas la force gagnée grâce à la méditation. »

Un télégramme arriva un jour de Paris après le retour d'Amma en Inde. Il émanait du *brahmachārī* français qui avait organisé les programmes européens d'Amma. Il vivait à l'*āśhram* depuis six ans environ lorsque le gouvernement décida de ne plus renouveler son visa. Quand il demanda à Amma ce qu'il fallait faire, elle lui dit de retourner en France et de donner des conférences sur la spiritualité. Il était, bien sûr, très contrarié, car il souhaitait comme nous tous, passer le reste de ses jours auprès d'Amma. À cette époque, rien n'indiquait qu'Amma ferait un jour le tour du monde. Du moins, nous n'en avions pas la moindre idée alors qu'Amma, elle, savait très bien qu'elle se rendrait en Amérique et en Europe. Tout le monde, y compris Amma, accompagna le *brahmachārī* à la gare pour un adieu plein de larmes. Avec seulement quelques dollars en poche et aucun ami digne de ce nom en France, il rentra à Paris très abattu. Mais il avait la conviction que, puisque c'était la volonté d'Amma qu'il parte, tout s'arrangerait. Il habita d'abord dans une église, puis passa quelques jours chez des gens qu'il y avait rencontrés, faisant ici et là des exposés sur Amma et sur le *Vēdānta*, philosophie du non-dualisme.

Pour finir, son père, avec lequel il avait eu peu de contacts par le passé, lui proposa une chambre de bonne sans chauffage au sommet d'un immeuble qui lui appartenait. Il se mit à voyager en France, en Angleterre, en Autriche, en Allemagne, en Suisse, en Belgique et en Italie, donnant des cours en chaque endroit. Il faisait près de huit mille kilomètres par mois. Lorsque la tournée américaine d'Amma fut projetée, les dévots d'Europe exprimèrent eux aussi le désir de recevoir sa visite. Il organisa

La foi mise à l'épreuve

donc les programmes. Mais sa vie trépidante et ses voyages incessants affectèrent sa santé et il finit par développer un glaucome des deux yeux. Dans son télégramme à Amma, il écrivait : « Les médecins disent que je risque de perdre la vue à cause du glaucome. Je n'ai pas d'argent pour me soigner. Qu'il en soit selon la volonté d'Amma. » À la lecture du télégramme, les yeux d'Amma s'emplirent de larmes et elle s'isola dans un coin de l'*āśhram* pour être seule. Elle resta en méditation un certain temps, puis appela un *brahmachārī* et lui demanda d'aller à la première ville permettant les appels internationaux en automatique pour appeler le *brahmachārī* de France et lui dire de ne pas s'inquiéter, qu'il allait recevoir de l'argent. Lorsqu'il revint six heures plus tard, son coup de téléphone passé, le *brahmachārī* dit à Amma que le *brahmachārī* français revenait tout juste de chez le médecin. Trois docteurs et non un, avaient examiné ses yeux sans y retrouver la moindre trace de glaucome. Ils considéraient cela comme un miracle, mais le *brahmachārī* français connaissait la vérité, à savoir qu'Amma était intervenue.

Lorsque leur relation a atteint un certain stade, un véritable *guru* soumet la foi de son disciple à de sévères épreuves. Il n'agit pas ainsi par cruauté, mais uniquement pour accorder au disciple l'occasion de développer en définitive une foi parfaite, d'épuiser tout son mauvais *karma* passé et en fin de compte, pour le libérer du cycle de la naissance et de la mort. La vie spirituelle n'est pas une sinécure et seuls ceux qui sont prêts à mourir pour la réalisation de Dieu devraient s'y adonner pleinement, car plus ils avancent, plus les épreuves sont difficiles. La littérature mondiale regorge de récits d'épreuves auxquelles les *gurus* ont soumis leurs disciples.

L'un d'eux est consacré à un dévot, riche propriétaire terrien qui possédait tout un village. Sa pratique de la dévotion consistait à vénérer la tombe d'un saint homme. Mais un jour, il entendit un *guru* dont l'allocution fit si profonde impression sur lui qu'il décida de demander l'initiation de ce *guru*.

Le *guru* était un être omniscient. Il lui demanda pourtant qui il vénérait présentement. L'homme donna le nom du défunt saint. « Je te donnerai l'initiation lorsque tu seras rentré chez toi et que tu auras démantelé ta pièce de *pūjā* », lui dit le *guru*. Le dévot retourna chez lui aussi vite qu'il le put et détruisit la pièce jusqu'à la dernière brique. Un certain nombre de personnes, qui s'étaient attroupées, le mirent en garde solennellement : « Frère, tu auras à payer très cher la profanation de cette pièce sacrée. Nous n'aimerions pas être à ta place. » L'homme répondit hardiment : « Je l'ai fait de mon plein gré et suis prêt à en souffrir toutes les conséquences. » Lorsqu'il retourna à son *guru*, celui-ci lui accorda l'initiation.

Mais il était dit qu'il aurait à subir d'autres épreuves. Peu de temps après, son cheval mourut, puis ce fut le tour de certains de ses bouvillons. Des voleurs lui dérobèrent ses biens. Puis les gens se mirent à l'accabler en lui disant : « Voilà le résultat de ton manque de respect envers le saint décédé. Tu devrais reconstruire le temple dans ta maison. » Mais rien de tout cela ne l'affectait. Il répondait : « Peu importe ce qui arrivera. Mon *guru* omniscient sait ce qui est pour le mieux. Rien ne pourra ébranler en moi cette conviction. »

Mais les malheurs se succédant, il ne fut bientôt plus qu'un indigent. Il s'endetta même auprès de beaucoup de gens. Ils exigèrent un jour qu'il les rembourse sur-le-champ en disant : « Soit tu nous payes, soit tu quittes le village immédiatement. » Ses amis l'exhortèrent : « Si seulement tu reconstruisais le temple, les choses s'amélioreraient sûrement ! » Mais le dévot s'entêta et préféra quitter le village. Avec sa femme et sa fille, ils prirent les maigres possessions qu'il leur restait et trouvèrent asile dans un autre village. Comme il était jadis riche propriétaire, il n'avait jamais appris de métier. Mais il lui fallait à présent gagner de l'argent et il se mit à gagner sa vie en coupant de l'herbe qu'il vendait ensuite.

Plusieurs mois s'écoulèrent de la sorte. Un jour, le *guru* lui envoya une lettre par un de ses disciples. À ce disciple, le *guru* avait dit : « Surtout, n'oublie pas d'exiger vingt roupies d'offrande avant de lui remettre la lettre. » Le dévot fut enchanté de voir la lettre, mais il n'avait pas d'argent pour acquitter l'offrande. Il demanda conseil à sa femme qui lui dit : « Je vais prendre mes bijoux et ceux de ma fille et aller les proposer au joaillier. » Celui-ci en offrit exactement vingt roupies que l'on remit au disciple. Le dévot reçut sa lettre et la serra sur son cœur. À cet instant, il atteignit le *samādhi*.

Mais le *guru* désirait le mettre encore à l'épreuve, aussi dit-il à l'un de ses disciples : « Demande-lui de venir à l'*āshram*. » Le dévot et sa famille se précipitèrent à l'*āshram* et s'y installèrent. Ils se mirent à travailler aux cuisines, faisant la vaisselle et coupant du bois. Au bout de quelques jours, le *guru* demanda : « Ce nouveau dévot, où trouve-t-il sa nourriture ? »

« Il mange avec nous », répondit un des disciples, « la cuisine lui fournit ses repas. »

« Il me semble », répliqua le *guru*, « que cela n'est pas vraiment servir. S'il servait réellement, il n'attendrait rien en retour de son travail. En fait, il nous demande des gages et se paie en nourriture. »

Lorsque sa femme lui rapporta ceci, le dévot dit : « Je ne veux rien en retour du service de mon *guru* bien-aimé qui m'a donné cet inestimable joyau, mon *mantra*. Nous trouverons notre nourriture autrement. À compter de ce jour, il se rendit toutes les nuits dans la forêt pour y couper du bois qu'il vendait au marché. Avec ces revenus, il achetait de la nourriture. Pendant la journée, lui et sa femme continuaient à travailler aux cuisines.

À quelque temps de là, alors qu'il était allé dans la forêt pour couper du bois, une grande tempête se leva. Le vent était si violent que l'homme et son fardeau furent emportés et qu'il tomba dans un puits. Le *guru*, qui savait tout cela, appela des disciples et leur enjoignit de prendre une planche, de la corde et de le suivre. Arrivé dans la forêt, le *guru* dit : « Il est au fond de ce puits. Appelez-le et dites-lui que nous allons lui envoyer une planche accrochée à une corde. Qu'il s'accroche à la planche et nous le remonterons. » En aparté, il ajouta aussi quelques mots à l'adresse du disciple qui devait appeler dans le puits.

Après avoir crié, le disciple dit : « Mon frère, vois dans quel triste état tu es. Et tout cela à cause de la façon dont le *guru* t'a traité. Pourquoi n'oublies-tu pas un *guru* qui fait des choses pareilles ? »

« Quoi ? Oublier mon *guru* bien-aimé ? Jamais ! » hurla le dévot. « Quant à toi, ingrat, ne redis jamais des choses aussi irrespectueuses au sujet du *guru* en ma présence ! Ces paroles honteuses me mettent à l'agonie ! »

Il fut alors prié de se cramponner à la planche, mais insista pour que l'on sorte d'abord le bois. « Il est destiné aux cuisines du *guru* », expliqua-t-il, « et je crains qu'il ne se mouille et ne puisse plus brûler. » Finalement, il sortit du puits et se retrouva nez à nez avec le *satguru*. Celui-ci lui dit :

« Frère, tu as subi de nombreuses épreuves et les as toutes affrontées avec courage, foi et dévotion envers le *satguru*. Je t'en prie, demande-moi un cadeau ou une grâce. Tu l'as mérité et je serais très heureux de te l'accorder. »

La foi mise à l'épreuve

Sur ce, le dévot tomba à genoux devant son Maître bien-aimé et s'exclama, le visage ruisselant de larmes : « Quelle autre grâce que toi seul pourrais-je souhaiter ? Rien d'autre ne saurait m'intéresser. »
À ces mots jaillis du cœur, le *guru* l'embrassa et lui dit :

« *Tu es l'enfant chéri de ton guru,*
Et le guru est ton seul amour.
À présent, comme le guru,
Tu es un navire qui mène à bon port
Ceux que tu transportes
Sur l'océan de la vie et de la mort. »

Cette année-là, mon cousin Ron décida qu'il avait assez vécu dans le monde et céda son entreprise. Depuis sa rencontre avec Amma, il avait observé le célibat et pratiqué une *sādhanā* toujours plus poussée. La dernière fois qu'il avait vu Amma, il était sur le point de signer un contrat pour donner une dimension internationale à son entreprise. Lorsqu'il consulta Amma à ce sujet, elle lui répondit que s'il était vraiment soucieux de son évolution spirituelle, mieux valait pour lui ne pas s'impliquer plus profondément dans les affaires. Sa foi en Amma était telle qu'il ne signa pas le contrat, laissant ainsi échapper de son plein gré une occasion sur laquelle n'importe quel autre homme d'affaires aurait sauté. Pour finir, il se défit de son entreprise et acheta un terrain magnifique dans les collines au sud-est de San Francisco. L'endroit devint l'*āśhram* américain d'Amma, le Mata Amritanandamayi Center.

C'est à peu près à cette époque qu'une femme de Parippally, village situé à environ deux heures de route au sud de l'*āśhram*, vint voir Amma pour lui proposer de lui vendre son orphelinat. Financièrement dans la gêne, elle ne parvenait plus à entretenir l'institution, ce qui entraînait beaucoup de souffrances pour les petits pensionnaires. Amma ne répondit pas immédiatement à cette proposition, car elle voulait d'abord étudier à fond la situation. On découvrit que l'orphelinat était effectivement très endetté et qu'il faudrait beaucoup d'argent pour le renflouer. Les bâtiments, laissés à l'abandon, étaient complètement délabrés. Il n'y avait ni toilettes ni salles de bains pour les plus de quatre cents enfants qui vivaient là. Ils se lavaient à côté du puits, laissant les eaux usées retourner au puits, ce qui ensuite provoquait des dysenteries. Pour leurs besoins naturels, ils utilisaient n'importe quel endroit de plein air. Leur alimentation consistait en boulettes de farine de blé bouillies avec un peu de sel. L'un dans l'autre, c'était un spectacle de désolation et c'est la raison même pour laquelle Amma décida finalement d'assumer la responsabilité de l'orphelinat.

Pendant la tournée mondiale d'Amma, l'orphelinat fut entièrement rénové, avec toilettes et salles d'eau adéquates. On aménagea un approvisionnement régulier en eau propre. Les enfants reçurent une alimentation équilibrée. À travers les āśhramites qui s'installèrent à l'orphelinat, on leur inculqua le sens de l'hygiène et de la discipline. Ces āśhramites enseignaient les soins de santé de base, les postures yogiques, la méditation et le chant dévotionnel. L'orphelinat comportait une école de sanscrit tombée en désuétude qui fut également rachetée et, avec le temps, ses élèves commencèrent à récolter les premiers prix dans de nombreux concours d'état. Au fil du temps viendraient s'ajouter des activités extra-curriculaires telles que sports, musique, dessin et théâtre, sous la direction des *brahmachārīs* et *brahmachāriṇīs*.

Chapitre 18

La libération d'un grand dévot

Ottur Unni Nambudiripad était un poète célèbre, un érudit en sanscrit et un dévot d'Amma. Il faisait autorité sur le *Shrīmad Bhāgavatam*. Partout, les dévots de Kṛṣṇa aiment et acclament les poèmes d'Ottur à la gloire de Kṛṣṇa. Sa poésie inspirée lui a valu de nombreux titres et récompenses. Il rencontra Amma en 1983, à l'occasion des célébrations de son trentième anniversaire auxquelles il avait assisté après avoir entendu parler d'elle par une de ses fidèles. Ottur, qui avait à l'époque quatre-vingt cinq ans, devint comme un petit garçon de deux ans dans ses rapports avec Amma. Il voyait en elle l'incarnation de sa divinité d'élection, Kṛṣṇa, ainsi que de la Mère divine. Il décida de passer le restant de ses jours auprès d'Amma et commença à composer des poèmes sur elle.

Amma donna à Ottur le surnom de « Unni Kanna » (bébé Kṛṣṇa) en raison de son attitude enfantine envers elle. On l'entendait parfois crier « Amma ! Amma ! » à pleins poumons de sa chambre lorsqu'il désirait la voir. Si Amma passait par là, elle allait le voir. Bien qu'il souffrît énormément du fait de

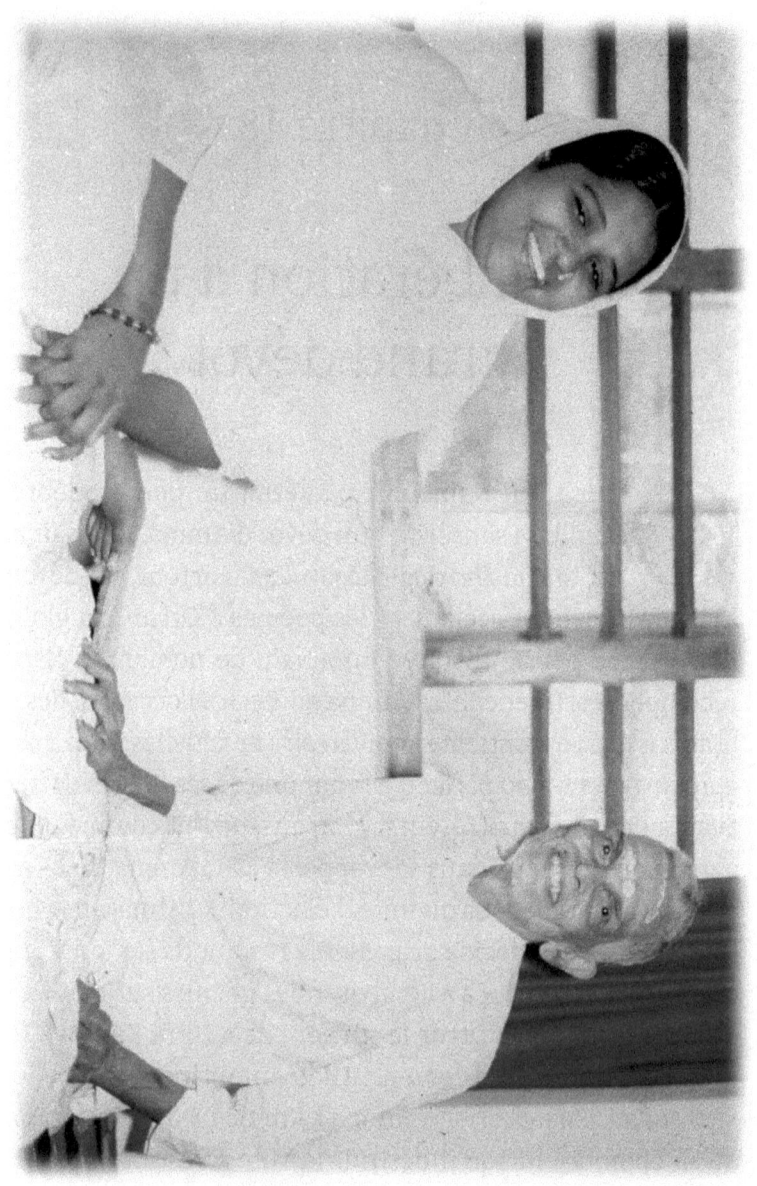

Amma avec Ottur Unni Nambudiripad

son grand âge, les moments passés en compagnie d'Amma lui faisaient oublier ses misères physiques.

Après avoir rencontré Amma, Ottur écrivit le poème suivant :

Ô Mère
Tu es l'incarnation de Kṛiṣhṇa et de Kali.
Ô Mère
Ton sourire et Ton chant,
Tes regards, Tes caresses et Ta danse,
Tes paroles enchanteresses,
Le contact de Tes Pieds sacrés
Et le nectar de Ton Amour
Sanctifient les mondes.

Ô Mère
Plante grimpante céleste,
Qui accorde avec joie et en abondance
À tous les êtres, animés ou inanimés,
Qu'il s'agisse du Créateur Brahma ou d'un brin d'herbe
Tous les purushartas
depuis le dharma jusqu'à moksha

Ô Mère
Qui étonne les trois mondes,
Submergeant tous les êtres humains,
Les abeilles et les oiseaux,
Les vers et les arbres,
Des vagues turbulentes de Ton amour.

Ottur n'avait qu'un seul souhait. Chaque fois qu'il recevait le *darśhan* d'Amma, son unique prière était : « Amma, à mon dernier soupir, que ma tête repose sur tes genoux. C'est mon unique souhait, ma seule prière. Ô ma Mère, je t'en prie, laisse-moi expirer la tête sur tes genoux. » Chaque fois qu'il voyait Amma, il renouvelait sa requête.

Peu après avoir rencontré Amma, Ottur devint résident permanent de l'*āshram*. Il avait coutume de dire : « Je sais désormais que Dieu ne m'a pas abandonné, car je vis en Sa présence et je baigne dans Son amour divin. Avant, j'étais profondément déçu à la pensée de n'avoir jamais rencontré le Seigneur Kṛiṣhṇa ni aucun des grands saints. Mais à présent, je ne vois plus les choses ainsi, car je sais qu'Amma les contient tous en elle. »

Juste avant le troisième tour du monde d'Amma en 1989, l'état de santé d'Ottur s'aggrava. Il devint très faible et sa vue déclinait rapidement. Sa prière bien connue de pouvoir mourir dans les bras d'Amma se fit constante. Quand sa vue devint vraiment très basse, il dit à Amma : « Si Amma veut me prendre ma vision extérieure, très bien. Mais, Ô divine Amma des cieux, je t'en prie, sanctifie ton serviteur en lui ôtant son aveuglement intérieur, ouvre son oeil intérieur. Je t'en supplie, ne repousse pas la prière de cet enfant. »

À ceci, Amma répondit avec amour : « Unni Kṛiṣhṇa, ne crains rien ! Ton désir sera exaucé, n'en doute pas. Comment Amma pourrait-elle repousser ton innocente prière ? »

Ottur n'avait pas peur de la mort. Il redoutait seulement de mourir pendant qu'Amma serait à l'étranger. Il exprima sa crainte à Amma en disant : « Amma, je sais que tu es partout et que ton giron est aussi vaste que l'univers. Cependant, je prie pour que tu sois physiquement présente quand je quitterai mon corps. Si je meurs pendant ton absence, mon vœu d'expirer dans tes bras ne sera pas exaucé. »

Amma le caressa affectueusement et lui dit avec une grande fermeté : « Non mon fils Unni Kanna, cela n'arrivera pas ! Tu peux être certain de ne quitter ton corps qu'après le retour d'Amma. » Ce fut pour Ottur une grande consolation. Comme cette assurance lui venait directement des lèvres d'Amma, Ottur eut la ferme conviction que la mort ne l'emporterait pas avant le retour d'Amma.

En août, après trois mois de tournée, Amma revint à l'*āshram*. En son absence, Ottur se faisait soigner par un médecin ayurvédique chez qui il résidait. Amma lui dit de revenir à l'*āshram*, l'heure de quitter son corps approchant.

Une nuit, après le *Dēvī Bhāva*, Amma se rendit dans la chambre d'Ottur. Il était très faible mais fut heureux de la voir. Pleurant comme un petit enfant, il priait Amma : « Ô Amma, Mère de l'univers, je T'en prie, rappelle-moi à toi ! Je t'en prie rappelle-moi vite ! » Amma lui caressait la tête et lui massait la poitrine et le front pour le réconforter.

Quelqu'un avait offert à Amma un matelas neuf et elle voulait qu'Ottur l'utilise. Après avoir fait monter le matelas dans sa chambre, Amma souleva le corps frêle d'Ottur et, telle une mère portant son bébé, le tint dans ses bras pendant que les autres glissaient le matelas neuf sur le lit. En voyant cette manifestation de la compassion d'Amma, Ottur s'exclama : « Ô Amma, Mère de l'univers, pourquoi répands-tu tant d'amour et de compassion sur cet enfant indigne ? Ô Amma, Amma, Amma ! »

Amma l'allongea tendrement sur le lit et lui murmura : « Unni Kanna, mon fils, dors bien. Amma reviendra demain matin. »

« Ô Amma, plonge-moi dans le sommeil éternel », répondit Ottur.

Cette nuit-là, le poète dicta un dernier chant :

Les médecins qui me soignaient, espérant me guérir,
Ont dû admettre leur défaite.
Mes parents et mes proches ont perdu espoir.
Ô Amma, pose tendrement ma tête sur Tes genoux
Sauve-moi et ne m'abandonne jamais.

Ô Saradamani, Ô Sudhamani, Ô Mère divine,
Prends-moi tendrement dans Tes bras aimants,
Que Ton visage révèle la lune d'Ambadi.
Ne tarde plus à m'accorder l'immortalité.

Que Ton doux visage révèle Oncle Lune,
Le fils de Nanda.
Ô Mère, prends ce petit Kanna sur Tes genoux.
Berce-le pour l'endormir.

À sept heures le lendemain matin, Amma envoya chercher Narayanan, le garde-malade d'Ottur. À son arrivée, elle lui dit qu'Ottur quitterait son corps dans quelques heures. Elle lui demanda aussi de s'enquérir auprès de son oncle s'il souhaitait que la crémation de sa dépouille mortelle soit faite à l'*āśhram* ou sur les lieux de sa naissance. Narayanan regaga la chambre et rapporta à son oncle les paroles d'Amma. Bien que sa voix fût très faible, Ottur répondit distinctement, accompagnant ses paroles d'un geste emphatique : « Les funérailles auront lieu ici, sur cette terre sacrée. Il n'y a pas d'autre endroit possible. »

Vers dix heures, Ottur demanda à une *brahmachāriṇī* qui se tenait à son chevet d'appeler Amma. Elle sortit et pendant les quelques minutes qui suivirent, on voyait les lèvres d'Ottur répéter constamment « Amma, Amma, Amma... » Durant cette récitation, Ottur plongea dans un état proche du *samādhi*.

La libération d'un grand dévot

Amma était à ce moment-là dans sa chambre. Comme la *brahmachāriṇī* franchissait le seuil, elle dit : « Dans quelques minutes, Ottur quittera son corps. Mais le moment n'est pas encore venu qu'Amma soit présente. Actuellement, l'esprit d'Ottur est entièrement concentré sur Amma. L'intensité de cette pensée va culminer dans un état de *layana* (absorption). Quand cela se produira, Amma ira auprès de lui. Si Amma y allait plus tôt, l'intensité de sa concentration en serait diminuée. »

Quelques instants plus tard, Amma se leva et gagna la chambre d'Ottur. Elle y entra en souriant et s'assit sur le lit, tout contre Ottur. Le visage rayonnant de béatitude, elle le fixait comme pour lui dire : « Viens, mon fils. Mon bien-aimé Unni Kanna, viens et fonds-toi en moi, ta Mère éternelle. » Comme Amma l'avait prédit, Ottur était absorbé dans le Soi. Bien qu'il fût en *samādhi*, ses yeux demeuraient à moitié ouverts. Son visage ne dénotait aucun signe de souffrance ou de lutte. Il était facile de voir combien il était paisible et absorbé. Amma se rapprocha lentement de sa tête, la souleva doucement et la posa sur ses genoux. Tout en tenant la tête de son enfant chéri, elle posa sa main droite sur sa poitrine et continua à fixer son visage. Tandis qu'il reposait ainsi, Amma caressa doucement ses paupières qui se fermèrent à jamais. Ottur quitta son corps et son âme se fondit en Amma pour l'éternité. Amma se pencha et déposa un baiser plein d'amour sur son front.

Vingt-cinq ans avant la naissance d'Amma, Ottur avait écrit le poème suivant :

Quand entendrai-je résonner à mes oreilles
Les noms propices de Kṛiṣhṇa ?
Quand leur vibration fera-t-elle
Se dresser mes cheveux sur la tête,
Me laissant totalement absorbé dans les pleurs ?

Sur le Chemin de la Liberté

Baigné de larmes,
Quand atteindrai-je la pureté ?
Et dans cet état de pureté absolue
Quand chanterai-je spontanément Ses Noms ?
Emporté par l'extase du chant,
Quand oublierai-je le ciel et la terre ?
Oublieux de tout, quand danserai-je
Mû par une pure dévotion ?
Et les pas de ma danse
Balayeront-il les taches
Qui maculent la scène du monde ?

Jouant ainsi à danser
Balayant toutes les taches,
Je pousserai un cri puissant ;
Et ce cri enverra-t-il ma pureté
Aux quatre points cardinaux ?

La pièce terminée,
Quand tomberai-je enfin
Dans le giron de ma Mère ?
Et allongé sur Ses genoux,
Quand dormirai-je, plein de béatitude ?

Et dans mon sommeil,
Quand rêverai-je
De la forme magnifique de Sri Kṛiṣhṇa,
Qui demeure en mon cœur ?
Et m'éveillant,
Quand verrai-je Sri Kṛiṣhṇa
Celui qui enchante le monde ?

À présent, son poème était exaucé par la compatissante Mère de l'univers.

Amma veilla le corps d'Ottur toute la journée tandis qu'on récitait la Bhagavad Gītā. À la nuit, les *brahmachārīs* portèrent son corps derrière l'*āśhram* pour la crémation, toujours sous le regard d'Amma. Quelle grâce ! Puissions-nous tous connaître cette fin bénie !

Chapitre 19

Les vœux de renoncement

Au mois d'octobre de la même année, dans une atmosphère solennelle de dévotion et de joie, un des fils d'Amma reçut en grande cérémonie l'initiation au *sannyasa*, précédée par une *pūjā* et par la répétition de *mantras* védiques. Celui que l'on avait connu sous le nom de Balu à l'époque où il avait rejoint Amma en 1979 et, par la suite, sous le nom de *brahmachārī* Amritatma Chaitanya, reçut d'Amma le nom de Swami Amritaswarupananda Puri. C'est un autre *sannyasi*, dévot d'Amma du nom de Swami Dhruvananda, qui célébra la traditionnelle cérémonie du feu ainsi que les autres rituels. Les rites d'initiation avaient commencé la nuit précédente. Amma était présente durant toute la cérémonie, répandant sa bénédiction, dispensant conseils et enseignements. La cérémonie se termina le lendemain au point du jour.

S'adressant à l'assemblée des dévots, Amma dit : « Aujourd'hui, Amma est heureuse car elle a pu dédier un de ses fils au bien du monde. Cela fait onze ans que Balu est arrivé à l'*āśhram* après avoir achevé sa licence. À cette époque, il y avait un *Kṛiṣhṇa Bhāva,* suivi du *Dēvī Bhāva.* Un soir, pendant le *Kṛiṣhṇa Bhāva,* Amma entendit quelqu'un chanter. Soudain, elle fut attirée par

Amma bénissant Swami Amritaswarupananda
après son initiation au *sannyasa*

le chant. Bien qu'ayant entendu beaucoup de gens chanter, en entendant cette voix, elle se dit : « Voici un pur *lōka putra* (fils consacré au monde entier), voici un pur *lōka putra*. »

« Bien qu'ayant vu en esprit celui qui chantait, Amma eut le désir de se pencher pour le regarder de ses propres yeux. Lorsque ce fils entra dans le temple pour recevoir le *darśhan*, Amma lui demanda : « Mon fils, pourquoi es-tu venu ? Est-ce pour savoir si tu as réussi tes examens ? Mon fils, Amma est folle. » Ses premiers mots furent : « Donne-moi un peu de cette folie. » Amma n'initie pas si facilement, mais l'esprit d'Amma lui murmura que ce fils devait recevoir l'initiation le jour même.

« À dater de ce jour, il vint pratiquement chaque jour de *darśhan*. Sa famille protestait. Sa mère étant morte quand il était enfant, c'était surtout son père qui protestait. Sa grand-mère était celle qui l'aimait le plus. Elle avait coutume de lui donner chaque mois cent roupies. Un jour qu'il était allé chercher l'argent, elle lui demanda : « Est-ce que tu vas aller voir cette fille à Vallickavu ? » En proie à un mélange de colère et de douleur, il ne put supporter de rester plus longtemps. « N'a-t-elle pas appelé mon Amma une fille ? » Il rendit l'argent et quitta la maison sur-le-champ.

Ce même jour, Amma se rendit chez quelqu'un pour une *pūjā* et le trouva là, en larmes. Lorsqu'elle lui demanda: « Mon fils, pourquoi pleures-tu ? », il répondit : « Ma grand-mère a traité mon Amma de « fille. » Dès lors, je n'ai que faire de son argent ni de son amour. » Amma lui dit : « Mon fils, ta grand-mère ne sait rien d'Amma. C'est pourquoi elle a parlé ainsi. Tu dois donc continuer à l'aimer et lui pardonner. »

Au bout d'un certain temps, alors que l'argent manquait à l'*āśhram*, ce fils se mit à vendre ses pantalons et ses chemises. Les membres de sa famille n'apprécièrent pas ce comportement.

Les voeux de renoncement

En plus des difficultés qu'il rencontrait dans son foyer, ce fils devait endurer l'antagonisme et les mauvais traitements de Sugunanandan Acchan (le père d'Amma) et des villageois lorsqu'il venait à l'*āshram*. Un jour qu'il était en train de manger, Sugunanandan lui fit tomber l'assiette des mains et le rabroua. Une autre fois, les villageois le molestèrent et le menacèrent en lui barrant le passage. Même alors, son attitude ne changea pas d'un iota. Il n'avait qu'une pensée : « Amma, Amma. » Malgré l'opposition de sa famille, il ne cessait pas ses visites à l'*āshram*. Parfois, après avoir quitté l'*āshram* pour rentrer chez lui, il s'arrêtait à mi-chemin et revenait par le bus suivant.

À cette époque, pendant le *Dēvī Bhāva*, il y avait dans le temple un bol pour les aumônes. Les Écritures disent : « Il faut vivre en abandonnant toute honte et tout orgueil. » Mais on ne pouvait voir le bol qu'en regardant très attentivement. Amma était résolue à ne rien demander à personne. Nul ne devait penser qu'Amma recevait pour de l'argent. L'argent déposé dans le bol suffisait tout juste aux besoins du temple. Comme Amma n'avait nul autre argent pour prendre soin des enfants qui venaient à l'*āshram*, elle allait mendier dans les maisons voisines. Ce qu'elle recevait lui permettait de nourrir ses enfants et se nourrir elle-même.

Lorsque Nealu vint vivre ici, il déclara qu'il fournirait tout ce qui était nécessaire à l'*āshram*, mais Amma refusa. Et elle continua à mendier. Amma n'accepta son argent que lorsque Nealu donna sa parole qu'il aimerait tout le monde d'un même amour. Amma n'accepta que lorsqu'il en vint à considérer l'*āshram* et ses autres enfants comme les siens propres.

Les enfants sont venus vivre à l'*āshram* à une époque où nous n'avions même pas les moyens de faire un repas par jour.

Pourtant, ils n'en éprouvaient aucune gêne. Faute d'endroit où dormir la nuit, ils dormaient sous les cocotiers jusqu'à l'aube. C'est au milieu de pareilles épreuves que ces enfants ont grandi.

Amritatma se comportait comme si Amma était sa mère biologique. Il n'a jamais eu l'impression que ce lieu était un *āśhram* ni qu'Amma était son *guru*. Il considérait plutôt que c'était sa maison. Il manifestait envers Amma autant de liberté qu'il en aurait manifesté envers sa mère biologique. Elle avait beau le réprimander sévèrement, il ne changeait pas de comportement. Amma le mit aussi à l'épreuve. Elle envoya plusieurs jeunes femmes lui parler, puis elle observait son esprit. Elle aurait su s'il était fasciné ou troublé par ces situations, n'est-ce pas ? Mais il venait et racontait ouvertement à Amma tout ce qu'on lui avait dit, quel qu'en soit le sujet. Il n'y avait nulle trace de fascination.

Il écrivit un jour sans qu'Amma le voie : « Je suis l'esclave d'Amma. » Amma alla le trouver et lui dit : « Mon fils, Amma a un souhait. Notre *āśhram* connaît la pauvreté et de la souffrance, n'est-ce pas ? Quatre ou cinq de mes enfants voudraient résider ici en tant que *brahmachārīs*. Ils sont venus pour servir le monde. C'est pourquoi tu devrais partir pour le Golfe. Tu devrais faire ce sacrifice pour Amma. En travaillant là-bas, tu gagnerais au moins deux à trois mille roupies. Amma pourrait alors prendre soin des *brahmachārīs*. » Soudain, son humeur changea et il songea : « Est-ce pour cela je suis venu ici en démissionnant du poste que j'avais ? Je suis venu pour devenir *sannyasi*. Amma elle-même n'a-t-elle pas dit que Dieu protégerait celui qui abandonne tout pour Lui ? Et maintenant, tu dis que je dois aller en Iran ? » En fait, Amma le mettait à l'épreuve. Elle lui dit : « Mon fils, qu'as-tu écrit il y a à peine quelques minutes ? Si ton dévouement est si grand, tu ne devrais même pas y regarder à deux fois quand Amma dit quelque chose. Tu n'as pas atteint un stade suffisant pour parler d'un tel renoncement. Si ton renoncement était total, tu te serais préparé à partir dès l'instant où je te l'ai demandé. C'est cela, le dévouement dans une relation *guru*-disciple. Tu n'as donc écrit que de vaines paroles. Mon fils, tu dois peser avec la plus grande attention chaque parole que tu profères, chaque mot que tu écris. »

Après avoir passé ses examens de philosophie, ce fils songeait un jour : « Dieu n'est-Il pas en chacun de nous ? Alors pourquoi devrions-nous pratiquer une *sādhanā* ? Assis tout seul, il philosophait. Comprenant ce qui se passait en lui, Amma lui envoya une lettre : « Mon fils chéri, au bas de cette lettre, Amma a inscrit le mot « sucre. » Mon fils, si en léchant ce mot sur du papier, tu en retires un goût de sucre, ne manque pas d'en aviser Amma. » Il se demanda : « Aurais-je un goût de sucre dans la bouche si je léchais ce mot ? Pourquoi Amma m'a-t-elle écrit ceci ? » Amma vint alors le trouver et lui dit : « Mon fils, tu dis que tu es *Brahman* et que Dieu est en toi. Si tu enregistres ces paroles sur magnétophone et que tu passes l'enregistrement, le magnétophone dira aussi « Je suis *Brahman*. » Quelle différence y a-t-il entre toi et un magnétophone ? Il ne suffit pas de répéter ce que tu as appris. Le goût du sucre s'apprécie par expérience, une expérience que l'on peut obtenir par des paroles. Dieu est expérience. À présent, tu n'es qu'une graine, tu n'es pas encore l'arbre. »

Du jour où il est arrivé ici et jusqu'à hier soir, chaque jour a été une épreuve pour Amritatma. Par la grâce de Dieu, il en est sorti vainqueur. Il a été puni même pour des peccadilles. Plusieurs fois, Amma lui a fait faire le tour de l'*āshram* après lui avoir bandé les yeux avec une serviette pour lui faire honte. Aussi fortement qu'une mère réprimande son enfant, l'enfant s'agrippe à sa mère. Sans sa mère, où pourrait-il aller ? Il n'y a pas d'autre monde pour l'enfant privé de sa mère. Plus elle repousse l'enfant, plus il se cramponne à elle. La mère prend alors l'enfant sur son épaule et lui chante une berceuse. Telle est la relation *guru*-disciple.

Il est arrivé à Amma de réprimander sévèrement Amritatma et de l'accuser d'erreurs qu'il n'avait pas commises. Il lui est même arrivé de le repousser sans raison. Mais ce fils restait assis en silence, sans dire un seul mot. Il ne bougeait même pas de l'endroit où il se trouvait. Quand Amma lui demandait enfin : « Mon fils, pourquoi restes-tu là impassible, sans dire un mot ? » Il répondait : « Ma mère ne peut pas se fâcher avec moi, elle ne peut pas ne pas m'aimer. Tu es à moi et je suis à toi. C'est une bénédiction, une grâce que tu m'accordes pour me débarrasser de mon ego. Amma, je t'en prie, accorde-moi toujours ce genre de bénédiction. »

Amma sait qu'il n'est pas bon de faire l'éloge de quelqu'un devant lui. Cela fait gonfler son ego. Mais Amma ne craint pas de la faire dans le cas d'Amritatma. Si cela se produit, Amma n'est jamais loin, prête à écraser l'ego et Amritatma le sait. C'est pourquoi Amma voudrait ajouter quelques mots à son sujet.

Bien des fois, il a prévenu Amma d'événements qui allaient se produire. Un jour que nous revenions de Madras dans le bus de l'*āshram*, Amritatma dit soudain à Amma : « Amma, le véhicule va perdre une roue. Dis à Pai de s'arrêter. » Amma répéta cela tout haut. Pai répondit qu'il s'arrêterait dès qu'il trouverait de l'ombre. Une fraction de seconde plus tard, une roue se détacha. Avant que Pai ait pu maîtriser le véhicule, il quitta violemment la route. Le véhicule s'enlisa dans le sable et fut arrêté par une borne kilométrique. Sans le sable et le poteau, il aurait certainement versé dans le fossé. Par bonheur, il n'y eut rien de grave.

Les voeux de renoncement

Mes enfants, comme vous le savez, c'est Amritatma qui a mis en musique la plupart de nos chants. Il en a aussi écrit quelques-uns. Par ailleurs, il ne faisait jamais rien, pas même une chose aussi insignifiante que se couper les cheveux ou s'acheter une nouvelle paire de chaussures sans en demander d'abord la permission à Amma. Une fois, il avait perdu ses chaussures et chaque fois qu'il demandait à Amma la permission de s'en racheter, elle se taisait. Six mois passèrent et il allait toujours nu-pieds. Puis un jour, Amma donna l'autorisation. Le *guru* observe sans cesse le disciple tandis qu'il le réprimande ou l'accuse de choses qu'il a ou n'a pas faites. À la lumière de ces expériences, Amma a la conviction que ce fils réussira.

À présent qu'il a reçu le *sannyasa*, il est devenu le fils du monde. Dès lors, ce n'est pas mon fils. Aujourd'hui, le Seigneur m'accorde le bonheur de dédier un fils au monde. En cette occasion, Amma se rappelle le père et la mère de ce fils et leur rend aussi hommage. Mes enfants, priez tous pour ce fils. Priez pour qu'il devienne plus fort. À partir de maintenant, ce n'est plus Amritatma Chaitanya, mais Amritaswarupananda Puri. Amma (qui n'est pas elle-même une *sannyasi*) n'a pas voulu aller à l'encontre des injonctions des Écritures traditionnelles en lui donnant le *sannyasa*. C'est dans l'ordre des Puri qu'il a reçu (d'un autre *sannyasi*) l'initiation. Beaucoup ont demandé à Amma s'il n'aurait pas suffi qu'elle lui donne elle-même le *sannyasa*. Mais Amma ne ferait jamais rien qui heurte la tradition des anciens sages. Amma n'agira jamais à l'encontre de la tradition. Amma souhaitait qu'un humble dévot remette à Amritatma la robe orange. Autrement, l'ego qui dit « Je suis *Brahman*, je suis parfait » se développerait en lui. De telles pensées ne surgiront pas si c'est un dévot qui lui remet la robe, n'est-ce pas ? Amma voulait conférer le *sannyasa* par le biais d'un swami de l'ordre de Ramakrishna. Elle avait annoncé il y a bien longtemps qu'un swami de cet ordre, qui serait aussi un dévot, se présenterait ici le moment venu. C'est à ce moment qu'est arrivé Swami Dhruvananda. Son *guru* était un disciple direct de Sri Ramakrishna. Il est venu et a célébré la cérémonie du feu.

Hier, ce fils a accompli tous les rites funéraires, à la fois pour lui-même et pour sa famille. Il a pris congé de son père et de sa mère. Il a célébré tous les rites de rigueur à l'occasion d'un décès. Il a abandonné toute forme de liens. Dès lors, il est votre fils, le fils du monde. Tous les devoirs envers les arbres, les buissons, les plantes, les animaux, les oiseaux et toutes les autres créatures ont été abolis. Il a accompli la cérémonie du feu en priant : « Fais que je me tourne vers l'intérieur. Conduis-moi à l'éclat, à la splendeur spirituelle, conduis-moi à la Lumière. » Il a accepté la robe orange qui symbolise le sacrifice de son propre corps au feu. Il a reçu le nom d'Amritaswarupananda.

Ainsi, c'est aujourd'hui un bon jour, mes enfants. Priez tous : « Seigneur, accorde à ce fils la force d'apporter à tous la paix et la sérénité. Fais-en un bienfaiteur du monde. »

Chaque souffle d'un *sannyasi* doit être dédié au bien des autres. Il est dit qu'il ne devrait même pas inspirer pour son propre bien-être. Tout le corps a été sacrifié dans le feu de la connaissance. L'orange est la couleur du feu. À présent, il est de la nature du Soi. Nous sommes tous ce Soi éternel. Nous devrions voir en chacun Dēvī ou la forme de Dieu. C'est au travers des êtres humains qu'il faut servir Dieu. À présent, il n'a pas un Dieu en particulier. Ce fils doit servir les autres en voyant Dieu en eux. Le reste de sa vie sera consacré à les servir. Voilà ce qu'il doit faire à partir de maintenant, vivre en dédiant sa vie à ceux qui sont en vérité les formes de Dieu. Ce fils n'aura pas de plus haute

Les voeux de renoncement

réalisation ou de plus grande pénitence que cela. Tout cela est terminé. Sers chacun en voyant Dieu en lui. La compassion envers les pauvres et les nécessiteux est notre devoir envers Dieu. Sans cela, aucune ascèse ne portera ses fruits. La perfection ne peut être atteinte qu'à travers ces actions accomplies en pensant à Dieu.

Sans passeport, nous ne recevrons pas l'autorisation de quitter le pays. Le passeport de la réalisation se gagne par le service. On ne peut rien avoir sans passeport. Amma accorde à présent plus d'importance au service. Mes enfants, à chaque respiration vous pensez « Amma, Amma. » C'est pourquoi Amma a la conviction que vous pouvez servir les autres en voyant Dieu en eux. Mes enfants, observez à présent deux minutes de prière pour ce fils. Il n'est plus un fils, mais Swami Amritaswarupananda. « Ô Dieu, qu'il ne fasse jamais de tort à personne en ce monde. Qu'il ne fasse jamais injure à la grande tradition du *sannyasa*. Qu'il ait l'équanimité de voir Dieu en chacun et de les servir avec dévouement. »

Chapitre 20

Je suis toujours avec toi

Lorsqu'on commença à parler du troisième tour du monde d'Amma, j'étais partagé. D'un côté, je n'aimais pas quitter l'Inde, mais je n'aimais pas non plus être séparé d'Amma pendant trois longs mois. Je demandai à Amma ce que je devais faire. Elle me dit que, puisque j'avais demandé la nationalité indienne, il vaudrait mieux que je sois sur place au cas où le gouvernement indien exigerait des formalités. Je décidai donc de rester et comme Amma l'avait laissé entendre, je reçus effectivement une lettre du gouvernement me demandant quelques éclaircissements sur mes activités antérieures. Durant cette période, je me rendis plusieurs fois à l'orphelinat pour voir comment le travail avançait. Un des *brahmachārīs* qui vivait là s'adressa aux enfants et leur raconta une histoire de prisonniers. Il mentionna le genre de nourriture qu'ils recevaient, une bouillie de farine à peine cuite. En entendant ceci, un des petits garçons se leva et dit : « Swami, ce n'est pas qu'une histoire. Avant qu'Amma ne reprenne cet orphelinat, on nous a donné pendant des années le même genre de nourriture. Le résultat, c'est que la plupart d'entre nous souffraient en permanence d'indigestion et de maux d'estomac. Pour la première fois de notre vie, nous avons une bonne nourriture et un endroit décent où vivre. » Les paroles de l'enfant m'émurent profondément et je me dis que c'était là une raison suffisante pour justifier le passage de l'orphelinat sous la responsabilité d'Amma.

L'année suivante, je décidai que je préférerais suivre Amma dans sa tournée plutôt que de rester. Mais financièrement, cela ne semblait pas possible. On n'avait plus besoin de moi dans la tournée et je ne pouvais espérer que l'*āśhram* paie mon billet d'avion. Quant à ma mère biologique, elle n'allait sans doute pas payer mon voyage alors que je n'aurais pas un moment à passer avec elle. Cependant, environ deux mois avant le tour 1990, je me fis une hernie discale. Les médecins recommandèrent un repos complet. Lorsque les dévots de l'*āśhram* américain eurent vent de mon état, ils suggérèrent que je vienne me faire soigner aux États-Unis. Amma jugea aussi que c'était la meilleure solution. Ma mère offrit de payer mon voyage. Aussi, après un mois de repos, on m'envoya à San Francisco. Divers médecins m'examinèrent et décidèrent qu'une opération pourrait en partie soulager mes douleurs. Je voulais attendre l'arrivée d'Amma si bien que je ne fus opéré que début juin. Cependant, l'intervention n'apporta pas grand soulagement. J'accompagnai néanmoins Amma pendant toute la tournée jusqu'à Boston. C'est alors qu'elle me demanda de rester à l'*āśhram* américain aussi longtemps que possible pour donner des cours sur les Écritures indiennes et des *satsangs* sur son enseignement. Elle estimait que les résidents de l'*āśhram* avaient besoin d'un soutien spirituel. Lorsque je lui demandai combien de temps je devrai rester, elle me répondit : « Aussi longtemps que tu pourras. »

Amma s'envola pour Londres et je regagnai San Francisco. Sur le vol de retour, toutes les lumières du bord se mirent à clignoter et les conduits de ventilation à cracher de l'air de façon

Mata Amritanandamayi Center à San Ramon, Californie, États-Unis

incontrôlée. Ceci dura une heure, donnant l'impression que le système électrique avait une défaillance. « Eh bien, Amma », me dis-je, « est-ce la fin de la route à présent, loin de toi ? Est-ce pour cela que tu m'as laissé ici ? » Je fermai alors les yeux et me mis à répéter mon *mantra*, essayant de m'abandonner à la volonté de Dieu. Mais à l'arrivée à San Francisco, le problème technique était résolu.

Je demeurai à l'*āśhram* jusqu'au retour d'Amma au mois de mai de l'année suivante. Je donnais des cours, j'animais les *satsangs* du samedi, je travaillais à la revue trimestrielle et aux préparatifs du tour et rencontrais les dévots. J'étais occupé du matin au soir. Je ne ressentis pas trop l'absence d'Amma car je me consacrais à son service. Au fil des ans, j'ai toujours constaté que, bien que la présence physique d'Amma soit une aide puissante lorsqu'il s'agit de se concentrer ou de purifier son esprit, le fait de la servir m'apporte aussi beaucoup d'énergie et de bonheur.

Parmi nous, beaucoup ont une pratique spirituelle mais ne semblent pas faire beaucoup de progrès, même au bout de longues périodes. La raison ne nous en est peut-être pas toujours évidente. Nous avons le sentiment d'être si sincères. À cet égard, une conversation qu'Amma eut au cours du cinquième tour du monde avec un jeune homme de passage à l'*āśhram* de Californie est très édifiante.

Le jeune homme demanda : « On dit qu'un aspirant spirituel doit observer certaines règles telles qu'elles sont décrites dans les Écritures. Sont-elles vraiment obligatoires ? »

Amma répondit : « Actuellement, nous sommes soumis aux lois de la Nature, c'est pourquoi nous devons obéir aux règles si nous voulons progresser spirituellement. Ceci est inévitable tant qu'on n'a pas atteint un certain stade dans notre *sādhanā*. Lorsque la Nature est devenue notre servante, les règles ne sont plus nécessaires, car il n'y a plus de perte d'énergie spirituelle, même lorsque nous ne les respectons pas. Mais jusqu'à ce moment-là, elles sont nécessaires.

Après avoir planté une graine dans le sol, nous la recouvrons d'un filet pour la protéger des oiseaux. Autrement, les graines seraient dévorées ou les jeunes pousses détruites et rien ne pousserait. Lorsque la graine sera devenue un grand arbre, il pourra abriter les oiseaux, accorder sa protection aux êtres humains et même aux éléphants. De même, lorsque nous aurons découvert la force latente qui est en nous, les règles qui servent à nous protéger deviendront superflues. »

« Pour que ceci se produise, est-il nécessaire de faire preuve de régularité et de constance dans la pratique spirituelle ? » demanda le jeune homme.

« Oui », répondit Amma. « Nous devrions aimer la régularité et la constance autant que nous aimons Dieu. Celui qui aime Dieu aime aussi la discipline, mais des deux, c'est la discipline et la régularité que nous devons d'abord aimer.

Ceux qui ont l'habitude de boire un thé ou un café à heure fixe sont en proie à l'agitation ou au mal de tête s'ils n'ont pas leur boisson à l'heure habituelle. Les drogués sont à l'agonie s'ils n'ont pas leur dose quotidienne. L'habitude les pousse à répéter chaque jour à la même heure la même action. Ainsi, en pratiquant avec régularité une action quelle qu'elle soit, nous développons une habitude. Dans le cas de la *sādhanā*, cela nous sera bénéfique, car nous serons poussés à faire notre *sādhanā* à l'heure dite. »

Le jeune homme dit alors : « Je pratique une *sādhanā*, mais je n'en retire aucun bienfait. »

Le regardant avec un sourire plein de compassion, Amma lui demanda : « Mon fils, tu t'emportes facilement, n'est-ce pas ? »

« Oui », concéda-t-il, « mais quel rapport y a-t-il entre le fait que je me mette en colère et ma *sādhanā* ? »

« Si une personne s'adonne à la *sādhanā* sans abandonner la colère et l'orgueil, elle ne pourra en retirer aucun bienfait. Mon fils, d'un côté tu amasses un petit peu de sucre et de l'autre tu laisses entrer les fourmis. Ce que tu as gagné par la *sādhanā*, tu le perds par la colère. Cependant, tu n'as pas conscience de cette perte. Si nous appuyons sur l'interrupteur d'une lampe de poche dix fois de suite, la pile s'use. De même, quand nous nous mettons en colère, toute notre énergie s'échappe par les yeux, les oreilles, le nez, la bouche et tous les pores de la peau. À cause de l'orgueil et de la colère, notre énergie est gaspillée. Mais si nous gardons le contrôle de notre mental, nous conserverons ce que nous avons gagné. »

Le jeune homme demanda encore : « Ceux qui se mettent en colère sont-ils incapables d'accéder à la sérénité que la *sādhanā* permet d'atteindre ? »

Amma répondit : « Mon enfant, imagine que l'on puise de l'eau au puits avec un seau plein de trous. Le temps que le seau arrive en haut du puits, il est vide, car toute l'eau est partie par les trous. Mon fils, ta *sādhanā* est comme ce seau. Si l'on pratique une *sādhanā* l'esprit plein de désirs et de colère, ce que l'on en retire est aussitôt perdu. Nous n'en percevons alors aucun bienfait, nous ne connaissons pas la sérénité et ne comprenons même pas la grandeur de la *sādhanā*. C'est pourquoi tu devrais d'abord t'asseoir dans un coin solitaire pour calmer ton esprit avant d'entreprendre tes exercices spirituels. Reste à distance de la colère et des désirs et tu pourras certainement réaliser la source de la sérénité et de l'énergie illimitée. »

Peu après son retour du huitième tour du monde, en août 1994, Amma décida de perpétuer la tradition d'accorder le *sannyasa* à ses disciples. Six hommes et deux femmes reçurent la robe orange : Ramakrishna (Swami Ramakrishnananda), Pai (Swami Amritamayananda), Rao (Swami Amritatmananda), Srikumar (Swami Purnamritananda), Venu (Swami Pranavamritananda), Satyatma (Swami Amritagitananda), Lila (Swamini Atmaprana) et Gayatri (Swamini Amritaprana). L'atmosphère de l'*āśhram* avait beaucoup évolué depuis les premiers temps. Certes, c'était toujours une grande famille, mais on y était beaucoup plus sérieux en matière de vie spirituelle. Les swamis prirent la direction de divers *āśhrams* secondaires. On attendait des résidents un haut niveau de discipline spirituelle. Des cours de philosophie vēdantique étaient donnés sur une base régulière. De nombreux āśhramites reçurent l'initiation et prononcèrent les vœux de *brahmacharya* (aspirant spirituel observant le célibat). Si trois ou quatre personnes vivaient avec Amma au début, l'*āśhram* avait maintenant près de quatre cents résidents permanents.

C'est ainsi que se font les véritables *āśhrams*. On ne les construit pas selon un plan. Ils « surgissent » autour d'un *mahātmā*. Ce sont les véritables lieux saints de la Terre. Les vibrations du sage qui vit au cœur de cet *āśhram* imprègnent toute l'atmosphère. Ajoutez à cela les bonnes vibrations de tous les dévots et disciples qui s'adonnent à la *sādhanā* et vous obtenez un environnement hautement propice à une vie de spiritualité. Même en l'absence physique d'Amma, on ressent dans son *āśhram* du Kerala la paix intense de l'atmosphère. Ces vibrations ne se dissiperont jamais, aussi longtemps qu'il y aura en cet endroit des aspirants en quête de Dieu. C'est ainsi qu'apparaissent les lieux saints.

Après qu'Amma eut accordé le *sannyasa* à ces huit disciples, elle me parla et me demanda si je l'accepterais moi aussi. Qui étais-je pour prendre une telle décision ? Bien que menant une vie de renoncement depuis vingt-six ans, je n'avais aucune intention de devenir *sannyasi*. Mon seul souhait était de réaliser Dieu. Et cependant, peut-être pour le bien du monde et pour augmenter mon propre détachement, Amma voulait que je prenne la robe orange. Il était manifeste que c'est ce qu'elle attendait de moi. Je répondis « Oui » sans hésiter. Elle me dit qu'elle organiserait la cérémonie la prochaine fois que je viendrais en Inde puisque j'étais encore en Amérique à ce moment-là.

Amma m'avait dit de revenir en Inde une fois tous les deux ans. Ce n'était pas seulement pour le plaisir de me retrouver à l'*āshram*. Amma estimait que, pour la pureté de mon esprit, je devais venir « recharger mes batteries » de temps à autre. Bien que l'*āshram* américain soit lui aussi devenu un lieu saint, imprégné de la culture spirituelle de l'Inde, j'avais besoin de me replonger dans l'atmosphère indienne de façon régulière. En Amérique, l'absence d'une tradition commune rend la vie spirituelle très difficile, les idéaux de la société occidentale étant davantage fondés sur le confort, le plaisir et la suprématie de l'intellect que sur la maîtrise de soi, le *dharma* et la dévotion à Dieu. Si l'on rentre tout habillé de blanc dans une cave à charbon, on ne peut absolument pas éviter de se tacher, si peu que ce soit. Ayant passé plus de la moitié de ma vie dans la culture traditionnelle de l'Inde, je la trouve propice à mon évolution spirituelle. Après avoir vécu aux États-Unis de façon plus ou moins permanente, je comprends aussi qu'il est sage d'aller régulièrement passer quelque temps en Inde.

La cérémonie du *sannyasa* eut lieu à la fin du mois d'août 1995. Le premier jour était consacré à la cérémonie du rasage du crâne et à la célébration de nos propres rites funéraires au bord de l'océan. Le lendemain, la cérémonie du feu commença à trois heures du matin. J'y fus mené par Swami Amritaswarupananda. En raison de mes sempiternels problèmes de dos et de système digestif, je souffrais énormément. J'étais incapable de rester assis pendant de longues heures. Je décidai pourtant, comme je l'avais fait bien des fois dans ma vie, que je le ferais, dussé-je en mourir.

Amma arriva à la cérémonie du feu vers six heures du matin. Même si je ne faisais pas de grimaces, elle vit tout de suite que j'avais très mal. Se tournant vers moi, elle me dit : « Il n'y en a plus que pour une heure. » Nous étions cinq à recevoir le *sannyasa*, si bien que cela demanda beaucoup de temps, plutôt deux ou trois heures qu'une. Enfin, Amma nous remit nos nouvelles robes oranges, nous bénit et nous envoya terminer la cérémonie à l'océan. De retour à l'*āshram*, nous mendiâmes notre nourriture auprès des dévots et passâmes à nouveau un moment avec Amma. Me regardant, elle sourit et me dit : « Es-tu mort ? Pauvre garçon ! »

« Non, Amma », répondis-je, « mais l'épreuve d'aujourd'hui a consumé une bonne partie de mon mauvais *karma* antérieur. » À ces mots, Amma se mit à rire. J'aurais souhaité pouvoir rester assis là en toute sérénité comme les autres mais, du moins, je n'avais pas été affecté par les souffrances qu'il m'avait fallu endurer. Je les avais considérées comme une nouvelle occasion de pratiquer le détachement du corps. Amma me donna le nom de Swami Paramatmananda. Reçurent également le *sannyasa* ce jour-là, Unnikrishnan (Swami Turiyamritananda), Damu (Swami Prajnanamritananda), Unnikrishnadas (Swami Jnanamritananda) et Saumya (Swamini Krishnamritaprana).

Amma et Swami Paramatmananda
après la cérémonie d'initiation au *sannyasa*

J'avais l'habitude de me promener chaque jour près de la chambre d'Amma car c'était l'endroit le plus paisible de l'*āshram*. Partout ailleurs, il y avait beaucoup de monde, mais on faisait généralement en sorte qu'il n'y ait personne autour de la chambre d'Amma afin qu'elle ne soit pas trop dérangée. Je marchais ainsi de long en large, dans un esprit méditatif, quand Amma descendit les marches. Elle se rendait au temple pour chanter les *bhajans* avant de donner ensuite le *Dēvī Bhāva*. J'étais à environ trente mètres d'Amma quand je la remarquai. Elle marche habituellement très vite. Cette fois-ci, elle s'arrêta et me regarda. Je n'avais aucune intention de l'approcher sachant qu'elle était pressée, mais je ressentis le désir intense de me précipiter vers elle, le cœur débordant d'amour. Elle restait là, elle m'attendait. J'ai presque couru et je suis tombé à ses pieds. Elle sourit et me dit : « Fils, pourquoi ne chantes-tu pas ce soir, pendant le *darśhan* ? » « Très bien, Amma, » répondis-je. En réalité, il se trouve que je réfléchissais justement au fait que je n'avais pas eu l'occasion de chanter pendant le *darśhan* parce que tant d'autres personnes en avaient le désir. J'avais le sentiment qu'il serait égoïste de ma part de les priver de leur chance de chanter devant Amma. L'évidence formidable de l'omniscience d'Amma et son pouvoir de m'attirer vers elle s'imprima une fois de plus dans mon esprit.

Peu après, Amma se mit à me demander quand je rentrais aux États-Unis. Je n'étais en Inde que depuis quelques semaines ! Il me semblait donc que rien pressait. C'est ce que j'essayai d'indiquer à Amma en prenant soin de ne pas lui manquer de respect. « Très bien, pars quand tu veux, » dit-elle. Mais au cours des trois semaines suivantes elle ne cessa de me demander quand je partais. Il était donc clair que mon travail m'attendait en

Je suis toujours avec toi

Amérique. Amma désirait, semblait-il, que j'oublie mon propre bonheur pour servir de manière totalement désintéressée.

J'allai un matin dans sa chambre passer un peu de temps en sa présence. Elle aborda le thème de mon retour en Amérique. Je lui demandai alors : « Amma, j'ai passé près de six ans loin de toi. Pourquoi faut-il donc que je vive à près de dix-huit mille kilomètres de toi, la Mère divine elle-même, tandis que tu joues ton drame divin ici ? Et voilà que je dois maintenant repartir après un séjour aussi bref. Est-ce là mon avenir ? »

Amma me regarda intensément, d'un regard où brillait une grâce pleine d'amour. Elle répondit : « Mon fils, tu es venu à moi dans le but de réaliser Dieu. N'est-il pas nécessaire de garder son esprit fixé sur Dieu, où que l'on soit en ce monde ? Ne pense jamais que la grâce d'Amma n'est pas avec toi. Jamais tu n'es loin d'elle. Souviens-toi toujours de cela : où que tu puisses aller en cet univers, que ce soit maintenant ou après la mort, Amma est éternellement à tes côtés. »

À ces paroles d'Amma, mon cœur se remplit d'émotion en songeant à sa divinité et à son amour éternels. Je ne pus rien dire de plus. Je me prosternai à ses pieds et je partis, triste à l'idée de la séparation physique à venir, mais animé par la foi qu'Amma serait toujours avec moi et qu'au moment voulu, elle m'éveillerait de ce sombre cauchemar de naissance, de mort et de renaissance pour m'emmener vers le soleil brillant de la connaissance du Soi.

Glossaire

achārya : « Maître » ou « professeur » ; désigne une personne qui possède un savoir ou un guide spirituel qui transmet la sagesse, des enseignements, ou qui peut guider l'élève dans des domaines variés tels que la spiritualité, la philosophie, la religion, les arts ou les études universitaires.

advaita : La philosophie de la non-dualité qui enseigne que seule existe la Réalité suprême, une et indivisible.

ārati : Le rituel d'adoration dans lequel on décrit des cercles avec une flamme (du camphre qui brûle), tout en sonnant une cloche. Ce peut être devant la divinité du temple, devant une personne sainte ou en conclusion d'une *pūjā*. Le camphre ne laisse pas de résidu quand il brûle, ce qui symbolise l'anéantissement total de l'ego.

Arjuna : Un grand archer, l'un des héros du *Mahābhārata*. C'est à Arjuna que Krishna s'adresse dans la *Bhagavad-Gītā*..

Aruṇāchala : Une montagne sacrée associée au Seigneur Śhiva, située à Tiruvannamalai, dans le Tamil Nadu. Les dévots font le tour de la colline comme un acte d'adoration et pour se purifier spirituellement. L'*āśhram* du grand sage Ramana Maharshi est situé sur les contreforts d'Aruṇāchala.

āśhram : « Lieu où l'on s'efforce » (de réaliser Dieu). Un endroit où les chercheurs spirituels vivent ou séjournent pour y mener une vie spirituelle et faire une *sādhana*. C'est généralement la résidence d'un maître spirituel, d'un saint ou d'un ascète qui guide les chercheurs.

ātman : Le Soi. Notre être réel. Un des principes fondamentaux du *Sanātana dharma*, c'est que nous ne sommes ni le corps physique, ni les émotions, ni le mental, ni l'intellect ou la personnalité. Nous sommes le Soi pur et que rien ne peut souiller.

avadhūta : Un sage qui a transcendé toutes les règles et les normes de la société et de la religion car il a pris conscience de l'unité de toutes choses.

avatār : Littéralement « descente. » Une incarnation du Divin. Dieu s'incarne dans le but de protéger le bien, de détruire le mal, de rétablir l'harmonie et la justice dans le monde et de guider l'humanité vers le but spirituel. Il est très rare qu'une incarnation soit une incarnation totale *(pūrnāvatār)*.

Ayōdhyā : Le lieu de naissance et le royaume du Seigneur Rāma.

āyurvēda : Le système traditionnel indien de médecine.

Bhagavad Gītā : « Le Chant du Seigneur » ; composé de dix-huit chapitres et de 700 versets environ, dans lesquels le Seigneur Kṛishṇa conseille Arjuna. L'enseignement est donné sur le champ de bataille de Kurukṣetra, juste avant que les vertueux Pāṇḍavas combattent les Kauravas, ennemis du *dharma*. C'est un guide pratique pour surmonter toute crise pouvant survenir dans notre vie personnelle ou sociale ; il contient l'essence de la sagesse védique.

Bhāgavatam : Un des dix-huit *Purāṇas*, une œuvre en sanskrit qui traite de la dévotion et qui raconte la vie, les passe-temps et les enseignements de différentes incarnations de Viṣhṇu, principalement ceux du Seigneur Kṛishṇa.

Bhaja Gōvindam : une œuvre en sanskrit consacrée à la dévotion composée par Ādi Śhaṅkarāchārya.

bhajan : Chant dévotionnel.

Bharata : Le roi Bharata (à ne pas confondre avec Bharata, le frère du Seigneur Rama) était un souverain vertueux qui renonça au royaume pour se retirer dans la forêt afin de réaliser Dieu. Mais il s'attacha à un cerf. Quand sa fin approcha, ses pensées étaient tournées vers le cerf. En conséquence, à cause de ce fort attachement au cerf, il dut renaître en tant que cerf.

bhāva : Identification intérieure à une divinité. « Humeur divine ».

Brahmā : Le dieu de la création dans la trinité formée par Brahmā, Viṣhṇu (dieu de la préservation) et Śhiva (dieu de la destruction).

Brahma Sūtras : Texte philosophique essentiel écrit par le sage Bādarāyaṇa (Vēda Vyasa) sous forme d'aphorismes ; il synthétise les enseignements des Upaniṣhads ; on le nomme aussi *Vēdānta Sūtras*.

brahmachārī : Un disciple célibataire qui fait des pratiques spirituelles sous la direction d'un *guru*.

brahmachāriṇī : Féminin de *brahmachārī*.

Brahmasthānam : « La demeure de Brahman ». C'est le nom des temples qu'Amma a consacrés dans différentes parties de l'Inde et à l'île Maurice. Dans le sanctuaire du temple est installée une idole où une déité différente est sculptée sur chacune des quatre faces ; elle symbolise l'unité qui sous-tend la diversité.

brāhmane : Les brāhmanes forment l'une des quatre castes.

Buddha : De la racine *budh*, qui signifie se réveiller ; Gautama Bouddha fut un maître spirituel dont les enseignements sont le fondement du bouddhisme.

Chaitanya : La conscience

Glossaire

darśhan : Entrevue avec une personne sainte ou vision du Divin. Le *darśhan* emblématique d'Amma est une étreinte.
Dēvī : Déesse, Mère divine.
Dēvī Bhāva : Manifestation de l'état intérieur d'identification à la Mère divine, à la Déesse.
dharma : « Ce qui soutient l'univers ». *Dharma* a de nombreux sens, entre autres : la loi divine, la loi de l'existence, ce qui est conforme à l'harmonie divine, ce qui est juste, la religion, le devoir, la responsabilité, la conduite juste, la justice, la bonté et la vérité. Le *dharma* représente les principes essentiels de la religion.
dhōti : Vêtement traditionnel indien porté par les hommes, un tissu noué autour de la taille et qui cache les jambes.
Gandaki : Rivière sacrée du nord de l'Inde.
Gaṇēśha : Le dieu qui détruit les obstacles, fils de Śhiva et de Pārvati.
Gaṅgā : Le Gange, la rivière sacrée du nord de l'Inde.
Garuḍa Purāṇa : Un livre ancien (un des 18 *mahāpurāṇas*) qui contient plus de 15 000 versets. Il est connu pour sa description détaillée des rites et des cérémonies associés à la mort et à l'après-vie ; c'est donc un texte important pour les coutumes funéraires.
gōpīs : Les laitières de Vṛindāvan. Les *gōpīs* étaient connues pour leur dévotion ardente au Seigneur Kṛishṇa. Leur dévotion est l'exemple même de l'amour le plus intense pour Dieu.
Gōvardhana : C'est la montagne dont parle le *Bhāgavata Purāṇa* ; elle est célèbre car Kṛishṇa la porta comme un parapluie pour abriter les habitants de Vṛindāvan des pluies torrentielles envoyées par Indra.
gṛihastāśhramī : Quelqu'un qui se consacre à la vie spirituelle tout en menant une vie de famille.

guru : « Celui qui dissipe les ténèbres de l'ignorance ». Maître, guide spirituel.

gurukula : Mot-à-mot, « la famille du guru ». La demeure ou l'*āshram* d'un *guru*, où les disciples vivent et étudient sous la direction du *guru*.

Hanumān Chālīsā : Hymne dévotionnel dédié au Seigneur Hanuman, composé par saint Tulsidas ; il comprend 40 versets.

Hanumān : Le *vānara* (singe) disciple et compagnon de Rāma ; un des personnages-clés du *Rāmāyaṇa*. Célèbre pour sa dévotion suprême envers le Seigneur Rāma.

Hari : Un des noms du Seigneur Viṣhṇu ou de Kṛiṣhṇa

haṭha yoga : une voie systématique développée dans des temps très anciens et qui a pour but de nous aider à réaliser le Soi. Cette voie inclut des exercices physiques *(āsanas)* qui visent à tonifier le corps et ses fonctions vitales afin d'en faire des instruments parfaits pour la réalisation.

Himālaya : Grande chaîne de montagnes considérée comme sacrée dans la tradition du *Sanātana dharma*. Le Mont Everest, le sommet le plus élevé sur la Terre, est un des sommets des Himālayas.

japa : Répétition d'un *mantra*, d'une prière ou d'un des noms de Dieu.

jīvātman : L'âme individuelle.

Jñāneshvar : Un très grand saint, poète et philosophe du Maharashtra, célèbre pour son commentaire sur la *Bhagavad Gītā*, intitulé *Jñāneshvari*. Il joua un rôle important dans le mouvement de la *bhakti* dans l'état du Maharashtra.

Kabīr : Un saint du nord de l'Inde qui vécut au 16ème siècle.

Kālī : Déesse à l'aspect terrifiant ; on la décrit comme une déesse au teint sombre, portant une guirlande de crânes et une ceinture de mains coupées ; Kālī est aussi le féminin de *kāla* (le temps).

Kanyākumārī : Le Cap Comorin, la pointe sud de l'Inde

karma : Action ; fruit de l'action.

karma yoga : « L'union grâce à l'action ». La pratique spirituelle qui consiste à accomplir toute action comme une offrande à Dieu, sans attachement à ses fruits.

Kathakaḷī : Forme traditionnelle de danse classique indienne du Kerala. Le kathakaḷī est un genre dramatique religieux qui raconte des histoires ; les costumes et les maquillages sont colorés.

Kṛiṣhṇa : Une incarnation divine qui vécut en Inde il y a 5 000 ans. De la racine *kṛiṣh* : « Celui qui attire à lui » (comme un aimant), « Celui qui détruit le péché », « Celui qui est sombre ». La principale incarnation de Viṣhṇu. Né dans une famille royale mais élevé par des parents adoptifs, il mena la vie d'un petit vacher à Vrindavan où il était aimé et adoré par ses compagnons pleins de dévotion, les *gōpis* (laitières) et les *gōpas* (vachers). Kṛiṣhṇa devint ensuite le souverain de Dvaraka. Il était l'ami et le conseiller de ses cousins, les Pāṇḍavas, surtout d'Arjuna dont il fut le conducteur de char pendant la guerre du *Mahābhārata* et auquel il révéla son enseignement dans la *Bhagavad Gītā*.

Kṛiṣhṇa Bhāva : L'état dans lequel Amma révèle son unité avec Kṛiṣhṇa.

Kumbha Mēla : Un important pèlerinage qui a lieu tous les trois ans en alternance auprès de chacune des quatre rivières sacrées du nord de l'Inde.

kuṇḍalinī śhakti : L'énergie spirituelle qui repose à la base de la colonne vertébrale et que l'on peut éveiller grâce aux pratiques spirituelles.

Lakṣhmi : L'aspect de la Mère divine qui préserve. Kālī est l'aspect de la Mère divine qui transforme et Sarasvatī la puissance de création.

līlā : « Jeu » ou « pièce de théâtre ». Les mouvements et les activités du Divin.

lingam : Un symbole. Un *śhivaliṅga* est typiquement une pierre ovale, vénérée comme une représentation du Seigneur Śhiva.

Mahābhārata : Épopée de l'Inde ancienne composée par le sage Vyāsa ; elle raconte la guerre entre les vertueux Pāṇḍavas et les Kauravas, ennemis du *dharma*.

mahāpurāṇas : Les 18 *Purāṇas*. Les *Purāṇas* sont des recueils d'histoires qui racontent les biographies et les aventures de dieux, de saints, de rois et de grands personnages. Ce sont des allégories et des chroniques d'événements historiques qui visent à transmettre les enseignements des *Vēdas* de manière simple et accessible à tous.

mahātma : « Grande âme ». Amma emploie ce terme pour désigner un être réalisé.

mantra japa : La répétition d'un *mantra* ou de syllabes sacrées.

māyā : L'illusion cosmique, personnifiée comme une tentatrice ; illusion, ce qui n'est qu'apparence, par contraste avec la réalité ; la puissance créatrice du Seigneur. *Māyā* donne l'impression de la multiplicité, créant ainsi l'illusion de la séparation. *Māyā* voile la réalité et nous trompe, nous faisant croire que la perfection se trouve à l'extérieur de nous.

mantra : Un son, une syllabe, un mot ou une formule chargé de puissance spirituelle. Selon les commentateurs des *Vēdas*, les *mantras* ont été révélés aux *ṛiṣhis* (sages) alors qu'ils étaient en profonde contemplation. Il vaut mieux le recevoir d'un maître spirituel.

Glossaire

Mīrābaī : Une princesse qui vécut au 16ème siècle et dont la dévotion à Kṛiṣhṇa fut exceptionnelle. La vie de Mīrābaī fut marquée par une aspiration spirituelle profonde et le désir de s'unir au Divin. Elle dut affronter l'opposition de sa propre famille et de la société mais, malgré les persécutions, sa foi et son amour pour le Seigneur restèrent inébranlables.

mudra : Geste sacré et symbolique de la main (danse, statuaire, yoga) qui exprime une énergie spécifique et aide à contrôler l'énergie vitale.

mūlādhāra chakra : Le centre spirituel situé à la base de la colonne vertébrale.

nāga : Divinité-serpent

Nārada bhakti sutras : Un livre ancien attribué au sage Nārada qui enseigne la voie de la dévotion *(bhakti)* comme moyen d'arriver à la libération et de s'unir au Divin.

Nārada : Un sage qui chante constamment les louanges de Viṣhṇu et se promène dans les différents mondes.

Nārāyaṇa : Un des noms de Viṣhṇu ; il signifie l'Être suprême qui est le fondement de tous les êtres humains.

Nisargadatta Maharaj : Un *guru* qui enseignait l'*advaita* et vécut à Mumbai. Ses paroles ont été recueillies par un disciple et sont parues en français sous le titre « Je suis ».

pañchāmṛitam : Un mélange de cinq aliments : lait, yaourt, miel, *ghi* (beurre clarifié) et sucre. Il est souvent offert pendant une *pūja* et distribué ensuite comme *prasad*.

Pārvatī : Épouse du Seigneur Shiva

Patañjali Yōga Sūtras : Une œuvre philosophique qui traite des huit « membres » (étapes) du yoga.

piṇḍa : Une boule de riz cuit avec du *ghi* et des graines de sésame noir, offerte pendant les rites védiques consacrés aux ancêtres.

prāṇa : L'énergie vitale.

prasād : Offrande bénie reçue d'une personne sainte ou d'un temple, souvent sous la forme de nourriture.

pūjā : Rituel d'adoration accompli pour honorer le Divin et implorer ses bénédictions.

Rāma : Héros divin du *Rāmāyaṇa*. Incarnation du Seigneur Viṣhṇu, il est considéré comme l'homme idéal respectant le *dharma* et la vertu. 'Ram' signifie se délecter ; Celui qui trouve les délices en lui-même ; le principe de la joie intérieure ; celui qui réjouit le cœur des autres.

Ramana Maharshi : Maître spirituel (1879 – 1950) qui vécut à Tiruvannamalai, dans le Tamil Nadu. Il recommandait la voie de l'introspection « Qui suis-je » pour atteindre la libération, tout en approuvant une variété de pratiques spirituelles et de voies, comme la *bhakti*.

Rāmāyaṇa : Une des deux grandes épopées en sanskrit de l'Inde ancienne, l'autre étant le *Mahābhārata*. L'épopée du *Rāmāyaṇa* comprend 24 000 versets ; c'est un poème qui raconte la vie du Seigneur Rāma et décrit son époque.

Ṛiṣhikeśh : Une ville sacrée située au bord du Gange (Gaṅgā), dans le nord de l'Inde.

roshi : terme japonais qui désigne un maître vénérable dans le contexte du bouddhisme zen.

rudrākṣha : Une graine (perle) sacrée qui possède des propriétés spirituelles et médicinales.

sādhanā : Un ensemble de pratiques spirituelles régulières qui, faites avec sincérité, mène au but suprême de la réalisation du Soi.

sādhu : Un ascète, un moine-mendiant ou une personne sainte qui a renoncé à la vie dans le monde (hindouisme et jaïnisme).

Glossaire

samādhi : Unité avec Dieu. Un état de concentration profonde et absolue dans lequel toutes les pensées cessent. Le mental entre dans un état de calme absolu dans lequel il ne reste que la pure Conscience puisque l'on demeure dans l'*ātman* (le Soi).

sannyāsa : Vœu formel de renoncement

sannyāsī : Un moine qui a fait un vœu formel de renoncement. Un *sannyāsi* porte traditionnellement un vêtement de couleur ocre qui symbolise le fait que tous ses attachements ont été brûlés.

Sanskrit : La langue de l'Inde ancienne.

Sarasvatī : Déesse des arts et de la connaissance

satguru : Un maître spirituel réalisé.

Śhakti : Puissance, énergie. Śhakti est aussi un des noms de la Mère divine, l'aspect dynamique de Brahman.

Śhaṅkarāchārya : Il est révéré comme un saint, un philosophe et un guide spirituel (788-820). Il revitalisa et systématisa la philosophie de l'*Advaita Vēdānta* et joua un rôle important dans l'enseignement du *Sanātana dharma*. Ses commentaires sur la *Bhagavad Gītā* et les *Upanishads* font aujourd'hui encore autorité. Auteur du *Saundarya Lahari*, texte qui loue la beauté de la déesse Tripura Sundari, une forme de Pārvati *(bhakti)*.

Sharada Devi : Maître spirituel (1853 - 1920), épouse de Sri Ramakrishna Paramahamsa ; les dévots et les disciples l'honoraient et l'appelaient avec révérence « la Sainte Mère ».

śhāstrī : Un érudit, généralement dans le domaine des *Vēdas* ou de la littérature sanskrite.

Śhiva : L'aspect statique de Brahman en tant que principe masculin. Il est vénéré comme le premier dans la lignée des *gurus*, comme le substrat sans forme de l'univers en relation avec le principe créateur, Śhakti. C'est le dieu de la Destruction dans la Trinité qui comprend Brahmā (dieu de la Création), Viṣhṇu (dieu de la Préservation) et Śhiva.

Śhivaliṅgam : Un symbole du Seigneur Śhiva qui représente la nature sans-forme et infinie du Divin.

Śhivarātri : La nuit de Śhiva ; une fête annuelle que l'on célèbre en veillant toute la nuit et en jeûnant, tout en pensant au Divin.

Śhivaśhaktimayam : Imprégné de Śhiva et de Śhakti.

Śhrīmad Bhāgavatam : Appelé aussi le *Bhāgavatam*, c'est l'un des dix-huit *Purāṇas* ; c'est une œuvre en sanskrit qui raconte avec dévotion la vie, les passe-temps et les enseignements de différentes incarnations de Viṣhṇu, principalement du Seigneur Kṛiṣhṇa.

Śhuka : Un jeune garçon, un sage de l'Inde ancienne qui est le narrateur du *Śhrīmad Bhāgavatam*.

sutra : Aphorisme.

Swami Shivananda : Maître spirituel et *guru* (1887-1963) ; fondateur de la Divine Life Society et auteur de plus de 200 livres sur le yoga et le *Vēdanta*.

tapas : Mot-à-mot « chaleur ». Ensemble de pratiques spirituelles, méditation, austérités.

Tiruvannamalai : Ville située dans l'état du Tamil Nadu connue pour son importance religieuse et spirituelle ; c'est là que se trouve l'*āshram* de Ramana Maharshi.

tulasī : Une plante sacrée apparentée au basilic.

Upaniṣhads : Mot-à-mot : « être assis aux pieds du maître » ; « Ce qui détruit l'ignorance ». L'ultime et quatrième partie des *Vēdas* (*Vēdanta*) qui expose la philosophie de la non-dualité.

vāsanā : Dérivé de *vas* = vivant, qui demeure. Les *vāsanas* sont les tendances latentes ou désirs subtils qui existent dans le mental et qui tendent à se manifester par des actions et des habitudes. Elles sont le résultat d'impressions laissées par des expériences *(saṁskāras)*.

Vēdas : Mot-à-mot : « connaissance, sagesse ». Les Écritures anciennes et sacrées du *Sanātana dharma*. Un ensemble de textes sacrés en sanskrit, divisé en quatre parties : *Ṛig, Yajur, Sāma* et *Atharva*. Les *Vēdas* font partie des plus anciens textes connus au monde et sont considérés comme la révélation directe de la Vérité suprême accordée par Dieu aux *ṛishis*.

Vēdānta : « La fin des *Vēdas* ». La philosophie des *Upanishads*, la partie conclusive des *Vēdas* qui contient la vérité ultime que « tout est l'Un sans second ».

Vēdavyāsa : Auteur du *Shrīmad Bhāgavatam*, du *Mahābhārata*, des *Brahma Sūtras* et d'autres textes anciens.

vēdique : Qui se rapporte aux *Vēdas*.

Vṛindāvan : Le lieu où le Kṛishṇa historique passa son enfance, menant la vie d'un petit bouvier. Situé dans le district de Mathura en Uttar Pradesh.

Yamunā : Une rivière sacrée ; Kṛishṇa passa son enfance non loin de la rivière Yamuna.

yōgī : Quelqu'un qui excelle dans la pratique du yoga ou qui est établi dans l'union avec l'Être suprême.

yōginī : Féminin de yōgī.

Zen : École de bouddhisme originaire de Chine et qui insiste sur l'expérience de la sagesse que l'on peut atteindre grâce à la méditation et à la transmission de maître à disciple.

Sur le Chemin de la Liberté

www.ingramcontent.com/pod-product-compliance
Lightning Source LLC
Chambersburg PA
CBHW071655170426
43195CB00039B/2196